生き抜くための12のルール

人生というカオスのための解毒剤

ジョーダン・ピーターソン　中山宥 訳

12 Rules for Life

An Antidote to Chaos

朝日新聞出版

生き抜くための
12のルール

12 Rules for Life
An Antidote to Chaos

目 次

Contents
目次

Rule 03

Rule 04

Rule 05

151 疎ましい行動はわが子にさせない

Rule 06

189 世界を批判する前に家のなかの秩序を正す

Rule 07

205 その場しのぎの利益ではなく、意義深いことを追求する

Rule 08

253 真実を語ろう。少なくとも嘘はつかないことだ

Rule 09

Rule 10

Rule 11

Rule 12

装幀　渋澤 弾（弾デザイン事務所）

序章

本書の執筆に取りかかった背景には、長い経緯と短い経緯がある。短いほうからお話ししよう。

二〇一二年、わたしはＱｕｏｒａ（クォーラ）というウェブサイトを利用し始めた。誰でも何でも質問できるQ&Aサイトだ。回答についても、誰もが自由に書き込める。やりとりを読んだ利用者は、良い回答だと思えば高評価アイコンをクリックし、悪い回答のときは低評価アイコンをクリックする。クリック数が増えるにつれて、有益な回答は上位に表示され、そうでない回答は下位に落ちて忘れられていく。面白い、とわたしは思った。もともと、無償で奉仕し合うというやりかたが好きなせいもある。関心をそそられる問答《もんどう》も多く、一つの質問に触発《しょくはつ》されて幅広い意見が飛び交うようすが興味深い。

休憩中（あるいは仕事に気が乗らないとき）、わたしはＱｕｏｒａに頻繁《ひんぱん》にアクセスして、自分も参加できる話題がないか探した。「幸福（happy）と満足（content）の違いは何でしょう？」「歳《とし》をとるにつれて良くなることは何かありますか？」「人生の意義を高めてくれるものを教えてください」といった質問に対し、苦しみながらも回答をひねり出した。

このサイトでは、それぞれの回答を何人が閲覧し、何人が高評価を下したかが表示される。おかげで、自分の書き込みがどのくらい広く読まれ、どう思われたかを把握できる。高評価をつける人は閲覧者のうち、ごくわずかにすぎない。わたしが五年前、「人生の意義を高めてくれるものを教えてください」にこたえて書き込んだ回答は、さほど注目を集めず、二〇一七年七月の時点で閲覧数一万四〇〇〇、高評価一三三。また、「歳をとるにつれて良くなることは？」に対する回答は、閲覧数七二〇〇、高評価三六。ホームランとは言いがたい。もっとも、予想はついていた。こうしたサイトでは、ほとんどの回答が脚光を浴びず、ほんの少数の回答だけが、異常なほどの人気を集める。

少しあと、わたしは別の質問に答えた。「誰もが知っておくべき、大切な事柄は何でしょうか？」。わたしは大切なルールを列挙した。格言集《かくげん》と呼んでもいいかもしれない。大真面目《おおまじめ》なものも、皮肉めいたものも入れた。「つらいときも感謝の心を」「嫌なことはやらなくていい」「隠し立てをしてはいけない」などなど。Quoraの利用者たちはこのリストが気に入ったようすだった。コメントを書き込み、シェアする人が目立った。「プリントアウトして保存し、参考にさせていただきます。とにかく素晴らしい」「究極の回答ですね。もうこのサイトはおしまいでいいでしょう」といった感想が寄せられた。わたしが教鞭《きょうべん》をとるトロント大学の学生たちも、非常に興味を惹《ひ》かれましたとわざわざ言いに来た。現時点で、本当に大切な事柄をしるしたわたしの回答は、閲覧数一二万、高評価二三〇〇にのぼっている。Quora上のおよそ六〇万もの質問のうち、高評価が二〇〇〇の壁を突破するものは数百しかない。生き急ぐ必要はないと感じさせるゆとりが、的を射《い》たのだろうか。わたしのリストは上位〇・一パーセントに入った。

生きるうえで役立つこのリストを書いた当初、これほど反響を呼ぶとは思っていなかった。この質問と前後して、わたしは数カ月間に六〇くらいの回答を書き込んでおり、とくにこのときだけ異なる心づもりはしていなかった。にもかかわらず、Quoraが最高のマーケティングをしてくれた。このサイトのユーザーはいい意味で利害関係と無縁だ。自発的に、思いのままの意見を書く。だからこそ、わたしはこの結果に注目した。なぜこの回答が奇妙に大きな反響を呼んだのだろう？　ルールのリストをまとめるにあたって、よく知られた内容と目新しい内容のバランスがよかったのか。ルール全体が示唆《しさ》する枠組みに惹きつけられたのか。たんに、世間にはリストを好む人が多いのかもしれない。

この書き込みよりも数カ月前の二〇一二年三月、わたしは、ある著作権代理人からメールをもらった。差出人の女性は、わたしが出演したCBCラジオ番組『Just Say No to Happiness（幸せにノーと言おう）』を聴いたとのことだった。番組のなかでわたしは、幸福が人生の目標として妥当《だとう》であるという考えを批判した。過去何十年も、二〇世紀の暗部を描いた本を人一倍読んできたからだ。とくに、ナチスドイツやソ連についての本を読みあさった。ソ連の強制労働キャンプの恐ろしさをみごとに描き出したアレクサンドル・ソルジェニーツィンは、「人間は幸福のために創られている」とする「貧弱なイデオロギー」は「作業手配係の棍棒の一撃で打ちのめされてしまう」と記している。[1] 危機的な状況において、人生に苦しみが伴う状況は避けられず、幸福こそ個人が追い求めるべきふさわしい目標であるなどという幻想はたちまち吹き飛んでしまうのだ。ラジオ番組中、わたしは違う考えかたを示した。人生にはもっと深い意義が必要ではないか、と。さらに、そういう奥深さが過去の偉大なエピソードのなかにたびたび表れていることや、人格が成長するのは幸福に浸《ひた》っている最中よりむしろ苦難に直面しているときであることなどを指摘した。このあたりは、わたしが長年研究を続けている点でもある。

一九八五年から一九九九年まで、わたしは毎日三時間ほどかけて、本書に先立つ初めての著書『Maps of Meaning: The Architecture of Belief（意味の地図——信念の構造）』を執筆した。当時から現在に至るまで、その本の内容にもとづく講義を、最初はハーバード大学で、いまはトロント大学で行っている。また、近ごろはYouTubeの人気が伸びてきたうえ、TVO（カナダの公共テレビ）に出演したところ好評だったため、二〇一三年、大学その他での講義を録画し、オンラインで公開することにした。一連の動画はしだいに注目を集め、二〇一六年四月に再生回数が一〇〇万回を超えた。以後、数字はさらに急激に伸びたものの

（本書の執筆現在で一八〇〇万回）、その一因は、わたしが政治的な論争に巻き込まれ、並々ならぬ注目を浴びたことにあると思う。

しかしその件はまた別の話だ。いずれ、あらたな著書ででも論じるとしよう。

さて、『Maps of Meaning』の文中で、わたしはこんな見解を提示した。過去の偉大な神話や宗教的な物語、とくに、口伝えで継承されてきた古い物語は、描写的ではなく道徳的なものである、と。したがって、そういった物語の世界観は、科学者などの世界のとらえかたとはまったく異なる。世界がどんな成り立ちなのかではなく、人間がどのように行動すべきかをテーマにしている。われわれの祖先は、世界を物体の存在する場としてではなく、舞台つまりドラマとして描いたのだ。わたしは、ドラマとしての世界を構成する要素は「秩序（order）」と「カオス（chaos）」であるとの結論に至った。

秩序とは、自分の周囲にいる人々が、広く浸透した社会的な規範に従って行動し、予測可能かつ協調的に振る舞う状況をさす。すなわち、社会が構造化され、縄張《なわば》りが確立し、親密さに満ちた世界だ。秩序立った状態は、男性というかたちで象徴的に描かれる場合が多い。典型は「賢明《けんめい》な王」と「暴君」を対比した物語で、規律と抑圧は表裏一体であることを表している。

これに対し、カオスとは、予期しない事態が起こる世界をさす。生じるきっかけは、ささやかだ。たとえば、気心知れているはずの人たちばかりのパーティーで、ジョークを言ったものの、気まずい沈黙が場を支配したとき。もっと深刻な例でいえば、急に仕事をクビになったときや、恋人の裏切りに気づいたとき……。秩序が男性で象徴されるのと対照的に、カオスは女性と結びつけて描かれる。ありふれた日常のなかで突然、想定外の事態が発生する。破壊と創生。すなわち、死すべきものが死を迎え、あらたなものが誕生する（誕生と死が同時に起こるという意味で、文化とは異なり、自然界に似ている）。

秩序と混乱は、道教《どうきょう》の有名な陰陽マークでも表現されている。* 二匹の蛇《へび》が絡《から》み合うような意匠《いしょう》だ。秩序が白い雄《おす》の蛇、カオスは黒い雌《めす》の蛇。黒地に白丸、白地に黒丸が一つずつあしらわれているのは、両者がいつ逆転するかわからない潜在性を示す。いたって安泰《あんたい》と思えるときでも、にわかに不測の事態が浮上し、膨《ふく》らんでいくかもしれない。逆に、すべてが駄目《だめ》になってしまったと感じられるまさにそのとき、悲惨《ひさん》なカオスのなかから新しい秩序が出現する可能性もある。

道教は、永遠にもつれ合う二つの対極の境界においてこそ、真の意味を見いだせると説く。そういう境界を歩くのが、人生の道、聖なる道に沿って進むことなのだ。

それは、幸福よりもはるかに素晴らしい。

先ほど触れた著作権代理人の女性は、わたしがこうした点を訴えるCBCラジオ番組を聴いて、自分なりに考察を深めたという。そのうえで、一般読者向けの本を書かないかとメールで持ちかけてきた。わたし自身、非常に分厚い『Maps of Meaning』をもっと取っつきやすく書き直そうと努力したことが過去にある。けれども、いざ始めてみると、じゅうぶんな熱意が湧《わ》かず、文章も力を帯びなかった。いま思うと、前著を、すなわち以前の自分を模倣《もほう》しようとしたにすぎなかったからだろう。秩序とカオスのあいだに身を置き、新しい何かを生み出すべきだったのだ。わたしはその代理人に、TVOで放映された講義のうち四つを見てもらえないかと提案した。『Big Ideas』というタイトルのもと、わたしのYouTubeチャンネルにアップロードしてある。それを見てもらい、共有できる情報が増えれば、大衆向けの書籍でどんなトピックを扱う

*この陰陽マークは、五層からなる包括的な太極図のうち第二層に位置する。太極図は、おおもとの唯一絶対の存在から分裂して現実世界の多様性が生じるさまを表している。これについて、詳しくはルール2その他で触れていきたい。

べきかについて深い話し合いができるだろうと考えたわけだ。

数週間後、彼女から連絡があった。四回の講義をすべて視聴し、同僚と議論を交わしたという。関心がさらに高まり、出版プロジェクトにますます熱意を持ったとのことだった。うれしい知らせだが、予想外でもあった。好意的な反応をもらうと、わたしはいつも驚いてしまう。わたしの主張は深刻で重いうえ、一般常識とは本質的に異なるからだ。初めはボストンで、現在はトロントで行っている講義にしろ、大学側から許可が下りた(それどころか、背中を押された)ことが驚きだ。担当者が講義の中身に本当に気づいたら大騒動になるのではないかと、つねづね心配している。この懸念が多少とも当たっているかどうか、みなさんにも、本書を読み終えたあとご判断いただきたい(笑)。


著作権代理人である彼女は、人がいわば「よく生きる」ため必要な事柄を記した、一種のガイドブックを書いてみてはどうかと提案してきた。即座にわたしは、Ｑｕｏｒａに載せたリストを思い出した。あのサイト上には、最初の投稿後、さらなる考えを書き足してあり、追記分に関しても好意的な反応を得ている。彼女の提案に合致するかもしれない。そこでリストを送ったところ、気に入ったとの返事がきた。

同じころ、わたしの友人であり教え子でもある小説家兼シナリオライターのグレッグ・ハーウィッツが、新作スリラーを構想中だった(のちに『Orphan X』〈邦訳は『オーファンX　反逆の暗殺者』=角川文庫〉のタイトルでベストセラーになった)。彼もわたしのルールを気に入って、その作品のなかに組み込んでくれた。物語のところどころで、主人公の女性ミアが、ルールのうち場面にふさわしいものを一つずつ、自宅の冷蔵庫に貼っていくのだ。やはりあのリストは魅力があるのだろうと、わたしは意を強くした。ルール一つにつき短い章を一つずつ割り当てた本はどうだろうかと持ちかけ、同意をもらえたので、そのような出版企画書を作成した。ところが、実際に書き始めたところ、短い章では済まなくなった。それぞれのルールについて、当初の想定よりもはるかに多くの事柄を論じたくなってきた。

理由の一つは、最初の本を執筆する際、膨大《ぼうだい》な時間をかけて大量の研究調査をしたからだ。歴史や神話、神経科学、精神分析、児童心理学、詩、聖書のおもだった部分を細かく掘り下げた。ミルトン『失楽園《しつらくえん》』、ゲーテ『ファウスト』、ダンテ『神曲《しんきょく》』を精読し、おそらく大半を理解した。その知識のすべてを何らかのかたちで融合して、ある複雑な問題を解明しようとしていたのだ。すなわち、冷戦時代に核兵器の開発競争がなぜ起こったのかを突きとめようとした。自分の信念体系を重視するあまり、信念を守るためなら全世界を破壊してしまう危険も顧《かえり》みないなどという暴走がなぜ生じるのか、わたしには理解できなかった。しだいにわかってきたのは、信念体系の共有が互いの理解を深める働きをしていること――さらに、体系を支えているのは信念だけではないことだ。

同じルールに従って生きる人々は、互いに予測可能な状態になり、互いの期待と願望に沿った行動をとる。手を結んで協力できる。平和な競争さえできる。共有された信念体系は、心理にも行動にも作用し、あらゆる人間を――自分自身の視点も、他人の視点も――単純化する。世界そのものまでも単純化する。互いに何を期待しているかがわかっているだけに、協力して世界を平穏《へいおん》無事に保っておけるからだ。おそらく、何より重要なのは、この有機体(organization)――この単純構造――を維持することなのだろう。もしこれが脅《おびや》かされると、安定していた巨大な船が揺らいでしまう。

人は自分の信念のために戦う、ととらえるのは正確ではない。自分たちが信じているもの、予想しているもの、望むものがすべて一致している状態を保つために戦うのだ。自分の予測と、あらゆる他人の行動との整合性を維持するために戦う。誰もが平穏に、予測可能に、生産的に暮らしていける調和を保とうとする。

それによって、不確実性から無規律な情動が生じて混沌《こんとん》となるような事態をできるかぎり避ける。たとえば、信頼していた恋人に裏切られた人を想像してみよう。二人のあいだで結ばれていた神聖な社会契約が破られた。行動は、言葉よりも雄弁に物語る。裏切り行為が、もろいながらも慎重に育《はぐく》まれてきた穏《おだ》やかで親密な関係を破壊する。不実《ふじつ》に見舞われると、人は毒々しい感情に囚《とら》われる。嫌悪《けんお》、軽蔑《けいべつ》(自分に対しても相手に対しても)、罪悪感、不安、怒り、恐怖――。衝突は避けられず、ときには悲惨な結果につながりかねない。その際、共有された信念体系――合意のうえでの行動や期待が体系化され、共有されたもの――があれば、そうした強い力をすべて統制し、コントロールできる。したがって、カオスと恐怖の感情に囚われない(ひいては、闘争や戦闘に陥《おちい》らない)ようにするため、人々が戦いに立ち上がることは、けっして不思議ではない。

理由はまだある。共有された文化的な体系は、人々の相互関係を安定させる働きをするばかりではなく、価値の体系でもある。すなわち、何に高い優先度と重要性を与え、何に与えないかという、価値の階層を含んでいる。そのような価値体系が存在しなければ、人は行動を始めることすらできない。それどころか、知覚さえもできない。行動にも知覚にも、まずは目標が必要であり、妥当な目標とは当然、何かしら価値のあるものでなければならないからだ。わたしたちが経験するポジティブな感情の多くは、目標と関わりがある。突き詰めていえば、わたしたちは自分が進歩しているのを実感できないかぎり幸福ではなく、進歩という概念はまさに価値とつながっている。さらに具合の悪いことに、ポジティブな価値を持たなければ、人生の意味は中立的になりえない。人は傷つきやすく、やがて死ぬ運命にあり、その存在は痛みや不安と無縁ではいられない。「ビーイング*(Being =直訳では『存在すること』)」と切り離せない苦しみに対抗する術《すべ》が必要だ。深い価値体系に根ざす意味を持たなければ、存在していることの恐怖にたちまち圧倒されてしまう。ニヒリズムに引き寄せられ、落胆と絶望に襲われるはめになる。

要するに、価値のないところには意味も生じない。しかし価値体系を持つと、自分たちとは異なる価値体系とのあいだで衝突が起こりかねない。だからわたしたちは、きわめて硬い岩と困難な場所に挟《はさ》まれたまま永遠に抜け出せずにいる。もし集団ベースの信念が失われれば、人生は無秩序で惨《みじ》めで耐えがたいものになるし、集団ベースの信念が存在すると、ほかの集団との対立が不可避になってしまう。西洋諸国の人々は、伝統ベースや宗教ベース、さらには国ベースの文化からしだいに身を引きつつあり、その理由の一つは、集団同士が衝突する危険を抑えるためだ。ところがその代わり、徐々に、虚無《きょむ》感からくる絶望に蝕《むしば》まれており、状況の改善にまったくつながっていない。

『Maps of Meaning』の執筆中、わたしは――いや、わたしも――人類はもはや衝突を容認できないという認識に突き動かされた。少なくとも、二〇世紀の世界大戦のような規模の紛争はぜったいに起こすわけにいかない。人類の破壊技術は強大になりすぎた。戦争の行き着く先は、比喩《ひゆ》ではなくまさしく黙示録《もくしろく》

＊わたしが「ビーイング」という用語を使う理由の一つは、二〇世紀のドイツ人哲学者マルティン・ハイデッガーの思想に影響を受けたからだ。ハイデッガーは、客観的に知覚する現実と、人間の経験の総体（ハイデッガー流の「ビーイング」）とを区別しようと試みた。「ビーイング」とは、他者との共同経験のほか、ひとりひとりの主観的、個別的、個人的な経験もさす。したがって、感情、衝動、夢、空想、啓示、個人としての思想や認識などが含まれる。また、「ビーイング」は最終的には行動によってかたちをとるので、人間の性質の一部は――どのくらいかは明らかでないが多少とも――わたしたち自身の決定や選択の結果といえる。つまり、理論上は、自由意志がある程度の割合を形成している。こう考えていくと、「ビーイング」は、⑴物質や実体へ容易に直接還元できるものではなく、⑵どうしても独自の用語で表現せざるを得ない。だからこそ、ハイデッガーは何十年もかけて解明の努力を続けたのだ。

(apocalyptic)だろう。かといって、わたしたちは自分の価値体系、信念、文化のどれ一つ簡単に放棄《ほうき》することはできない。この難しいジレンマをめぐって、わたしは何カ月も苦悩した。自分が気づいていない第三の道があるのか？　悩み続けていたころ、ある晩わたしは夢を見た。シャンデリアにつかまって、宙吊《ちゅうづ》りになっている夢だ。地上何階もの高さで、シャンデリアの向こうには大聖堂の丸天井。はるか遠い地上にいる人々が豆粒のように見える。わたしと周囲の壁のあいだには広い空間がある。丸天井の頂上までもずいぶんな距離だ。

わたしは、とりわけ臨床心理士としての訓練を積むため、夢には注意を払うべきだと心得ている。夢は、理性そのものがまだ旅していない場所に光を当てる。わたしはキリスト教についてかなりの研究を積んできた(他の宗教的な伝統に関しても知識の欠如《けつじょ》を補おうと努力しているが、キリスト教に最も造詣《ぞうけい》が深い)。当然ながら、自分がよく知る切り口から物事を分析するしかない。わたしが知っているのは、大聖堂が十字架《じゅうじか》をかたどって造られていることや、丸天井の下は十字架の中心に当たることだ。十字架は、最大の苦痛の節《ふし》目《め》であると同時に、死と変容の節目であり、世界の象徴的な中心であることも知っている。わたしにとって望ましい場所ではない。やがてわたしは、その高みから——象徴的な空から——下りた。いったいどこなのか、安全で馴染《なじ》みのある地面に戻った。どうやって下りたのかはわからない。そのあと、まだ夢のなかで自分の寝室のベッドに戻り、穏やかな無意識と睡眠の世界に戻ろうとした。しかし、リラックスするうち、からだがどこかへ運ばれていくのを感じた。大いなる風がわたしを溶かし、あの大聖堂へ送り返そうとしていた。あの十字架の中心へ。出口はない。真の悪夢だった。わたしは力を振り絞って、目を覚ました。背後のカーテンが風に吹かれ、枕の上を撫《な》でていた。夢うつつのまま、ベッドの下を見た。大聖堂の扉がいくつも見えた。わたしが懸命に眠気を振り払うと、幻影は消えた。

わたしは夢の力で「ビーイング」の中心点に連れて行かれたのだ。出口はなかった。これが何を意味するのか、理解するのに何カ月もかかった。その時間を費やして、わたしは、過去の偉大な物語が繰り返し訴えている核心部分について、自分なりに認識を掘り下げていった。結論として、核心部分は個人によって占められているとの考えに至った。Xマークが重要な一地点を指し示すように、あの十字架は事物の核心を示しているのだ。その中心点に存在する者は苦難と変容を強《し》いられる——何よりも、みずからの位置づけを自発的に受け入れる必要がある。それに耐えられれば、集団やその教義に奴隷のように従う状態を超越でき、同時に、対極の落とし穴であるニヒリズムを避けられる。代わりに、個々の意識と経験のなかに深い意義を見いだすことができるのだ。

世界が過酷《かこく》なジレンマから解放されるにはどうすればいいのか？　一方には紛争、もう一方には心理的、社会的な虚脱《きょだつ》が待ち受ける板挟みから、どうすれば脱せるのか？　答えはこうだ。必要なのは、個人の高揚《こうよう》と成長。さらに、あらゆる人が「ビーイング」の重荷をこころよく担い、勇敢《ゆうかん》な道を歩む意志を持つことだ。ひとりひとりが、個々の生活、社会、世界に対してできるだけ多くの責任を負わなければならない。めいめいが真実を語り、破損しているものを修復し、時代遅れの古いものを解体してつくり直す必要がある。そうすれば、世界を毒する苦しみを軽減できるし、そうしなければならない。それには多大な努力が要《い》る。すべてをなげうたなければならない。しかし、そうしなかった場合——服従を強制する信念がはびこり、破綻《はたん》から来るカオスが満ち、自然世界は制御を失って悲惨な破局へ向かい、目的を持たない個人が存在上の不安と弱みに怯《おび》え——結果は明らかにひどい。

わたしは何十年もこのような考えを深化させ、講義で人に伝えている。裏付けとなる物語や思想を大量に集積してきた。しかしだからといって、自分が完全に正しいとか、自分の考えは完璧であるとか主張するつもりは微塵《みじん》もない。「ビーイング」は、ひとりの人間には把握しきれない、はるか複雑なものであり、わたしがすべてを語ることはできない。できるかぎりの範囲でお伝えしているだけだ。

いずれにしろ、いままでのあらゆる研究や熟考の成果として文章をしたため、本書に結実させた。当初のアイデアでは、Ｑｕｏｒａに投稿した四〇の項目すべてについてそれぞれ短い説明を付すつもりだった。出版元のペンギン・ランダムハウス・カナダにもその承諾を得た。しかし、執筆しながら章の数を二五に、さらに一六に減らし、最終的には一二に絞った。そうして凝縮《ぎょうしゅく》した内容を、正式に決まった編集者の助力と配慮(および、前述の小説家グレッグ・ハーウィッツからの辛辣《しんらつ》ながらも的確な批評)の世話になりながら三年間かけてまとめ上げてきた。

『12 Rules for Life: An Antidote to Chaos(生き抜くための12のルール――人生というカオスのための解毒剤)』という原著タイトルに落ち着くまでには長い時間がかかった。なぜほかのタイトル案をふるい落としてこれに決めたのか？　何よりもまず、シンプルだからだ。人々は原則に従う必要があり、そうでなければカオスを招いてしまう、という点を明確に示せる。わたしたちは、個人としても集団としても、ルールを、基準を、価値を必要としている。人間は、馬や牛と同じく、重荷を背負って運ぶ動物の群れなのだ。惨《みじ》めな存在を正当化するためには、重荷に耐えなければならない。所定のやりかたと伝統が必要になる。それが、秩序にほかならない。秩序は過剰になりかねず、過剰は良くないが、逆にカオスはわたしたちを泥沼にはめ、溺《おぼ》れさせる――それも良くない。わたしたちは、まっすぐな狭《せま》い道の上にとどまるべきだ。したがって、本書の一二のルール――そして、それに付随する文章――は、ひとつひとつが「そこに存在すること」への導きとなっている。「そこ」とは、秩序とカオスの境界線をさす。その場所こそが、じゅうぶんに安定し、なおかつ、じゅうぶんにあらたな可能性を模索でき、じゅうぶんに変化して、じゅうぶんな修復を行い、じゅうぶんに協力し合える場所だ。そこでこそ、人生とその避けられない苦しみとを正当化するにふさわしい意味を見つけられる。きちんと生きることができれば、おそらく、自己意識の重みに耐えられるだろう。きちんと生きることができれば、おそらく、自分自身の弱さと死に至る運命とに耐えきれるだろう。最初に怒り、次に妬《ねた》み、さらには復讐《ふくしゅう》と破壊を生むような、苦悩にまみれた被害者意識を覚えずに済む。きちんと生きることができれば、おそらく、自分の無能と無知から目を逸《そ》らすために全体主義の確かさにすがる、などという事態にも陥らないだろう。おそらく、地獄へ続くあの道をたどることを回避できるだろう——暗黒の二〇世紀、わたしたちは、本当の地獄がいかに現実の近くにあるかを見てきた。

ここに挙げたルールと付随する文章が、人々がじつはすでにわかっている真実を理解するのに役立つよう願っている。その真実とは、個人の魂《たましい》が、真の「ビーイング」たらんとする勇敢さを絶えず欲し続けていること、さらに、その責任をみずから引き受けようとする精神が、意味のある人生を生きる決意と同一であることだ。

誰もがきちんと生きていけば、人類全体が栄えるだろう。

この先のページを繰《く》るみなさんすべてに、幸いあれ。

ジョーダン・B・ピーターソン
臨床心理士、心理学教授

Rule 01

背筋を伸ばして、胸を張れ

Stand up straight with your shoulders back

ロブスター——と縄張り

ふつうの人なら、ロブスターに思いをめぐらすことはめったにないだろう(2)——目の前の皿に載っていれば話は別だろうが。

しかし、いっぷう変わった美味なこの甲殻類《こうかくるい》は、おおいに検討に値《あたい》するのだ。体内の神経系統はわりあい単純にできており、脳のなかにある驚異の細胞、すなわちニューロンが大きくて観察しやすい。そのため、ロブスターの神経回路の構造はきわめて明確に解明されている。おかげで、人間などのもっと複雑な動物の脳や行動の仕組みと役割を理解するうえで役立っている。あなたが思っている以上に、ロブスターはあなたと共通点が多い(とくに、あなたがエビス顔をしているときなどは)。

ロブスターは海底に棲《す》んでいる。一定の縄張《なわば》りの範囲内で餌《えさ》をあさる。死んだり殺されたりした生き物の残骸《ざんがい》がはるか上方から漂い落ちてきていないかと探しまわる。そのためには、餌を探しやすく収穫も多い、安心できる居場所が欲しい。要するに、家が必要なのだ。

しかし、これが厄介《やっかい》を引き起こしかねない。なにしろロブスターはたくさんいる。海の底で二匹の縄張りが重複し、お互いが同時期にそこで暮らしたいと思ったら、どうなるだろう。いや、何百匹というロブスターがみんな、砂と堆積物《たいせきぶつ》が交じり合った狭苦《せまくる》しいなかで、生命を維持し、家族を育てたいとなったら……?

ほかの生き物も同じ問題を抱えている。たとえば、さえずりの美しい鳥も例外ではない。毎年春、南から北へと渡ってきた鳥たちは、激しい縄張り争いを繰り広げる。人間の耳には、のどかな澄《す》んだ歌声に聞こえるものの、じつはあれは警告のサイレンであり、縄張りの主張なのだ。みごとなメロディーを口ずさむ鳥たちの一羽一羽が、主権を高らかに宣言する小さな戦士だといえる。ミソサザイを例に取ろう。北米でよく見かける、小型の鳥だ。活発に動き、昆虫を餌にする。新しい土地にやってきたミソサザイは、雨風から守られた安全な場所に巣をつくりたがる。近くで餌にありつけて、将来のつがいの相手にも魅力的な場所。さらに、じゅうぶんな距離をとっていることをライバルたちに納得させられる場所でなければいけない。

鳥――と縄張り

一〇歳のころ、父親とふたりで、ミソサザイ一家のために巣箱をつくったことがある。西部開拓時代の幌《ほろ》馬車《ばしゃ》を思わせるようなデザインで、二五セント硬貨くらいのサイズの出入り口を付けた。からだの小さなミソサザイには都合よく、大きなほかの鳥はくぐれない。隣に住む年上の女の子も、うちと同じころ、古いゴムブーツから巣箱をつくった。出入り口はツグミくらいの鳥に似合うサイズだった。棲みつく鳥が現れるのを、彼女は楽しみにしていた。

間もなく、一羽の雄《おす》のミソサザイがわが家の巣箱を発見し、棲みかを構えた。早春のあいだじゅう、長いさえずりが繰り返し聞こえてきた。ただ、屋根付きの巣の手入れを終えたあと、空からやってきたこの下宿人は、小枝を集めて隣家のゴムブーツのなかに詰め始めた。大小問わずどんな鳥も入れないように、枝をいっぱいに詰め込んでしまった。隣の女の子はこのバリケードに閉口したが、どうしようもなかった。「たとえあの巣を下ろして、なかを空っぽにして木の上へ戻しても」と、わたしの父は説明した。「あのミソサザイはまた枝を運んできて、いっぱいにするだろう」。ミソサザイは小さくて可愛らしいものの、情《なさ》け容赦《ようしゃ》ない。

その前の冬、わたしはスキーで片脚を骨折した。生まれて初めて斜面を滑降《かっこう》し、しくじったのだ。ただ、うちの学校には、そういう不器用な子に報《むく》いるための制度があり、わたしは少しばかりの保険金をもらった。それを活《い》かして、カセットレコーダー(当時としては最新のハイテク機器)を買った。すると父が、レコーダーを使った実験を提案してきた。芝生に寝転んでミソサザイのさえずりを録音し、再生して、反応をみてごらん、と。わたしは、春の明るい陽射《ひざ》しのもと、ミソサザイが歌にのせて縄張りを懸命に訴えるようすを数分間録音した。そのあと、ミソサザイにみずからの歌声を聞かせてみた。すると、スズメの三分の一ほどの小さなミソサザイが、上空から急降下し、わたしとカセットレコーダーを攻撃し始めた。スピーカーすれすれをかすめ、舞い上がってはまた襲ってきた。もっとも、カセットレコーダーなど使わなくても、この種の行動は頻繁《ひんぱん》に見かけていた。うちの鳥の巣に近い木で大きめの鳥が羽を休めようものなら、ミソサザイのカミカゼ攻撃を受けて追い払われかねなかった。

さて、ミソサザイとロブスターはずいぶん違う。ロブスターは飛ばないし、歌わないし、枝にとまらない。ミソサザイには羽があって、殻《から》はない。水中では息ができず、皿に載せられバターを添えられることもまずない。しかし、両者には重要な共通点がある。たとえば、どちらも立場や地位に固執《こしつ》していることだ。この特徴はたいがいの生き物に共通する。ノルウェーの動物学者で比較心理学者のトルライフ・シェルデラップ=エッベは(さかのぼること一九二一年)、農家の庭で飼われているふつうのニワトリでさえ「餌をついばむ順番」が決まっていると指摘した(3)。

ニワトリの世界では、生き延びていくうえで、互いの格付けが大切な意味を持つ。とくに、餌不足のときは重大だ。朝、庭に散らばる何らかの餌を最初に食べる権利があるのは、最高位のニワトリたちと決まっている。次は、第二階級の出世候補たち。そのあと、第三階級の番がくる。この調子で順に続き、やがて、一部の羽根が抜け落ちていたり、姿かたちが悪かったりする、カーストの最下層の哀《あわ》れな民たちが餌にありつく。

ニワトリは、郊外に住む人間と同様、共同社会をつくって生きている。ミソサザイのような鳴き鳥は共同社会を持たないものの、集団内にはやはり優勢順位があり、縄張りの優劣に関わっている。最も知恵が働き、強く、健康で、幸運な鳥が、最も条件のいい縄張りを支配して守る。結果として、質の高い伴侶《はんりょ》を惹《ひ》きつける可能性が高まり、やがて生まれる子どもたちも、おそらく生き残って繁栄できる。風雨や捕食者から逃れやすく、豊かな餌が容易に得られる環境を確保できると、そのぶんストレスの少ない生活を送れるのだ。したがって縄張りが大切で、縄張りの権利と社会的な地位がほとんど同じ意味を持つ。多くの場合、生死を左右する。

鳴き鳥のはっきりした階層社会がある地区に、もし伝染病のウイルスが流れ込んだ場合、罹患《りかん》して死ぬ可能性が高いのは、最も劣勢でストレスにさらされている個体、つまり、社会の最下層に位置する個体だ[4]。人間についても同じことがいえる。インフルエンザなどのウイルスが地球の各地で流行したとき、貧しくストレスに苦しむ者たちが真っ先に、そして数多く犠牲になる。伝染性ではない病気、たとえば癌《がん》、糖尿病、心臓病などに関しても、はるかに大きなダメージを受けかねない。古くから「貴族が風邪《かぜ》を引くと、労働者が肺炎で死ぬ」といわれるゆえんだ。

縄張りが肝心《かんじん》でありながら、理想的な場所はつねに不足しているため、生き物の縄張り探しは紛争につながる。この際、さらにあらたな問題が生じる。すなわち、いかに被害を小さく抑えつつ勝敗を決するかだ。被害の抑制はきわめて重要だ。巣づくりに好適な場所をめぐって、二羽の鳥が激しい口喧嘩《くちげんか》を始めたと想像してほしい。この争いは、ささいなきっかけで直接的なからだの傷つけ合いに発展しかねない。そうなった場合、ふつう、最終的には大きいほうの一羽が勝利を収める。ただ、その勝者も、戦いの途中で怪我《けが》を負ってしまうかもしれない。傍観《ぼうかん》していた第三の鳥が狡猾《こうかつ》に割り込んできて、手負いの勝者を打ち負かす可能性が出てくる。となれば、戦った二羽は丸損だ。

紛争――と縄張り

結果的に、他者と同じ地域で共生しなければいけない生き物は、潜在的な損害を最小限に抑えながら支配を確立するため、何千年にもわたってさまざまな術《すべ》を身につけてきた。たとえば、負けを認めたオオカミは仰向《あおむ》けにころがって喉《のど》を露出させる。勝者はあえて喉を引き裂こうとはしない。いま支配権を握ったオオカミも、将来、狩猟のパートナーが必要になるかもしれないからだ。現在は哀れな姿の敗者であっても、いずれ役に立つ可能性がある。フトアゴヒゲトカゲは驚くほど社会的な生き物で、互いに前脚を緩《ゆる》やかに揺らすことによって、調和を保ち続けたいという意思表示をする。イルカは、獲物狩りなど高い興奮状態にあるとき、特殊な音波を発し、優位な集団と劣位の集団が衝突する危険を避けようとする。生き物の共同社会では、このような行動が種ごとに決まっている。

海底をうろつくロブスターも例外ではない。(5) 何十匹か捕まえてきて、新しい場所に放して観察すれば、いろいろな儀式やテクニックを使って共生関係を確立していくのがわかるだろう。めいめいのロブスターはまず、周辺を探検し始める。身を隠すのに適した場所を見つけるためでもあるし、一帯の細かな地形を頭に入れるためでもある。ロブスターは自分が棲んでいる場所について多くの事柄を学び、学んだことを記憶する。

ためしに、巣の近くにいるロブスターを驚かせると、急いであとずさりして巣に隠れる。しかし、巣から少し離れたところで驚かせると、最寄りの適当な隠れ場所へ逃げ込む。過去に目をつけておいた場所を思い出したわけだ。

ロブスターには、自然の脅威にさらされず捕食者もいない、隠れて休める安全な場所が必要になる。また、成長につれて脱皮するので、新しい殻がまだ硬くならず攻撃に弱い時期がそれなりにある。岩の下の穴は、ロブスターにとって恰好《かっこう》の家になる。とくに、貝殻などの破片を引きずってきて、自分が内部に収まったあと入り口を覆《おお》うことができれば理想的だ。ただし、理想的な隠れ場所は、おそらくごく限られた数しか存在しない。希少価値が高く、ほかのロブスターも絶えず探している。

したがって、探検中にロブスター同士がばったり出くわすことも多い。実験によると、そのような事態が起きたときどうすべきかは、孤立した環境で育ったロブスターでさえ心得ているという(6)。複雑な防御や攻撃の行動パターンが神経系に組み込まれているのだ。ロブスターは、ボクサーのように動きまわる。相手の動きに合わせて小刻みに前後左右へ移動し、開いた爪《つめ》を振り上げたり下ろしたりする。同時に、目の下にある特殊な噴出器官を活かして、相手に液体を吹きかける。この液体スプレーには、自分の大きさ、性別、健康状態、気分をほかのロブスターに伝える化学物質が混じっている。

爪のサイズが相手よりもはるかに小さいと瞬時に悟って、戦わずに引き下がる場合もある。また、スプレーで交換された化学情報も同様の効果をもたらす。相手より健康状態が悪い、あるいは戦闘意欲が低いとわかると、不戦敗に甘んじる。これを紛争解決のレベル1としよう(7)。しかし、二匹のロブスターの大きさがほとんど同じで、能力もどうやら拮抗《きっこう》している場合や、交換した液体のなかの情報が不十分な場合は、紛争解決のレベル2へ進む。互いに触角《しょっかく》を激しく震わせ、爪を下方に折り曲げて、片方が前進すると、もう一方が後退する。続いて、後退したほうがこんどは前進し、前進したほうが後退する。この攻防を二、三回繰り返したあと、ときにはどちらかが気圧《けお》されて、これ以上の戦いは得策ではないと判断する。おとなしく尻尾《しっぽ》を下げて、すばやく後方へ下がり、姿を消す。ほかの場所に運を託すことにするわけだ。しかし、どちらも後に引かないとなれば、レベル3へ推移し、本格的な戦いの幕が開《あ》く。

こんどは、怒りに燃えたロブスター二匹が、互いに爪を伸ばして、相手をつかもうとする。つかんで、仰向けにひっくり返そうと試みる。みごとにひっくり返されたほうのロブスターは、このままでは深手《ふかで》を負わされると相手の強さを認め、たいがい、あきらめて退却する(激しく憤《いきどお》り、恨《うら》みつらみを並べたてながらも)。どちらも相手をひっくり返せない場合——あるいは、一方がひっくり返されてもあきらめない場合——二匹のロブスターはレベル4へ突入する。この段階は深刻な危険を伴うため、よほどのことがなければ始まらない。もし始まれば、格闘のすえ、片方または両方のロブスターが傷を負い、おそらくは死ぬ。

二匹はいままで以上の速さで敵に向かって突進する。開いた爪で、相手の脚、触角、眼柄《がんぺい》など、露出した相手の弱点を狙う。いったんどこかをつかむと、尾を振って急に後退しながら、爪を強く閉じ、ちぎろうとする。ここまでエスカレートした戦いでは、明確な勝者と敗者が生まれるのがふつうだ。敗者は生き残れないだろう。たとえすぐには死ななくても、勝者が占領する領域にとどまっていれば、命を脅《おびや》かされ続ける。

戦いに敗れたロブスターは、たとえ善戦したにせよ、同じ相手とはもう二度と戦おうとしない。敵対心を示すことすらしなくなる。敗北の結果、ときには何日も自信を失う。それどころか、さらに深刻な結果につながりかねない。ひどい敗北を喫した場合、そのロブスターの脳は、いわば溶けてしまう。代わって、服従者の脳が育っていく。あらたに置かれた下位のポジションにふさわしい脳に入れ替わるのだ(8)。もとの脳のままでは、王者から負け犬への立場の急変に対処しきれない。いったんほとんど全部を溶かして、あらたな脳を成長させる必要がある。恋愛や仕事で大きな敗北を味わい、痛みとともに生まれ変わった経験がある人なら、栄光を失ったこの甲殻類に親近感を抱くかもしれない。

敗北と勝利の神経化学

負けたロブスターの脳の化学的な状態は、勝者とは明確に異なる。その点は、ある関係性に表れる。じつは、ロブスターが自信を持っているかいないかは、脳内のニューロン間の通信を調節する二つの化学物質、セロトニンとオクトパミンの比率に依存するのだ。勝つと、セロトニンの比率が増加する。

セロトニンが多くオクトパミンが少ないロブスターは、傲慢《ごうまん》な態度をとり、ほかの個体から攻撃を受けたとき、後退する可能性が非常に低い。これは、セロトニンが姿勢を伸ばすのに役立つからだ。ふだん曲がっている付属器官が伸び、西部劇を演じるクリント・イーストウッドのように、背が高く脅威に満ちた外見になる。戦いに負けたばかりのロブスターでも、セロトニンを注入してやると、からだを伸ばし、ついさっきの勝者に対してさえ向かっていき、より長く激しく戦う(9)。鬱《うつ》状態にある人間に処方される薬も、「選択的セロトニン再取り込み阻害薬《そがいやく》」と呼ばれ、よく似た化学上、行動上の効果をもたらす。抗鬱剤プロザックをロブスターに投与したところ、元気が増したとの実験結果もある。地球上の生命の進化には連続性があると感じさせられる、驚くべき実証例だろう(10)。

高セロトニン／低オクトパミンが勝者の特徴だ。比率が逆転してオクトパミンの割合が高まると、ロブスターは敗者の雰囲気をまとい、惨《みじ》めさをにじませ、活発さを失い、意気消沈する。すっかりうらぶれて、トラブルの気配があればたちまち逃げ出しそうなようすになる。セロトニンとオクトパミンは、尻尾《しっぽ》の反射的な動作も調節していて、逃げる必要があるときのすばやい後退に関わっている。打ちのめされたロブスターは、わずかな挑発でもすぐさま反応する。人間にも似たような例があり、心的外傷後ストレス障害（PTSD）を抱えた兵士や虐待《ぎゃくたい》された子どもは小さなきっかけにも大げさな反応を起こす。

不均等分布の原理

敗北したロブスターが勇気を取り戻し、ふたたびあらたな敵と戦ったとしても、また負ける可能性が高い。過去の対戦成績にもとづく統計的な予測より、敗北の可能性が高まるのだ。逆に、勝利したロブスターは、次も勝つ可能性がますます高くなる。人間社会と同じように、ロブスターの世界も、勝者総取りのシステムだ。上位一パーセントが、最下位五〇パーセントの合計に匹敵する獲物を取る[11]。人間社会では、最も裕福な八五人が下位の三五億人を合わせたくらいの富《とみ》を持つ。

この不均等分布という残忍《ざんにん》な原理は、金銭以外の領域にも当てはまる。それどころか、創造的な生産が必要とされる分野すべてが、この原理にのっとっている。学術論文の大半は、ごく少数の科学者が発表する。ほんのひと握りのミュージシャンが、市販される音楽のほとんどを録音している。書籍の売り上げにしてもそうだ。米国では毎年、一五〇万（！）ものタイトルの書籍が発売されるが、一〇万部以上売れるのは五〇〇人にすぎない[12]。同様に、たった四人の作曲家（バッハ、ベートーベン、モーツァルト、チャイコフスキー）が、現代オーケストラで演奏される音楽のほとんどすべてを占めている。バッハについていえば、たいへんな多作だから、楽譜を手書きで写すだけで数十年かかり、天才的な作品のほんの一部しか一般的には演奏されていない。圧倒的な支配力を誇るほかの三人の作曲家にも同じことが当てはまる。いまでも広く演奏される作品は、限られた一部分にすぎない。つまり、あらゆるクラシック作曲家のうち、ごく少数の作曲家のごく少数の音楽だけが、世界じゅうの人々に知られ、愛されるクラシック音楽のほぼすべてなのだ。

この原理は、デレク・J・デ・ソーラ・プライスの名にちなんで「プライスの法則」とも呼ばれる。(13) 彼が一九六三年に提唱した応用科学であり、縦軸に人数を、横軸に生産性や資源を設定すれば、ほぼL字形のグラフでモデル化できる。基本原理はもっと早くに発見された。二〇世紀初頭、イタリアの博学者ヴィルフレド・パレート(一八四八〜一九二三年)が、富の分布をこのモデルで説明できると気づいた。政府の形態に関係なく、過去に研究されたすべての社会に当てはまると思われる。また、都市の人口(非常に少数の都市にほとんどの人々が暮らしている)、天体の質量(非常に少数の天体がほとんどの物質を持つ)、言語における単語の頻度(コミュニケーションの九〇パーセントが、わずか五〇〇語を使用して行われる)。そのほかにも例は数多い。

この原理には「マタイの法則」という別称もある。キリストの教えのなかでもきわめて辛辣《しんらつ》なひとことと して、『マタイ伝』第二五章二九節にこう記されているからだ。「持っている者は与えられていよいよ豊かになり、持たざる者はわずかに持っているものまでも取り上げられるであろう」

この金言が甲殻類にまで当てはまるとわかると、わたしたちが神の子であることを痛感せずにいられないだろう。

気難しい甲殻類に話を戻そう。ロブスターが互いを試し、誰なら攻撃でき、誰には広い縄張りを譲るべきかを学ぶまで、それほど時間はかからない。学び終えると、結果的には非常に安定した上下関係ができあがる。以後、勝者に確定したロブスターは、触角を振って相手を脅《おど》すだけでいい。相手側はもう懲《こ》りているから、砂を巻き上げてたちまち消え失《う》せる。弱いロブスターは無駄《むだ》なあがきをやめ、低い身分を受け入れて、もはや爪を振り上げようとはしない。対照的に、最上位のロブスターは、最高の隠れ家を占有し、じゅうぶんな休息をとり、上等な食事を平《たい》らげる。支配者らしく堂々と縄張りを巡回し、夜には、下位のロブスターをそれぞれの隠れ場所から追い出して、誰が勝者なのかを思い知らせる。

メスたちを独占

メスのロブスターたち——成長して母親になる準備が整うと、オスと同じく、激しい縄張り争いをする(14)——は、最上位のオスをすばやく見定め、熱を上げる。わたしに言わせれば、これは賢明な戦略だ。人間の女性も含め、多くの生き物のメスが同様の態度をとる。最高のオスを割り出すという難しい課題にみずから挑みはせず、支配階層の構造を機械的に利用する。つまり、オス同士に戦わせ、いちばんの勝者を選ぶ。これは、株式市場の仕組みによく似ている。株式市場も、あらゆる企業に競争させたうえで、特定の企業の価値を定める。

脱皮して殻を柔らかくする準備が整ってくると、メスは交尾に興味を持ち始める。最上位のオスの家のそばをうろつき、そのオスに向けて魅力的な香りと媚薬《びやく》を放って、誘惑しようとする。ただ、攻撃性の高さでのし上がっただけに、そのオスはたいてい、偉ぶっていらだちの反応を返してくる。しかも、からだが大きく、健康で、強い。そのオスの気持ちを戦闘から逸《そ》らし、交尾へ向けることは容易ではない（もっとも、誘惑が成功すれば、オスはそのメスに対する行動を変える。たとえるなら、史上最速でベストセラーになった官能小説『Fifty Shades of Grey』〈邦訳は『フィフティ・シェイズ・オブ・グレイ』＝早川書房〉のロブスター版であり、不朽《ふきゅう》の『美女と野獣』に似たお決まりのロマンスだ。女性の挑発的なヌード画像が男性にとって定番であるのと同じくらい、この種の行動パターンは、女性のあいだで人気の高い露骨に性的な文学のなかで繰り返し描かれている）。

しかし、純粋な身体の力だけでは、末永い支配を確立するための基盤としては弱い。この点は、オランダの霊《れい》長《ちょう》類《るい》学者フランス・ドゥ・ヴァール(15)の労作にも記されている。チンパンジーの集団を研究したところ、長く君臨するオスは、身体的な能力をほかの高度な属性で補っていたという。なにしろ、いくら獰猛《どうもう》な王者でも、獰猛さが四分の三のオスが二頭まとまって敵に回れば、負ける恐れが出てくる。そこで、長期にわたってトップにとどまるオスは、下位の仲間と連合をつくったり、集団内のメスや幼い子どもの面倒をよく見たりしていた。政治的策略として子煩悩《こぼんのう》をアピールする行為は、大げさではなく何百万年も前から続いている。もっとも、ロブスターはわりあい原始的な生き物だけに、『美女と野獣』のおおまかなプロットで事足りる。

野獣がめでたく恋に落ちると、成功した美女（ロブスター）は脱衣する。殻を脱ぎ、危険なほど柔らかく傷つきやすい姿になって、交尾の準備を整える。慎重な恋人に変身したオスは、適切なタイミングを図って、しかるべき容器に精子の包みを入れる。そのあと、しばらく何となく過ごし、数週間でメスの殻が硬くなる（女性がしだいに夫に冷めていくのと相通じるものがある）。受精卵を身ごもったメスは、折をみて、自分の家へ戻る。この時点で、こんどは別のメスが同じことを試みる――あとはその繰り返し。王者のオスは、自信に満ちてすっくりと立ち、最高の家と最高の餌場を手に入れる。それればかりか、あらゆるメスを我が物にする。もしあなたがロブスターで、しかもオスなら、王者になることには重要な価値があり、成功が成功を呼ぶ。

さて、こうした話がなぜわれわれ人間にも関係あるのか？　いたって明白なものを除いても、驚くほど多くの理由がある。第一に、ロブスターは何らかのかたちで三億五〇〇〇万年以上前から存在することがわかっている。(16) 非常に歴史が古い。六五〇〇万年前には、まだ恐竜がいたのだ。人間の想像を絶するほど遠い昔だが、ロブスターにとってみれば、恐竜などつかの間の新顔であり、悠久《ゆうきゅう》の時の流れのなかでふと現れてすぐ消えたにすぎない。すなわち、複雑な生命がさまざまに順応した環境において、支配階層の存在は、太古から続く根源《こんげん》的な特徴なのだ。三億五〇〇〇万年前、脳や神経系はわりあい単純な構造だった。にもかかわらず、地位や社会に関する情報を処理できるだけの仕組みと神経化学を備えていた。この事実の重みは、いくら強調しても足りない。

自然の本質

生物学上の事実として、進化は保守的だ。何かが進化する際は、自然がすでに生み出した土台のうえに築くことになる。新しい機能が加わったり、古い機能が一部変更されたりするにせよ、ほとんどの部分は同じまま保たれる。だから、コウモリの翼、ヒトの手、クジラのひれは、骨格が驚くほど似ている。骨の数も同じ。進化は、はるか昔にできあがった生理学の基礎をよりどころにしている。

さて、進化の大半は、変異と自然淘汰《とうた》を通じて行われる。変異が起こる要因は数多くあり、たとえば、突然変異、(大雑把《おおざっぱ》な言いかただが)遺伝子配列の混乱などだ。

そうした要因に伴い、同じ種でも個体によって違いが生じる。自然は時間をかけて、そのなかから選択を行う。前記のとおり、この理論を踏まえれば、太古からの生命様式の継続的な変化に説明がつくと考えられている。しかし、ひと皮めくると、あらたな疑問が湧《わ》いてくる。「自然淘汰」における「自然」とはいったい何なのか？　生き物が適応する「環境」とは具体的にどのようなものか？　自然について――環境について――の仮説は数多く、導き出される結論もまちまちだ。かつてマーク・トウェインは言った。「厄介なのは、われわれが無知であることではない。じつは知らないのに、知っていると思い込んでいることだ」

そもそも、「自然」という表現は、何か本質的なもの――静的なものを想像させる。しかし、少なくとも単純な意味では、そうではない。静的であり、と同時に動的なものだ。環境――淘汰を行う自然――は、みずから変貌《へんぼう》する。道教《どうきょう》の有名な陰陽シンボルが、この点をみごとにとらえている。道教徒にとって「ビーイング」とは現実そのものだ。二つの相反する原則で構成され、女性的、男性的という対比で説明されることが多く、ときにはさらに限定して、女性と男性そのものが象徴として使われる。しかし本来、陰陽は、カオスと秩序を対照的に表現したものと考えたほうが正確だ。道教のシンボルは、円のなかに双子の蛇《へび》があしらわれており、頭と尾が互い違いになっている。カオスを表す黒い蛇の頭部に小さな白丸、秩序を表す白い蛇の頭部に小さな黒丸が開いているのは、カオスと秩序が永遠に隣り合わせであると同時に、いつ逆転するかわからないことを示す。けっして変わらない確実なものなど存在しない。たとえ太陽だろうと、不安定な周期がある。逆に、移ろいやすく永久に固定できないようなものもない。どんな革命も、新しい秩序をつくり出す。どんな死も、同時に別の何かを生み出している。

自然を純粋に静的なものとみなすことは、重大な誤認につながる。自然は生き物を「淘汰する」。取捨選択するからには、その陰《かげ》に、「適応」という概念が潜んでいるはずだ。適応するものが選ばれる。おおまかに言えば、適応とは、その生き物が子孫を残す（生存中に遺伝子を増殖させる）可能性の大きさをさす。したがって、生き物の属性が環境の需要にふさわしいかどうかが「適応」の尺度となる。もし環境の需要は静的なものである――需要は永遠に不変である――とのイメージを抱くと、進化とは直線を一方向へ進む改善のかたちであり、時間の経過とともに需要に近づくのが適応である、との進化モデルを想定してしまう。そのような考えかたの弊害の一つが、ヒトを頂点に据えて進化をとらえるという旧時代的な発想であり、これは現在でもはびこっている。結果として、環境への適合性を高める自然淘汰には目的地が存在する、との誤った概念が生まれ、目的地が固定点であるかのように認識されかねない。

しかし、淘汰を行っている自然は、どう単純にみても静的な選択者ではない。自然は、場面によって装《よそお》いを変える。楽譜のように変化していく(音楽が意味との深い関連性を生み出す理由の一つはそこにある)。種を支える環境が変化すると、特定の個体の生存や繁殖に役立つ機能も変化する。したがって、自然淘汰の理論とは、世界が定めたテンプレートにより的確に当てはまるように生き物をふるいにかけることではない。むしろ、生き物は自然とともにダンスをしているのだ(死につながるダンスではあるが)。『鏡の国のアリス』で赤の女王が語ったとおり、「わたしの王国では、その場にとどまるためには、できるかぎりの力で走り続けなければならない」――。いまどんなに安定した立場にいても、じっと立ったままの者は勝ち残れない。

かといって、自然は単なる動的なものでもない。めまぐるしく変化する部分もあるが、それを包み込む周囲は変化の速度がもっと遅い(音楽も頻繁にこの様式を用いている)。葉は木よりも速く変化し、木は森よりも速く変化する。天候(weather)は気候(climate)よりも速く変化する。このかたちをとらなければ、進化の保守主義は機能しない。腕や手の基本的な形態が、骨の長さや指の機能と同じくらい速く変化しなければいけないとなったら、無理が生じる。カオスを秩序が包み込み、それをカオスが包み込み、それをさらに高い次元の秩序が包み込む。最も現実的な秩序は、最も変化しない秩序だ。ただし、それが最も容易に見ることのできる秩序だとはかぎらない。葉を観察している者には、木が見えないだろう。木に注目すると、森が見えないはずだ。しかも、きわめて現実的なものの一部(つねに存在する支配階層など)は、まったく「見る」

ことができない。

自然をロマンチックに概念化するのも誤りだ。焼けつくコンクリートに囲まれて暮らす現代の豊かな都会居住者は、自然というものを、フランス印象派の風景画のような清らかで楽園ふうのものと想像する。エコ活動家たちは、さらに理想的な視点から、自然とは調和のとれた完璧なものであり、人類の破壊や略奪を受けていないものと思い描く。しかし残念ながら、「環境」は、ときには象皮症《ぞうひしょう》やギニア虫症(想像におまかせする)であり、ハマダラカやマラリア、飢餓《きが》を招く干ばつ、エイズ、黒死病なのだ。わたしたちは、自然のこうした側面に思いをめぐらせようとしないが、エデンの園のような側面と同じくらいリアルに存在する。そのようなものが存在するからこそ、わたしたちは身のまわりを改善し、子どもたちを守り、都市や交通システムを構築し、食料を育て、発電しようと努力しなければならない。母なる自然が人類を破滅させる術《すべ》に長《た》けているから、容易には調和できず苦労しているわけだ。

ただ、これがわたしたちに第三の誤った概念をもたらす。すなわち、自然と、そのなかに出現した文化的構造とが、まったく切り離された関係にあると考えてしまう。秩序——「ビーイング」のカオスや秩序のなかに存在する——は、長く存在するにつれ「自然」になる。長く存在する特性は、そのぶん、「自然」によって選択される機会が必然的に多くなるからだ。生き物をかたちづくる機会も増える。これは、物理的、生物学的、社会的、文化的、その他、どんな特性にも共通していえる。進化論の観点からみると、重要なのは存在の長さだけだ。そして、支配階層は——社会の面でも文化の面でも——約五億年前から存在している。きわめて長い。本物だ。支配階層は資本主義ではない。かといって、共産主義でもない。軍事産業複合体でもない。家父長《かふちょう》制のような、使い捨てで可塑《かそ》性のある恣意《しい》的な文化的産物とも違う。深い意味でいえば、人間の創造物ですらない。むしろ、環境のほぼ永遠の側面であり、これらのわりあい一時的な現象によるとされるものの多くは、不変の存在である支配階層に由来する。わたしたち（生命の誕生以来いままで存在している主権者）は、長らく、支配階層のなかで暮らしている。皮膚、手、肺、骨ができる前から、地位を争ってきた。文化と大差ないほど「自然」だ。支配階層は樹木よりも古い。

そのため、脳の一部には、支配階層において自分の位置はどこなのかをつねに把握する根源的な機能が大昔から備わっている。[17] この機能が、何にもまさる制御システムとして、わたしたちの認識、価値、感情、思考、行動を調整する。意識、無意識にかかわらず、「ビーイング」のあらゆる側面に強い影響をおよぼす。そのせいで、わたしたちは敗北を味わったとき、戦いに負けたロブスターと非常によく似た振る舞いをする。しょんぼりした姿勢になる。うつむく。脅威を覚え、傷つき、不安になり、弱さを感じる。事態が改善しない場合は、慢性的な鬱状態になる。このような状態に陥《おちい》ると、生きていくうえで必要とされる戦いに耐えることは容易ではない。もっと硬い殻を持つ強者の、恰好の餌食《えじき》になってしまう。驚くべきなのは、行動や経験の類似性だけではない。神経化学上の作用まで基本的には同じなのだ。

ロブスターの姿勢や退却動作をつかさどる化学物質、セロトニンを考えてみよう。下位のロブスターは、脳内で分泌されるセロトニンが少ない。順位が低い人間も、このことが当てはまる（負けが続くにつれ、量はさらに減る）。セロトニン量が低下すると、自信も低下する。ストレスに過敏に反応し、からだは非常事態に備えて過度の緊張に置かれる。支配階層の下部では、いつ何が起こるかわからないからだ（良いことはめったに起こらない）。甲殻類と同じく人間の場合も、低セロトニンは、幸福感を減らして、痛みや不安を増す。病気にかかりやすく、寿命が短くなる。支配階層の上位にいる者は、たいがいセロトニンの分泌が多く、たとえ絶対所得（absolute income）――あるいは、腐敗食物の廃棄量――などの要因が一定であっても、病気、不幸、死にさらされる恐れが減る。この事実は、いくら強調しても足りないほど重要だ。

上位と下位

あなたの脳の奥深く、思考や感情よりもはるか奥に、おそろしく原始的な測定器がある。その測定器が、自分はいま社会のどこに位置しているかを正確にモニタリングしている。話をわかりやすくするため、一〇段階評価だと仮定しよう。レベル1すなわち最上位にいるなら、このうえない成功を収めていることになる。男性であれば、最適な住居と最高の食料を優先的に入手できる。ほかの人々が、競ってあなたに気に入られようとする。恋愛や性交渉の機会も無限にある。あなたは勝ち誇ったロブスターであり、理想の女性たちが列をなして、あなたの関心を惹きたがる。(18)

もしあなたが女性なら、秀でた求婚者をおおぜい持つことになる。背が高く、力が強く、容姿《ようし》に優れ、創造的で、信頼でき、正直かつ寛大な男性たちから、求愛を受ける。また、勝ち組の男性と同じように、同等の競争力を持つ同性階層のなかで自分の地位を維持あるいは向上させようと、猛烈に、ときには冷酷《れいこく》に競う。身体的な攻撃に出る可能性は低いものの、ライバルたちを誹謗《ひぼう》中傷するなど、言葉のトリックや戦略を効果的に駆使する。しかも、おそらくあなたはそういう攻撃に長けている。

これに対し、最下位のレベル10にいる場合、男性であれ女性であれ、ろくに住む場所がない。飢《う》えをしのごうにも、ひどい食べ物で我慢するはめになる。心身ともに状態が悪い。まず誰からもロマンチックな興味を寄せられない。寄せてくるとすれば、あなたと同じくらいどん底の相手だけだ。病《やまい》に倒れる恐れが高く、急速に老け込んで、若死《わかじ》にしかねず、おまけにあなたの死を嘆《なげ》く者はほとんどいない。(19)金銭すら、まともに役立たない。適切な額を出せないうえ、使い慣れないので、賢《かしこ》い活用法が身につかない。なけなしの金を、薬やアルコールに注ぎ込んでしまう。長期にわたって楽しみに恵まれないせいで、そういう危険な誘惑に溺《おぼ》れる。また、社会の底辺で暮らす人々を狙う、捕食者やサイコパスに搾取《さくしゅ》される。支配階層の最下位は、恐ろしい危険な場所だ。

自分の地位を評価するために大昔から脳内にある測定器は、ほかの人がどんな態度で接してくるかを観察している。その態度にもとづいて、あなたの価値を判断し、地位を割り当てる。ろくな価値なしと周囲から判断されている場合、測定器はセロトニンの分泌量を抑える。その結果、感情を生む状況や出来事、とくにネガティブな事柄に対し、身体的にも心理的にも敏感に反応するようになる。最下層では非常事態がしょっちゅう起こるから、生き延びるためには、神経をとがらせておく必要があるのだ。

あいにく、そうやってつねに警戒し、過剰《かじょう》な緊張状態に置かれたままだと、貴重なエネルギーや身体的資源を大量に消耗する。これこそ、一般にストレスと呼ばれるものであり、心の問題にとどまらず、むしろそのほかへの悪影響が大きい。不幸な状況のもと、純然たる制約を受けていることの表れだ。最下層で暮らすなか、脳内の測定器は、ほんのささやかな予期しない不幸も警戒し、ネガティブな出来事の連鎖につながって収拾不可能になるのではと恐れている。ひどい事態に見舞われても、社会の底辺には助けになる友人がほとんどいないから、独力で対処しなければならない。本来なら将来に向けて温存しておきたい身体機能をすり減らすはめになる。いまにも起こりそうな緊急事態に備え、心身が張り詰めて疲れきる。五里霧中《ごりむちゅう》だけに、最悪を想定してあらゆる準備を整えておく必要がある。車に乗ってアクセルとブレーキの両方を目いっぱい強く踏んでいるも同然だ。無理がたたって、何もかもがバラバラになってしまう。もうこのままでは将来の健康に必要なエネルギーや資源が枯渇《こかつ》してしまうとみて、脳内の測定器が、免疫《めんえき》系をシャットダウンする恐れすらある。そうなると、衝動的な行動に出やすい。[20] たとえば、性的なチャンスや快楽の機会がほんの少しでもあると飛びつく。どんなに屈辱《くつじょく》的であっても、違法であっても、歯止めがきかない。めったにない快楽の可能性に出合うと目がくらみ、軽率に生き、ときには軽率に命を落とす。非常事態への備えに問題があるせいで、あらゆるかたちで心身をすり減らしてしまうわけだ。(21)

その一方で高い地位にいる場合、原始から存在する冷静な測定器は、あなたの居場所が安全で生産性に満ちており、社会からもじゅうぶんに支えられていると判定を下す。何かがダメージを受ける可能性は低く、危険が増す不安もなさそうだと考える。もし変化が訪れるとすれば、災難ではなく好機だろう。そこで、セロトニンが豊富に分泌される。おかげで自信と落ち着きが得られ、背筋《せすじ》を伸ばしてまっすぐに立つ。絶え間ない警戒などせずに済む。安泰《あんたい》な立場なので、未来の見通しも明るい。長期的な計画を立てるに値し、より良い明日をめざせる。たまたま見かけたパン屑《くず》に衝動的に飛びつく必要はない。もっといいものに出合えるだろうと現実的に期待できるからだ。

いますぐ満足を味わわなくても、あとで味わう機会がある。ゆとりを持って、他人から信頼されるような思慮《しりょ》深い市民になれる。

誤動作

とはいえ、測定器が誤動作を起こす危険性もある。睡眠や食事の習慣が不規則になると、正常な動作が妨《さまた》げられる。不確実性は故障のもとだ。身体はさまざまな部位で成り立っており、リハーサルを積んだオーケストラのように調和する必要がある。すべてのシステムが適切に、正確なタイミングで役割を果たさなければならず、さもないと雑音とカオスが発生してしまう。したがって、ルーチンに従わなくてはいけない。毎日繰り返される生活行為を自動化しておくことが必要だ。安定していて信頼できる習慣に変え、複雑さをなくし、シンプルで予測可能にする。

違いがとりわけ顕著《けんちょ》に表れるのは、小さな子どもの場合だ。睡眠や食事のスケジュールが安定しているときには、陽気で楽しく遊びまわる。そうでないときには、ひどく陰気《いんき》で不機嫌になる。

そういうわけで、わたしの臨床患者には、いつも真っ先に睡眠について尋ねる。「ふつうの人とだいたい同じ時刻に毎日起床していますか?」。答えがノーであれば、まず、その改善を勧める。毎晩同じくらいの時刻に眠るかどうかはあまり重要ではないが、起床時刻を一定させることが必要だ。日常生活のリズムが不規則だと、不安や憂鬱《ゆううつ》は容易には治らない。負の情動を抑えるシステムは、概日《がいじつ》周期と密接に結びついている。

次に患者に質問するのは、朝食についてだ。わたしは、起床後なるべく早く高脂肪、高たんぱくの朝食をとるように指導している(単糖類《たんとうるい》や砂糖は良くない。急速に消化されすぎて血糖値が一気に上昇し、下降する)。不安や鬱に悩む人はただでさえストレスを受けているのに、不規則な生活を続けているとなおさらダメージが大きい。複雑な、もしくは過酷《かこく》な活動に従事する際、体内にインスリンが過剰に分泌される。夜のあいだ何も食べず、朝食前にそのような活動を行うと、血中のインスリンが過剰になり、血糖値が急上昇する。そのあと逆に低血糖になって、心理的、生理学的に不安定になる。[22] その日、一日じゅう続く。さらに睡眠をとるまで、システムはリセットできない。実際、わたしの患者の多くが、規則正しい睡眠と朝食を心がけただけで、不安を無症状レベルにまで抑えることができている。

測定器の誤動作を招く悪い習慣は、そのほかにもある。まだじゅうぶん解明されていない生物学的な原因が直接作用することもあれば、そういう習慣が複雑な正のフィードバックループを引き起こすことが原因の場合もある。正のフィードバックループは入力検出器、増幅器、いくつかの出力形式を必要とする。入力検出器から入った信号が、増幅されたあと、出力されると想像してみてほしい。そこまでは順調だ。しかし困ったことに、出力された信号を入力検出器が検出し、ふたたびシステムを経由して増幅後に出力される。これを数回繰り返すうちに、増幅が危険なレベルに達してしまう。

コンサート会場で、耳をつんざくようなハウリングにさらされて、苦痛を感じた経験を持つ人も多いだろう。マイクがスピーカーに信号を送り、スピーカーが出力する。スピーカーとマイクが近すぎると、その信号がまたマイクに拾われ、システムを経由してふたたび出力される。音は急速に増幅されて、耐えがたいレベルに達し、やがてスピーカーが壊れるほどになる。

似たような破壊的なループが、人間生活においても起こりうる。多くの場合、そんなことが起こると「精神疾患」とレッテルを貼って済まそうとするが、じつは、精神のほかにも異常を来《きた》していたり、むしろ精神には異常がなかったりする。このような正のフィードバックループの代表例は、アルコールをはじめとする気晴らし剤への依存だ。酒を楽しもうとして、少し度が過ぎた人を想像してほしい。あっという間に三、四杯を飲み干してしまう。血中アルコール濃度が急上昇する。ひどく愉快《ゆかい》な気分になるかもしれない。とくに、アルコール依存症の遺伝素因がある人は陽気になるだろう。[23] しかしそれは、血中アルコール濃度がさかんに上昇しているあいだだけで、そのためにはさらに飲み続けるしかない。飲酒をやめると、血中アルコール濃度の上昇が止まってやがて下がり始め、しかも、摂取したエタノールを分解するため、体内にはさまざまな毒素が増えていく。また、酒が回っているあいだ抑制されていた不安システムが一気に反動を起こし、離脱症状を招く。二日酔いとはアルコール離脱症状の一種であり(依存症患者が飲酒を再開する原因になりやすい)、飲酒をやめると、すぐぶり返す。陽気な酔いを保ち、不快な離脱症状を避けるためには、家じゅうの酒を飲み干し、バーが閉店して、金が尽きるまで飲み続けるしかなくなってしまう。翌日、ひどい二日酔いで目が覚める。ここまでなら、ほんの失敗談。だが、朝ふたたび数杯の迎え酒を飲むと「治る」ことに気づくと、深刻なトラブルが始まる。当然、この治療法は一時的な効果しか持たず、やがてさらにひどい離脱症状を招く。それでも、ひどく悲惨な状況に置かれている者は、一時的な効果と知っていても安易な治療法に頼りかねない。これでめでたく二日酔いの治しかたを学んだ気になる。治療が病を引き起こし、正のフィードバックループが確立される。まもなくアルコール依存症を発症する条件が整った。

広場恐怖症などの不安障害を発症する人も、ある程度、類似している。広場恐怖症にかかると、怖くてたまらず、家から出なくなってしまう。これも、正のフィードバックループの結果といえる。最初のきっかけはたいていパニック発作で、症例が多いのは、他人に依存しすぎている中年女性だ。父親に過度に依存する生活から、わりあい上位層に属する年上の恋人あるいは夫との生活へいきなり移行し、自立した生活を過ごす時間がほとんどなかった女性がかかりやすい。

そのような女性は、ふつう、広場恐怖症の発症にいたるまでの数週間に、予期しない異常な何かを経験する。たとえば、心臓の動悸《どうき》などの生理的な現象。とりわけ、更年期《こうねんき》にさしかかると、精神状態を調節するホルモンの分泌量が不規則になり、発症の危険性が増す。心拍数の変化を自覚すると、このまま心臓発作を起こすのではないかと不安に駆られると同時に、発作の痛みや苦しみを公衆の面前にさらす、気まずい事態を想像する(死と社会的屈辱《くつじょく》という二つの根源的な恐怖が重なり合う)。それ以外に、結婚や、配偶者の病気あるいは死といった不測の出来事がきっかけになる可能性もある。親友の離婚や入院かもしれない。通常、何かしらの現実の出来事が引き金になって、死への恐怖が高まる一方、社会生活において判断を下すことが怖くてたまらなくなってくる。(24)

そういうショックの後もおそらく、広場恐怖症にかかる直前の女性は買い物に出かける。ショッピングモールが混雑していて、駐車に苦労する。そのせいでストレスが高まる。最近の不愉快な経験が思い出されてきて、自分の弱さばかりが頭を占める。不安になってくる。心拍数が上昇する。呼吸が浅く小刻みになる。心拍数が上がって、やはり心臓発作の予兆《よちょう》なのではと考え始める。そう考えて、さらなる不安に駆られる。呼吸がいっそう浅くなり、血中の二酸化炭素濃度が上がる。恐怖がつのって、心拍数の上昇に拍車がかかる。それを自覚し、ますます心拍数は上昇する。

さあ大変、正のフィードバックループだ。脳内の別のシステムの働きで、不安がやがてパニック状態に変化する。多大な恐怖により、深刻な脅威にさらされたときのための非常システムが稼働した。あまりの体調の悪さに驚いて、救急病院へ向かう。待合室で気を揉《も》んだあと、心臓の検査を受ける。異常は見つからない。しかし本人は安心できない。

ここまでひどい体験をしても、まだ本格的な広場恐怖症にはかからない。さらにフィードバックループを味わってからだ。彼女はふたたびショッピングモールに行く用事ができて、前回の件を思い出し、不安になる。けれども、しぶしぶ出かける。道すがら、心臓の鼓動《こどう》が高まるのを感じる。またしても不安のサイクルが始まる。パニックを未然に防ごうと、ストレスのかかるショッピングモールをあきらめ、家へ帰る。ところがこの時点で、脳内の不安システムは、ショッピングモールから逃げた事実を重くみて、あそこへ行くのは非常に危険だと結論する。不安システムは非常に実用本位であり、当人が避けた事柄はすべて危険とみなす。事実、逃げたのだから当然だろう。

そこでショッピングモールは「危険すぎる場所」とタグ付けされる(あるいは、自分自身に「モールに近づくのには弱すぎる人間」とタグ付けする)。ここまで来てもなお、本当に深刻な問題にはなっていないだろう。ほかのどこかで買い物をすればいい。ところが、もっと近くのスーパーマーケットも、似たような心理状態の引き金になりかねず、モールの代わりに行ってみたものの、引き返す。このスーパーマーケットにも同じタグが付される。続いて、すぐそばの小さな店にも。バスやタクシー、地下鉄にも。まもなく、あらゆる場所が危険タグだらけになる。ついには自宅まで怖くなって、逃げ出したくなる。しかし、できない。やむなく家に閉じこもる。不安に駆られて退却した結果、さらに不安が増して、あらゆるものから退却せざるを得ない。結果として、自分自身は矮小化《わいしょうか》し、いっそう危険な世界が肥大化する。

脳、身体、社会を結ぶさまざまな相互システムが、こうした正のフィードバックループにはまりかねない。たとえば鬱状態の人は、気分がすぐれず苦しいばかりか、自分が無益な厄介者だと考えだす。そのせいで、友人や家族との接触が億劫《おっくう》になる。引きこもると、さらに孤立して孤独感が深まり、無用な人間だとの思いが濃くなって、それまで以上に引きこもる。こうして負のスパイラルが増幅していく。

人生のどこかでひどく傷ついて、トラウマを抱えた場合、脳内の測定器が変化し、さらなる傷を負いやすくなる。幼少期ないし青年期にひどいいじめを経験したおとなによくみられる例だ。

不安になりやすく、すぐに動揺する。身を守るため屈《かが》みがちで、アイコンタクトは支配的な挑戦と感じるので視線を合わせたがらない。

つまり、いじめが終わったあとも、いじめによる被害(地位と自信の低下)は継続しかねない[25]。

ごく単純なケースとして、かつて底辺にいたものの成功して地位が上がった人がいるとする。しかし当人は、地位の向上を実感しきれない。過去の現実に対する非生産的な生理反応を引きずって、必要以上にストレスと不確実性を感じてしまう。もっと複雑なケースを挙げるなら、従属が習慣になってしまっている人は、必要以上にストレスに襲われ、確実性を失う。そのうえ、常習的に従順な態度のせいで、成人の世界には珍しい、ふつうの意味では成功を望めないいじめっ子たちから、ネガティブな注目を浴びるはめになる。このような状況では、以前いじめを受けたことによる心理的な影響が、いまなおいじめられる可能性を増しているわけだ（客観的にみれば、成熟したり、転居したり、継続的な教育を受けたり、社会地位が向上したりして、もういじめを受ける立場にはないにもかかわらず）。

反撃

反撃できないせいで、いじめられる人もいる。相手よりも身体的に劣る場合にそうなりかねない。子どものいじめはこれが典型的な原因だ。六歳としては力の強い子でも、九歳の子にはかなわない。ただ、成人になれば、体格もそれほど違いがなくなって安定し、差の大部分は消滅する（男女差だけは、いかんともしがたい。一般に、男性のほうが、とくに上半身が大きく力強い）。また、おとなになれば、肉体を使った脅しについて処罰が重くなる。

とはいうものの、あくまで反撃しないようだと、いじめの被害を受けやすい。性根《しょうね》が優しく自己犠牲的な人はそんな目に遭《あ》いがちだ。もともとそういうタイプであるうえに、ネガティブな感情を抱いていて、サディスティックな仕打ちを受けたとき苦痛の表現としてさかんに音（noises）を発する人は、被害に遭う危険性がとくに高まる（たとえば、泣き虫の子はいじめられやすい）[26]。また、何らかの理由で「怒りの感情を含む、あらゆるかたちの攻撃は、道徳的に間違っている」と判断した人々も、被害者になりかねない。さらに、ささいな横暴《おうぼう》や激しい競争に対して過度に敏感な人は、自分がそういう事態を引き起こさないように、あらゆる感情を心のなかに抑え込む傾向がある。往々にして、その種の人々は、高圧的で怒りっぽい父親のもとで育っているようだ。しかし、心の力が持つ価値はけっして一次元的ではない。残酷《ざんこく》さや混乱につながる怒りや攻撃は、真に恐ろしい可能性を秘めている半面、闘争や不確実性や危険に満ちた時期には、圧制に反発したり、真実を語ったり、断固たる行動を推進したりするのに役立つ。

みずからの攻撃性をあまりに狭い道徳で抑えつけ、たんに慈悲《じひ》と自己犠牲の精神(同時に、他人からの搾《さく》取《しゅ》に甘んじる精神)しか持たない人々は、真の正義を奮《ふる》い立たせることができず、しかるべき自己防衛に必要な怒りをおもてに出せない。噛《か》みつく能力を持っていてこそ、ふだんはあえて噛みつかないという選択ができる。うまく制御できれば、攻撃や暴力をもって対応できる能力は、実際の攻撃に踏みきる必要性をむしろ減らす働きをする。抑圧のサイクルの早い段階で、あなたが本気で「ノー」と意思表示できれば(すなわち、明確に拒否を伝え、それを貫く気概《きがい》を持てば)、抑圧者が抑圧の対象とする範囲を適切に制限できる。ほぼ間違いなく、圧制の力は、存在できる空間があればそこへ勢力を広げようとする。自分の正当な縄張りを相手に差し出すことを拒否できなければ、搾取の被害を免《まぬか》れない。本当に劣等あるいは無力でみずからの権利のために立ち上がれない人間と同然になってしまう。

純朴《じゅんぼく》で無害な人々はたいがい、ほんのいくつかの単純な教えの言葉をよりどころにして知覚し、行動する。たとえば、「人間は基本的には善である」「本気で他人を傷つけたい人間などいない」「見えるかたちであれ見えないかたちであれ、力をちらつかせたり行使したりすることは間違いである」などだ。こうした教えの言葉は、真に悪意のある個人が現れたとき、もろくも崩れるか、それ以上に悪い事態を引き起こす。(27)「それ以上に悪い事態」とは、虐待を積極的に招いてしまうことだ。愚直《ぐちょく》な教えに従う人間こそ、他人に危害を加えようともくろむ者の恰好《かっこう》の標的になる。そのような状況下では、性善説の考えを改めなければならない。わたしの臨床患者のなかに「善人は、明らかに憤慨《ふんがい》すべき現実を前にしても、けっして怒りを表さない」と考えている人が多いことが気になる。

小突《こづ》きまわされるのが好きな人間などいないのに、長いあいだ我慢しすぎるケースがよくある。そういう患者に対し、わたしは、怒りを示すように指導する。まずは表情で、次にしかるべき言葉で(とくに、そうすることが公正であれば、行動は起こさないまでも言葉で伝えるべきだ)。続いて、そのような怒りの意思表示が、暴虐《ぼうぎゃく》を――個人レベルにとどまらず、社会レベルも含めて――食い止める力の一つなのだと、患者に理解させる。官僚的な人間の多くが、つまらない権威を振りかざしたがる。力を誇示して固守《こしゅ》するためだけに、無用な規則や手続きをつくる。けれども、そういう人々のまわりにはおのずと強大な怒りの流れが生じ、必要となれば、あまりに病的な権力の発現を抑え込む。このように、個人それぞれが自分を守るために立ち上がろうとする意志が、社会の腐敗から人々を守るのだ。

純朴な人は、みずからの内部に怒りの能力があることに気づくと、ショック――ときには深刻なもの――を受ける。重大な例として、任務に就いたばかりの兵士がPTSDを発症しやすいことが挙げられる。そのきっかけは、自分に対して起こった事柄よりもむしろ、自分自身がやっている事柄の認識であるケースが多い。過酷な戦場において、まさに怪物のような行動を反射的にとり、自分にこんな能力があったのかと気づいて、世界が一変してしまうのだ。無理もない。たぶんそれまで、歴史上の恐ろしい加害者たちは自分とはまるで違う種類の人間だと思い込んでいたのだろう。身のうちに潜む抑圧やいじめの能力に、それまでいちども気づかなかったのかもしれない(おそらく、権力行使や成功の能力にも)。わたしの患者のうち何人かは、攻撃してきた敵たちの顔に浮かぶ悪意を見ただけで、以後何年にもわたって毎日、ヒステリックな痙攣《けいれん》発作に悩まされていた。そういう患者は多くの場合、悲惨な出来事とは無縁の、すべてがおとぎ話のように素晴らしい過保護な家庭で育っていた。

覚醒《かくせい》が起きると――愚直《ぐちょく》でおとなしかった人物が、自分のなかに悪と非道の種を発見し、自分自身を（少なくとも潜在的に）危険とみなすと――むしろ恐怖は小さくなる。それまでより自分を大切にする。そしておそらく、抑圧に抵抗し始める。自分もやはり恐ろしさを秘めた人間なのだから、あらがう能力を持っていると悟る。立ち上がれるし、いま立ち上がらなければならない。このまま怒りをため込んでいては、やがてとんでもなく破壊的な願望に変わってしまう危険性がある、と気づくわけだ。あらためて言っておこう。混乱や破壊を招く能力と、自己を奮い立たせる能力とのあいだには、ほとんど違いがない。これはきわめて厳しい人生の教訓だ。

現在、あなたは敗者かもしれない。そうでないかもしれない。たとえいま敗者だとしても、敗者のままでいる必要はないのだ。悪い習慣が一つ、あるいはいくつか、染《し》みついているかもしれない。しかし、たとえ卑屈《ひくつ》な姿勢が癖《くせ》になっていても――家や学校で嫌われ者やいじめられっ子だとしても(28)――その立場が現在のあなたにふさわしいとはかぎらない。

往々にして、状況は変化する。もしそのとき、敗北したロブスターと同じような姿でうなだれていれば、いっそう低い地位を与えられるだろう。その結果、甲殻類も人間も持つ脳内の測定器が、あなたに低いレベルの番号を割り当てる。そうなると、セロトニンの分泌量が減る。幸福感が薄れ、不安や悲しみが高まり、立ち上がって自衛する必要があるときに退却する可能性が大きくなる。恵まれた地域に住むチャンスが減り、質の高い資源を手に入れにくくなり、健康で理想的な配偶者を得る確率も低くなる。先行きがまるきり不透明な世界で暮らすうち、コカインやアルコールを乱用する恐れが高まる。心臓病、癌、認知症などにかかりやすくなる。総じて、ろくなことはない。

状況は変化する。あなたも、変化できる。正のフィードバックループの繰り返しは、生産性を損《そこ》なうネガティブな方向へ進む場合もあるが、逆に、ポジティブな方向性の増強につながる場合もある。つまり、「プライスの法則」や不均等分布は、見方を変えれば非常に楽観的な教訓といえる。いったん「持てる者」の側に立てば、ますます富を集められる。このような上昇ループは、ある程度、自分自身の主観のなかで生み出せる。たとえば、ボディーランゲージに関してこんな注目すべき実験例がある。被験者に「顔の筋肉をいちどに一つずつ変えて、悲しげな表情をつくってください」と頼むと、その被験者は実際にだんだん悲しい気分になってくる。反対に、「楽しげな表情をつくってください」と求めると、本当に幸せな気持ちになる。表情が感情の一部を形成しており、表情の変化によって増幅（または減衰《げんすい》）されるのだ[29]。

この例のような正のフィードバックループは、場合によっては、個人の主観的な枠組みを超えて、周囲の人と共有する社会的な空間にまで広がっていく。たとえば、わざと卑屈な姿勢をとってみると――前屈《まえかが》みになって、肩をすぼめ、あごを引き、うなだれると――自分が小さく感じられ、敗北感や無力感を覚えるはずだ（理屈で言えば、背後からの襲撃に備えていることになる）。他人の冷ややかな反応を見て、ネガティブな感情がさらに増す。ロブスターと同じく、人間も、立ち姿から相手を評価するきらいがあるからだ。あなたが敗者の姿を見せれば、周囲から本当に敗者であるかのような扱いを受ける。もっと背筋を伸ばせば、周囲があなたを見る目も変わってくる。

あなたはこう反論するかもしれない。自分は事実、最下層にいるのだ、と。たしかに、姿勢を変えるだけでは、既成《きせい》の何かを変えるには不十分だろう。いま現実に最下層のレベル10にいるのなら、背筋を伸ばして堂々としてみせるくらいでは、あなたをふたたび下へ落とそうともくろむ人々の注意を引くだけかもしれない。それは仕方ない。けれども、胸を張って背筋を伸ばす効果は、からだだけにとどまらない。あなたという人間は身体だけではないからだ。

いわば魂《たましい》――精神――でもある。身体として立ち上がることは、観念のうえで立ち上がることを意味する。自分という存在、すなわち「ビーイング」の重荷を自発的に受け入れることを意味する。人生が求めてくるものに自発的に立ち向かうと、体内の神経系がまったく異なる反応を始める。悲惨な状況に甘んじるのではなく、困難に挑むことになる。

炎を吐《は》く竜の見かけにとらわれて恐怖で縮《ちぢ》こまるのではなく、竜がしまい込んでいる財宝に目を向ける。あなたは前進し、支配階層における本来の位置に立ち、縄張りを確保する。その縄張りを守り、拡大し、変容させていく意欲を示す。姿勢を、概念を改めれば、こうしたすべてが現実的あるいは象徴的に生じる。

胸を張って堂々と立つとは、目を見開いて、人生の重大な責任を受け入れることをさす。可能性が渦巻《うずま》くカオスを、生活可能な現実の秩序へ自発的に変えてみせるという決意だ。自分の弱さを認めたうえで責任を持つ。有限や死をおぼろげにしか理解しなくて済んだ子ども時代、すなわち無自覚の楽園は終わったと受け入れる。生産的で意味のある現実を生み出すため、必要な犠牲をこころよく引き受ける(いにしえの表現を使うなら、神を喜ばせる行動をする)。

胸を張って堂々と立つとは、洪水から世界を守る方舟《はこぶね》をつくり、専制政治から逃れた民たちを率いて砂漠を渡り、心地よい家や国を捨てて、夫を亡くした女性や子どもをないがしろにする者たちに預言者《よげんしゃ》の言葉で語りかけることを意味する。十字架を――あなたと「ビーイング」が残酷に交差するXマークを――背負う。もはや廃《すた》れ、厳格であまりに専制的な秩序を、それを生んだもとのカオスへ投げ戻す。そのあとに続く不確実性に耐え、結果として、より良い、より意味のある、より生産的な秩序を確立するのだ。

だから、姿勢には注意しなければならない。うなだれ、背中を丸めて歩くのはやめよう。みずからの心を語り、願望を推《お》し進めよう。あなたにはその権利があるはずだ。少なくとも、ほかの人々と同等の権利がある。背筋を伸ばし、まっすぐに前方を見すえよう。危険な存在であることを恐れてはならない。大量のセロトニンを神経経路へ流し込んでやり、その効果を享受《きょうじゅ》しやすくするのだ。

そうすれば、あなた自身を含む身のまわりの人々が、あなたは有能であるということを前提にし始めるだろう(少なくとも、無能だとただちに結論づけることはできないとみなす)。肯定的《こうてい》な反応を受けるようになれば、その事実に気を強くして、不安な気持ちが薄れていくだろう。すると、コミュニケーションのなかで交わされる社会的でささやかな手がかりに容易に気づくようになる。会話の流れが滑《なめ》らかになり、ぎこちなく口ごもるケースが減る。おかげで、出会いや交流が増え、相手に好印象を与えられる。そうすれば、良いことが起こる可能性が真に高まり、いざ実際に起こったときにはますます良くなる。

このように強化され増強されたあなたは、「ビーイング」を進んで受け入れ、さらに磨きをかける努力をするだろう。強くなったあなたは、愛する者が病気になろうが、親を亡くそうが、堂々として立ち続け、そばにいる人々にまで、打ちのめされそうな場面で勇気を与えてやれるはずだ。強くなったあなたは、自分の人生という航海に乗り出し、高い丘のうえで光り輝き、ふさわしい運命を追い求めるだろう。そのとき、あなたの人生は深い意義を持ち、死すべき運命という絶望に押しつぶされずに済む。

そうすれば、現実世界という途方もない重荷を受け入れ、喜びを見つけられるだろう。

三億五〇〇〇万年ぶんの生活の英知を持つロブスターの勝者を見習って、意気《いき》を奮い立たせようではないか。背筋を伸ばし、胸を張ろう。

Rule 02

「助けるべき他者」として自分自身を扱う

Treat yourself like someone you are responsible for helping

なぜ薬を飲まないのか？

病院で一〇〇人が処方箋《せん》を受け取ったとしよう。そのあとどうなると思うだろうか。じつは、三分の一が薬をもらおうとしない。(30) 残りの六七人のうち半数は、もらうものの、正しく服用しない。飲み忘れる。早めにやめる。もらっただけで一回も飲まない人もいる。

医師や薬剤師は、たいがい、指示に従わない患者を非難する。馬を水場へ連れて行ってやったのに、なぜ言うことを聞いて水を飲まないのか、と。一方、わたしのような心理学者は、そういう即断を避けたがる。患者が医師のアドバイスに従わない場合、患者ではなく医師の過失を疑うように教え込まれている。医療機関が責任を持って、助言がきちんと守られるように努力すべきであり、そうなるまで患者と相談を重ね、すべて正しく実行されるまで見守るべきだと考える。そんなせいもあって、心理学者は何かとありがたがられる(笑)。もちろん、ひっきりなしに患者が来る病院と比べ、なぜ薬を服用したがらないのか、時間をかけて対話できるおかげでもある。何が問題なのか？　病気を治したくないのか？

もっと深刻な例を挙げてみる。誰かが臓器移植を受けると想像してほしい。腎臓《じんぞう》だとしよう。一般的に、移植を受ける人は、長いあいだ不安な順番待ちを過ごし、ようやくその時を迎える。なにしろ、死亡時に臓器を寄付する人は少数しかいない(生きているうちに応じる人はさらに少ない)。希望する患者のうち、その時々の臓器が適合するのはごくわずかだ。だから、腎臓移植に代わる唯一の手段として、長年にわたり透析《とうせき》を受ける患者が多い。透析となると、患者の体内の血液をすべていったん外に出し、装置を通してから戻さなければいけない。奇跡的な治療法であり、それはそれで素晴らしいのだが、患者の負担は大きい。週に五

～七回、一回あたり八時間も費やす必要がある。ひと晩寝ては、また治療。回数が多すぎる。透析を続けたい人などいない。

さて、移植の合併症の一つは拒絶反応だ。他人の一部が縫《ぬ》い込まれると、からだが嫌がる。生存に大事なものであっても、免疫《めんえき》システムがそういう外来要素を攻撃して破壊する。それを止めるためには、拒絶反応を抑える薬を服用するしかない。感染症にかかる危険を冒《おか》してでも、免疫力を弱めるわけだ。多くの人は、この危《あや》うい駆け引きを受け入れる。ただ、こうした抑制剤を与えられても、拒絶反応は皆無《かいむ》にはならない。薬の効き目がないわけではなく(そういうケースもあるにしろ)、せっかく処方された薬を飲まない人が多いからだ。信じがたい。もし腎臓が良くならなかったら、重大な結果につながる。透析は楽ではない。移植手術を受けるまでに、長い待ち時間と高いリスク、多大な出費を強《し》いられたはずだ。せっかくのチャンスを、薬を飲まないせいでふいにするのか？　自滅行為ではないか？　なぜこんなことが起こり得るのだろう？

たしかに、複雑な事情はある。臓器移植を受ける人の多くが、孤立していたり、健康上の問題を複数抱えていたりする(失業や家庭問題に悩んでいる場合もある)。認知障害や鬱《うつ》病を併発しているかもしれない。医師を完全に信用できない、薬を買う余裕がない、捨《す》て鉢《ばち》になっているなどの可能性もある。

それでも、これは驚くべき事実だ。自分自身ではなく、飼い犬が病気になったと思い浮かべてみてほしい。獣医のところへ連れて行く。処方箋をもらう。そのあとどうするか？　その獣医の腕を疑う余地はある。もしペットをたいして可愛《かわい》がっていなかったら、そもそも全面的には信頼しがたい病院などというところへ連れて行かなかっただろう。しかし、違った。行動に愛情がにじんでいる。それどころか、たぶんそのペットを愛してきたのだ。自分が薬を飲むときよりも、ペットにはきちんと薬を飲ませようとするだろう。しかし、それはおかしい。ペットの視点からみても、良いとは言えない。ペットはおそらくあなたが大好きで、あなたが正しく薬を飲むほうが幸せなのだ。

飼っている犬や猫、フェレットや鳥を(たぶんトカゲまで)、自分自身よりも愛している人が多いらしい。そうとしか考えようがない。なんとひどい話だろう? そんなことが本当なら、どれほど残念なことだろう。自分自身よりもペットを愛するなど、いったいどういうつもりでいるのか?

わたしがこの難問に対する答えを見つけるうえで役立ったのは、『創世記《そうせいき》』(旧約聖書の第一巻)にある大昔の物語だった。

最古の物語と世界の本質

『創世記』の記述は、中東に伝わる二つの創造の物語を組み合わせたものらしい。一つめは『祭司法典《さいしほうてん》』と呼ばれ、時系列的にはこちらの方が先だが編纂《へんさん》の時期はより新しい。神は聖なる言葉を用いて宇宙を創造したという。光、水、大地をつくり、続いて植物と天体をつくった。次に(やはり言葉で)鳥、動物、魚をつくり、最後に人間(男と女)をつくった。人間だけは、なぜか神に似せた姿にした。いずれも、『創世記』第一章に描かれている内容と符合《ふごう》する。史料としてはより古い『ヤハウィスト』には、アダムとイブ、カインとアベル、ノア、バベルの塔というそれぞれの物語の原型をみることができる(アダムとイブの誕生の細部はやや異なるが)。『創世記』の第二章から第一一章と符合する。『祭司法典』や『創世記』第一章が言葉を創造の原動力としている点を理解するには、まず、古代の基本的な考えかたをいくつか知る必要がある(種類も意図も、科学の考えかたとはまったく違う。科学の歴史はごく浅い)。

フランシス・ベーコン、ルネ・デカルト、アイザック・ニュートンの功績によって科学の真理が明示されたのは、わずか五〇〇年前にすぎない。それ以前に生きていたわたしたちの祖先がどんなふうに世界を見ていたにしろ、科学というレンズを通じてではない（その時代には、望遠鏡のガラスレンズを通じて月や星を観察することができなかったのと同じだ。望遠鏡もやはり歴史が浅い）。現代のわたしたちは科学的な――かつ、物質主義的な――見方が染《し》み込んでいるので、ほかの観点が存在することすら想像しがたい。しかし、はるか昔、わたしたちの文化の基礎が現れたころに生きていた人々は、現代人が客観的真理としてとらえているものとは縁遠かった。むしろ、生き残りを左右する行動に深い関心を寄せ、その目標に見合ったかたちで世界を解釈しようとした。

科学的な世界観の夜明け前には、現実は大きく異なる解釈を受けていた。存在とは、物体の場ではなく、行動の場ととらえられていたのだ(31)。つまり、物語やドラマに似た何かとして理解された。ある物語やドラマが、生きているすべての人の意識のなかで時々刻々と進行しており、それが主観的な人生経験になっていると考えられた。現代人が自分の人生や個人的な意義を語り合うときの話の内容、あるいは、小説家が作品のなかで何らかの存在を描きだすときの記述に似ていた。

主観的な経験には、元来客観的な存在である木や雲といった身近なものに加え、感情、夢、飢《う》え、渇《かわ》き、痛みなどの重要なものがすべて含まれる。古代のドラマ的な観点からみれば、個人的に経験するそのようなものの総体が人間生活を構成しており、バラバラで客観的な要素に安易に還元することはできない。現代の還元主義者、唯物《ゆいぶつ》論者でさえ還元するのは難しい。たとえば、痛み――主観的な痛み。間違いなく実在し、反論の余地はないだろう。誰もが、自分の痛みを現実としてとらえて行動する。紛《まぎ》れもない現実であり、痛みは物質よりも重大な問題だ。だからこそ、世界に古くから伝わる考えかたの非常に多くが、存在に必然的に伴う苦痛を「ビーイング」における還元不可能な真実とみなしているのだと思う。

いずれにせよ、わたしたちの主観的な経験は、物理的な現実を科学でとらえた記述よりも、小説や映画に近い。生活経験のドラマだ。たとえば父親の死は、病院の記録に書かれた客観的な死よりも、あなた独自の個人的な悲劇として刻まれる。初恋の痛みも、願いを打ち砕かれたときの絶望も、子どもの成功に対する喜びも同様だ。

未知の領域、既知の領域

科学からみた物質の世界は、ある意味で分子、原子、クォークなどの基本構成要素に還元できる。しかし、経験の世界にも、主要な構成要素がある。その相互作用がドラマとフィクションを定義する。その一つがカオス。第二が秩序。第三は、その二つを仲介する過程であり、現代人が「意識(consciousness)」と呼ぶものとどうやら同じだ。カオスと秩序から永遠に逃れられないせいで、わたしたちは存在の妥当性《だとう》に疑問を抱いてしまう。諸手《もろて》を挙げて絶望し、自分自身を大切にしない。その状態を脱するための唯一の現実的な方法は、三つめを正しく理解することだ。

カオスはまさに未知《みち》の領域、未開拓の領域といえる。あらゆる国、概念、規律の境界を超えて、果てしなく永遠に広がっている。わたしたちにとってよそ者、見知らぬ人、別の集団のメンバー、夜間の茂《しげ》みの音、ベッドの下の怪物、母親の隠れた怒り、子どもの病気だ。

カオスとは、あなたがひどく裏切られたときに感じる絶望と恐怖だ。事物が崩壊するとき、夢がついえたとき、キャリアが頓挫《とんざ》したとき、結婚生活に終止符が打たれたとき、あなたが行き着く場所。童話や神話では暗黒の世界として描かれ、ドラゴンと財宝が永遠に共存する場所。自分がどこにいるのかわからないときにいる場所であり、何をしているのかわからないときにしていることでもある。要するに、わたしたちが知らず、理解していないものや状況だらけだ。

また、カオスは、『創世記』第一章の神が世界の始まりに言葉を使って命令を発する前の、かたちのない潜在的なものでもある。わたしたちが呼び起こす物語、刻々と移りゆく人生の瞬間も、かたちのない潜在的なものから生まれている。さらに、カオスとは自由、恐ろしい自由でもある。

これとは対照的に、秩序は、既知《きち》の領域だ。数億年前から立場、地位、権威の階層が存在している。秩序とは、社会の構造であり、生物学が扱う構造でもある。とくに、あなたが社会の構造に適応しているあいだは、その構造こそ秩序といえる。秩序とは、部族、宗教、家庭、故郷、国。暖炉《だんろ》に火がともり、子どもたちが遊ぶ、暖かく安全な居間。秩序とは、国旗、通貨の価値、足元の床、きょうの計画、素晴らしい伝統、学校の教室に並ぶ机、時間どおりに出発する列車、カレンダー、時計。秩序とは、わたしたちが身につけるよう求められる公共のうわべ、文明化した他人同士の集団が持つ礼儀正しさ、スケートしているわたしたち全員を支える薄い氷。秩序とは、世界の振る舞いがわたしたちの期待や欲望と一致する場所、望むとおりに物事が運ぶ場所だ。ただし、確実性と均一性と純度をあまりにも一面的に求めすぎると、秩序はときに専制政治や無能力と化す。

秩序に包まれているときは、すべてが確実だ。計画に従って物事が進行し、新しいものや混乱はない。秩序の領域では、物事は神が意図するとおりに展開する。わたしたちはこの領域にいるのを好む。なじみの環境は心地よい。秩序のなかでは、長期的に物事を考えられる。物事がうまく進み、波風なく安定していて、役に立つ。わたしたちは、概念的、地理的に理解済みの場所を離れようとはめったにしない。だから、やむを得ない理由や偶然のせいで去らなければいけない場合、気が重い。

秩序のなかにいるとき、あなたには忠実な友、信頼できる仲間がいる。もしその人物があなたを裏切ると、あなたは透明な明るい世界を去って、カオスと混乱と絶望が巣《す》くう闇の世界へ移動するはめになる。行き着く先は、あなたが働いている会社が業績不振に陥《おちい》ったときや、あなたの仕事が疑わしくなったときに向かう場所と同じだ。納税申告書が受理されれば、秩序。監査が入るようなら、カオスとなる。監査を受けるくらいなら強盗に遭《あ》ったほうがましと考える人も多い。ツインタワーが崩壊する前は秩序だった。テロで崩壊したあと、カオスが現出した。誰もがそれを感じとった。空気が不確かになった。倒れたのは、本当は何だったのか？　いや、言い直そう。建っていたのは、じつは何だったのか？　その問いが目の前に差し出された。

スケートをしているあなたの足元の氷が固いとき、それは秩序。割れてすべてが粉々になり、あなたが湖に落ちたとき、それはカオスだ。秩序とは、『ロード・オブ・ザ・リング』のホビット庄《しょう》。素朴《そぼく》な者であろうと、平和で生産的で安全に暮らせる。カオスは、ドワーフのいる暗黒の王国であり、財宝を奪った竜のスマウグが棲《す》む。カオスは、ピノキオが怪物クジラのモンストロから父親を救うために向かった深い海の底だ。暗闇へ入り父親を救う旅は、困難の極《きわ》みではあるものの、ピノキオが本物になりたいのなら、欺瞞《ぎまん》や演技、犠牲、衝動的な喜び、全体主義の征服の誘惑から自分を引き出したいなら、この世で真の「ビーイング」の地位を確立したいなら、その困難に挑むほかない。

秩序とは、あなたの結婚の安定性だ。それは過去の伝統やあなたの期待によって支えられ、たいがい目に見えない。パートナーの不貞《ふてい》を発見し、足元の安定が崩れるとき、カオスと変わる。カオスとは、あなたを導く習慣や伝統が崩壊したとき、支えのない空間でもがく経験だ。

秩序とは、目に見えない公理が存在する場所と時間。起こるべきことが起こるように、あなたは経験と行動を整える。カオスは、突然の悲劇が起きたとき、あるいは悪意がその凍《い》てついた顔をおもてに見せたときに出現する、新しい場所と時間。自分の家の領域内でさえ、にわかに現れかねない。状況にどれほどなじみがあろうと、計画を策定している最中、不測の事態や望ましくない事態が露呈《ろてい》する恐れはつねにある。そうなると、領域が変化する。見かけ上は同じ空間かもしれないが、騙《だま》されてはいけない。なにしろ、わたしたちは空間だけでなく時間のなかで生きている。古くてなじみ深い場所でさえ、あなたを動転させるだけの力を秘めているのだ。あなたはいま、長年よく知る道路をのどかにドライブしている最中かもしれない。しかし、時間は流れていく。ブレーキが故障する可能性もある。あなたはいま、自慢の健康体で道を歩いている最中かもしれない。ところが心臓が一瞬でも不具合を起こしたとたん、すべてが変わる。愛想《あいそう》のいい老犬だろうと、噛《か》みついてくる危険はある。信頼していた旧友だろうと、あなたを欺《あざむ》くかもしれない。あらたな思いが、古くて快適な確実性を破壊しかねない。そのような事態は、重大な結果を引き起こす。現実として立ちはだかる。

わたしたちの脳は、カオスが出現するとただちに反応する。脳内に、太古《たいこ》から維持してきたシンプルな超高速回路があるのだ。その回路は、森のなかに暮らしていた祖先が蛇《へび》に急襲されたときにも発動した(32)。そのようなすばやく反射的な身体反応ができあがったあと、より複雑だが遅い情動反応が進化し、さらにその後、高次元の思考が生まれた。思考は秒単位、分単位、年単位で展開できる。どの反応もある意味では本能的だが、反応が速いものほど本能に深く根ざしている。

カオスと秩序――パーソナリティ、女性、男性

カオスと秩序は、人生の経験を構成する二つの基本要素であり、「ビーイング」そのものを構成する基本

的な部分でもある。しかし、物事や物体ではないし、経験するうえでもそうは感じられない。物事や物体は、客観的な世界に属する。生命も魂《たましい》もない。死んでいる。ところが、カオスや秩序は違う。パーソナリティ（各個人の人格や個性）と同じくらい、認識され、経験され、（多少とも）理解される。現代人の認識、経験、理解は、はるか祖先の認識、経験、理解とまったく違いがない。ただ、現代人はその点を意識していないのだ。

　わたしたちは、秩序とカオスを最初から客観的に（物事や物体として）理解してから解釈しているわけではない。感覚としては、客観的な現実をとらえたあとで意図や目的を導き出しているように思うだろうが、じつは順序は違う。

　たとえば、何かを道具として知覚するのは、物体として知覚するよりも前、あるいは同時進行だ。わたしたちは、自分たちが何を見ているかわかるのと同じかもっと速く、何を意味するのかを知る[33]。同様に、何かをものとして認識する前に、パーソナリティを認識する。とくに、他者の行動についてそれが当てはまる[34]。生きている他者だけでなく、生きていない「客観的世界」も、目的や意図を持っているかのように知覚する。これは、心理学用語で「hyperactive agency detector（ハイパーアクティブ・エージェンシー・ディテクター）」と呼ばれるものがわたしたちの内部にあり、機能するからだ[35]。わたしたちは何千年にもわたり、きわめて社会的な環境に囲まれて進化してきた。そのため、置かれている環境の最も重要な特徴は、物体や状況ではなくパーソナリティなのだ。

　進化のすえわたしたちが知覚可能なパーソナリティは、良かれ悪《あ》しかれ、予測可能なかたちで典型的な階層構造のなかに絶えず存在し続けている。たとえば、一〇億年前から、男性と女性というパーソナリティがある。長い時間だ。多細胞生物の進化よりも前に、生命は二つの性に分裂した。幼い個体を広く世話する哺《ほ》乳類《にゅうるい》が出現したのは、五分の一の時間、すなわち二億数千年前だが、それでもじゅうぶん長い。「親」や「子」という分類も、そのころから存在していることになる。鳥類の出現より古い。花の成長より古い。一〇億年ではないまでも、非常に長い時間といえる。それほど長いだけに、当然ながら、男性、女性、親、子という要素は、環境の重要かつ基本的な部分をなし、そういう環境にわたしたちは適応してきた。つまり、男性と女性、親と子は、わたしたちにとって自然な分類であり、知覚や感情や動機づけの構造に深く埋め込まれている。

人間の脳は非常に社会的なものだ。生存し、繁殖し、進化するうえで、自分以外の生き物（とくに、ほかの人間）がとてつもなく重要な意味を持つ。周囲の生き物こそが自然な生息地、すなわちわたしたちの環境だといっていい。ダーウィン的な観点からみれば、自然――現実そのもの、環境そのもの――が淘汰《とうた》を行う。環境の基本的な定義として、これ以上のものはないだろう。環境は不活性ではない。わたしたちが生き残り、子孫を残そうとするなら、現実そのものに対処しなければならない。現実の多くの部分は、ほかの生き物、その意見、そのコミュニティで占められている。いかんともしがたい。

何世紀もかけて脳の能力が強化されるにつれて、わたしたちはしだいに好奇心を深め、世界の本質を知りたくなってきた。家族や集団のパーソナリティの外側――のちに客観的な世界として概念化されるもの――は、どんな仕組みになっているのか？　もっとも、「外側」とは、たんなる物理的な未開拓領域ではない。いま理解しているもの以外をさす。さらに、理解とは、たんに客観的に説明をつけるだけでなく、実際に対処することをさしている。しかし、わたしたちの脳は長いあいだ、ほかの「ヒト」に集中していた。そのため、どうやらまず、「ヒト」以外の無秩序な未知の世界を、社会的な脳がもとから知っているカテゴリーに当てはめて認識し始めたらしい。[36]かといって、こう考えるのは間違っている――「生き物全般以外の未知で混沌とした世界を初めて認識し始めたとき、ヒトより前からいる生き物の社会的な成り立ちを表すために後から考え出したカテゴリーを当てはめた」。

いや、(生き物である)わたしたちの心はヒトの歴史よりはるかに古く、心が使うカテゴリーもヒトという種よりはるかに古い。わたしたちの最も基本的なカテゴリーは――ある意味では性行為そのものと同じくらい古く――どうやら男女の性別らしい。わたしたちは、創造性を持つ二極構造という原始的な知識にもとづき、そのレンズを通してすべてを解釈し始めたようだ。[37]

秩序――既知――は、男性と関連づけて象徴化される(前述した陰陽シンボルの陽のように)。これはおそらく、人間社会の主要な階層構造が男性的だからだろう。ほとんどの生き物の階層構造が同様だ。たとえばチンパンジー。遺伝子がヒトにかなり近く、行動も似ているといわれる。また、歴史上も現在も、街の建設者、技術者、石工《いしく》、レンガ職人、木こり、重機の操作者などが男性だから、男性は秩序を連想させる。[38] 秩序とは、父なる神、永遠の裁判官、元帳《もとちょう》の管理者、賞罰の執行者。秩序とは、平和時の警察官や兵士。政治文化、企業環境、システム。「世間ではこう言われる」の「世間」。クレジットカード、教室、スーパーマーケットのレジ前の列、順番待ち、信号機、いつもの通勤ルート。秩序は、前面に出すぎたとき、バランスが崩れたとき、破壊的で恐ろしい姿を現す。強制移住、強制収容所、脚をまっすぐ高く上げて行進する魂のない人々と化す。

カオス――未知――は女性と関連づけて象徴化される。これは、わたしたちが知るすべての存在は未知から生まれ、ちょうど、わたしたちが知るすべての存在が母親から生まれるのと似ているからだろう。カオスとは、母、起源、発生源。すべてのものをつくり出す、おおもとだ。「重要性」や「事柄」の意味を持つ英単語matterは、mother(母)に由来しており、思考やコミュニケーションの「内容」をさす。ポジティブな装《よそお》いのとき、カオスは可能性そのものであり、アイデアの源《みなもと》であり、妊娠と誕生の神秘的な領域だ。ネガティブな力としては、洞穴《どうけつ》の不可解な暗闇や、道路脇の事故となる。子熊への愛情しか頭にないグリズリーのメスのように、あなたを付け狙い、ずたずたに引き裂く。

永遠の女性であるカオスは、性淘汰《とうた》の破壊力でもある。女性は選択の母だ（この点は、チンパンジーのメスと異なる）[39]。ほとんどの男性は女性の要望レベルを満たしていない。その証拠に、出会い系サイトの女性会員は男性会員の八五パーセントを「魅力の点で平均以下」と評価している[40]。同じ理由で、わたしたちひとりひとりの祖先は、女性のほうが二倍の人数だ（これまで生きた女性がすべて、生涯に平均ひとりの子どもを産んできたと想像してほしい。次に、これまで生きた男性の半分が二人の子どもの父親になり、残る半分は父親にならなかったと想像してもらいたい）[41]。自然たる女性は、全男性のうち半数に「ノー！」と言う。拒絶された男性側は、とたんにカオスに直面する。デートを断られるたび、壊滅的な力に打ちのめされる。共通の祖先を持つチンパンジーとは非常に共通点が多いものの、人間の女性にはこうして選択権があるところが、両者の違いを生んだ。女性のノーと言えるこの性向《せいこう》が、ほかのどんな力よりも、人間を現在のような創造的で、勤勉で、直立した、大きな脳の（競争的で、攻撃的で、横暴《おうぼう》な）生き物へ進化させた[42]。自然たる女性が、判断を下す。「あなたはじゅうぶんいいお友達だけど、これまでのお付き合いからみて、あなたの遺伝物質は継続的な伝播《でんぱ》にふさわしいとは思えないわ」

きわめて深遠《しんえん》な宗教的シンボルは、概して、二極化の概念を大きな土台にしている。たとえばダビデの星は、女性らしさの下向きの三角形と男性らしさの上向きの三角形を組み合わせたものだ。* ヒンドゥー教のヨーニとリンガも同じ（古代の人間の敵であり挑発者であった蛇によって覆《おお》われている。また、リンガというかたちに象徴化されたシヴァは、ナーガと呼ばれる蛇神《じゃしん》とともに描かれる）。古代エジプト人は、国家の神と暗黒世界の神を、尾が結びついた双子のコブラとして表現した。そっくりのシンボルが中国にも伝わっており、文化と文字を創造した伏羲《ふくぎ》と女媧《じょか》の姿とされる。キリスト教の象徴表現はそれほど抽象的ではなく、おもに聖人のかたちで描かれるが、赤子を抱く聖母マリアとピエタの礼拝図像はどちらも女性と男性の融合を表しているほか、古くからあるキリストの両性説も、二元性をめぐる議論といえる。(43)

最後にもう一つ記しておきたい点が、全体的な形態レベルでみた脳自体の構造もまた、二元性を反映しているらしいことだ。わたしの考えでは、象徴的な女性／男性の分離が、暗喩《あんゆ》の域を超えて根本的な現実となったのが、脳の二元構造だと思う。脳は当然、現実そのもの（ダーウィン的に概念化された現実）に適応してできているからだ。エルコノン・ゴールドバーグ――偉大なロシアの神経心理学者アレクサンドル・ルリアの教え子――は、「脳皮質の半球《はんきゅう》構造そのものが、新規性（未知、カオス）と習慣性（既知、秩序）との基本的な区分の表れである」と、非常に明快かつ直接的な説を提唱した。(44) この説のなかでは、世界の構造を示すシンボルについては言及されていないものの、それはかえって良いことに思える。異なる分野を追究した結果、同様の考えに至ったとなれば、信憑《しんぴょう》性が高まる。(45)

こうしたことをわたしたちはすでに知っているのだが、知っているという事実に気づいていない。しかし、以上のように明確な指摘を受ければ、たちまち理解できる。こうして具体的な用語を提示されれば、秩序とカオス、表の世界と裏の世界の存在に誰もが納得する。なじみのあるさまざまなものの下にカオスが潜んでいることを、誰もが明らかに感じとっている。だから、『ピノキオ』『眠れる森の美女』『ライオン・キング』『リトル・マーメイド』『美女と野獣』といった奇妙で現実離れした物語のなかで、既知と未知、表の世界と裏の世界が永遠に入り組むさまを理解できるのだ。わたしたちは皆、偶然あるいはみずからの選択によって、どちらの場所にも何度も行き来したことがある。

こうしたかたちで意識的に世界を理解しようとするとき、多くのものが崩れ始める。たとえば、自分の身体や魂についての知識が崩れ、知性による理解に合わせるようになる。それだけではない。そのような知識は説明的なだけでなく規範的でもある。「何かを知る」ことが、「どのように知る」べきかに役立つ。「ありのまま」を知ることにより、「どうあるべきか」を導き出せる。たとえば、道教《どうきょう》における陰陽の対比は、たんに「ビーイング」がカオスと秩序で構成されることを描いているだけではなく、どう行動すべきかも教えている。道教において人生でたどるべき「道」は、双子の蛇のあいだの境界線で表される。「道」とは、「ビーイング」の正しい道筋であり、『ヨハネ伝』第一四章六節でキリストが口にする「道」と同じだ。いわく「わたしが道であり、真理であり、命である。わたしをたどらなければ、神のもとへたどり着くことはできない」。同じ教えが、『マタイ伝』第七章一四節にもある。「命へ至る門は狭《せま》く、その道は細い。よって、それを見いだす者は少ない」

わたしたちは永遠にカオスに囲まれつつ、秩序を生きる。永遠に未知のものに囲まれながら、既知の領域を占有する。既知と未知をわたしたちが適切に橋渡ししたとき、意味のある関与を経験する。深いダーウィン的な意味では、物体の世界に対してではなく、秩序とカオス、陽と陰というメタ現実に対して適応している。秩序とカオスが、生存における永遠の超越的環境を構成する。

*この点で、五つの部分からなる太極図（ルール1で触れた、陰陽シンボルの原拠）も非常に興味深い。宇宙の起源を、まずは未分化の絶対に由来するとし、次に陰と陽（カオス／秩序、女性／男性）へ分かれ、続いて五つの作用物質（木、火、土、金属、水）へ、やがて「万物」へ分化したとしている。ダビデの星（カオス／秩序、女性／男性）も同様に、二元から火、大気、水、土という四つの基本要素が生じた（さらに、そこからすべてが構成された）とする。ヒンドゥー教徒もよく似た六角形を用いており、下向きの三角形が女性の力であるシャクティ、上向きの三角形が男性の力であるシヴァを示す。この二つの要素をサンスクリット語では「オーム」「フリーム」と呼ぶ。二元構造の概念を表す典型例といえる。

基本的な二面性をまたいでバランスをとるには、片方の足を秩序にしっかりとすえ、もう片方の足をカオスに、できれば成長と冒険のなかに置くことだ。人生が突然、本性を現し、強烈で興味深い意義あるものになったとき、あなたが自分のやっていることに夢中になって時間を忘れたとき、知らず知らずその姿勢をとっている。まさしく秩序とカオスの境界にいる。その位置で遭遇《そうぐう》する主観的な意味こそが、わたしたちのきわめて深い存在による、すなわち、神経学的にも進化的にも奥深く根ざした自己本能による反応なのだ。安定性を確保しつつも、居住可能で生産性のある領域を、個人的、社会的、自然的な領域を拡大することになる。あらゆる意味で正しい立ち位置だ。重要な何かが起こるとき、あなたはそこにいる。このことは、音楽にたとえてみてもわかるだろう。音楽に耳を澄《す》ましているとき――さらには、音楽に合わせて踊っているとき――を想像してほしい。予測可能なパターンと予測不可能なパターンが積み重なってハーモニーを奏でたとき、あなたの「ビーイング」の最も奥深いところから意味が湧《わ》き上がってくる。

カオスと秩序は基本的な要素であり、生き物が生きてきた状況(さらには想定可能なあらゆる生活状況)がその両方で成り立っている。わたしたちがどこにいても、特定できるもの、利用できるもの、予測できるものがある一方で、知らないものや理解できないものがある。カラハリ砂漠に住んでいようと、ウォールストリートの銀行家だろうと、制御できるものとできないものがある。だからこそ、双方が同じ物語を理解でき、同じ永遠の真理の範囲内にとどまれるのだ。さらに言えば、カオスと秩序の根本的な現実は、人間だけでなく、生きているすべてに当てはまる。生きとし生ける何もかもが、自分たちを弱い存在にする事物に囲まれながらも、能力内に収まる場所で暮らしている。

秩序はじゅうぶんではない。あなたは、ひたすら安定、安全、不変のままではいられない。学ぶべき、きわめて重要な新しい事柄がつねにある。しかし、カオスはときにあまりにも力強い。まだ知る必要のあるものを学んでいる一方で、能力を超えて圧倒され続けていては、長く耐えられない。したがって、自分がマスターしたもの、理解したものに片足を置き、もう片足をいま探索《たんさく》し習得しつつあるものに置かなければならない。そうすればバランスよく、存在の恐ろしさが制御されている安全な場所にとどまりながら、新しい何かに入念に取り組める。あらたに何かを身につけ、多少とも自分を向上させることができる。意味を見いだすことができる。

エデンの園

前に述べたとおり、『創世記』の物語は、複数の出典をまとめたものだ。新しい『祭司法典』の物語(『創世記』第一章)でカオスから秩序が出現するさまが描かれたあと、史料としてはより古い『ヤハウィスト』が続き、実質的に『創世記』第二章となっている。神はYHWHあるいはヤハウェの名で表され、アダムとイブの物語のほか、『祭司法典』で示唆《しさ》されていた六日目の出来事がはるかに詳しく明かされる。物語間には連続性があり、編纂した人物――ひとりか複数かわからず、聖書学者のあいだではただ「編纂者(Redactor)」と呼ばれている――が、かなり慎重にまとめ上げたらしい。おそらくは、二つの伝統を受け継ぐ民族が何らかの理由で混じり合い、つじつまの合わない物語が時間とともにいびつな成長を遂げたのち、高い意識と勇気を持ち、一貫性を重んじる人物が、意を固めて編纂に取り組んだのではないか。

『ヤハウィスト』にもとづく創世の記述によると、神は最初に「エデン」(イエスが使ったとされるアラム語で「水に恵まれた土地」の意味)、あるいは「楽園」(古代イランにおいて用いられたアベスタ語でのパートナーとしてイブをつくった。*
は、果実を好きなだけ食べてよい(ただし、知識の樹の実だけは禁じる)とアダムに告げた。さらに、アダム
木々を植えた。うち二本は特別で、一本は生命の樹《き》、もう一本は善悪に関する知識の樹だった。そのあと神
pairidaeza＝「囲《かこ》われた庭」の意味)という名の領域を創造したという。そこにアダムを置き、果実のなる

アダムとイブは、初めに楽園に置かれた段階では、意識がおぼろげだったようだ。自意識は明らかに持っていなかった。その証拠に、人類最初の男女は裸だったが、恥ずかしいと感じなかった。この記述の言いまわしは、第一に、人間は裸を恥じるのが自然で正常であることを意味する(そうでなければ、恥じらいの欠如《けつじょ》について言及する必要がない)。第二に、この最古の男女は、良かれ悪しかれ、どこか尋常《じんじょう》ではなかったことを意味している。現代なら、突然裸で公共の場に落とされて恥ずかしがらないのは——露出狂でもないかぎり——三歳未満の子どもだけだろう。それどころか、ふと気がついたら客席満員の劇場の舞台上に全裸で立たされていた、というのが、悪い夢の代表例だ。

『創世記』の第三章には、蛇が登場する。どうやら最初は脚がある蛇。なぜそのような生き物が楽園に入れたのか(あるいは、神があえて配置したのか)は、まさに神のみぞ知るところだ。わたしは長いあいだこの謎の意味に頭を悩ませてきた。おそらく、ある程度において、すべての経験を特徴づける秩序/カオスの二元論を反映しているのだろう。楽園が居住可能な秩序、蛇がカオスを表している。つまり、エデンにいる蛇は、道教の陰陽シンボルにある黒点と同じ意味を持つ。何もかも穏やかに見える場所であっても、突如、未知で革命的なものが出現する可能性があるわけだ。信じがたいが、なんと神でさえ、外部から完全に保護された空間をつくれなかったらしい。万能ではないうえ未知に囲まれている現実世界となれば、侵入の遮断《しゃだん》はなお

さら難しい。外側のカオスは、いつでも内側へ忍び込める。どんなものも、ほかの現実から完全に遮断することはできない。究極の安全な空間にさえ、必ずや蛇が潜《ひそ》む。人類の祖先が暮らしていたアフリカの楽園の草木の陰《かげ》にも、本物の、ありふれた爬虫類《はちゅうるい》の、蛇がいた――永遠にいる。(46)

しかし、もし(聖ゲオルギオスによる竜退治のように、不思議な力で)蛇がすべて追放されていたとしても、蛇は「競争相手の人間」というかたちで残っていただろう(少なくとも、自分の狭い親族集団の観点からみて、その競争相手が敵対的な行動をとっているときは、蛇も同然だ)。なにしろ、わたしたちの祖先の時代は、部族間その他でいさかいや戦争が絶えなかった。(47)

さらに、爬虫類にせよ人間にせよ、自分たちを悩ませる「蛇」をすべて倒したとしても、まだ安全ではいられなかっただろう。現在のわたしたちにも同じことがいえる。結局のところ、わたしたちは敵を見たことがある。そして敵は自分たちでもある。蛇はわたしたちひとりひとりの魂のなかに棲んでいる。わたしに言わせれば、だからこそ、エデンの園の蛇はサタン、まさに悪しき霊魂《れいこん》なのだ。この点はキリスト教でさかんに力説されており、とりわけジョン・ミルトンが明確に描きだした。この象徴的な意味の重要性――目のくらむような輝き――は、いくら強調しても足りない。数千年にわたる想像力の行使により、抽象化された道徳的概念と、それにまつわるすべてが発展した。途方もない労力がつぎ込まれ、善と悪の概念が固まり、周辺を取り巻くファンタジックな暗喩《あんゆ》が生まれた。存在しうる最も邪悪《じゃあく》な蛇は、とめどなく悪へ向かう人間の性向だ。それは心理的、精神的、個人的、内部的なものであり、どんなに高い壁を築いても防ぐことができない。堅牢《けんろう》な要塞《ようさい》を建てて、外部の悪をいっさい寄せつけまいとしても、すぐにまた内部に現れる。ロシア

＊別の解釈によれば、神は、もともと両性具有だったひとりを男性と女性に分割したという。この考えに従うなら、性別が区分される前のアダムは、「第二のアダム」と一体だったことになる。この点の象徴的な意味は、ここまでの議論をお読みになってきた人には明らかだろう。

の偉大な作家アレクサンドル・ソルジェニーツィンが指摘したとおり、「善悪を分かつ線はあらゆる人間の心のなかにある」[48]――。

周囲にはより大きな現実があるわけで、その特定の部分を遮断し、内部をすべて永遠に予測可能かつ安全にする、などということはできない。どんなに注意深く排除しても、やがて一部が潜入してくる。比喩でいえば、「蛇」は必ず現れる。どれほど熱心な親でさえ、子どもを完全に守ることは不可能だ。たとえ地下室に閉じ込めて、麻薬、アルコール、インターネットポルノからすっかり切り離したとしても、安全ではない。そのような極端な策をとると、慎重すぎ、心配しすぎの親は、ほかの恐ろしい人生の問題の代わりに親自身が深刻な問題と化してしまうだけだ。フロイト用語でいうエディプス・コンプレックスの悪夢が訪れる。[49]「ビーイング」を保護しようとするよりも、自分の能力のかぎりケアしてやるほうがはるかに良い。

さらに、たとえ危険をはらむものすべてを――挑戦的なもの、興味深いものも含めて――永久に排除することが可能だとしても、別の危険を招くにすぎない。人間として幼児性がこびりつき、絶対的な無力に陥ってしまう。挑戦や危険を伴わずに、自分の人間としての可能性を一〇〇パーセント開花させることなどできるだろうか？ まわりに目を光らせる必要がなくなったら、どれほど退屈で薄っぺらい人生だろう？ もしかすると、神は、新しい創造物である人間が蛇に対処できるはずと考え、蛇の存在はもう一つの悪に比べればましと判断したのかもしれない。

ここで、世の親に対して問いたい。「あなたは、わが子を安全にしたいのか、それとも強くしたいのか？」

いにしえからの物語によれば、いずれにしろ楽園には蛇がいて、それは「陰険《いんけん》な」生き物だ（ふだんは姿を隠し、気まぐれで、狡猾《こうかつ》で、裏切りを働く）。蛇がイブを騙そうと決めたのは驚くことではない。ただ、なぜアダムではなくイブを狙ったのか？ たんなる偶然かもしれない。数字上の可能性は五〇パーセントであり、かなり高い確率といえる。しかし、わたしが学んだ結論として、こうした古い物語には余分なものはない。偶然の事柄――本筋に関わりのない事柄――は、語り継がれるうちに抜け落ち、忘れ去られた。ロシアの劇作家のアントン・チェーホフいわく、「第一幕で壁にライフルが吊《つ》り下げられていたら、第二幕で銃弾が発射されなければならない。そうでなければ、存在している意味がない」(50)。イブはアダムよりも蛇の標的となる理由があったのだろうか。たとえば、木の上で暮らす子どもたちのほうが餌食《えじき》にしやすかったかもしれない。もしかすると、イブの娘たちが現代に至るまで(平等主義が高まった今日でさえ)(51)、より防御的で自己意識が高く、怖がりで神経質なのは、そのせいかもしれない。とにかく、蛇はイブに、禁断の果実を食べても死なないと教える。それどころか、目を見開くことになる、善悪の区別がついて神のようになれる、と。もちろん、神に近づくのはその一面だけ、とは伝えない。なにしろ蛇なのだ。人間であるイブは、もっと知識を得たいと思い、果実を食べることにする。

ハッ！　イブは目を覚ます。初めて意識を持つ。おそらく自意識も。

こうして、明確に見えているわけではないものの覚醒《かくせい》したイブは、覚醒していないアダムが耐えがたくなる。すぐさまアダムと果実を共有する。アダムも自意識に目覚める。現代も大差ない。

原始から、女性が男性の自己意識を覚醒してきた。おもに、男性を拒絶することによって――さらに、男性が責任をとらない場合、辱《はずかし》めることによって。女性は繁殖のおもな負担をになうのだから、当然だ。立場が入れ替わったら非常に不自然だろう。女性が男性を辱め、自己意識をもたらす能力は、原始的で自然な力だ。

さてここで、あなたはこう尋ねるかもしれない。蛇がいったい、目を見開く力とどう関係するのか？　まあ、蛇に気づく重要性は、ある程度明らかだろう。あなたが餌食にされる恐れがあるからだ(とりわけ、太《たい》古《こ》の祖先のようにからだが小さく木の上で暮らしている場合は)。人類学と動物行動学にくわしいカリフォルニア大学のリン・イスベル教授によれば、人間には、ほかの生き物にはみられない、驚くほど鋭敏《えいびん》な視覚が備わっており、これは、現実世界の蛇の恐るべき危険を発見し回避するため、はるか太古からやむを得ず身につけた適応能力だという。わたしたちの祖先は、蛇と共生しつつ、ともに進化してきた[52]。エデンの園で蛇が大きく扱われ、人間に神の視覚を持たせる役割を果たす(同時に、人間の古い永遠の敵となっている)のは、こうした事情も理由の一つなのかもしれない。中世やルネッサンスの多くの偶像《ぐうぞう》で、永遠かつ理想の母であるマリア——イブの完成形——が、蛇を強く踏みつけ、幼いキリストを抱き上げて捕食者の爬虫類からできるだけ離そうとしているのも、同じ理由かもしれない[53]。それだけではない。蛇はイブに果実を勧めるが、じつは果実も視覚の発達と関わりが深い。色を識別する能力は、熟して食用にふさわしい木の恵みを素早く検出できるように適応した結果なのだ[54]。

人類最初の両親は、蛇に耳を傾けた。果実を食べた。目を開いた。二人とも覚醒した——。イブが最初に思ったように、あなたも、覚醒はいいことだと思うかもしれない。しかし場合によっては、半分だけ贈り物をもらうくらいなら、何ももらわないほうがましだ。アダムとイブは確かに目覚めたが、恐ろしいことを発見しただけだった。まず、自分たちが裸である事実に気がついた。

裸の猿

わたしの息子は、三歳になるだいぶ前に、裸の恥ずかしさに気づいた。自分で服を着たがった。バスルームのドアをしっかりと閉めた。服を着ずには人前に出なかった。それが息子の成長にどう関係するのか、わたしにはわからなかった。息子みずからの発見、気づき、反応だった。あらかじめ体内に組み込まれているようすだった。

自分が裸であることを知る——もっとばつが悪いケースでは、パートナーともども裸であることを知る——のは、どんなことを意味するのだろう？　とんでもない事態だ。たとえばルネッサンス画家のハンス・バルドゥング・グリーンの絵に、強調して描かれている。裸は、か弱く傷つきやすい。美や健康についての判断材料にされる。自然と人間が交じり合う環境で、まったくの無防備を意味する。だから、アダムとイブは覚醒した直後に恥じらいを感じた。真っ先に目に入ったのは、自分自身の姿だった。欠点が際立っていた。脆弱《ぜいじゃく》さが露《あら》わだ。他の哺乳類は、背中が甲冑《かっちゅう》のように発達し、柔らかい腹部を保護しているのだが、ヒトは直立して、からだのうち最も攻撃に弱い箇所をさらしてしまっている。このあと事態はさらに悪化する。アダムとイブは、か弱いからだを覆い隠すため——さらには自尊心を守るため——すぐに腰布をつくった(国際標準版では「腰布(loincloths)」、欽定訳《きんてい》聖書では「前掛け(aprons)」と表現されている)。続いて、そそくさと身を隠した。弱さを思い知ったいま、自分たちは神の前に立つ価値がないと感じたのだ。

ほんの少し考えただけで、あなたにも彼らの気持ちがわかるだろう。美は醜《みにく》さを恥じる。強さは弱さを恥じる。死は生を恥ずべきものとし、究極の理想はわたしたちすべてを恥じる。だからわたしたちはそれを恐れ、嫌い、憎《にく》んでさえいる(そう、それが『創世記』で次に取り上げられるテーマ、カインとアベルの物語だ)。わたしたちはどうすべきか？　美、健康、聡明《そうめい》さ、強さの理想をすべて捨てる？　それは賢明な策ではない。恥辱《ちじょく》感をつねに噛みしめるはめになり、それにふさわしくいっそう恥ずかしい者になるだろう。存在するだけで誰をも魅了する美女が、ほかの人たちを辱めないように姿を隠したら残念だ。ジョン・フォン・ノイマンのように知性あふれる人物が、数学を中学生並みにしか知らないわたしに気をつかって消える、などという事態になってほしくない。彼は一九歳にして数字を再定義した[55]。なんと数字を！　ジョン・フォン・ノイマンに幸《さち》あれ！　グレース・ケリー、アニタ・エクバーグ、モニカ・ベルッチに感謝！　そういう人々を前にすると自分が無価値に思えることを、わたしはむしろ誇りに思う。これからの目標、達成、野心のために、誰もが払う代償ではないか。とはいえ、アダムとイブがからだを覆った気持ちもわかる。

聖書の物語の続きは、わたしの意見ではいたって滑稽《こっけい》だが、同時に悲惨《ひさん》でもある。その夜、エデンが静まったころ、神は散歩に出かける。しかしアダムが見当たらない。いつもいっしょに散歩するのにと、神は不思議に思う。「アダム」と呼びかける。草木の陰も見通せることを忘れたかのように。「どこにいるのだ？」。アダムはすぐに現れるものの、ようすがおかしい。神経質な態度で、やがて事情を告げる。宇宙の創造主の呼びかけに対し、アダムはこうこたえた。「お声は聞こえていたのですが、裸だったので隠れていました」。どういう意味だろう？　脆弱性に不安を抱いた人間は、真実を語ることやカオスと秩序を仲介すること、運命を明らかにすることを永遠に恐れる。言い換えれば、神とともに歩むことを恐れる。あまり賞賛《しょうさん》に値《あたい》する姿勢ではないが、たしかに理解できる。神は裁《さば》きの父であり、裁きの基準は高い。神を喜ばせるのは難しい。

神は問う。「おまえが裸だと誰が言ったのか？　食べてはならないものを食べたのか？」。アダムは惨《みじ》めなようすでイブを指さす。自分の愛する人、パートナー、ソウルメイト。そのイブを告発する。続いて、神を非難する。「あなたがわたしに与えてくださった女に、あれをもらったのです（そして食べました）」。なんと惨めで、かつ正確だろう。人類最初の女が、最初の男に自意識と憤慨《ふんがい》の心を持たせたのだ。さらに、アダムはイブを責《せ》めた。次に神を責めた。現在に至るまで、拒絶された男はことごとくこのような心情に陥る。生殖適性を蔑《さげす》まれた男はまず、求愛対象だった相手の前で、自分の小ささを感じる。続いて、女を意地悪に感じ、自分を役立たずにつくった神を呪う。「ビーイング」が深く傷つく。次に、復讐心《ふくしゅうしん》が芽生える。なんと下劣《げれつ》だろう(にもかかわらず、気持ちはよくわかる)。イブのほうは、いちおう蛇という元凶《げんきょう》があった。のちにあの蛇はサタンだったと、やや意外な事実が判明する。したがって、イブの過《あやま》ちは仕方ない、同情に値する、とわたしたちには思える。最も手強《てごわ》い悪に騙されたのだから。しかし、アダムはどうだろう! 誰かにそそのかされて言葉を発したわけではない。

　あいにく、事態はさらに悪化する――人間にとっても蛇にとっても。まず、神は蛇に呪いをかけ、これからは永遠に足のない姿で這《は》いまわり、怒った人間に踏みつけられる危険にさらされていなさい、と告げた。次に神は、イブに向かって、これから子どもを産むときには苦痛を味わわなければならない、また、自分の生物学的な運命を永久に保つために、ときには無価値な、場合によっては恨《うら》みを抱いている男までも欲しなければならない、と告げる。これはどういう意味だろう? 古代の物語を政治的な動機から解釈する人々によれば、要するに、神が家父長《かふちょう》の暴君であることを表しているという。わたし個人は、たんなる説明だと思う。それ以上の意味はない。理由はこうだ。進化するにつれて、人間の脳は、ついには自意識が生じるほど、とてつもなく大きくなった。これにより、胎児の頭部と女性の骨盤のあいだで進化上の〝軍拡競争〟が発生した。[56] 女性はしだいに腰が大きくなり、走るのが困難なほどになった。赤ん坊のほうは、同じ大きさのほかの哺乳類と比べて一年以上早く生まれるようになり、頭部をなかば折りたたむ姿に進化した。[57] 双方とも苦しい調整だ。生まれたばかりの赤ん坊は、最初の一年間、ほとんど完全に母親に依存するほかなくなった。大きな脳が持つ潜在的なプログラミング能力を開花させるまで、一八歳まで(ときには三〇歳まで)訓練を受けなければならない。出産時の母親が痛みに耐えなければならないのはもちろん、母親も幼児も高い死亡のリスクにさらされる。こうしたせいで、とくに初期の段階で、女性は妊娠と子育てに高い代償を払わねばならず、その必然的な結果として、必ずしも信頼できず、つねに問題のある男性の好意というものに依存を深めることになった。

神は、覚醒したイブにこれからの運命を教えたあと、アダムに向かって、男の子孫ともども、同じくつらい運命が待ち受けていると伝えた。おおよその内容はこうだ。「男よ、おまえは女に耳を傾け、目を開かれた。蛇と果実と妻によって、神のような視覚を与えられた。しかし、未来を見ることのできる者は、迫り来る困難も永遠に見るようになり、あらゆる不測の事態に備えなければならない。そのため永遠に、現在を未来の犠牲にせざるを得ない。楽しみをあきらめ、保身に努めるほかない。すなわち、労働しなければならない。苦難を味わうだろう。好むと好まざるにかかわらず、たくさんの棘《とげ》やアザミを育てなければならない」

そして神は、最初の男と女を楽園から追放した。幼児期から、無自覚な動物の世界から追い立て、歴史の恐怖そのもののなかへ放った。さらに、エデンの門に智天使《ちてんし》と火の剣《つるぎ》を配置し、アダムとイブが「生命の樹」の実を食べられないようにした。この最後の措置は、ことさら残酷に思える。哀《あわ》れな人間をなぜ、すぐ不死にしなかったのか？　物語の続きによれば、究極の未来として、神は、人間に永遠の命を与えるはずではないか？　しかし、神を問い詰めることは何人《なんぴと》にもできない。

おそらく天国は自分たちで築かなければならず、不死は自分たちで手に入れるしかないものなのだろう。

さてここで、冒頭の疑問に戻ろう。犬のためには処方薬を買って注意深く服用させるのに、自分自身に対して同じことをしないのはなぜか？　いま、人類のきわめて根源《こんげん》的な文章の一つから答えが得られた。アダムの子孫であり、裸、醜さ、恥、怯《おび》え、無益、臆病、敵意、防御、反抗といった特徴にまみれたものなど、面倒を見てやる必要があるのか？　たとえそれが自分自身だとしても。この点は、女性も例外ではないと思う。

人間の本質をいくらかでも垣間見《かいまみ》ようとこれまで展開してきた議論はすべて、他人にも自分にも当てはまる。一般化された人間の本質であり、特定の個人の性質ではない。けれども、あなたは他人よりも自分自身についてはるかによく知っている。他人に知られている部分だけでも、あなたには欠点が多い。しかし、内に秘めた逸脱《いつだつ》、不十分さ、不備をすべてにわたって知っているのはあなた自身だけだ。あなたの心や身体の欠点のあらゆる面を、あなた以上に知る者はいない。哀れと蔑む理由を、あなた以上に持つ者はいない。だから、自分に好結果をもたらす何かを控えれば、そういう弱点に見合った罰を受けかねない。無垢《むく》で無害で自意識を持たない犬のほうが、良い報《むく》いを得られるはずだ。

しかし、まだ納得できないようなら、別の重要な問題に目を向けてみよう。秩序、カオス、生、死、罪、視覚、労働、苦難——これだけ挙げてもまだ、『創世記』の執筆者には不十分だった。人間にはまだ不足していた。物語は続く。さまざまな惨事や悲劇が展開される。そこに関わる者たち(つまり、わたしたち)は、さらに痛みを伴う覚醒と戦わなければならない。次に犠牲にせざるを得なくなるのは、道徳そのものだ。

善と悪

覚醒したアダムとイブが気づいたのは、裸であることと苦難の必然性だけではない。善と悪も知るようになった(蛇は果実についてこう言った。「それを食べた日、あなたがたの目が開け、神のように善悪を知る者となることを、神は知っておられます」)。いったいどういう意味だろう？ 広大な土地がすでに覆われたあと、なおも探検し、説明づけるべく残されているのは何か？ 単純に文脈からとらえれば、楽園、蛇、不《ふ》従順《じゅうじゅん》、果実、性別、裸に関係している事柄にちがいない。結論として、わたしに解明の鍵を与えてくれたのは、最後の一つ、つまり裸だった。それに気づくまで何年もかかった。

犬は捕食者だ。猫も同じ。何かを殺して食べる。きれいごとではない。なのに、わたしたちは、ペットとして飼い、世話をし、病気時には薬を飲ませる。なぜか？　犬や猫は捕食者だが、それは生まれ持った性質にすぎず、当の犬猫の責任ではない。空腹なだけで、悪ではない。心や創造性、何よりも自意識——人間の残酷さの源——を持っていない。

なぜか？　簡単だ。人間とは異なり、犬や猫は、根源的な弱さ、脆弱性、必然的に訪れる痛みや死をまったく理解していない。一方、人間はどこがどうなると痛み、それはなぜなのかをつぶさに知っている。その点は、自意識を持っていることと同じくらい、人間の定義としてふさわしい。人間は、自分の無防備さ、有限性、死の運命を認識している。痛みを、自己嫌悪《けんお》を、恥を、恐怖を感じることができ、それを知っている。自分を苦しめるものを知っている。

わたしたちは、どれほどの恐ろしさや痛みがあり得るのかを知っている——それはすなわち、どうすればそういったものを他人に与えられるのか把握していることを意味する。自分が裸で、裸は弱みを突かれかねないことを知っている——それはすなわち、ほかの人間も裸で、弱みを突かれかねないと承知していることを意味する。

わたしたちは、意識的に他人に恐怖を与えることができる。人間の欠点をじゅうぶん理解しているからこそ、他人を傷つけ辱めることができる。ゆっくりと、巧みに、残酷に拷問《ごうもん》できる。捕食よりもはるかにひどい。それは理解の質的な変化であり、自意識の発達と同じくらいの大変化だ。その結果、善と悪を知ることになった。実存構造の二度目の骨折であり、いまだ治癒《ちゆ》していない。「ビーイング」は変形し、道徳的な努力を要するものになった。洗練された自意識の発達にはそうした努力が欠かせない。

ラック、鉄の処女、サムスクリューといった拷問道具を思いつくのは、人間だけだ。人間だけが、苦痛そのものを目的に苦痛を与えることができる。悪の定義として、これ以上のものをわたしは知らない。動物は悪を扱えないが、耐え難いほどの能力を持つ人間には、当然ながら扱える。それを認識したことに伴い――現代の知識人たちのあいだで非常に不評な――「原罪(Original Sin)」という概念に正当かつ完全な枠組みを得た。人間の進化、個人、神学上の変化において、自発的な選択の要素が存在しないとは言えないだろう。わたしたちの祖先は性的パートナーを選んだ。何のために？　意識？　自意識？　道徳的知識？　わたしたちには存在に由来する罪悪感があり、人間の経験に広くにじみ出ているということを否定できるだろうか？　そのような罪悪感――堕落《だらく》し、悪事を働く能力が生来《せいらい》備わっているとの認識――がなければ、人間は精神異常と隣り合わせになってしまうと、心に留めざるを得ないのではないか？

　人間は悪事を働く能力に長《た》けている。生き物のなかで人間だけが持つ特性だ。自分がいま何をしているのかを完全に把握したうえで、自発的に物事を悪化させることができる(偶然や不注意、意図的な無作為《むさくい》によって悪化させることもあるにしろ)。そのような恐ろしい能力、悪意ある行動への性向を考えると、自分や他人を大切にすることがなかなかできず、さらには、人間の企《くわだ》て全体の価値にすら疑問を抱くことがあるのも、そう不思議ではないだろう。人間は非常に長いあいだ、じゅうぶんな理由をもとに、人間は罪を負っているのではないかと疑ってきた。たとえば数千年前、古代メソポタミア人は、人類がキングーの血から生まれたと信じていた。キングーとは、カオスの女神が最も残忍《ざんにん》で破壊的な瞬間に生み出した凶悪な化け物だ[58]。そのような結論を導いたあと、人間の価値、さらには「ビーイング」そのものの価値観を疑問視するのは当然だろう。そうなれば、自分や他人が病気にかかった際、道徳的にみて治療薬を処方する意義があるのか、疑いを持ってもおかしくない。自分の暗闇を自分以上に理解している者はいない。そうなると、病《やまい》のとき、自分自身の世話に全力を尽くす気になるだろうか？

人間はそもそも存在すべきではないのかもしれない。世界から人類を一掃し、「ビーイング」や意識を獣《けもの》たちの純粋な残忍さに戻してやるべきかもしれない。そんなことを一度も望んだ覚えのない人は、記憶をまともにたどっていないか、自分の最も暗い空想に正面から向かい合っていないのだと思う。

さて、ではどうすべきなのか？

神のきらめき

『創世記』第一章では、神は真実の言葉で世界を創造し、宇宙誕生前のカオスから居住可能な楽園の秩序を生み出す。みずからの姿に似せて男と女をつくり、同じことができる――カオスから秩序を生み、世界創造の続きを行う――能力を吹き込む。アダムとイブの誕生の経緯も含め、創造の各段階において、神は先々を思いやり、良かれと望む。

『創世記』第一章とは対照的に、続く第二、三章では人間の堕落が描かれる。のちのわたしたちの世界がなぜこれほど悲劇に満ち、倫理的に劣るのか、その理由が説明される。耐えがたいほど深刻な物語だ。『創世記』第一章の寓意《ぐうい》によれば、真実の言葉から生まれ落ちた「ビーイング」は「善」だ。神から切り離される前、人間も「善」だった。この善は、度重なる堕落(加えて、カインとアベル、バベルの塔、ノアの洪水)によってひどく損なわれるが、人間のなかには、堕落する以前の状態もいくらか残っている。いわば、わたしたちは覚えている。子ども時代の無邪気《むじゃき》さ、神聖かつ無意識の生き物としての「ビーイング」、触れるもののない大聖堂のような原生林に対し、永遠に懐《なつ》かしい気持ちを抱いている。そういったもののなかに、ひとときの休息を見いだす。そういったものを崇拝《すうはい》する。たとえわたしたちが無神論の環境論者を自称していても、わたしたちはそれを信じている。こう考えると、自然の本来の状態が楽園ということになる。しかし人間はもはや神や自然と一体ではなく、一体だったころへ単純に戻ることもできない。

もともとのアダムとイブは、創造主と切り離せない一体として存在していたが、意識を持っていなかった（もちろん自意識もなかった）。目が開いていなかった。完成度においては、堕落したあとの人間より下だ。彼らの善は与えられたものであり、それに値するものでも獲得したものでもない。彼らは何の選択もしなかった。選択しないほうが楽だと、神は知っている。けれども、純粋に勝ち取った善に比べ、おそらく劣るだろう。たぶん、宇宙的な意味においてさえも（意識自体が宇宙の重大な現象であるとすれば）、自由な選択が重要だろう。なぜそんなことを断言できるのか？　あいにく、わたしはその質問をここで取り上げたくない。端的に言って、難しすぎるからだ。そこで、主張を一点に絞ろう。わたしたちを苦しめ、自分の価値に疑問を抱かせる原因は、たんなる自意識の出現と、死や堕落についての道徳的な知識の高まりだけではないのではないか？

アダムが恥じて隠れたことに表れているように、悪に染まりやすい弱い性向を持っているにもかかわらず、わたしたちは神とともに歩きたくないのではないか？

聖書全体が編纂されたのは、堕落以降のさまざまな出来事――イスラエルの歴史、預言者《よげんしゃ》、キリストの到来――を、堕落の治療薬、悪の道を抜け出すための手段として提示するためだ。意識史の始まり、国家の台頭、誇りや厳格さの病的な表れ、物事を正そうとする偉大な道徳的人物の出現。ついには救世主が登場する。すべてが人類の試みの一環だ。神は、状況を正したいと考えている。これはどういう意味だろう？

驚くべきことに、答えはすでに『創世記』第一章に暗示されている。神のイメージを体現する――カオスのなかから、善である「ビーイング」を呼び起こすのだ。ただし、意識的に、自由意志によって、原点へ立ち返る。T・S・エリオットが指摘したとおり、後退こそが前進に至る道だ。とはいえ、眠るために戻るのではなく、覚醒した存在として、覚醒した存在にふさわしい選択をするために戻るのだ。

われらは探検を已《や》めることなし、
すべてわれらの探検の終わりは
われらの出発の地に至ること、
しかもその地を初めて知るのだ。
未知の、しかも記憶の中にある門を抜け
この地上で最後に見出すところは
初めの地であったところ。
限りなく長い川の源の
姿見えぬ滝の声、
林檎《りんご》の樹《き》の葉叢《はむら》の子供たち、
知られぬのは探さぬから。
ほら、聞こえる、幽《かす》かに聞こえる、海の
二つの波のあいだの静止の中に。
さ、疾《はや》く、ここ、今、いつも——
全き純一の状態
（すべてを賭けて贖《あがな》われるもの）

かくて人はすべてやがてよし
あらゆるもの、またすべてやがてよし
炎の舌はことごとく抱き寄せられ
火の冠に結ばれて
火と薔薇は一つ。

（『"Little Gidding," Four Quartets』(1943) 邦訳は、『四つの四重奏』所収『リトル・ギディング』、岩波書店、2011年、109頁）

自分に対して適切な世話をしたければ、自分自身を敬《うやま》う必要がある。ところが、できていない。わたしたちは――とくに自分の目には――堕《お》ちた創造物だからだ。真実のなかで生きれば、真実の言葉で語れば、ふたたび神とともに歩むことができ、自分自身を、ほかの人々を、世界を敬うことができるだろう。愛する人々に対する態度と同じように、自分自身を大切にするだろう。世界をまっすぐに整えようと努力するかもしれない。世界を天国へ向けようとするかもしれない。すべての住人に怒りと憎しみが永遠に降りそそぐ地獄ではなく、わたしたちが愛する人々にいてほしいと思う天国へ。

二〇〇〇年前にキリスト教が誕生した地域には、現在よりも野蛮《やばん》な人が多かった。至るところで紛争が絶えなかった。子どもも含め、人命が頻繁《ひんぱん》に犠牲になった。古代カルタゴのように高度な技術が発達した社会でもそうだった。(59) ローマの競技場で行われていたスポーツは、命がけの闘いで、流血が当たり前だった。機能的な民主主義国家で暮らす現代人に比べて、当時の社会で人が殺したり殺されたりする確率は途方もなく高かった（現代でも、治安の悪い地域では高い(60)）。そのため、社会が直面する最も重大な道徳的問題は、暴力的で衝動的な利己《りこ》性とそれに伴う無情な貪欲《どんよく》さや残忍性を抑え込むことだった。こうした攻撃的な傾向の人々は現代でも存在する。少なくとも現代人はこのような行動がふさわしくないことを知っており、抑制しようとする。抑制しなければ、社会に大きな障害が生じてしまう。

しかし現在は、別の問題が持ち上がっている。昔の過酷《かこく》な時代にはあまりみられなかった問題だ。わたしたちはつい、人間は傲慢《ごうまん》で、エゴイストで、自分のことばかり考えている、と思い込みがちだ。皮肉にも、そんな見方が普遍的な真理であるかのように広く流布《るふ》している。しかし、大半の人間は、世界に対してそのような方向性を持っていない。むしろ、逆だ。自己嫌悪、自己軽蔑《けいべつ》、恥と自意識の耐え難い重荷を背負っている。だから、ナルシスティックに自分自身の大切さを膨《ふく》らまそうとするどころか、自分を大切にせず、注意力や技能を自分の世話に向けようとしない。わたしから見ると、自分には最高のケアを受ける価値などないと考えている人が多いように思う。自分の欠点や不具合を、ときには誇張して、ひしひしと嚙みしめ、自分の価値を恥じ、疑っている。その一方、ほかの人たちは苦しむべきではないと信じて、負担を軽減するため、一生懸命に努力し、利他《りた》的に働く。自分たちが知っている動物まで同じように思いやる――なのに、自分自身に対してはあまり思いやろうとしない。

確かに、西洋文化には自己犠牲の考えかたが深く組み込まれている（少なくともキリスト教の影響を受けている国々の場合、究極の自己犠牲を払った人物を見習おうとしているのだから）。そのため、黄金律は「他人のために自分を犠牲にせよ」を意味するものではないなどと訴えても、にわかには信じがたいかもしれない。しかし、キリストの象徴的な死は、有限性、裏切り、暴政をどうやって英雄的に受け入れるかを表すものだ。自意識に目覚めてしまった悲劇にもめげず、神とともに歩むにはどうすればいいかを示している。けっして、自分をただ犠牲にして他人に奉仕せよと命じているわけではない。「神のために（最高の善のために）わが身を犠牲にする」ことは、「他人や組織から、報酬に見合わない多くを求められたとき、黙っておとなしく従う」こととは違う。そんな服従は、暴政を支持して奴隷のような扱いに甘んじる姿勢と同然だ。いじめの看過《かんか》は道徳に反する。たとえいじめっ子が自分であっても許してはならない。

「他人からやってもらいたいことをやってあげなさい」「隣人を自分と同じように愛しなさい」と聖書は言う。この教えに関して、わたしは、有名なスイスの深層心理学者であるカール・グスタフ・ユングから非常に重要な事柄を二つ学んだ。第一は、この二つの文はどちらも「感じよく振る舞う」こととは無関係であること。第二は、どちらも、何かを禁じているのではなく、同等であることを呼びかけていることだ。友人、家族、恋人が当人自身を大切にするのと同じくらい、こちらも自分を大切にする道徳的な義務がある。もしそうできなければ、やがてこちらは奴隷になり、向こうは暴君と化してしまう。それは善だろうか？ どんな関係にしろ、双方が強い立場にいるときのほうがはるかに良好な関係だ。

さらに、あなたがいじめその他で苦しめられ、奴隷にされているとき、自分のために立ち上がって擁護《ようご》の声を上げることと、ほかの誰かのために立ち上がって擁護することのあいだに、ほとんど違いはない。ユングが指摘したとおり、つまずいたり不完全だったりする誰かを許し、助けるのと同じように、自分自身という罪人を抱きしめて愛することを意味する。

聖書には、神自身がこう語る場面がある。「復讐するは我にあり、我が復讐するであろう、と主《しゅ》は言われた」――。この言葉によれば、あなたはあなただけのものではない。所有者として勝手に拷問や虐待《ぎゃくたい》を受けていいわけではないのだ。あなたの「ビーイング」はほかの人の「ビーイング」と密接に結びついており、あなたが自分に対して誤った扱いをすると、他人にひどい被害が及ぶ恐れがある。非常にわかりやすい例は自殺だろう。後に残された者たちは往々にして心の傷とトラウマを負う。しかし比喩的に、こうも言える。

あなたは神のきらめきを宿していて、それはあなたのものではなく、神のものなのだ、と。『創世記』によれば、わたしたちは神の姿に似せてつくられた。意識を生む、なかば神の能力を持つ。わたしたちの意識は、「ビーイング」の発現に関わっている。わたしたちは、いわば神の低解像度バージョンだ(kenotic ＝神性放《ほう》棄《き》)。自分たちなりに、言葉によってカオスから秩序を、秩序からカオスをつくり出す。だから、わたしたちは神そのものではないが、無でもない。

わたし自身、魂の暗黒世界で暗闇のなかをさまよっていたころ、人間の素晴らしい能力にたびたび驚かされ、圧倒された。人は、互いに仲良くなり、親密なパートナーや親、子を愛し、世界のメカニズムを機能させるのに必要なことをするだけの能力に恵まれている。わたしの知り合いのある男性は、地元の公共サービス会社に勤めていたが、自動車事故で怪我《けが》をし、からだが不自由になった。事故後、何年ものあいだ、もうひとりの男性と手を組んで仕事に励んだ。そちらの男性は退行《たいこう》性神経疾患に悩まされた。ふたりは協力して、互いの不十分なところを補い合い、配線の修理などをしていた。このような日常のなかの英雄的な行為は、けっして例外ではなく、むしろ当たり前に存在するとわたしは思う。多くの人々が、何かしら深刻な健康上の問題を抱えながらも、文句も言わず、仕事に精を出している。本人がいまのところ運よく健康に恵まれていても、親族の誰かが重病にあるということが珍しくない。にもかかわらず、人々はめげず、自分と家族と社会の結びつきを維持しようと、困難な努力を続けている。わたしに言わせれば、これは奇跡だ——ただ感謝するほかない気がする。物事のバランスが崩れ、まともに機能しなくなる可能性などいくらでもあるのに、いつも誰かが、手負いのからだで無理を押し、世界をつなぎ止めている。そういう人々は、心からの賞賛に値する。不屈の精神と忍耐の奇跡が、日々進行中なのだ。

わたしは診療中の患者に、自分や周囲の人たちの素晴らしさを認めるように勧めている。生産的かつ慎重に行動し、他者を本気で心配したり思いやったりしているのだから。本来、わたしたちは「ビーイング」の限界や制約の大きさに苦しめられているわけで、適切に行動したり、自分以外にまで気を配ったりするなど、ほんの少しでもできれば驚きだ。ところがそれが可能なのは、わたしたちが、暖房と水道と無限の計算能力と電力とじゅうぶんな量の食料に加え、広く社会や自然の行く末まで考える能力を持っているおかげだ。わたしたちを凍死や餓死《がし》や渇死から守る複雑な機械はすべて、エントロピーを通じてつねに故障へ向かっており、これほどうまく機能し続けているのは、注意深い人々が絶えず目を光らせているからにほかならない。一部の人間は「ビーイング」の怒りと憎しみの地獄へ堕ちてしまったものの、大半の人間はそれを拒《こば》み、苦しみや失望や損失や力不足や醜さに耐えている。見る目を持つ者から見れば、あらためて、これは奇跡だ。

人類全般や、それを構成するひとりひとりの個人たちは、同情に値する。とてつもない重荷を負い、足元が揺らぎつつ、命の有限性や、国家の圧制、自然の崩壊といった実状《じつじょう》にさらされている。ただの生き物が直面して我慢できるような存在環境ではなく、神でなければ耐えきれないほどの過酷さだ。そういう苦境を踏まえたうえでのいたわりが、もっともな理由で自己嫌悪に陥っている自意識への適切な治療薬だろう。しかしそれだけでは、ふさわしい治療の半分にすぎない。自己や人類に対する嫌悪は、伝統や国家に対する感謝の念と、ごくふつうの人々が成し遂げている事柄――加えてもちろん、真に傑出《けっしゅつ》した人々の業績――に対する驚きをもって、中和しなければならない。

わたしたちは、なにがしかの敬意に値する。あなたも、敬意に値する。あなたはほかの人にとって重要だし、あなた自身にとっても重要だ。繰り広げられていく世界の運命のなかで、大事な役割を果たしている。だから、自分自身を世話することが道徳的に義務づけられているのだ。あなたが大切な誰かを世話し、助け、優しく接するのと同じように、自分自身に手を貸し、優しく接するべきだろう。それゆえ自分の「ビーイング」に敬意を払うようなかたちで、習慣的に行動する必要がある。それが当然のあり方なのだ。もっとも、誰もが神の栄光には及ばない。深刻な短所を持っている。しかしだからといって、他人と同じく自分も大切にするという責任を負わないようでは、必ずや全員が厳しい罰を受けるだろう。それは善ではない。世界の欠点があらゆるかたちで悪化し、真面目《まじめ》な考えを持つ人々は、世界の正当性に疑問を抱くかもしれない。どうみても、正しい方向性ではない。

助けるべき責任を負う「他者」として自分自身を扱うとは、言い換えれば、自分にとって本当に良いものは何かを考えることだ。「何がほしいか」ではない。「何があなたを幸せにするか」でもない。もし子どもに甘いものを与えれば、そのたび幸せにしてやれるだろうが、かといって、キャンディを食べさせる以外、何もしなくていいわけではない。「幸せ(happy)」は「良い(good)」と同義語ではないのだ。子どもには歯を磨かせる必要がある。本人がいくら嫌がっても、真冬の外出時には防寒服を着せなければいけない。善良で責任感や自覚のある人間に育つように、自分自身も他人も思いやり、全面的に助け合い、その過程で花開いていけるように、子どもに手を貸してやるべきだ。そして、同じことをなぜ自分自身にはしないで済ませるのか？

将来を想像してみてほしい。自分自身を適切にケアしていったら、人生はどんなふうになるだろう？どんな仕事をしていけば、やりがいがあり、生産的かつ有益な人間になれて、与えられた任務をこなしながら結果を楽しむことができるだろう？自由な時間があるときに何をすれば、健康を増進でき、知識を広げられ、からだを鍛えられるだろう？進むべき道を描くためにはまず、いまどこにいるかを知る必要がある。手持ちの装備を理解し、限界を押し広げるために、自分が誰なのかを知る必要がある。人生におけるカオスの範囲を制限して、秩序を再構築し、聖なる希望の力を世界にもたらすため、どこへ行くのかを知る必要がある。

自分を予測し、怒りや復讐、残酷に行き着かないようにするには、どこへ向かうかを決めなければならない。他人から不適切に利用されないように、安全な状態で仕事や遊びができるように、自分の原則を明確にしなければならない。自分自身を慎重に律《りっ》しなければいけない。自分自身を信頼し、動機づけを失わないように、自分との約束を守り、報いなければならない。善良な人間になり、その状態を維持できる可能性が高まるように、自分自身に対する振る舞いを決める必要がある。世界をもっと良い場所にすることは善だ。なにしろ、天国は、おのずとやってくるものではない。わたしたちは実現のために努力し、みずからを強化する必要がある。入り口をふさぐために神が配置した、智天使と炎の剣に耐えられるように。

ビジョンと方向性の力を見くびってはいけない。とてつもなく強力であり、手強い障害物を通過可能な道に変え、機会を拡大できる。個人を強化する。まずは自分自身に対して行使してほしい。自分をケアしてもらいたい。自分は何者なのかを定義する。人格を洗練させる。目的地を選び「ビーイング」を明確にする。一九世紀の偉大なドイツ哲学者フリードリヒ・ニーチェは言った。「人生についての独自のなぜに？をもっていれば、ほとんどあらゆるいかにして？とも折合いがつく[61]」

世界の軌道《きどう》が傾いたとき、おそらくあなたは向きを正す手伝いができるだろう。もう少し天国に近く、地獄から離れた方向へ修正できる。いったん地獄を理解していれば、いわばいちどリサーチしたことがあれば――とくに、あなた個人の地獄をすでに知っていれば――そこへ行ってはならない、それをつくり出してはならないと決意を固められるだろう。ほかの場所をめざすことができる。いや、そのために人生を捧《ささ》げることができる。人生の意義を、特筆すべき意義を得られる。そうなれば、あなたの惨めな存在を正当化できるだろう。根源的な罪深さを贖《あがな》い、恥と自己意識を捨て去って、自然な誇りと率直な自信を身につけられる。

あらためて神とともに楽園を歩む術《すべ》を学ぶことになる。
その第一歩に、「助けるべき他者」として自分自身を扱うといいだろう。

Rule 03

あなたの最善を願う人と友達になりなさい

Make friends with people
who want the best for you

懐かしき故郷

わたしは、見渡すかぎり平坦《へいたん》な北部の大平原のなか、つい五〇年前に造成された土地にある町で育った。カナダのアルバータ州フェアビュー。西部開拓地の一部であり、それを証明するようにカウボーイバーがあった。メインストリートにあるハドソンズベイ百貨店は、現在でも、ビーバー、オオカミ、コヨーテの毛皮を地元の猟師《りょうし》から直接仕入れている。わたしがいた当時の人口は三〇〇〇人。いちばん近い都市から六五〇キロ離れていた。ケーブルテレビ、テレビゲーム、インターネットはまだ存在しなかった。とくに冬の五カ月間、フェアビューでは、のんきな楽しい暮らしは望めない。摂氏《せっし》五度以下の日が続き、夜はさらに冷え込むのがふつうだった。

そのくらい寒いと、通常とは別の世界になる。町の酔っ払いたちは、寂《さび》しい人生を早めに閉じた。午前三時に雪だまりで凍死する。五度を下回る日は、気軽には外へ出られない。息を一つ吸っただけで、乾いた砂漠の冷気が肺を縮《ちぢ》こまらせる。まつ毛に氷ができて、へばりつく。シャワー上がりの湿った長い髪は固く凍りつき、あとで暖かい屋内に入ると、からからに渇《かわ》いて静電気を帯び、怒気《どき》のように逆立つ。子どもたちはいちど、鉄製の遊具に触れたとたん、遊びをあきらめる。家の煙突からの煙は、上へたなびかない。寒さに負けて下方へ漂《ただよ》い、雪に覆《おお》われた屋根や庭を霧のように覆う。車は夜間、蓄熱ヒーターでエンジンを温めておく必要があり、さもないと朝、ガソリンが凝固《ぎょうこ》してエンジンがかからない。温めておいても、駄目《だめ》な日もある。スターターで繰り返し点火を試みるものの、それさえやがて動かなくなる。やむなく、凍ったバッテリーを凍《こご》える指で外して、家に運び込む。何時間も放置して、やっとまともな出力ができるようになる。車の後部窓からは何も見えない。一一月に凍ったきり、五月まで融《と》けない。氷を掻《か》き落としたところで、代わりに後部座席が結露《けつろ》するだけだ。その結露もしばらくして凍る。ある晩遅く、友人の家に行こうとして、わたしは一九七〇年型ダッジ・チャレンジャーの助手席で二時間奮闘するはめになった。車のヒーターが作動しなくなったため、ウォッカに浸《ひた》したぼろきれを使って運転席のフロントガラスの内側を拭き続けた。車を停《と》めて休もうにも、停める場所がなかった。

家猫にとっても地獄だ。フェアビューで暮らす猫は、凍傷《とうしょう》による損傷が代々続いたせいで、耳と尾が短い。過酷《かこく》な寒さに合わせて進化したホッキョクギツネに似ている。ある日、うちの猫が外へ出てしまい、誰も気づかなかった。しばらくあとで見つかったとき、その猫は裏口の冷たく硬いセメントの段にすわったまま、急に毛が凍って張りつき、動けなくなっていた。用心深くコンクリートからはがして救出した。あとに残る怪我《けが》はなかったものの、猫の自尊心は永遠に傷ついた。

フェアビューの猫は冬のあいだ、車の危険も大きい。もっとも、あなたが想像する理由とは違う。凍った路面でスリップした車が猫をひき殺すわけではない。そんな事故で死ぬのは、間抜けな猫にかぎられる。危ないのは、一時停車した車だ。凍えている猫は、そういう車の下にもぐって、まだ温かいエンジンブロックの上にすわる。ところが用事を終えた運転者が、まだ猫がぬくもっているうちにふたたび車を動かすと、どうなるだろう？　暖を求めるペットと高速回転するラジエーターファンは共存しないとだけ言っておこう。

わたしの家はかなり北部にあったため、厳寒《げんかん》のころは夜が長かった。一二月ともなると、午前九時半まで太陽が昇らなかった。わたしたち子どもは、真っ暗ななか、学校に行った。日没が早く、帰り道も明るくはなかった。夏でさえ、この町で若者がやることはあまりなかったが、冬はさらにひどかった。だから、友達が大切だった。何よりも。

友人クリスとその従弟

当時、わたしにはひとり友達がいた。名前をクリスとしておこう。頭の切れる男の子だった。読書量も多かった。わたしと同じく、SF小説(ブラッドベリ、ハインライン、クラークなど)が好きだった。独創性に富んでいて、電子キットやギア、モーターに興味があった。生まれながらのエンジニアだった。ところが、家族が不幸に見舞われてしまい、人生が暗転した。細かい事情は、わたしにはわからない。彼の姉たちは聡明《そうめい》で、父親は温厚、母親は優しかった。姉たちは問題なさそうだったが、クリスはいくつかの重大な面で放置されていた。知性と好奇心があふれる一方で、怒りっぽく、絶望していた。

感情の波の問題は、クリスが運転する一九七二年型の青いフォード社製ピックアップ・トラックに、目に見えるかたちで表れていた。車体外部がひどく損傷し、クォーターパネル一枚ごとに少なくとも一つ、へこみができていた。さらに悪いことに、内部にも相当数のへこみがあった。しじゅう事故を起こすため、外部がへこむだけでは済まず、同乗者たちのからだが車の内側にぶつかって、あちこちがへこんだのだ。クリスのトラックの外観は、ニヒリストの甲冑《かっちゅう》のようだった。バンパーステッカーもあつらえ向きで、こう書かれていた。「Be Alert――世界はラートを求めてる」(Be Alert［注意せよ］をBe A Lert［ラートになろう］とこじつけで解釈したジョーク)。この文言のナンセンスさと数多くのくぼみが組み合わさり、素晴らしいばかばかしさを漂《ただよ》わせた車だった。クリスが事故を起こすたびに父親が、修理するか代わりの車を買い与えた。ほかにクリスは、アイスクリーム売りをするためのバイクを持っていたが、このバイクはほったらかしで、アイスクリームも売っていなかった。父親や、父親との関係にしじゅう不平を言っていた。しかし、父親は高齢なうえ、病に冒されていたので(何年も経《た》ったあと、ようやく判明した)、本来すべきことをする元気がなかった。おそらく息子にあまり注意を払ってやれなかったのだろう。それだけで、父子関係を破壊させるにはじゅうぶんだった。

クリスにはエドという二歳年下の従弟《いとこ》がいた。わたしはエドが好きだった。ティーンエイジャーの友人の従弟とあれば、大好きなのが当たり前だろう。エドは長身でスマート、魅力的でハンサムな少年だった。ユーモアにも富んでいた。あなたが一二歳の彼に会ったら、この子の未来は明るいと予想したにちがいない。しかし、エドはゆっくりと下り坂をたどって落ちこぼれ、なかば漂流しているだけの存在になった。クリスほど怒りっぽくはなかったが、同じくらい混乱していた。もしエドの友人たちを知れば、そんな仲間とつるんでいるから悪影響を受けたのだ、と言うかもしれない。ただ、仲間たちはエドに比べてどこかさえないものの、不良ぶりでは大差なかった。エド――とクリス――の場合、マリファナとの出合いも、とくに事態の改善につながらなかったようだ。マリファナは万人に悪いとはかぎらず、有害性はアルコールと違わない。人によっては、良い効果をもたらす。しかし、エドは改善されなかった。クリスも改善されなかった。

長い夜を楽しむために、クリス、わたし、エドをはじめとするティーンエイジャーたちは一九七〇年代の乗用車やピックアップ・トラックで走りまわった。メインストリートから線路沿いの大通りに入り、高校の横を抜けて、町の北端を西へ折れた。あるいは、メインストリートを直進して町の北端を東へ。同じルートをとめどなく回り続けた。町中を走っていないときは、町はずれを走っていた。一世紀前、この八〇万平方キロ近い広大な西部草原にやってきた測量技師たちが、格子《こうし》状の道路を敷設《ふせつ》してくれてあった。どこまでも続く砂利道《じゃりみち》を北へ三キロ進むごとに、東西方向の道と交差する。西へ一・五キロ進むごとに、南北方向の道と交わる。走る道には事欠かなかった。

ティーンエイジャーの荒廃

車で町のどこかを走っているとき以外は、パーティーに行っていた。わりあい若いおとな(または、わりあい変わり者のおとな)が、家を開放してくれることもあった。すると一時的に、ありとあらゆるパーティー愛好者の溜《た》まり場と化して、きわめて好ましくないパーティーが始まる。最初はそれほどではなくても、酒が入るとすぐに脱線していった。突発的にパーティーが始まる夜もあった。ティーンエイジャーの誰かの両親が、不用意に町の外へ出かけたときだ。その場合、町中を流している車やトラックの運転者が、めざとく異変に気づく。あいつの家、部屋の明かりはついているのにいつもの車がないぞ、と。ろくな徴候《ちょうこう》ではない。収拾《しゅうしゅう》のつかない事態に発展する。

わたしは十代のパーティーが好きではなかった。懐《なつ》かしいとは思えない。陰鬱《いんうつ》な思い出だ。いつも照明が暗めだった。そのせいで、自意識が最小限に抑えられていた。耳を聾《ろう》する音楽のせいで、会話は不可能。どのみち、会話はほとんどなかった。きまって、町のサイコパスが数人参加していた。みんな飲みすぎ、吸いすぎていた。そんな場には、無目的で物憂《ものう》げな重苦しい空気が流れていて、何も起こらなかった(たまに起こった騒動といえば、ふだん無口なクラスメイトが酔っ払い、弾《たま》の詰まった二二口径《こうけい》ショットガンを振り回したこと、のちにわたしの妻になる女の子が、男友達を中傷して怒らせ、ナイフを突きつけられたこと、別のある男が木に登り、枝へ飛び移ろうとして根元のキャンプファイヤーのそばに仰向《あおむ》けに落ち、その一分後、もうひとりばかな仲間が続いて落下したこと、くらいだ)。

そんなパーティーで自分たちは何をしているのか、誰にもわからなかった。チアリーダーでもめざしていたのか？　ゴドーを待っていたのか？　うちの町にチアリーディングチームがあったかどうか怪《あや》しいものの、前者なら大受けだっただろう。しかし、真実に近いのは後者だった。「ひどく退屈で、誰もがもっと生産的なチャンスを心待ちにしていた」と描写したほうが夢があると思うが、それは本当ではない。ませた皮肉な態度で世界に疲れ、それでいてディベートクラブやスポーツクラブに所属する気もなく空軍士官候補生《しかん》になる気もないのだった。何もしないことはクールではない。六〇年代後半の革命家たちが、目覚めよ、立ち上がれ、そしてドロップアウトしろ、と説く前の十代の子どもたちの生活がどうだったのかは知らない。一九五五年には、クラブに所属して健全な日々を送っても平気だったのだろうか？　その二〇年後には、そんな健全さが許される風潮《ふうちょう》ではなかった。若者の多くが立ち上がり、ドロップアウトした。しかし、目覚めた者は少なかった。

わたしはどこかほかの場所に行きたかった。わたしだけではない。やがてフェアビューの町を去る者たちは皆、一二歳のときには出て行くことを予感していた。わたしもそうだった。同じ道沿いに住んでいたのちの妻も、そうだった。ほかの友人たちも、自分が去るのか残るのか、早い段階で気づいていた。大学進学が暗黙の了解となっている家庭の場合、道は最初から決まっていた。逆に、学歴の低い家庭では、人生設計のなかに大学はもとから入っていなかった。学費を出せないからではない。当時、高等教育の授業料はいたって安く、アルバータ州には職があふれていて、給料も高かった。わたし自身、一九八〇年に合板《ごうばん》工場で働いて稼いだアルバイト料は、そのあと二〇年間のどの仕事よりも高額だった。一九七〇年代に石油産業に沸《わ》いたアルバータ州では、財政上の理由で大学進学をあきらめた人はいない。

ほかの友人たち――違う道、同じ道

高校時代、つるんでいた最初の仲間たちが全員ドロップアウトしたあとで、わたしは、新しく町に来たふたりと友達になった。寄宿生だった。ふたりの実家があるベアキャニオンは、わたしの町よりさらに田舎で、九年次より上の学校がなかったのだ。ほかの若者と比べると、ふたりには野心があった。率直で信頼できる一方、クールで愉快《ゆかい》だった。やがてわたしは町を出て、一五〇キロほど離れたところにあるグランド・プレーリー・リージョナル・カレッジに通うことに決まり、偶然、ふたりの片方とルームメイトになった。もうひとりも、別のところへ進学した。ふたりそろって上昇志向だった。影響されて、わたしの意欲も高まった。

大学に着いたとき、わたしはほっとした。気の合う大きなグループに加わった。ベアキャニオン出身の友達も仲間入りした。メンバーは皆、文学と哲学に夢中になった。学生組合の運営を手がけ、ダンスパーティーを開くなどして、立ち上げ以来初めての黒字化に成功した。大学生にビールを売って、赤字になるはずがない。学内新聞を創刊した。初年度から勉強が忙しく、少人数のゼミで、政治学、生物学、英文学を履《り》修《しゅう》する必要があった。教授陣はわたしたち学生の熱意にこたえ、指導に力を尽くしてくれた。わたしたちはまともな生活を築き始めた。

わたしはたくさんの過去を捨てた。小さな町では、それぞれが何者なのか誰もが知っている。長い年月をかけて、尻尾《しっぽ》に空き缶を付けたまま走り回る犬のように、過去を引きずり続ける。過去の自分と決別できない。インターネットにすべて記録が残る時代ではなかったのがまだ幸いだが、言葉にしたかしないかにかかわらず、全員の期待や思い出が、消せない記録として等しく残っていた。

引っ越すと、少なくともしばらくのあいだ、すべてが白紙に戻る。神経は疲れるものの、カオスのなかには新しい可能性がある。周囲の人々も、あなた自身も、あなたを古い認識で縛《しば》りつけることはできない。いままでの型から抜け出せる。より良いものをめざす人たちとともに、より良い新しい型をつくれる。個人的には、自然な展開だと思った。引っ越して、希望を持つ者は、不死鳥のような同じ体験をするのだと思っていた。しかし、必ずしもそうではなかった。

一五歳のとき、クリスと、もうひとりカールという友達といっしょに、エドモントンに行ったことがある。人口六〇万人の大都市だ。カールは大都市を訪れるのが初めてだった。珍しい話ではない。フェアビューからエドモントンまでは往復一三〇〇キロ。わたし自身は、何度も訪れていた。両親と行ったことも、ひとりで行ったこともあった。都市ではみんなが無名の存在になるところが気に入っていた。新しいスタートが切れる。故郷の町の陰気《いんき》で窮屈《きゅうくつ》な青年文化から脱け出せる。そこで、ふたりの友人を誘って、行ってみたのだ。ところが、ふたりの感じかたは違った。到着したとたん、クリスとカールはマリファナを買いたがった。やむなく、エドモントンのなかでもフェアビューの最低の地域とそっくりの場所へ向かった。同じような売人が、路上でこそこそマリファナを売っていた。ホテルの部屋にこもって、週末のあいだ酒を飲んで過ごした。せっかく遠出したのに、何の代わりばえもなかった。

数年後、もっとひどい例にぶつかった。わたしは学位を取得するため、エドモントンに居を移し、看護師をめざす妹とマンションで同居していた。妹も向上心あふれる人間だった（少しあと、ノルウェーにイチゴを植え、アフリカじゅうでサファリをし、トゥアレグ族の脅威をものともせずにトラックの密輸を手がけ、コンゴで孤児ゴリラの世話をすることになる）。妹といっしょに借りたのは、ノースサスカチュワン川の広大な渓谷《けいこく》が見渡せる、新築の高層マンションの一室だった。渓谷の向こうに、ビル街のシルエットが見えた。わたしは、美しい新品のヤマハ・アップライトピアノを衝動買いした。素敵な場所だった。

やがて、クリスの従弟のエドが同じ町へ引っ越してきたとの噂《うわさ》を耳にした。良かったじゃないか、とわたしは思った。ある日、エドから電話がかかってきたので、こちらの家に招待した。最近の彼のようすを見たかったのだ。かつて感じられた可能性をいくらか実現し始めているのではないかと期待した。しかし裏切られた。現れたエドは、老けて、禿《は》げかけ、背中を丸めていた。前途洋々の青年の姿からは遠く、ろくな暮らしをしていないおとな未満の男に見えた。目は、いかにもマリファナ常用者らしく充血していた。芝刈りや簡単な造園のアルバイトをしてしのいできたとのことだった。働きながら大学に通う学生やほかの仕事が見つからない若者ならいざ知らず、知的な人物のキャリアとしてはあまりにも安っぽい。

エドは友達をひとり連れてきていた。

わたしが本当に覚えているのは、この友達のほうだ。真っ黒に日焼けし、意識がもうろうとしていた。マリファナで頭をやられていた。彼の頭と、わたしたちの洗練された部屋とは、同じ空間を占めるには不釣り合いだった。その場に、妹も居合わせた。もともとエドを知っていて、似たようなありさまを見たことがある。それでも、エドがこんな男をわたしたちの部屋に連れてきたことは、わたしには不愉快だった。エドは腰かけた。友達も腰かけたが、すわった自覚があるのか怪しかった。悲喜劇だ。マリファナに毒されているとはいえ、エドはまだ恥ずかしいという感覚を持っていた。めいめい、ビールを飲んだ。エドの友達が、上を見た。「おれのからだの粒子が、天井じゅうに漂ってる」。絞り出すような声。まさに的を射《い》た言葉だった。

わたしはエドを脇《わき》に連れ出して、帰ってもらえないかと丁重《ていちょう》に告げた。あんなしょうもない仲間を連れてこないでほしかった、と付け加えた。エドはうなずいた。理解していた。だからよけいに始末が悪かった。

だいぶあとになって、従兄《いとこ》のクリスが、こうした件について手紙をくれた。わたしは一九九九年出版の『Maps of Meaning』にその内容を入れた。「かつて、わたしには友達がいた。自己軽蔑《けいべつ》の思いを抱き、わたしの自己軽蔑を許してくれる友達が[62]」

クリスとカールとエドには、友達関係を変えるなりして、自分たちの生活の状況を改善する手もあったはずだが、そうできなかった(もしかすると、そうしたくなかった)のはなぜだろう？　必然だったのか？　本人の限界、病気の初期症状、過去のトラウマなどの結果なのだろうか？　なにしろ、個人は構造的にも決定論的にもきわめて異なる。知能——学習や変化の能力と大きな関わりを持つ——が違う。性格も違う。活動的な者もいれば、受動的な者もいる。心配性の人、寡黙《かもく》な人。何かを達成しようと懸命な人がいる一方、緩《かん》慢《まん》な人も同じくらいいる。こうした違いは不変的に存在し、あいにく、ひとりの人間のかなり大きな割合を占めている。また、病気——精神的なもの、身体的なもの、診断できるもの、目に見えないもの——があり、わたしたちの生活をさらに制限したり、形成したりすることになる。

クリスは、何年も狂気の沙汰《さた》を続けたあと、三十代で精神の病《やまい》にかかった。それからまもなく、自殺した。マリファナの乱用は、彼が抱える問題を大きくしたのか、それとも、問題を軽減するための彼なりの自己治療だったのか？　実際のところ、コロラド州など、マリファナが合法の地域では、医師が処方する鎮痛剤《ちんつうざい》の使用が減っている[63]。たぶん、クリスの場合、マリファナは事態を悪化ではなく改善させたと思う。不安さを増したというより、苦しみを和らげるのに役立ったかもしれない。最終的に破滅への道をたどったのは、みずから育んだニヒリズム(虚無主義《きょむしゅぎ》)のせいだろうか？　それとも逆に、健康状態が悪いせいでニヒリズムに走った、あるいはたんに、人生の責任を負うことから逃げる理屈づけとしてニヒリズムを気取ったのか？

クリスやエド、その他の仲間たちは、なぜ自分にとって良からぬ場所や友人を選び続けたのか？

自分自身の価値を低くみている――いやおそらく、自分の人生に対して責任を負いたくない――人は、新しい知り合いを選ぶ際、過去の悪友と同じタイプに違いない仲間を選びかねない。もっとましな人間など自分にはふさわしくないと考え、探そうともしない。あるいは、改善が面倒臭くなる。フロイトはこれを「反復強迫(repetition compulsion)」と呼んだ。過去の恐怖を繰り返したくなる無意識の衝動をさす。これが起こる理由はいくつか考えられる。過去の恐怖を明確に把握したい、こんどはもっと能動的に対処したい、などだ。ほかの道が思いつかないだけかもしれない。人々は、いま手元にある道具で自分の世界を創造する。欠陥《けっかん》のある道具は、欠陥のある結果を生む。欠陥のある同じ道具を繰り返し使用していると、欠陥のある同じ結果が繰り返される。そうなるのは、運命のせいもあるだろう。無能力のせいもあるだろう。しかし、学ぶのを渋《しぶ》る、学ぶのを拒《こば》む、さらには、頑《がん》として学ばない、といったせいもあるのではないか?

呪われた人々の救出

ほかの理由で、自分にとって良くない友達を選ぶ人もいる。たとえば、その相手を助けたいと思う場合だ。若者に例が多いものの、おとなでも、人が良すぎたり、うぶだったり、あえて現実を見なかったりすると、当てはまりやすい。「相手のいちばんいいところを見るのは正しいし、人助けの願望は崇高《すうこう》だ」と反論する向きもあるかもしれない。しかし、堕落《だらく》している人間がすべて犠牲者というわけではなく、底辺にいる人間がすべて浮上を望んでいるわけではない(望んでいて、実際に這《は》い上がる者も多いが)。にもかかわらず、世界が公正ではない証拠として振りかざすことができるとみると、自分や他人の苦しみを受け入れたり、さらには増幅したりするケースが目立つ。虐《しいた》げられた者のあいだにも、暴君になりたがる者はいくらでもいる

（その大半は、実際にはなれないが）。その時々では楽な選択肢だが、長い目で見れば地獄にすぎない。

現在うまくいっていない人がいると想像してほしい。助けが必要だ。本人も助けを望んでいるかもしれない。しかし、本当に助けを求めている人物と、助けに来た誰かに付け込もうとしているだけの人物とを区別するのは容易ではない。助けを求めていて、かつ、できれば誰かに付け込みたいと思っている人物ともなれば、いっそう見分けが難しい。みずから努力して失敗し、やがて努力が実った者、それを何度も繰り返してきた者は、ほかの人々にもそういう努力の尊《とうと》さを信じてほしいと願うはずだ。

たんなる無知ではない場合、誰かを助けようとする試みが、虚栄心《きょえいしん》とナルシシズムに支えられていることも多い。これは、比類のないロシアの作家、フョードル・ドストエフスキーの苦い名作『地下室の手記』にくわしく描写されている。有名な出だしはこうだ。「わたしは病的な人間だ……意地悪《いじわる》な人間だ。魅力のない人間だ。どうも肝臓《かんぞう》が悪いせいらしい」。カオスと絶望の暗黒世界のなかにいる、惨《みじ》めで傲慢《ごうまん》な居住者の告白だ。容赦《ようしゃ》なく自己分析するが、このようなやりかたでは、一〇〇〇の罪を犯していながら一〇〇の罪にだけ代償を払っているにすぎない。地下に住むこの男は、贖罪《しょくざい》を終えたと思い込み、多くの悪事を重ねる。陰惨《いんさん》な一九世紀の街角に立つ、本当に不幸な娼婦《しょうふ》、リーザに援助を申し出る。彼女の人生をまともな軌道に戻してやると約束し、自宅へ招く。やってくるリーザを待つあいだ、彼の脳裏をめぐる空想はしだいに〝救世主〟の色を帯びてくる。

ところが、一日経ち、二日経ち、三日経っても、彼女はやって来なかった。それで俺もだんだん落ち着いてきた。特に九時を過ぎると元気が出て、伸び伸びと楽しくなり、ときには、かなり甘い気分で空想に耽りはじめることすらあった。例えば、〈リーザを俺のところに通わせて、俺が話をしてやる。そうすれば俺は、リーザを救ってやることになるのだ……俺があの女を教育してやり、伸ばしてやるのだ。そしてしまいには、あの女が俺を愛している、いや、熱愛していることに気づくのだが、俺はわからない振りをする(もっとも、なんのためにそんな振りをするのか、それはわからないが、たぶん、ただなんとなく恰好をつけてみたいのだ)。とうとう彼女は、狼狽しきって、美しい身を震わせ、号泣しながら俺の足元に身を投げ出すと、あなたは私の救い主で、私はこの世でいちばんあなたを愛している、と告白するのだ。[後略]

(『Notes from Underground』(1994) 邦訳は、ドストエフスキー『地下室の手記』所収「I 地下室」安岡治子訳、光文社、2007年、222頁)

このような幻想が育んでいるのは、地下生活者のナルシシズムにほかならない。当のリーザは幻想でめちゃくちゃにされている。彼がリーザに申し出た救済は、多大な献身《けんしん》と成熟を要し、彼が差し出したいもの、差し出せるものをはるかに超えている。ただ、彼にはそれを見通す力がない。簡単に理解でき、納得できる事柄を見通せない。やがて、リーザがやってくる。必死に出口を求め、すべてを賭《か》けて、彼のわびしいアパートメントに来る。地下生活者の男に向かって、いまの生活を脱したいと告げる。彼の反応は?

「何のために、君は来たんだ? 答えろ! 答えてみろ!」俺は、自分でも、何を言っているのかよくわからぬままに、がなり立てた。「いったいなんのために、ここへ来たのか、と言っているんだ。君がここへ来たのは、あの時俺が哀れっぽい言葉を君にかけてやったからさ。それで君はすっかりいい気分になっちまって、また《哀れっぽい言葉》が聞きたくなったんだろ。だが、いいか、よく聞けよ。俺はあの時、君を嘲笑っていたんだ。今だって笑っているのさ。何を震えているんだ？　そうさ、笑っていたのだ！　俺はあの前に散々侮辱されたんだよ。食事の席で、ほら、あの時、俺の前に着いた連中にな。俺は、連中の中の一人の将校を滅茶苦茶にぶん殴ってやるつもりで、君の居るあの家に行ったのさ。でもしくじって、奴を摑まえられなかったんだ。だから、腹いせに誰かに当り散らさずにはいられなかったところへ、君がひょっくり居合わせたもんだから、君に怒りの毒気をぶちまけて、嘲笑ってやったのさ。自分が恥をかかされたから、同じように誰かに恥をかかせてやりたかった。連中が俺のことをボロ布同然に踏みつけにしたから、同じように、誰かに俺の力を見せつけてやりたかったんだ……。そういうわけだったのさ。それを君は、俺がわざわざあの時、君を救い出すために行ったとでも思っていたのかね？　え？　そう思ってたんだろ？　そうなんだな？」

彼女はたぶん、混乱してしまい、話の細部はわからないだろう、と俺は思っていた。しかし同時に、話の本質は、きっとよくわかるに違いないとも思った。そしてその通りだった。彼女はハンカチのように顔を蒼白にし、なにか言おうとして、唇を病的に引き攣《つ》らせたが、まるで斧で足を払われたかのように、がっくりと椅子に腰を下ろした。そして、後はずっと、ぽかんと口を開け、眼を見開いたまま、ひどい恐怖に身を震わせながら、俺の話を聴いていた。厚顔無恥が、俺の恥知らずな言葉が、彼女を押し潰してしまったのだ……。

（『Notes from Underground』(1994)　邦訳は、ドストエフスキー『地下室の手記』所収「Ｉ 地下室」安岡治子訳、光文社、２００７年、２４２－２４３頁）

地下生活者の自尊心、傲慢さ、純然たる悪意が肥大化して、リーザの最後の希望を打ち砕《くだ》いたのだ。男はこれをよく理解している。さらに悪いことに、男の心のなかの何かが、この展開すべてをめざしていた。その点も、男は理解している。だが、みずからの非道さに絶望しているだけの非道者は、英雄になれなかった。英雄とは、悪の不在だけでなれるものではなく、何か正の性質を備えていなければならない。

あなたは反論するかもしれない。しかし現にキリストは徴税者や売春婦を助けたではないか、人助けをしようとしている者たちの動機をなぜ非難するのか、と。しかし、キリストは完璧な存在であり、一方、あなたはあなただ。誰かを引き上げようとする試みがうまくいかず、むしろその相手を――あるいはあなたを――ますます引き下げる結果にもなりかねない。卓越したチームメンバーを率《ひき》いる上司を想像してほしい。全員が一丸となって目標を達成しようと努力している。メンバーはみんな勤勉《きんべん》で聡明で独創的で、統一がとれている。ところがこの上司は、もう一つ別の任務があり、仕事のできない厄介《やっかい》な従業員をひとり監督しなければいけない。お人好《よ》しのこの上司はふと思いついて、厄介な従業員を、優秀なチームのなかに入れてやる。周囲の影響を受けて向上するのではないかと期待する。さて、どうなるか？　結果は、心理学の文献から明らかだ。[64] 場違いな新参者は、すぐさま身を正して、順調に飛び立つのか？　いいや、違う。むしろチーム全体が退化する。新参者は相変わらず、皮肉屋で傲慢で神経質。文句を言う。責任を転嫁《てんか》する。だいじな会議を欠席する。彼の質の低い仕事が遅れを引き起こし、ほかのメンバーがやり直すはめになる。

それでいながら、新参者は、仲間たちと同じ給料をもらい続ける。周囲の勤勉なメンバーたちは、裏切られたと感じ始める。「プロジェクトを完成させようと、こっちは身を粉《こ》にして働いてるのに、新入りのあいつは汗一つかいていないじゃないか」と。善意のカウンセラーが、非行少年を品行方正なグループに入れて更生させようとする場合も、同じことが起きる。安定よりも非行がはびこる。[65] のぼるよりも落ちるほうが、はるかに簡単なのだ。

あなたが誰かを助けているのは、あなたが強く、寛大《かんだい》で、正しいことをしたいと思っているからかもしれない。しかし、もしかすると——より高い可能性として——他人の気を惹《ひ》いて、自分は無尽蔵《むじんぞう》の思いやりと善意を持っていると示したいだけかもしれない。あるいは、自分の強さはたんなる運と出身地の副産物ではないと、自分自身を納得させたいのかもしれない。あまりにも無責任な人間のそばに立っていると、あなたが徳の高い人物に見えるからかもしれない。

まずは、ひどく難しいことではなく、いたって簡単なことを心がけるべきだろう。

あなたが、大酒飲みのわたしでさえ顔負けの重度アルコール依存症だとしよう。あなたの結婚生活の破綻《はたん》についてふたりで真剣に話し込み、やがてお互い、あなたは最善を尽くしている、わたしも精いっぱいあなたを助けている、という気持ちになる。それは努力に見える。進歩のように見える。しかし、本当に事態を改善するには、あなたもわたしもはるかに大きな努力が必要だ。助けてくれと叫ぶ人は、本当に助けに値《あたい》するのか？　真の責任を負うより簡単だからと、しだいに悪化する無意味な苦しみを受け入れる決断を無数に繰り返してきたのではないか？　あなたへの哀《あわ》れみより軽蔑のほうが有益ということはないだろうか？

あるいは純粋な動機であれ、それ以外であれ、あなたには誰かを助けるつもりなどないかもしれない。あなたが自分にとって悪い連中と付き合っているのは、誰かを立ち直らせるためではなく、ただ楽だから。自分でもそうわかっている。友達もそうわかっている。仲間同士、暗黙の了解で結ばれている。ニヒリズムと、失敗と、愚《おろ》かな苦しみへ向かう了解で。一致団結して、現在のために未来を犠牲にしようと決めた。あなたはそれを口には出さない。みんなで集まって、こんなふうには言わない。「楽な道を進もうぜ。目の前の一瞬を楽しもう。あと、このことは他言《たごん》するなよ。そうすりゃ、自分が何をしてるのかなんて、簡単に忘れられる」——。けれども、実際は誰もが知っている。

誰かを助ける前に、なぜその人が困っているのかを知るべきだ。はなから、その人が不当な状況や搾取《さくしゅ》の被害者であると仮定すべきではない。その可能性もあるが、高い可能性ではない。わたしの経験では、臨床患者やその他の例からみて、そんな単純な話だったためしはない。それに、起こったひどい出来事がすべて、被害者の個人的な責任ではないという話を鵜呑《うの》みにするとしたら、その人はあらゆる過去において(さらには現在や将来において)、動作主体ではないとみなすことになる。その人の力を全面的にはぎ取っているわけだ。

その個人が、困難ゆえに上に這い上がろうとしない可能性のほうがはるかに高い。そう考えるのを大前提にすべきだろう。厳しすぎる、とあなたは思うかもしれない。確かにそうだ。少し行きすぎのきらいもある。しかし、こう考えてほしい。失敗は理解しやすい。失敗の存在について説明は必要ない。同様に、恐怖、憎《ぞう》悪《お》、依存症、混乱、裏切り、欺瞞《ぎまん》は説明を必要としない。説明が必要なのは、悪の存在や、悪への耽溺《たんでき》ではない。悪は単純だ。

失敗も簡単だ。重荷を背負わないほうが楽で済む。考えない、やらない、気にしないほうが楽でいい。きょうすべきことを明日に先延ばしして、その日の安易な快楽で数カ月、数年を費やすほうが簡単だ。アニメ『ザ・シンプソンズ』の父親ホーマーは、「これは未来のホーマーの問題だ。お気の毒さま」と言って、マヨネーズとウォッカが入った瓶《びん》を一杯飲み干した(66)。

相手の苦しみのせいで、こちらの持ち物を犠牲にするはめにならないともかぎらない。多大な犠牲を払ったところで、ほんのつかの間、必然を遠ざける効果しかないだろう。もしかするとその相手は、差し迫った崩壊について気を遣《つか》うのをやめ、それをまだ認めたくないのかもしれない。だとすれば、こちらが助けても何の是正《ぜせい》にもならず、きわめて悲惨《ひさん》で個人的な認識を一時的に先送りさせるだけだ。相手の悲惨さがこちらにまとわりつく恐れもある。結果、こちらまで引きずり下ろされ、互いを隔《へだ》てる惨めな差が縮まる。こちらは退化して沈み込む。相手はそんなゲームをしたいのかもしれない。こちらが自分を頼もしく感じているのはただの思い違いで、見当違いの救いの手を差しのべ、真に困難で、しかし可能な手立てを避けているということもあり得る。

不幸を見せびらかすことが、ある種の武器なのかもしれない。自分が待ちぼうけて沈み込む一方で上昇していく人々を見て、憎悪のなかからそんな武器を生み出した可能性もある。自身の罪を、不適切さを、懸命に生きようとしていないことを立証する代わりに、世界の不公平さを証明しようと、不幸をアピールしているのかもしれない。苦しみをそういう証明に使っているのなら、いつまでも苦しみを受け入れる気になっているも同然だろう。それは「ビーイング」への復讐《ふくしゅう》なのかもしれない。そんな立ち位置にいる者に、誰かが友情を差し向ける必要があるだろうか?

成功、それは謎だ。美徳、それは不可解なものだ。それに対し、失敗したければ、いくつかの悪い習慣を培《つちか》うだけでいい。漫然と時間をつぶすだけで済む。じゅうぶんに時間をつぶして悪い習慣を培ったころには、ひどく矮小《わいしょう》な存在になっている。本来なら現実になっていたかもしれないものの大半がついえ、矮小な自分がいまや現実になる。何もかもがおのずと崩れ、原罪が退化を加速する。そして洪水が起こる。

わたしは、贖罪の望みがないと言いたいのではない。しかし、亀裂《きれつ》に落ちた人間を救い出す苦労は、溝にはまった者を引っ張り上げるのとは次元が違う。なかには非常に深い亀裂もある。そのうえ、亀裂の奥のからだはもうあまり残っていない。

本人が助けを望んでいることが明らかになるまで、少なくとも待つべきだ。著名な人間主義心理学者のカール・ロジャーズによれば、助けを求める者が改善を望んでいない場合、治療を始めるのは不可能だという。[67] 人を説き伏せて改善させるのは無理なのだ。改善を望む気持ちがあることが、進歩の前提条件になる。わたしは、裁判所から精神心理療法を依頼された経験がある。そういうケースの患者は、わたしの助けを望んでいなかった。助けを求めさせられたにすぎない。無理やりでは駄目《だめ》なのだ。

苦境にいる者と関係を持ち続けるとしたら、意志が弱く、断《た》ち切る決断が下せないせいかもしれない。その事実に目をつぶっている。そこで、援助を続け、的外れな救済者きどりで自分を慰《なぐさ》める。そうして「自己犠牲を払う人間、誰かをこころよく助ける人間は、善人にちがいない」と結論を下す。それは間違いだ。おそらく、難しそうな問題を解決しているふりをして善人を装《よそお》っているにすぎず、本当の問題に取り組んで真の善人になっているわけではない。友情を継続する代わりに、どこかへ去り、自身の行動を整え、生きた見本となって相手を導いてやるべきだろう。

互恵待遇協定

こんなことを考えてもらいたい。あなたの友達のなかに、妹や父親、息子に付き合いを勧めたくないような人がいるとしたら、なぜあなたはその友達と付き合っているのか？　義理のようなもの、とあなたはこたえるかもしれない。しかし、義理は愚かさと同義語ではない。公正かつ誠実に検討されてしかるべきだ。友情とは互恵《ごけい》待遇協定だ。世界をより悪い場所におとしめている人物なら、助けてやる道徳的な義務はない。真逆だ。物事をより良くしようとする人々を選ぶべきだろう。あなたにとって良い人々を選ぶことは、当然であって、利己的ではない。あなたの人生が改善されるのを見て、当人の生活も改善されるような人物と付き合うことが適切であり、価値がある。

あなたの上向きの目標を支えてくれる人たちで周囲を固めれば、あなたが皮肉な気分や破壊的な気分になりそうなとき、忠告してくれるだろう。自分や他人のためにうまくやっているときにはあなたを励まし、そうでないときには慎重に罰を与えてくれるだろう。あなたの決意を後押しし、最も適切かつ入念なかたちで為《な》すべきことを為すのに役立つだろう。上向きの目標を持たない人々は、あなたに正反対の影響をもたらす。煙草《たばこ》をやめた人に煙草を勧め、アルコールを断った人にビールを勧める。あなたが成功したり、純粋なことを成し遂げたりすると、嫉妬《しっと》する。あなたへのサポートをやめるか、積極的に罰を与えてくる。過去の行動を蒸《む》し返すなり、でっちあげるなりして、あなたの功績を打ち消す。おそらく彼らは、あなたの決意が本物か、純粋な気持ちかどうかを試しているのだろう。しかし多くの場合、その連中はあなたを引きずり下ろそうとする。あなたの新しい改善のせいで、自分たちの欠点が多少とも光を浴びてしまうからだ。

そのため、良いことを成し遂げるといつも試練を受け、英雄はすべて裁《さば》きを受ける。ミケランジェロの偉大な彫刻ダビデは、見る者にこう叫んでいる。「あなたは、いまの自分以上になれる」。思い切って上方をめざせば、現在の不適切さが明白になり、将来の約束も明らかになる。その際、周囲の他人は、魂《たましい》の奥底《おくそこ》でざわつきを感じる。斜《しゃ》に構えて動こうとしない自分たちの態度には正当性がないと、奥底ではわかっているのだ。あなたのせいで、彼らは思い出す。人生の恐ろしさは否定できないにせよ、自分たちが努力をやめたのはそのせいではなく、みずからが属する世界を肩に担《かつ》ぎたくないからだ、と。

身のまわりを善良で健全な人々で囲むことは、そう容易ではない。たちの悪い不健全な人々で囲むほうがたやすい。善良で健全な人は理想だ。そんな人のそばに立つためには強さと大胆さが必要になる。多少の謙虚さも。多少の勇気も。分別を活《い》かし、重要度の低い思いやりや哀れみのせいで身を滅ぼさないように留意すべきだ。

あなたのために最善を願ってくれる人と友達になりなさい。

Rule 04

自分を今日の誰かではなく、昨日の自分と比べなさい

Compare yourself to who you were yesterday, not to who someone else is today

内なる批評家

小さな田舎町に住んでいたほうが、簡単に何かの第一人者になれる。学園祭の女王に選ばれるかもしれない。スペリングのコンテストで優勝する人もいるし、数学の天才児や、バスケットボールのスター選手ともてはやされる人もいるだろう。機械工がひとり、教師がふたりくらいの町。その範囲では、地元のヒーローたちが勝者の自信に満ちあふれる機会がたくさんある。おそらくそれが理由で、統計的にみて、著名人のなかには小さな町で生まれた人が多い。(68) もしいまあなたが一〇〇万人にひとりの逸材でも、現在のニューヨークで育てば、同レベルの人が二〇人いることになる。しかも実際、わたしたちの大半が都市部に住んでいる。そのうえ、いまや七〇億人全体がデジタルで結ばれた。才能の階層が、めまいのするほど垂直に高くなっている。

あなたがどれほど得意なことでも、どれほど高く自分の才能を格付けしていても、世界を見渡せば、あなたなどものともしない人間がいる。いくらギターが上手だろうと、あなたはジミー・ペイジやジャック・ホワイトではない。地元のパブを沸《わ》かすことさえ難しいだろう。もしあなたが料理が得意でも、名シェフなら世にいくらでもいる。母親に教わった魚の頭とライスのレシピは、彼女の生まれ故郷では絶賛されたかもしれないが、グレープフルーツのメレンゲだのスコッチやタバコのアイスクリームだのが流行する現代では、割り込む隙《すき》がない。いまや、奇抜《きばつ》な未来デザインのヨットを所有するマフィアのドンがいるかと思えば、複雑な仕掛けの手巻き式時計を愛用し、高級でしゃれた全自動の腕時計をしまい込んであるCEOもいる。美しさを誇るハリウッド女優が、『白雪姫』の大胆なリメイク版では邪悪《じゃあく》な女王に変身する。さて、あなたは?

あなたのキャリアは退屈でたいした意味がない。家事は下手だし、味音痴《おんち》。友人よりも太っている。あなたのパーティーにはみんなうんざり。たとえあなたがカナダの首相でも、誰かがアメリカの大統領なのだ。

わたしたちの内部には、こうしたことをすべて知っている批評家が宿っていて、ときに声を張り上げる。往々にして、騒動を起こす。わたしたちの凡庸《ぼんよう》な努力を非難する。容易には口を閉じない。始末の悪いことに、この種の批評家は必要だ。批判されるべき対象は数限りない。面白《おもしろ》みのない芸術家、調子はずれのミュージシャン、まずい料理人、官僚主義的で神経質な中間管理職者、三流の小説家、イデオロギーを振りかざす退屈な教授……。物事にしろ人にしろ、質のうえでの重要性には差がある。不愉快《ふゆかい》な音楽がいたるところで聞き手を苦しめている。設計に欠陥《けっかん》のある建物が地震で崩壊する。基準以下の車が、衝突時に運転者を死なせる。失敗を防ぐため、基準を設けなければいけない。凡庸は現実に過酷《かこく》な結果をもたらすので、基準は必要だ。

わたしたちの能力や結果は平等ではない。永遠に平等にはならない。ごく少数の人間が、あらゆるもののほぼすべてを生み出す。勝者が総取りではないが、ほとんどを取る。底辺はろくな場所ではない。底辺にいる人々は不幸せだ。病気になり、無名のまま、愛されずにいる。人生を無駄《むだ》にしている。そこで死ぬ。そのせいで、人々の意識のなかにいる批評家の声は、殺伐《さつばつ》とした物語をつぶやく。人生はゼロサムゲームだ。初期状態は無価値。意図的に無視する以外で、このような意気をくじく批判から身を守る方法はあるだろうか？　そこで、健全な精神を保つために唯一頼れる手段として、ある世代の社会心理学者がいっせいに提唱したのが「肯定《こうてい》的幻想(positive illusions)」だ。[69]その趣旨は？　嘘《うそ》を、あなたを守る傘にしなさい、だ。これ以上は想像できないほど、陰鬱《いんうつ》で悲観的な理論だと思う。すなわち、世の物事は非常に恐ろしく、妄想《もうそう》だけがあなたを救うことができる、と説く。

ここでは別の（幻想を必要としない）アプローチを提示しておこう。もしもトランプで出るカードがきまってあなたに不利なら、おそらくそのゲームには何らかのいかさまが仕組まれている（無意識のうちにあなた自身が仕組んだのかもしれない）。もしも内なる声が、あなたの努力の価値や、あなたの人生、あるいは人生そのものに疑いを向けるなら、おそらく、聞くのをやめるべきだろう。内なる批評的な声が、成功者かどうかにかかわらず、誰に関しても似たような中傷をしているとすれば、どのくらい信用できるのだろう？その言葉は教訓ではなく、ただのおしゃべりかもしれない。あなたよりも優れた人間がつねに存在する。これはニヒリズム（虚無《きょむ》主義）の決まり文句だ。「一〇〇万年後、誰に違いがわかるだろうか」というフレーズに似ている。これに対する適切な反応は、「じゃあ、何もかも無意味だな」ではない。「何の意味も持たない時間枠を設定することは、どんな馬鹿でもできる」だ。自分自身を不適切に言いくるめるのは、「ビーイング」に対する深い批評ではない。合理的な心の安っぽいトリックだ。

いろいろな良いゲーム

より優れている、劣っているという基準は、幻想ではなく、不必要なものでもない。いまやっていることがほかの選択肢より良いと判断できなければ、実行に移れないだろう。「価値を考慮に入れない選択」という概念は、本質的に矛盾《むじゅん》している。価値判断は行動の前提条件だ。

しかも、いったん選択された行動にはすべて、それぞれ独自の達成基準が付いている。遂行《すいこう》可能な事柄であれば必ず、出来の良さ、悪さが付いてまわる。したがって、何かを行うことは、結末が定義され価値付けされたゲームをプレイすることにほかならない。最終的に、効率や洗練性の面で優劣が出てくる。どのゲームにしろ、成功する可能性も失敗する可能性もある。質の差がどうしても存在する。さらに、もし優劣が存在しなかったら、遂行に値《あたい》するものなど存在しない。価値がないなら、意味もないことになるからだ。何の改善の余地もないなら、労力を払う必要などあるまい。意味があるからには、当然、優劣の差が発生する。では、批評的な自意識の声を静めるにはどうすればいいのだろう？　非の打ちどころのない論理に思える内なる批評家のメッセージに、どこか綻《ほころ》びがあるだろうか？

手始めに、白か黒かの二択を迫る「成功」や「失敗」という単語そのものを検討してみよう。成功、完勝、最高、万事このうえない状態と、逆に、失敗、完敗、最低、目も当てられない状態。この二つの言葉は、ほかには何もなく、中間は存在しないことを示唆《しさ》している。しかし、現代のように複雑な世界では、そこまでの一般化（いわば、差別化の失敗）は、単純すぎる、あるいは悪意のある分析とみるべきだろう。この二択方式ではカバーできない、多段階の重要度や価値段階が存在し、まともな結果が出ない。

そもそも、成功するにせよ失敗するにせよ、ゲームは一つだけではない。ゲームは数多くある。もっと具体的にいえば、あなた向きのゲームがたくさんある。あなたの才能にふさわしく、ほかの人と生産的に関わりを持ち、時間の経過とともに持続的に向上できるようなゲームが豊富にある。弁護士はいいゲームだ。配管工や医者、大工、学校教師もいい。世界には、多様な「ビーイング」の余地がある。何かで成功できなければ、別のゲームを試せる。自分の長所、短所、状況に合わせて、より適した何かを選べる。また、ゲームの変更がうまくいかない場合は、新しいゲームを発明することもできる。わたしは最近、パントマイムのショーを観《み》た。口にテープを貼《は》ってしゃべれない姿で、オーブンミトンをはめて滑稽《こっけい》な場面を演じる。斬新《ざんしん》だった。独創的だった。その男性にみごとにはまった芸に見えた。

また、ゲームをプレイする機会はおそらく一回だけではないだろう。あなたにはキャリアがあり、友人も家族もいて、個人的なプロジェクトを持ち、技能や身体能力を磨いている。あなたは、プレイするゲーム全体を通じて、自分の成功を判断することになるだろう。あるゲームは得意、別のゲームは中程度、あるいは大の苦手。それがふつうだろう。あなたは反論するかもしれない、すべてで勝利すべきだ、と。しかし、すべてで勝利できるのなら、新しいことや困難なことに挑んでいないことを意味する。勝ったところで成長していない。勝利の最も重要なかたちは成長だろう。現時点の勝利は、必ずしも、長い目で見た軌道《きどう》より優先されるべきではない。

そのうえ、プレイする多くのゲームの細部はあなただけの独自な、個人的なものだとわかってくるはずだ。他人と比較しても仕方ない。自分が持たざるものを過大評価し、できるものを過小評価しかねない。じつはある程度、感謝の気持ちが有用だ。被害妄想や憤慨《ふんがい》を防ぐうえでも大切になる。仕事の面では、同僚のほうがあなたより優れているとしよう。しかし、その同僚の妻が浮気をしているのに比べ、あなたの結婚生活は安定していて幸福。どちらがいいだろう？ あなたがあこがれる有名人は、じつのところ飲酒運転の常習犯で頑固者《がんこもの》。あなたの人生よりも本当に好ましいだろうか？

内なる批評家が先のような比較をしてあなたをおとしめる仕組みは、こうなっている。批評家はまず、比較の対象として任意の領域を選択する（名声、あるいは権力など）。続いて、それが唯一の妥当《だとう》な領域であるかのように振る舞う。次に、領域内のとりわけ華々しい誰かと対比して、あなたに低評価を下す。ときにはさらに駄目《だめ》押しとして、その相手とあなたの埋められないギャップを指摘し、人生が根本的に不公平である証拠だとする。そうやって、何かしようとするあなたの意欲をきわめて効果的に損《そこ》なう。自己評価に対してそのようなアプローチを受け入れる人に向かって、物事を都合良く簡単にしすぎていると非難することは、もちろんできない。しかし、物事を難しくしすぎるのは、同じくらい大問題だ。

年端《としは》のいかないうちは、わたしたちは個として独立しておらず、知識も足りない。独自の基準を生み出すだけの時間も知恵もない。その結果、何か基準が必要だから、自分と他人を比較する。基準がいっさいなければ、どこへ向かい、何をすればいいのかわからない。ところが、成熟するにつれて、わたしたちは個性を備え、唯一無二になる。人生の条件はしだいに個人的になり、他人とは比べようがなくなってくる。象徴的に言えば、われらが父の支配する家から出て、個々の「ビーイング」のカオスと対峙《たいじ》するわけだ。父とある程度の結びつきを保ったまま、自分の不協和音に注意を向けなければならない。次に、自分たちの文化の価値を再発見する必要がある。それまで無知のせいで覆《おお》い隠され、過去の埃《ほこり》に埋もれていた価値を救い出し、みずからの生活に統合する。これが存在に必要かつ完全な意味をもたらす。

自分は何者なのか？　わかっているつもりだろうが、おそらくわかっていない。たとえば、あなたは自分の主人でもなければ、奴隷でもない。何をすべきか自分に命じて服従させることは容易ではない（夫、妻、息子、娘に何をすべきか命じて強要するのが難しいのと同じだ）。あなたには興味を持てるものも、持てないものもある。興味を磨くのはいいが、限界にぶつかるだろう。あなたが夢中になれる行動もあれば、そうでない行動もある。あなたには生来《せいらい》の気質がある。それに向かって無茶《むちゃ》な命令を出すことはできても、必ずや反発を食らうだろう。自分を無理やり働かせ、同時に、働きたいという欲求を維持・持続することは難しい。パートナーに対して犠牲ばかり払っていたら、早晩、寛大《かんだい》さが怒りに転じてしまうのではないか？　あなたが本当に愛するものは何か？　本当に欲しいものは何か？　自分の価値基準を明確にする前に、自分を見知らぬ他人として見て、自分自身のことを知る必要がある。あなたが貴重、楽しいと思うものは何か？　重荷を負わされた獣《けもの》という気分を味わわないためには、どのくらい大きな楽しみや報酬が必要か？　反発して暴れだし、場を台無しにしないためには、自分をどう扱ってやるべきか？　無理やり自分をこき使って、欲求不満を募《つの》らせ、帰宅して愛犬を蹴るような日々を送ることもできる。貴重な毎日を漫然《まんぜん》と見送ることもできる。その一方、持続可能な生産性の高い活動に取り組む方法を学ぶこともできる。あなたは、何が欲しいかを自問しているだろうか？　自分自身と公平に交渉しているか？　暴君になって、自身を奴隷にしていないか？

親や配偶者、子どもが嫌いになるのはどんなときか？　そういう場合、どうすればいい？　友人やビジネスパートナーに求めているものは何か？　単純に何が欲しいかの問題ではない。他人から何を求められ、あなたが何を果たすべきかの話でもない。いま話題にしているのは、自分自身に対してあなたの道徳的な義務の本質を定めることだ。社会的義務のネットワーク内に入れ込まれている以上、「すべき」という要素を勘案《かん》するのがいいだろう。果たすべき責任――。従順で無害な言いなりになれ、という意味ではない。それは独裁者が奴隷に望む態度だ。

そうではなく、あえて危険を取る。正直になる。自分を明確にし、自分の人生を本当に正当化する事柄を表現する（少なくとも認識する）。たとえば、パートナーに対してひそかに抱いている暗い願望をおもてに出して――さらには検討して――明るい陽《ひ》のもとにさらしてみれば、それほど暗い感情ではないと気づくかもしれない。おびえて、道徳的なふりをしていただけとわかるかもしれない。本当に望んでいるもののおかげで、誘惑や迷いを振り切ることができていたとわかるかもしれない。あなたの本性がいま以上におもてに出たらパートナーが不幸になると、はたして言い切れるのか？　魔性《ましょう》の女やアンチヒーローが性的に魅力的なのは、それなりに理由がある……。

他人から話しかけられる必要はどのくらいあるのか？　他人から得たいものは何か？　義務や義理のせいで我慢しているもの、好きなふりをしているものは何か？　自身の怒りを検討してみるといい。憤《いきどお》りは、あらゆる病理学的見地《けんち》に照らして、多くを物語る感情だ。憤りと、傲慢《ごうまん》、欺瞞《ぎまん》が、「三大悪」を成している。この暗黒世界の三大悪ほど有害なものは何もない。ただし、憤慨はいつも、二つのケースのどちらかを表す。一つは、憤慨している人が未熟であるケース。この場合、本人は口を閉じ、不平をこぼすのはやめて、そのまま進むべきだ。もう一つは、暴政が行われているケース。この場合、虐《しいた》げられている人は、声を上げる道徳的義務を負う。なぜか？　沈黙を続けると、事態の悪化を招くからだ。もちろん、短期的には、沈黙のまま衝突を避けるほうが楽だろう。しかし長期的に見れば、それは致命的だ。言うべき事柄があるとき、沈黙は嘘であり、暴政は嘘でさらにはびこる。危険を顧《かえり》みず、抑圧に反発するのはどんなときか？　復讐《ふくしゅう》の想像をひそかに抱き始めるのはいつか？　人生が毒され、道を逸《そ》れて破壊したい思いでいっぱいになるのはいつだろう？

数十年前、重篤《じゅうとく》な強迫性障害に悩まされている患者がいた。夜、寝る前にパジャマをきれいに並べないと気が済まなかった。そのあと枕をはたいて膨《ふく》らませる。シーツの位置を調整する。何度も、何度も。わたしは言った。「たぶん、きみの一部分、そんなふうにしつこい一部分は、何かを求めているんだろう。何なのかは定《さだ》かでない。その部分の言い分を聞いてみよう。何を求めているんだろう？」。彼は「統制」とこたえた。そこでわたしは続けた。「目を閉じて、何を求めているのか、それに語らせなさい。怖がらなくていい。実際に考えているのだから、無理に押しとどめる必要はない」。彼は言った。「義理の父親の襟元《えりもと》をつかんでドアに押しつけ、無茶苦茶《むちゃくちゃ》に揺さぶってやりたがっている」。そんな行動に出る時機《じき》だったのかもしれないが、わたしは、もう少し野蛮《やばん》でない方法を提案した。

しかし、平和へ至る道筋で、どんな戦いなら素直に進んで挑むべきなのかは、神でないとわからない。必要でありながら避けるべき衝突とは、どんなものか？　真実には耐えられないとみて、嘘をつきたくなる事柄は何か？　何を偽《いつわ》っているのか？

幼児は、自分に必要なもののほとんどすべてを親に依存している。もう少し大きな子どもは――まともに成長した子どもは――少なくとも一時的には親を離れ、友達をつくれる。そのために払う犠牲はほとんどなく、見返りは大きい。まともな若者も、論理的な結論につながる同じ過程をたどらなければならない。親を離れて、ほかの若者と同じようになる必要がある。子どもじみた依存を超越するため、集団に溶け込まなければならない。うまく溶け込んだおとなは、こんどは、他人との適度な違いを持つことを学ばなければならない。

自分を他人と比較するときには注意が必要だ。おとなになれば、あなたは独自の存在になる。金銭、人間関係、心理などに関して、特定の具体的な問題を抱える。そういったものが、あなた独自の広範な背景に組み込まれている。キャリアや仕事がうまく作用するにしろ、しないにしろ、そのかたちは個人特有であり、あなたの人生のほかの細部と独自の相互作用をする。これにどれだけ、あれにどれだけ時間を費やすか。あなたが決めなければならない。何を見送り、何を追求すべきかを決める必要がある。

着眼点(あるいは吟味)

わたしたちの目はいつも、自分がアプローチしたい、探究したい、求めたい、手に入れたいものに向いている。何かを見ざるを得ず、見るためには、何かをめざさなければいけないから、何かをめざしている。わたしたちの心(mind)は、身体が狩猟《しゅりょう》し採集したものを土台につくられている。狩猟とは、目標を定め、追い、仕留めること。採集とは、特定し、つかみ取ることだ。石や槍《やり》やブーメランを投げる。ボールを投げてリングに入れ、パックをネットに打ち込み、ストーンを氷上で滑らせて円の中心に止める。標的めがけて弓、銃、ライフル、ロケットを放つ。計画を立て、アイデアを練る。ゴールネットを揺らすか、的《まと》を射止《いと》めれば成功。そうでなければ失敗だ(「道徳的な罪」を意味する英単語sinには、「的を外す」の原義がある)[70]。めざすものが何もなければ、進めない。しかし、この世にいるあいだ、わたしたちは進み続けなければならない[71]。

　わたしたちはつねにa地点(不満足な場所)にいて、b地点(明らかな価値や暗黙の価値に照らして、より良いと思える場所)へ向かって移動している。不十分な状態の世界に遭遇《そうぐう》し、是正《ぜせい》をめざす。たとえ必要と思われるものがすべて揃《そろ》っていても、あらたな方法を考え出し、物事の配置を正し、改善していける。たとえ一時的に満足でも、好奇心を持ち続ける。現在は永遠に何かが欠けていて、未来は永遠により良くなるという定義の枠組みのなかで生きている。もし物事をそうとらえなかったら、わたしたちはまったく行動を起こさないだろう。見ることすらできない。見るためには集中する必要があり、集中するためには、とくに焦《しょう》点《てん》を絞るべきものを選ぶ必要がある。

　しかし、わたしたちは見ることができている。存在しないものまで見える。物事がより良くなるような新しい方法を想像できる。新しい仮想世界を構築し、従来気づかなかった問題点をあぶり出して対処可能にできる。利点は明白だろう。わたしたちは世界を変え、現在の耐えがたい状態を将来修正できるように整えられる。逆に、この先見性と創造性の欠点は、慢性的な不安と不満だ。現状と、何が可能なのかをつねに対比できるので、可能なありかたを目標にせざるを得ない。ただし、目標設定が高すぎる場合もある。低すぎる場合もある。あまりにも秩序を欠く場合もある。そのせいで、傍目《はため》にはうまくやっているように見えても、失敗と失望にまみれている。どうすれば、わたしたちの想像力、未来を改善する能力を適切に活《い》かせるのだろう？　現在のあまり成功していない価値の低い人生をさげすみ続けずにいられるのか？

　おそらく最初の一歩は、現状を吟味《ぎんみ》することだ。自分は何者か？　もし家を購入して引っ越すとなったら、査定人を雇って、家の不良箇所をすべてリストアップしてもらう。現実世界でも、希望的な観測ではなく、実状《じつじょう》を点検すべきだ。悪い知らせが届いたとしても、査定には感謝しなければいけない。あなたは知る必要がある。家の隠れた欠陥《けっかん》を発見する必要がある。うわべの難点も、構造上の不備も、把握しておく必要がある。壊れていることを知らなければ、修理できないからだ。実際、あなたは欠陥を抱えている。査定人が必要だ。内なる批評家にその役割を任せられるものの、あなたが批評家をうまく軌道に乗せ、協力することが条件になる。内なる批評家とともに精神の家のなかを歩き、意見を慎重に聞く必要がある。あなたは、修理屋が喜びそうな、あばら家かもしれない。内なる批評家があなたの不適切さを長々と手厳しく報告してきたとき、なかば、あるいは完全に意気消沈せずに改築に取りかかるには、どうすればいいのか？

一つの手がかりはこうだ。未来は過去と似ている。しかし、重大な違いがある。過去は定まっているが、将来はより良く変えられる。いちどに改善できるのは限られた量、おそらく、最小の努力で一日に改善可能な量だろう。現在には永遠に欠陥がある。しかし、めざす方向に比べれば、どこから手を付けるかはそれほど大きな問題ではない。幸福はいつも、上をめざす旅の途中で見つかる。次の頂点で待つ満足感は、ごく儚《はかな》い。幸福の大部分は希望であり、どんなに深い暗黒世界で得られた希望だろうと、幸福感を生む。適切に意見を求めれば、内なる批評家は、秩序を正すべき何かを示唆《しさ》してくれる。あなたが気分を害さず、自発的に、喜びさえ感じつつ秩序を正せる、正したくなる何かを教えてくれるはずだ。自問してほしい。自分の人生のなかに混乱したものが何か一つないだろうか？　正すことができ、正したくなるような状況はないか？　あなたが修理でき、修理したくなり、静かに修理の必要性を訴えているものが何かないか？　いまさっそく修理できないか？　自分自身を、交渉しなければいけない相手だと想像してほしい。怠《なま》け者で、神経質で、怒りに満ち、協調性のない相手だと覚悟してほしい。そんな態度だから、動かすのは容易ではない。ささやかな魅力や遊びが必要かもしれない。「失礼ですが」と、あなたは自分自身に、皮肉抜きで呼びかける。「わたしは、このあたりにある、不必要な苦しみを軽減しようとしています。多少のお手伝いができるはずです」。あざけりを示すべきではない。「きみがこころよく取りかかれることがあるのでは？　喜んでお手伝いしますよ」。正直に、謙虚に尋ねる。簡単な工程ではない。

心の状態によっては、さらに交渉する必要があるかもしれない。自分自身を信用できない場合もある。一つ自問して、それについて対処したあと、すぐまたさらなる対処を求めたくなりがちだ。そうすると、懲罰的になり、相手を傷つける。すでにあるものを過小評価してしまう。そんな暴君に従いたい者などいない。嫌だろう。だからあなたは、自分自身が求めることをやらずにいるのだ。あなたは従業員として劣《おと》る以上に、上司として劣ることになる。自分自身にこう言ってやるのがいいだろう。「なるほど。過去、われわれはあまりうまくいきませんでした。残念です。いま改善しようとしています。その途中、さらなる過《あやま》ちを重ねるかもしれないけれど、きみに異議があれば、耳を貸します。学んでいきたいのです。こうして助けを申し出ても、きみには飛びつく気がないのは、いまわかりました。何か協力できることはないでしょうか？　その皿洗いをいっしょに済ませて、そのあとコーヒーでもどうですか？　エスプレッソが好きですよね。一杯どうですか、なんならダブルショットで。それとも、ほかに欲しいものがありますか？」――。そうすれば、あなたは返事をもらえるだろう。内なる声が聞こえてくる（長く失われた子どもの声かもしれない）。たとえばこんな返事だろう。「本当？　本当に、ぼくにいいことをしてくれるの？　本当に？　罠《わな》じゃないよね？」

ここで、慎重に事を運ぶ必要がある。

その小さな声は、かすれた恥ずかしがり屋の声だ。だから用心深く伝えなければいけない。「本当ですよ。あまり手際よくなくて、素敵《すてき》なパートナーとはいかないかもしれませんが、きみに何かいいことをするつもりです。約束します」。慎重な少しの優しさが大きな効果を発揮し、賢明《けんめい》な報酬が強力な動機をもたらす。このあと、あなたは自分自身の一部分と手を取り合って、厄介《やっかい》な皿洗いに取りかかれるだろう。続いてすぐトイレ掃除に移るのではなく、コーヒーや映画やビールの約束を果たすべきだ。そうしないと、暗黒世界に縛《しば》られたあなた自身の一部分を奮い立たせるのがさらに難しくなる。

自分自身にこんなふうに尋ねてみるのもいい。「明日、ほかの誰か、わたしの友達なり上司なり助手なりに頼んで、お互いのあいだの事情をさらにもう少し改善してみてはどうでしょう？　今晩のうちに家のなか机の上かキッチンの混乱を何か片付けて、もっといい芝居ができる舞台を整えませんか？　クローゼットから――そして心から――どんな蛇《へび》を退治しましょう？」と自問することができる。五〇〇の小さな決断、五〇〇の小さな行動を今日、明日と毎日積み重ねていく。そのうちの一つか二つは、いままでより良好な成果をめざせるのではないか？　良好かどうかは、あなたの個人的な意見、個人的な基準による判断でかまわない。あなた個人の昨日と、あなた個人の明日を比べることならできるのではないか？　自分の判断基準に照らして、明日をもう少し良くする何かを自問することなら、可能ではないか？

まずは小さな狙いから。あなたの才能は有限で、あなたは騙《だま》されやすく、怒りの重荷を背負い、責任逃れしたがるのだから、最初から目標を高くしすぎないほうがいい。したがって、目標をこう設定すべきだ。今日の終わりまでに、人生のなかの物事が朝よりもほんの少しましになっていてほしい、と。そのうえで自問する。「この目標を達成するため、わたしは何ができるか、何をしたいか？　ささやかな報酬として欲しいものは何か？」。そうしたら、決めたことをやる。出来は悪くてもいい。褒美《ほうび》に、例のコーヒーを自分自身に与える。少々ばかげたことをしている気分でも、とにかくやる。次の日、同じことをする。次の日も、次の日も。すると毎日、あなたの比較の基準は少しずつ高くなる。まるで魔法だ。雪だるま式だ。三年続ければ、あなたの人生はまったく違うものになるだろう。もっと高い目標をめざすようになる。星に願いをかける。大きな欠点が消え、見ることを学び始める。あなたがめざすものが、あなたが見るものを決める。だいじな点だから、もういちど繰り返す。あなたがめざすものが、あなたが見るものを決めるのだ。

何を求め、何を見るか

視覚が目的に依存することは、一五年あまり前、認知心理学者ダニエル・シモンズが実証した(目的はあなたが価値を置いているものだから、視覚は価値に依存することになる)[72]。シモンズは「sustained inattentional blindness(長期的な非注意性盲目)」なるものを研究していた。被験者をモニター画面の前にすわらせ、たとえば小麦畑の写真を見せる。被験者が画面を見つめているあいだに、ゆっくりと写真を変化させる。たとえば畑を抜ける道をゆっくりと出現させる。それも、つい見逃しそうな小道ではない。ゆうに画面の三分の一を占める大きな道だ。驚くべきことに、被験者の多くは道の出現に気づかない。

シモンズが一躍有名になった実験は、同じ種類だがさらに劇的で、信じられないほどだ。まず、三人ずつの二チームが登場する動画を撮影する[73]。片方のチームは白いシャツ、もう片方は黒いシャツを着ている(カメラから遠方にいるわけではなく、いかなる意味でも視認しやすい。この六人の姿で画面の大部分が覆われており、顔立ちまではっきりと見える)。チームごとに一個ずつボールを持ち、メンバーは動きまわり、フェイントをかけながら、ボールをバウンドさせたり、仲間へパスしたりする。この光景が、エレベーター前の狭いスペースで展開し続ける。撮影を終えたシモンズは、この動画を被験者たちに見せた。事前に、白いシャツのチームがボールをパスした回数を数えてほしいと伝えておく。数分後、パスの回数を報告してもらった。ほとんどが「一五回」と答えた。正解だ。ほとんどの被験者がその点に関しては満足した。よし、テストに合格したぞ、と。ところが、続けてシモンズはこう尋ねた。「ゴリラを見ましたか?」――。

何の冗談だろう? ゴリラ?

「いまの動画をもういちど見てください。ただし、こんどは数えないで」。するとたしかに、開始一分ほどして、ゴリラの着ぐるみをつけた男がおもむろに現れ、パスを続ける男女の中央に数秒立って、両手で胸を叩《たた》くゴリラらしいしぐさをして去っていく。画面中央に堂々と立っている。見逃しようがない。否定不可能な事実だ。にもかかわらず、被験者の半数が、最初見たときは気づかなかった。そればかりではない。シモンズは別の実験を行った。こんどの動画は、カウンターの客に給仕《きゅうじ》している店員がひとり。その店員が何かを取りにカウンターの奥へ消え、また戻ってくる。ただそれだけ。動画を見た被験者のほとんどは、何の不思議も感じない。しかし、最初に立っていた店員と、戻ってきた店員は別の人物だった。「おいおい」とあなたは思うだろう。「自分が被験者なら、気づいたはず」。ところが、そうでもないのだ。店員の性別や人種が変わっても、変化に気づかない確率が高い。あなたも同じだ。

原因の一つは、視覚が〝高価〟だからだ。心理生理学的に高価であり、神経学的に高価。網膜《もうまく》のうち、解像度の高い中心窩《ちゅうしんか》はほんのわずかな面積しかない。その部分で、顔の識別などを行っている。貴重な中心窩細胞の一つひとつが、視覚の第一段階を管理するためだけに、視覚野《しかくや》に一万個の細胞を要する。[74] 第二段階に進むためには、その一万個がさらに一万個の細胞を必要とする。網膜全体の解像度を高くしたければ、脳を収納するのに、B級映画に出てくるエイリアンくらいの大きさの頭蓋骨《ずがいこつ》が必要になる。それゆえに、人間は視覚を使う際、優先順位を設けて少ない資源を有効に活用する。中心窩を除く網膜の大部分の解像度は低くとどまるので、中心窩は重要なものに取っておくことになる。自分がめざす少数の特定の事柄に対して、高解像度の能力を使う。そのほか——ほとんどすべてのもの——は、背景に溶け込ませ、とくに意識しない。

あなたが注意を向けていないものが急に醜《みにく》い頭をもたげ、いま注目している狭《せま》い範囲に割り込んでくれば、あなたは気づくだろう。割り込んでこなければ、存在しないも同然だ。シモンズの被験者はボールに集中していて、ゴリラや六人のプレーヤーは眼中に入れなかった。つまり、狭く定義された進行中のタスクに、ゴリラは干渉《かんしょう》しなかった。ボールを見つめる被験者たちにとって、ゴリラはその他の注目外の情報に溶け込んでいた。大きなゴリラでさえ、安全に無視できた。これこそ、世界の圧倒的な複雑さに対処する方法だ。個人的な懸念に集中しているあいだ、ほかは無視する。あなたの動きを容易にするもの、目標に向けて前進させるものを見つめる。通り道に出現した障害物には気づくだろう。それ以外には目をつぶる(それ以外のほうがはるかに多いので、たくさんのものを見ないことになる)。それが、取るべき姿勢だ。なにしろ世界には、あなたが処理できる量をはるかに超えたものが存在する。限られた資源を慎重に管理しなければいけない。見ることは非常に難しいから、何を見るかを選び、その他は放置する必要がある。

古代ベーダ語の文献(ヒンドゥー教の最も古い史料で、インド文化の基礎をなす)には深遠《しんえん》な思想が記されている。わたしたちが知覚する世界はマーヤー、すなわち幻像《げんぞう》だというのだ。これが意味する事柄の一つは、人間は自分の欲望によって目が閉ざされていることだ(もちろん、たんに、実際どおりには物事を見られないという面もある)。この点は、比喩《ひゆ》を超えた意味を持っている。目は道具であり、あなたが欲しいものを手に入れるのに役に立つ。焦点を当てた特定の方向を見るのに便利だが、その代償として、ほかはすべて見えない。物事が順調に進み、望むものが手に入っているときは、代償はたいした問題ではない(現状に甘んじて、より高い目標が見えない恐れはあるにせよ)。ところが、わたしたちは危機に瀕《ひん》すると、それまで無視していた世界が深刻な問題と化し、何もかも望みどおりにいかなくなる——。とうてい対処しきれない。

しかし幸いなことに、この問題はみずからのなかに解決の種を含んでいる。多くを無視してきただけに、まだ見ていないどこかにあらたな可能性の糸口が豊富にある。

あなたがいま不幸だと想像してほしい。必要なものが手に入らない。逆にいえば、自分が望むもののせいかもしれない。欲望で目が閉ざされている。本当に必要なものはすぐ目の前にあるのに、現在の目標にとらわれて見えないのかもしれない。こう考えると、別の真実にたどり着く。あなたにしろ誰にしろ、望むもの、必要なものを得るには、先に代金を払わなければならないということだ。こう考えてほしい。あなたはいま、自分の特異的なかたちで世界を見ている。手持ちの道具を活かし、ほとんどのものをふるい落とし、一部のものだけ受け入れている。道具を整えるのに多大な時間がかかった。時間とともに、習慣として根を下ろした。ただの抽象的な概念ではなく、あなたの内部に組み込まれた。いまやそのことが、あなたの世界との向き合いかたを決めている。あなたの奥深くにあり、無意識で暗黙の価値基準となっている。あなたの生物学構造の一部になった。生きている。消滅や変質や死を望んでいない。けれども、やがて時がきて、新しいものが生まれなければいけなくなる。そのため(ほかにも理由はあるが)、上をめざす旅の途中では、ものを手放すことも必要になる。物事がうまくいかない場合には、皮肉なシステムが働いて、生きていた部分が死にかけているのかもしれない。あなた自体が死ぬような悲惨《ひさん》な結末にならないように、こう考えてほしい。人生には問題がない。問題があるのはあなただ。そう気づけば、少なくともいくつかの選択肢が残る。人生がうまくいかないのであれば、不十分なのは人生そのものではなく、あなたの現在の知識だろう。価値構造に大規模な修理が必要かもしれない。あなたの欲望のせいで、ほかの可能性が見えなくなっているのかもしれない。自分の欲望に、現在に固執《こしつ》しすぎ、本当に必要とするものも含め、ほかが見えなくなっている恐れがある。たとえば、「あの上司のポストに自分が就きたい」と嫉妬《しっと》まじりに狙っているとしよう。上司がみずからのポストを巧みに強固につかんで放さなければ、あなたはいらだち、不幸になり、嫌悪《けんお》の念を抱くだろう。そのとき、こう気づいたらどうだろうか。「わたしは不幸だ。でも、自分の目標を達成できさえすれば、不幸を癒《い》やせるのではないか」。さらに深く、こう考えてもいい。「待てよ。自分が不幸なのは、上司のポストが手に入らないせいではなく、あのポストが欲しい気持ちを捨てられないせいかもしれない」。かといって、あのポストはあきらめなさいとただ自分に言い聞かせても、そんな声におとなしく従って変化できるはずがない。そんな簡単に自分自身は変わらないし、変えることはできない。もっと深く掘り下げる必要がある。自分が求めているものを、もっと深い部分から変えなければいけない。

　そうなると、「この間抜けな苦しみをどうすればいいのかわからない。単純に野心を捨て去るわけにはいかない。そんなことをしたら、進む方向を見失ってしまう。しかし、ポストが欲しくても手に入らない」と悩むだろう。そこで、別の作戦をとる。代わりに、違う計画を見いだすのだ。自分の願望を満たし、真の意味で野心に報《むく》いる一方、いま味わっている苦渋《くじゅう》や憤りを人生から取り除くような計画だ。こう考えるといい。

「別の計画を立てよう。自分の人生をより良くするものなら、何でもいいから欲しがるように努力しよう。そしてさっそくその計画に取りかかる。それが結局、上司のポストを追い求めるのとは別の何かだと判明したら、素直に受け入れて前進しよう」

　これであなたはまったく別の軌道に乗った。それまで、何が正しいのか、望ましいのか、追求する価値があるのかを、狭く具体的に絞っていた。けれども行き詰まり、立ち往生《おうじょう》し、不幸になった。だから手放した。必要な犠牲を払い、従来の野心のせいで見えなかったまったく新しい可能性の世界を呼び起こした。可能性は大量にある。より良くなったら、人生はどんな風景に変わるだろう？　そもそも「より良い」とはどういう意味か？　わからない。だが、いますぐ正確にわからなくてもかまわない。本当に望むと決めれば、何が

「より良い」かは徐々に見定められるだろう。前に述べたメカニズムにより、自分の前提や先入観のせいで見えなかったものが、視野に入り、認識できるようになり、あなたは学び始めるだろう。

ただし、このやりかたがうまくいくのは、あなたが本当に自分の人生を改善しようと思っている場合に限られる。潜在的な知覚構造を欺《あざむ》くことはできない。いっさいできない。知覚構造は、あなたが向けたほうをめざす。道具を見直したい、現状を査定して、より良いどこかをめざしたいなら、隅々《すみずみ》まで配慮する必要がある。精神を徹底的に点検し、汚れを洗い落とさなければならない。慎重になる必要も生じる。人生をより良くすることは、多くの責任を負うことを意味する。苦難に見舞われつつも手をこまねき、傲慢と欺瞞にまみれて憤って生きるのに比べ、さらなる注意と努力を要する。

あなたがどのくらいの〝最善〟を望むかに正比例して、世界に含まれる善がおもてに現れるとしたらどうだろう？　あなたの最善の概念が拡大し、洗練されたものになるにつれ、あなたが認識できる可能性や恩恵《おんけい》が増えるとしたら？　願うだけで欲しいものが手に入るという意味ではない。何事も解釈しだいだとか、現実など存在しないとかいった意味でもない。世界は存在し、構造と制約を抱えている。あなたが世界とともに前進すると、世界は協力するか、拒絶する。しかし、もしあなたの目的がダンスなら、世界といっしょに踊ることができる。じゅうぶんな技能と美徳があれば、あなたがリード役になれるかもしれない。これは神学ではない。神秘主義でもない。経験にもとづく知識だ。摩訶《まか》不思議なところなどない。以前から存在する意識の魔法と大差ない。わたしたちは、めざすものしか見えない。世界の残り(つまり、それはほとんど)は隠されている。「人生をもっと良くしたい」というような何か異なる目標をめざし始めると、わたしたちの心は、いままで隠されていた世界から新しい情報を取り出して提示する。追求を後押ししてくれる。その情報を使って、わたしたちは前進し、行動し、観察し、改善することができる。ひと通り経て改善したあと、何か違うもの、さらに高いものを追求することになるかもしれない。たとえば、「人生をたんにより良くするものより、もっと良い何かが欲しい」というように。続いて、さらに高次で完全な現実に入っていく。その場所では何に焦点を当てるのか？　何が見えるのだろう？

こう考えてほしい。わたしたちは確かに何かを望んでいる――さらには必要としている――という観察から始める。それは人間の本性だ。飢餓《きが》、孤独、渇《かわ》き、性的欲求、攻撃性、恐怖、痛みなどの経験を共有している。これらは「ビーイング」の要素――原始的、本質的な要素だ。しかしわたしたちは、こうした原始的な欲望を整理整頓《せいとん》しなければならない。世界は複雑で、あくまで現実的な場所だからだ。いまとくに欲しいもの一つと、ふだん欲しいものすべてをまとめて手に入れることはできない。自分の欲望同士の葛藤《かっとう》、またほかの人々の欲望や世界との衝突《しょうとつ》を生みかねない。したがって、自分の欲望を意識し、明確にし、優先順位をつけて、階層に並べる必要がある。それにより、欲望を洗練し、ほかの人々の欲望や世界と協調させることができる。こうして欲望を昇華《しょうか》できる。価値基準に合わせて整理し、道徳に従わせることができる。価値基準や道徳が、わたしたちの洗練度を示す指標だ。

道徳、すなわち善悪の哲学的な研究は倫理の領域に属する。そのような研究を通じて、わたしたちの選択はより洗練されていく。しかし、道徳よりも歴史が古く、より深いのが宗教だ。宗教は、たんなる善悪の区別を論じるのではなく、善そのもの、悪そのものを扱う。善悪の根源《こんげん》を突きつめる。究極の価値を問う。科学の領域ではない。経験的な記述の領域でもない。たとえば聖書を執筆し編集した人々は、科学者ではなかった。科学者を志向していたかもしれないが、科学者だったはずはない。聖書の執筆時には、科学の視点や方法、慣行は定式化されていなかった。

むしろ宗教は適切な行動(proper behaviour)をテーマにすえている。プラトンが「善のイデア」と名付けたものを論じている。純粋な宗教信奉者は、世界の客観的な性質について正確な考えを定めようとしているわけではない(それも同時にやろうとしている人物もいるが)。「善良な者」になることをめざして努力している。おそらく宗教信奉者にとっての「善良」は「従順」、さらには、疑いなき従順さを意味する。したがって、西欧の古典的な自由主義啓蒙家《けいもう》は、服従ではじゅうぶんではない、として宗教的信念に異議を唱えた。しかし、従順がとりあえずの出発点ではある(現代のわたしたちはこのことを忘れてしまった)。まったく規律のない粗野《そや》な人間は、自分自身を何かの目標に向けることができない。何を目標にすべきかは見当がつかず、たとえどうにか目標を達成しようと思っても、まっすぐには飛べない。その挙げ句、「めざすものがない」と結論づけ、敗北者に終わる。

したがって、宗教をある程度、教義上の要素にすることが必要であり、望ましい。安定した構造を持たない価値体系など役立つだろうか? より高い秩序への道筋を示さない価値体系に意味があるだろうか? そして、構造を内面に取り込み、その秩序を——必ずしも最終目的地ではなく、少なくとも出発点として——受け入れることができなかったら、何の役に立つだろう? 安定した価値体系を持たなければ、あなたは、魅力も可能性もない二歳のおとなにすぎない。繰り返すが、もちろん、服従でじゅうぶんと言いたいのではない。しかし、服従できる人間——言い換えれば、適切な規律に従う人間——は、とりあえずまともに鍛《きた》えられた道具と呼べるだろう。もちろん、規律を超えた、教義を超越したビジョンがなければいけない。道具には目的が必要だ。だからキリストは『トマスによる福音書《ふくいんしょ》』のなかで、「父の国は地上に広がっているが、人々はそれを見ない」と言った(75)。

では、わたしたちが見ているものは宗教的な信仰に依存するという意味なのか? そのとおり。わたしたちに見えないものもそれに依存する。「でもわたしは無神論者です」と反論する人もいるだろう。いいや、あなたはそうではない(これを理解するためには、おそらく史上最高の小説、ドストエフスキーの『罪と罰』を読むといい。主人公のラスコルニコフは、自分の無神論を固く信じて、みずからの理性にもとづく善意の殺人を犯し、代償を支払う)。あなたは行動において無神論者ではない。あなたの行動は、自分の深い信念をきわめて正確に反映している。その信念は、自己の存在にひそかに埋め込まれ、意識的な懸念や明確な態度や表面的な自己知識の下に隠れている。自分が本当は何を信じているのかは、自分がどのように行動するのかを注視することによってのみ知ることができる。注視しないかぎり、自分が何を信じているのか気づかないだけだ。あなたという人間は複雑すぎて自分でも把握しきれない。

注意深い観察、教育、内省《ないせい》、他者とのコミュニケーションを通じて、あなたの信念は初めてわずかながら明らかになる。あなたが大切に感じるものはすべて、想像を絶するほど長い——個人的、文化的、生物学的な——発達過程の産物だ。どういう条件づけによって自分はあるものを望むのか——すなわち、あるものを見るのか——は、計り知れない深遠な過去が関わっており、あなたの理解の域を超えている。あなたが世界を見るのに用いる神経回路の一つひとつは、太古《たいこ》からの人類の祖先や人類誕生以前の数十億年間に暮らした生物が積み重ねてきた倫理的な目標によって形成されており、あなたには理解できない。

あなたには何一つ理解できないのだ。

自分には見えていなかったということさえ知らなかった。

人間の信念に関する知識の一部は文書化されている。人間は、おそらく何万年、何十万年にわたって自分自身の行動を注視し、それをもとに熟考を重ね、その熟考から物語を蒸留《じょうりゅう》してきた。そうしたすべてが、個人として集団として、わたしたちが何を信じているかを見いだして明確にするための試みの一環だ。生成された知識の一部は、わたしたちの文化の基礎的な教えに内包《ないほう》され、道徳経《どうとくきょう》(Tao te Ching)、前に触れたベーダ語の聖典、聖書の物語といった古代の書物に収められている。良かれ悪《あ》しかれ、聖書は西洋文明（西洋における価値観、道徳、善悪の概念）の根源をなす文書といえる。根本的には、依然わたしたちの理解を超えた過程の産物だ。聖書は多くの書物から構成されており、それぞれが多くの人によって書かれ、編集されている。これは真に傑出《けっしゅつ》した文書であり、何千年もかけて、選び抜かれ、並び替えられ、最終的に首尾《しゅび》一貫した物語になった。書き手はいないともいえるし、あらゆる人間が書き手だともいえる。深淵《しんえん》のなかから、人類の想像力の結晶によって引き出された。人類の想像力そのものが、途方もない時間にわたって作用してきた絶大な力の産物だ。聖書を注意深く丁寧に研究すれば、わたしたちが何を信じ、いかに行動し、また行動すべきなのかを、他に類を見ないかたちで浮き彫りにできる。

旧約聖書の神と新約聖書の神

旧約聖書の神は、厳しく、批判がちで、予見できず、危険に感じられる。とりわけ、おおまかに読んだ程度では、そういう印象が強い。旧約聖書と新約聖書の違いを際立たせることに熱心なキリスト教評論家は、そのような特徴を誇張《こちょう》する。しかし、意図的にそうした型にはめることで、弊害が生じた。すなわち、天地創造の神について、現代人は「そんな神様なんて信じられない」と考えがちだ。しかし旧約聖書の神は、現代人の意見など気にかけない。旧約聖書に出てくる民たちの考えさえ、あまり気にしないことが多かった（とくにアブラハムの物語で明らかなとおり、旧約聖書の神は驚くほど交渉可能なのだが）。にもかかわらず、民たちが道を踏み外したとき――神の戒《いまし》めに反し、戒律を破ったとき――確実に災《わざわ》いをもたらした。もしあなたが旧約聖書の神の求めに従わなければ、どんな違反でも、どれだけ必死に隠そうとしても、あなたと子孫代々は大変な苦労を強《し》いられる。

旧約聖書の神を創《つく》った、あるいはそういう神に気づいたのは、現実主義者だった。古代社会で暮らす人々が不用意に誤った道へ迷い込むと、奴隷になり、惨《みじ》めな生活を送るのがおちだった。破滅させられるか、さもなければ何世紀も虐げられれかねなかった。それは妥当だろうか？ 正当か？ 公平か？ 旧約聖書の著者たちは、極度の慎重さをもって、極度に限られた条件下に、こうした質問を抑え込んだ。創造主は自分がしていることを理解しているはずと考えた。あらゆる力が自分とともにあることや、自分の命令は注意深く守られるべきであることも知っていた。命令は賢明であり、創造主は自然の力だった。飢えた獅子《しし》のいる穴に投げ込まれることが妥当か、公平か？ そんな質問には意味がない。旧約聖書に登場する古代イスラエル人やその祖先は、神を軽く扱ってはならないとわかっていた。神が怒ったときには、どんな地獄が出来《しゅったい》してもやむを得ないと承知していた。現代のわたしたちも、ヒトラー、スターリン、毛沢東《もうたくとう》の底知れぬ恐怖が支配する世紀を経て、同じことを痛感しているだろう。

新約聖書の神は、たいがい、もっと異なる性格の持ち主として描かれている（ただし、最後の審判を含む『黙示録《もくしろく》』は、過度な楽観に警鐘《けいしょう》を鳴らしているが）。親切なゼペット爺《じい》さん、名工、慈悲《じひ》の父だ。人間には最善を尽くすことしか望んでいない。愛と寛容さにあふれている。もちろん、不品行《ふひんこう》がはなはだしい者は地獄に送る。しかし基本的には、愛の神だ。より楽天的で、よりおおらかだが、（それに正比例して）より信じがたい。恐ろしい宿命の温床であるこんな世界で、このような楽天的な話を信じられるだろうか？ アウシュビッツを経験した後の世界で、善のみの神を信じろというのか？ こうした理由から、キリスト教の最も辛辣《しんらつ》な批判者であろう哲学者ニーチェは、新約聖書の神は西洋史において最悪の罪深い文学創作であると考えた。『善悪《ぜんあく》の彼岸《ひがん》』で次のように書いている。(76)

神の正義についての書であるユダヤの「旧約聖書」には、ギリシアやインドの書物でも太刀打ちできないような規模の雄大な人間や事物や物語が登場する。わたしたちは、かつて人間はこのようなものであったのかという驚きと畏敬の念をもって、その巨大な遺物の前に立ち尽くすのである。そして古きアジアに思いを馳《は》せ、その前に半島のようにせりだしたヨーロッパを、アジアにたいして「人類の進歩」を主張したがるヨーロッパを思って、悲哀の念に駆られるのである。［中略］新約聖書はどこからみてもロココ趣味の書物であり、これを旧約聖書とまとめて一冊の書物にしてしまったこと、「聖書」として、［大文字の］「書物そのもの」としてしまったこと、それはおそらく最大の厚かましさであり、「精神に反する罪」であろう。そしてヨーロッパの文学的な伝統は今なお、そのことに良心の咎めを感じているのである。

よほどのお人好《よ》しでもないかぎり、こんなにも善良で慈悲深い存在が、こんなひどい世界を支配しているなどと想像できるのだろうか？　もっとも、ぼんやりとしか見ていない者には理解不能に感じられても、見えている者にはまったく明白なのかもしれない。

もういちど、あなたの目的が些細《ささい》なものによって決定されているという設定に戻ろう。上司を羨望《せんぼう》している。妬《ねた》みのせいで、おのずと、あなたが住む世界は苦渋と失望と悪意に満ちた場所になっている。あなたは状況に気づいて、いまの不幸を深く考え直す。さらに、現状の責任を受け入れようと覚悟し、自分の力である程度はどうにかなると考える。ほんのつかの間、片目を開けて、あたりを見る。あなたはより良いものを求めている。つまらない願いをあきらめ、嫉妬を後悔して、心を開く。暗闇を呪う代わりに、ささやかな明かりを入れる。より良い職場ではなく、より良い人生をめざそうと決意する。

しかし、あなたはまだ止まらない。他人の人生を踏みつけてより良い生活をめざすのは間違いだと気がつく。そこで、創造的になる。もっと難しいゲームをプレイしようと決める。自分の家族の人生も良くなるようなかたちで、もっと良い人生を送りたいと思う。家族に加えて、友達の人生も。あるいは、家族、友達、そのまわりの直接は知らない人たちの人生も。敵はどうだろう？　敵の人生も対象に含めるべきか？　そのあたりは身の振りかたに迷う。しかし、あなたは書物を通じて歴史を知っている。憎《にく》しみが憎しみを生むことを知っている。だから、もちろんまだ感情のコントロールがうまくないとはいえ、少なくとも原則としては、敵にも良い人生を祈ってやる。

あなたの視線の方向が変化する。いつの間にか、いままで囚《とら》われていた限界を超えた彼方《かなた》へ目を向けている。人生のあらたな可能性が浮上し、その実現をめざして努力する。あなたの人生は本当に良くなっていく。そこで、もっと先を考え始める。「より良いとは、自分だけでなく、家族や友人にとっても、さらには敵にとってもより良いことを意味する。いやしかし、それ以上の意味があるだろう。将来がもっと良くなるように、きょうを改善するのだ。より良い明日、来週、来年、さらには一〇年後、一〇〇年後、永遠のために」

やがて、「より良い」の目標は、「ビーイング」の「真の意味での向上」になる。こうしたすべてに思いをめぐらせ、気づき、リスクに腹をくくる。旧約聖書の神と向き合う覚悟を決める。まるで、ひどく独裁的にも感じられる神が、新約聖書の神にもなり得ると考え始めたかのように（さまざまな点で荒唐《こうとう》無稽《むけい》な考えとわかっていても）。言い換えれば、自分の存在は善によって正当化できる、きちんと行動すれば正当な理由が生まれるかのように行動し始める。この決意、存在を深く信じる宣言こそが、ニヒリズム、憤慨、傲慢を克服する力となる。「ビーイング」のなかの憎しみや、それに付随する諸悪《しょあく》を押しとどめる姿勢の表明だ。

あなたが熟知する物事を全否定するのとはまったく違う。信念とは、魔法を信じる子どもじみた思いとは異なる。そういう幼稚な思いは、無知か、意図的に無視しているにすぎない。そうではなく、人生の悲劇的な理不尽さと釣り合いを取るため、同じくらいの理不尽さで「ビーイング」の本質的な善にこだわる姿勢を持たなければならない、と気づく必要がある。同時に、実現不可能なものをあえて見すえ、すべてを(自分の人生も含めて)犠牲にする覚悟ともいえる。それ以上はないと、あなたは気づく。しかし――あなたが、馬鹿を承知で挑戦するとして――どうすれば、そんなことがすべて可能なのか？　第一歩は、考えないことだろう。もう少し正確に言えば、あなたの現在の理性、狭い視野に、信念を押し流されないようにすることだ。「愚《おろ》かになれ」という意味ではない。正反対だ。策を練らず、計算せず、説得、企《くわだ》て、強要、強制、逃避《とうひ》、無視、懲罰をやめる。古い戦略は脇《わき》によける。代わりに、注意を払う。あなたはいままで本当に注意を払ったことがないからだ。

注意を払う

注意を払う。身体的にも精神的にも、周囲に焦点を当てる。あなたが気になること、心配していること、自分の妨《さまた》げになっていることで、修正可能な、修正したいことに目を向ける。そういう事柄を見つけるには、以下の三つの質問を本気で自問するといい。「わたしの気に障《さわ》っていることは何か?」「自分で修正できる種類のことか?」「本当に修正したい気持ちがあるか?」。一つでも答えが「ノー」だとわかった場合は、ほかの何かを探すべきだ。高望みはしない。いま気に障っていて、修正が可能で、修正したいものが見つかるまで探す。ひとまずは、それでじゅうぶんだろう。

あなたはいま、机の上に書類を積み上げたまま、見ないふりをしているかもしれない。部屋に入ったとき、目もくれない。そこには恐ろしいものが潜《ひそ》んでいる。税務書類、対応しきれそうにない物事を求めてくる請求書や催促《さいそく》の手紙。怖くなるのも、もっともだ。書類の山のなかには蛇が隠れているかもしれない。噛《か》まれる恐れもある。蛇どころかヒドラかもしれない。頭を一つ切り落としても、あらたに七つ生えてくる。どうすれば対処できるのか？

こう自問してはどうだろう。「あの書類の山について、何かできないか？　一部だけでも目を通せないか？二〇分だけでも？」。答えは「ノー！」かもしれない。しかし、一〇分、あるいは五分ならどうか（いっそ一分でも）。そこから始めよう。すると、一部に目を通しただけなのに、書類の山の圧迫感が急にしぼむのを感じるだろう。全体が部分の集まりであることがわかる。自分への褒美《ほうび》として、夕食にワインを一杯追加したり、ソファに丸まって読書したり、娯楽映画を見たりしたらどうだろう？　何か修正し終えたとき、「お疲れさま！」と言ってくれるように配偶者に頼んでおいてはどうか？　モチベーションが高まるのではないか？　礼を言ってほしい相手があなたの思いどおりの反応を示してくれるとはかぎらないが、それでめげてはいけない。

初めは手際が悪くても、人は学ぶことができる。作業に取りかかるだけのモチベーションを持つには何が必要なのかを正直に自問し、返事に耳を澄《す》ます。「外部からモチベーションを高めてもらうなんて」などとためらうべきではない。自分自身について何を知っているだろう？　あなたは、宇宙全体のなかでもきわめて複雑なものであると同時に、電子レンジのタイマー設定さえろくにできない存在でもある。自己の知識を過大評価してはいけない。

きょう片付けるべき課題そのものに、何を考えればいいのか語らせる。ベッドの端《はし》にすわって、朝のうちにできるかもしれない。前夜、寝る準備をしながらやり始められるかもしれない。自分自身に自発的な貢献を求めよう。丁寧に頼み、返事に耳を澄ませ、裏表のない態度を心がければ、自発を促せるだろう。しばらくのあいだ、毎日、これを実行する。そのあと、残りの人生のあいだ実行し続ける。やがて、あなたを取り巻く状況が変化するはずだ。もはや習慣的に「人生をもう少し良くするために、何ができるか」を自問するようになっている。ただし、「もう少し良い」が意味するものを自分に言い聞かせてはいけない。自分自身に対してであっても、ナチズムや空想社会主義を振りまわしてはならない。ナチスやソビエト連邦、毛沢東主義が残した苦い教訓を知っているだろうし、自身の経験からみても、全体主義が悪いことだとわかっているだろう。もっと高い目標を持つべきだ。視点を「ビーイング」の向上に定める。自分の魂《たましい》を、真実と最高の善のほうへ向ける。生活可能な秩序が、現出すべき美が必ずある。克服すべき悪が、軽減すべき苦しみが、より良くすべき自己が必ずある。

わたしが書物から得た知識に照らせば、これこそが、西洋の倫理規範の頂点だ。さらに、同様の内容は、新約聖書の英知《えいち》の中核ともいえる「山上《さんじょう》の垂訓《すいくん》」でも、永遠に難解な輝きをもって記されている。この垂訓は、まず大切なモーセの十戒《じっかい》を理解した段階から、真の個人を完全に明確で前向きにとらえる段階へ、人間の精神を成長させようとしている。自分をみごとに律《りっ》するだけでなく、世界の方向を正したいという根本的な欲求を持つことを教えている。罪の禁止ではなく、罪の逆である善そのものを説く。人間の真の本質と正しい目標を示す。すなわち、その一日に集中して、いまを生き、すぐ目の前にあるものに全力で適切に取り組むことだ。それを可能にするには、あらかじめ、自分の内なる輝きを押し広げる決意が必要になる。その輝きが、「ビーイング」を正当化し、世界を照らせるようにしなければならない。最高の善を追求できるように、あらかじめ、犠牲にせざるを得ないものはすべて犠牲にする決意が必要だ。

野のユリを考えてみるがよい。紡《つむ》ぎもせず、織りもしない。しかし言っておくが、栄華をきわめたころのソロモン王でさえ、装《よそお》いのきらびやかさはその花の一つにも及ばなかった。

きょうは野にあっても、あすは炉《ろ》へ投げ入れられる草でさえ、神はこのように装ってくださるのだから、あなたがたにそれ以上よくしてくださらないはずがあろうか。ああ、信仰の薄い者たちよ。

ゆえに、何を食べ、何を飲み、何を着ようかと思い悩んではならない。

これらは皆、異邦人《いほうじん》が切に求めるものである。あなたがたの父は、これらのものがあなたがたに必要であることをご存じである。

ただ、御国《みくに》を求めなさい。そうすれば、これらのものは添えて与えられるであろう。

だから、あすを思いわずらうな。あすのことは、あす自身が思いわずらうであろう。災いは、その日のものだけでじゅうぶんである。

(『マタイ伝』第六章二八～三四節)


目覚めのときが近づいてくる。殉教《じゅんきょう》者や暴虐《ぼうぎゃく》者を演じるのではなく、あなたは注意を払いつつある。世界を操《あやつ》る代わりに、真実を語りだす。一方的な暴君を演じず、交渉を始める。もはや嫉妬はしない。ほかの誰かが本当により良く暮らしているとはかぎらないとわかったからだ。欲求不満にもならない。まずは低く狙いを定め、辛抱《しんぼう》することを学んだ。自分は何者か、何を望み、何をする気があるのかが、つかめてくる。みずからが抱える特定の問題に対する解決策は、自分個人に合わせて正確に調整する必要があることを知る。

自分でやるべき事柄がたくさんあるので、他人の行動には過度な関心を向けなくなる。目の前の一日に取り組みつつ、最終的には最高の善をめざす。

こうして、あなたの軌道は天国へ向かう。希望に満ちあふれてくる。沈没しかけた船の乗員であっても、救命艇《きゅうめいてい》によじ登り始めていれば幸せを感じられるのだ。この先、どこへ行くべきかを知っている。希望に満ちた道中は、おそらく、無事の到着より幸福だろう……。

求めよ、されば与えられん。ノックせよ、さればドアは開くだろう。真に望んで求め、真に入りたいと願ってノックすれば、あなたは人生を改善する機会を与えられるだろう。最初は少し、やがてもっと、さらには完全に。その改善とともに、「ビーイング」そのものにも進歩がもたらされる。

自分を今日の誰かと比べるのはやめ、昨日の自分と比べるべきだ。

Rule 05

疎ましい行動は
わが子にさせない

Do not let your children do anything
that makes you dislike them

看過できない事柄

わたしは最近、混み合った空港のなか、三歳児が両親のあとを歩いていくのを見かけた。その子は五秒おきに激しく叫《さけ》んでいた。それも、わざと叫んでいるのだった。まだ我慢の限界ではなかった。わたしにも子どもがいるので、声色《こわいろ》でわかる。注意を惹きたいあまり、両親やまわりの数百人の神経を逆《さか》なでしているのだった。何かを欲しがっていたのだろう。けれども無理な願いなので、両親は放置してあきらめさせようとしていた。「長旅で疲れきって、おまけに時差ぼけだったのでは」とあなたは同情するかもしれない。しかし、ほんの三〇秒間、冷静に問題解決に頭を働かせれば、こんな恥ずかしい場面は終わらせることができたはずだ。もっと思慮《しりょ》深い両親なら、自分が愛する者を群集の軽蔑《けいべつ》の対象にはしなかっただろう。

別の場面で、二歳児を持て余している夫婦を見かけた。叱《しか》ることができないのか叱りたくないのか、動きまわる子どものあとを追うだけで四苦八苦。楽しいはずの社交目的の訪問が、完全に台無しだった。ほんの少しでも目を離そうものなら身勝手な真似《まね》をするので、危なっかしくて放っておけない。叱りたい衝動をこらえて子どもの勝手にさせているらしいが、それが正反対の効果をもたらしていた。すなわち、自分の行動に責任を持つ機会をことごとく奪っているのだった。何が「だめ!」なのかを親が教えようとしないせいで、当人は小さい子どもの自主性がどこまで許されてしかるべきかを把握していなかった。過剰《かじょう》なカオスは過剰な秩序を生む(必然的に、逆もしかり)という典型的な例だ。ディナーパーティーでも似たような光景を見かける。四、五歳の子どもたちが場を支配してしまい、おとな同士の会話がまともにできない。子どもたちは、スライスされて並んだパンを中央から取って食べ始め、幼い独裁者として君臨する。両親は困惑して見守るだけで、何も介入できない。

いまは成人したわたしの娘がまだ子どもだったころ、ある男の子が金属製のおもちゃのトラックを娘の頭にぶつけたことがある。一年後、同じ男の子が、もろいガラス張りのコーヒーテーブルの上に妹を押し倒すのを見た。母親はすぐに(おびえている妹ではなく)その男の子を抱き上げ、そんなことをしてはいけないときつい口調で言いながら、明らかに行動を肯定《こうてい》するかのように、背中を優しく軽く叩《たた》いていた。その母親は全力で、宇宙を掌中《しょうちゅう》に収める小さな神をつくり出そうとしているのだった。世の多くの母親が、口には出さないものの、この母親と同じ目標を持っている。男女の完全平等の賛同者と称する親たちも、おおかた同様だ。そういう女性たちは、おとなの男性が発するどんな命令にも強硬に反対する一方、自分の子どもがふてぶてしくビデオゲームに没頭《ぼっとう》しながらピーナツバター・サンドイッチを欲しがると、そそくさと用意し始める。そんな男の子の将来の伴侶《はんりょ》は、当然、義理の母を忌《い》み嫌うだろう。女性の尊重は結構だし、よその男の子や成人男性たちの尊重もいい。しかし、自分の愛する息子たちを敬《うやま》うべきではない。

同じ種類の何かが、一部の地域における男の子重視の傾向の根底にあるのかもしれない。たとえばインド、パキスタン、中国など、性選択的な中絶がさかんに行われている地域で、その傾向がみられる。ウィキペディアの記述によれば、その種の中絶は、女の子よりも男の子を好む「文化的規範(cultural norms)」が存在するせいだという(ここでウィキペディアを参照したのは、多くの人々が結集して執筆、編集されているだけに、おおぜいの一致した考えを見つけるのに最適だからだ)。しかし、そのような傾向が厳密に文化的なものであるという証拠はない。むしろ心理生物学的な理由に説得力があり、現代の平等主義の観点からみれば、あまり好ましくない。もし環境のせいですべての卵を、いわば片方のかごに入れてしまうのだとすれば、進化論の厳格な基準に照らして、男の子に賭《か》けたほうがいいということになる。進化は、遺伝子の増殖だけが重要なはずなのに、なぜこういったことが起こるのだろう？

繁殖という面で成果を多く出す女性は、八、九人の子どもをもうけるかもしれない。ホロコーストの生存者として有名になったイッタ・シュワルツは、三世代の直系子孫を持った。二〇一〇年に死去した時点で、二〇〇〇人近くの祖先になった(77)。急速な繁殖の原因は、繁殖力に優れた息子にある。複数の女性パートナーと性交渉を持ち、爆発的な繁殖を実現した（人間ひとりが出産できる数には限界がある）。噂《うわさ》によれば、俳優のウォーレン・ベイティやアスリートのウィルト・チェンバレンは何千人もの女性と関係を持ったらしい（そのたぐいの話はロックスターたちに関しても数多い）。ただ、その数に見合うほどの子どもを残してはいない。現代では避妊によって制限をかける。しかし、昔の似たような有名人たちのなかには、相当な数の子孫を残した例もある。たとえば、清《しん》王朝の祖先にあたるギオチャンガ（一五五〇年ごろの人物）は、北東部の一五〇〇万人の男性の祖先にあたる(78)。中世のイーネール王朝は、アイルランド移住を通じて、アイルランド北西部と米国を中心に最大三〇〇万人の男性の子孫を残した(79)。誰よりも、アジアの大半を制覇したチンギス・ハーンは、中央アジアの男性の八パーセント、三四世代を経てじつに一六〇〇万人の先祖だ(80)。そこで、深い生物学的な観点からみると、女性の胎児を中絶してまで男児を優遇する理由がある（ただし、わたし個人として直接の因果関係を主張するつもりはなく、別のさらに文化的な理由が存在してもおかしくない）。

成長段階で男の子を優遇することは、魅力的で包容力と自信に満ちた男性に育つうえで役立つかもしれない。精神分析の父、ジークムント・フロイトが、そのような記述を残している。「確実に母親のお気に入りになっていた人間は一生征服者の感情を、しばしば本当の成功を引起す原因となる、自分は成功するのだという確信をもち続ける(81)」。もっともな説だ。しかし「征服者の気持ち」が、ともすれば「本物の征服者」につながりかねない。チンギス・ハーンの繁殖能力のめざましい成功は、間違いなく、他者の犠牲のうえに成り立っている(戦死した数百万人の中国人、ペルシア人、ロシア人、ハンガリー人も含めて)。息子を甘やかすことは、優遇された子どもの遺伝子が数多くの子孫を残せる――進化生物学者のリチャード・ドーキンスの有名な表現を借りれば「利己《りこ》的な遺伝子(the selfish gene)」――という観点では有利に作用する。しかしときおり、これが危険なものに姿を変え、痛みを伴う陰鬱《いんうつ》な状況を引き起こす。

だからといって、あらゆる母親がすべて娘より息子を優先するわけではない(娘が優先される場合もあれば、父親が息子を甘やかす場合もある)。ほかの要因のほうが明らかに強大だ。たとえば、無意識的な憎悪《ぞうお》は(いくぶん意識的なケースも含め)、性別や性格や状況に関係なくどんな子どもに対しても、親が抱くあらゆる感情を凌駕《りょうが》する。わたしの知るある四歳の男の子は、日常的に空腹状態に置かれていた。乳母が怪我《けが》をしたため、母親は近所の人たちに順番に預け、臨時の世話を頼んでいた。わたしの家の番になったとき、その子を車から降ろした母親は、一日じゅう食事は与えなくてかまわないと言った。「それでいいんです」。いいはずがない(当然だろう)。当の四歳児は、ひと筋の希望を求めてそのあと何時間もわたしの妻にしがみつき続けた。昼食のあいだ、妻は粘り強く、慈悲《じひ》深く、食事を与えた。素直に従うその子に報《むく》いてやり、従順さを失わないように気を配った。最初、その子は口を閉ざしたまま、ダイニングテーブルについた。わたしと妻、子どももふたり、たまたま預かった近所の子どももふたりが同じテーブルを囲んだ。妻がスプーンをその子の前に置き、辛抱《しんぼう》強く待ったものの、その子は頭を前後に揺らし、食事に加わろうとしなかった。世話をじゅうぶん受けていない強情《ごうじょう》な二歳児にみられるような、典型的な防御反応だ。

妻はあきらめなかった。その子がどうにか一口ほおばるたび、優しく頭をたたき、その行動が「いい子」だと心から伝えた。事実、妻は「いい子」だと思っていた。傷を負った愛らしい子だ。それほど苦痛でない一〇分が過ぎて、その子は食事を終えた。わたしたちはみんな熱心に見つめていた。生と死のドラマだった。

「まあ」と妻はボウルを持ち上げた。「全部食べたわね」。わたしが最初に会ったとき、その子は、不幸せをにじませてみずから部屋の隅《すみ》に立っていた。ほかの子どもたちと交わろうとせず、慢性的に眉《まゆ》をひそめ、遊びに誘おうとわたしがからだをくすぐっても反応しなかった。その子が食事後すぐ、にっこりと大きな笑みを浮かべた。テーブルのみんながうれしくなった。二〇年後のいまでも、当時のようすを書いていると涙が出てくる。食事後、その子はまるで子犬のように妻にまとわりつき、妻が視界から外れるのを嫌がった。妻がすわると、膝《ひざ》に飛び乗り、抱きついて、拒《こば》まれ続けてきた愛を必死で求めた。しばらくして、まだまだ満足していないうちに、母親が現れた。階段を下りて、わたしたちが集まっている部屋に入ってきた。自分の息子が妻の膝の上で丸くなっているのを見て、「まあ、結構なママねえ」と、腹を立てたように言った。残《ざん》酷《こく》な、どす黒い心を変えないまま、呪われた子を連れて去っていった。その母親は心理学者だった。あなたなら片目でも惨状《さんじょう》を見て取れるだろう。ふつうの人なら目をつぶったままでいたいのも無理はない。

誰もが計算を嫌う

わたしの臨床患者は、日々の家族の問題について話し合うために来ることが多い。そういった日常の心配はじわじわと進行する。習慣的で予測可能な出来事だけに、一見、ささいに思える。しかし、見かけに騙《だま》されてはいけない。毎日欠かさず起こり、わたしたちの人生を構成する。いつも同じ時間がかかり、積み重なって、ついには危険なレベルに達する。最近、ある父親が、息子を寝つかせるのに手こずっていると相談してきた。*だいたい四五分、奮闘しなければいけないという。わたしたちは計算してみた。一日に四五分、週に七日で約三〇〇分、つまり五時間。四週間で月二〇時間。一二カ月にすれば、年二四〇時間だ。標準的な週四〇時間の労働に換算すると、一カ月半に相当する。

その臨床患者は年に一カ月半、息子にむなしい努力を捧《ささ》げていたことになる。いうまでもなく、双方とも苦しんでいた。あなたがどんなに善意を抱いていても、どんなに寛容《かんよう》な性格でも、年あたり一カ月半に相当する労働を強《し》いる相手と良好な関係を保つことはできない。恨《うら》みが募って当然だ。たとえ恨みが募らなくても、不愉快《ふゆかい》で無駄《むだ》な時間が長い。本来ならその時間を、もっと生産的で有益でストレスが少なく楽しい活動に回せるだろう。このような状況をどう理解すべきなのか？　子どもか親のどこかに欠点があるのだろうか？　自然や社会に問題があるのか？　原因が何であれ、どう対処すればいいのか？

そのような問題を、すべておとなの、親や社会の責任だとする向きもある。「悪い子どもなどいない。悪いとすれば親だけだ」と考えるわけだ。理想化されたけがれのない子どもを思い浮かべると、この意見はじつに正しく感じられる。子どもならではの美しさ、天真爛漫《てんしんらんまん》さ、信頼、愛情を考えると、その場の全責任をおとなにかぶせたくなる。しかし、そのような態度は危険なまでに非現実的でロマンチックだ。一面的すぎる。扱いの難しい息子や娘を抱える親もいるのだ。かといって、すべて社会の腐敗のせい、と無批判に決めつけるのも良くないだろう。時間をさかのぼって責任を転嫁《てんか》しているにすぎない。何の説明にもならず、何の問題も解決しない。個人は腐敗しておらず、それを包む社会だけが腐敗しているのだとしたら、腐敗はどこで生まれただろう？　どうやって広まったのか？　やはり一面的な、イデオロギーに根ざす説にすぎない。

社会の腐敗が原因だとみなす場合、その論理をたどると、さらに厄介《やっかい》な主張が導き出されてしまう。つま

＊わたしは本書のなかで自分の臨床経験（わたし自身の経験）を何度も引き合いに出している。話の核心をなるべく損ねないようにしながら、関係者のプライバシーに配慮して細部をぼやかしたつもりだ。両者のバランスが取れていることを祈りたい。

り、どんなに稀《まれ》で根深いものだろうと、個人の問題はすべて文化的な再構築によって解決しなければならないことになる。社会は絶えず脱構築を求められ、従来の範疇《はんちゅう》に当てはまらないほんの少数の人々を包み込むために安定した伝統を壊さなければならなくなる。わたしたちの知覚の土台まで揺らいでしまう。良いことではない。革命は安定性を崩す危険なものであり、各自の個人的な問題を社会革命によって解決することはできない。人間は、膨大《ぼうだい》な時間をかけて、複雑な社会をゆっくりと漸進《ぜんしん》的に体系化し、共存する術《すべ》を学んできた。現在の仕組みがなぜうまく機能するのかを正確には理解していない。したがって、たまたま思い浮かんだイデオロギーもどきを振りかざし、社会のありかたを安易に変えては、問題がはるかに大きくなるだけだろう。ほんのささやかな革命でも、たいがい、相当な苦痛を生み出す。

たとえば、一九六〇年代に法律を急激に改定して離婚を成立しやすくしたのは、本当に良いことだったのか？　離婚は自由な権利だと唱える人々によって推進されたものの、離婚のせいで生活が不安定になった子どもたちは、はたして同意するだろうか？　恐怖や混乱を防ぐために祖先が知恵を絞って築いた防護壁を、あえて崩してしまった。知らないうちに、わたしたちは薄氷の上をスケートしている。その下には深く冷たい水が広がり、想像できない怪物が潜《ひそ》んでいる。

今日の親たちは子どもたちに怯《おび》えているように見える。社会は理不尽《りふじん》な抑えつけをしてくる存在であり、親はその執行人に近い、とする考えかたが大きな影響を与えているのだろう。親は本来、規律、秩序、慣習を、善意をもって伝える必要な媒体《ばいたい》である、という信念を失っている。現代の親たちは、一九六〇年代――青年期の精神が過剰に膨《ふく》れ上がった結果、おとな全般が蔑視《べっし》され、有能な権力の存在が軽率《けいそつ》な不信感で否定され、未熟さゆえのカオスと責任のある自由との区別がなくなっていた時期――の強烈な影に包まれ、ぎこちなく気弱に暮らしているからだ。そのせいで、子どもの一時的な心の苦痛に対して過剰に反応し、自分が子どもにひどく非生産的なダメージを与えてしまうのではないかと恐れる。逆よりましではないか、とあなたは反論するかもしれない。しかし、道徳という連続体はつねに、どちらの極《きょく》に偏っても大惨事につながりかねない。

卑しい未開人

意識的にしろ無意識的にしろ、個人は皆、誰かしら有力な哲学者の教えに従っているといわれる。子どもは本質的にけがれのない魂《たましい》の持ち主であり、文化と社会がけがすのだという考えは、一八世紀のフランスの哲学者ジャン＝ジャック・ルソーに少なからず由来している。[82] ルソーは、人間社会と個人所有権が腐敗《ふはい》をもたらすと強く信じ、文明化以前の人間ほど優しく素晴らしいものはないと主張した。それと同時に、自分が父親として無能であると悟り、子どものうち五人を孤児院《こじいん》の慈悲にゆだねた。

しかし、ルソーが描いた気高《けだか》い未開人(noble savage)は、架空の理想にすぎなかった。抽象的、典型的、宗教的な理想。血の通《かよ》った現実ではない。わたしたちの想像力には、神話で語られるような完璧な神の子のイメージが根づいている。若者の可能性、あらたに生まれた英雄、不適切なまでの無垢《むく》、正当な王の長く失われていた息子――。わたしたちが幼いころ感じる不死を表すかのようだ。完璧な人間アダムであり、罪もなく、神とともに庭を歩いている。けれども現実の人間は、善良だが邪悪《じゃあく》でもあり、魂のなかに永遠にある暗闇は、子ども時代にも同様に存在する。一般に、人々は年齢とともにむしろ良くなる。成熟するにつれて、より優しく、良心的になり、精神的に安定化する。[83] 学生のころ校庭で起こる明白な、ときにひどいいじめは、[84] おとなの社会ではめったに起こらない。暗い無秩序を描いたウィリアム・ゴールディングの『Lord of the

Flies』(邦訳は『蝿《はえ》の王』)は、子どもたちが主人公だから成り立つ古典だ。

さらに、おぞましい人間行動はそう簡単に歴史や社会に起因するものではない、という直接的な証拠が数多くある。とくに痛切なのが、霊長類学者ジェーン・グドールの報告だろう。一九七四年に始めた実験のなかで、彼女の愛するチンパンジーたちがいわば互いを殺し合う能力と意欲を持ち合わせていることを発見したという。(85) 衝撃的な内容であり人類学的にも重要な意味を持つため、彼女は何年もこの観察を秘密にしていた。自分たち人間が接触したせいでチンパンジーが不自然な行動に走ったのではないかと心配した。彼女が論文を発表したあとも、多くの人が信じなかった。しかしやがて、彼女の観察事実はけっして珍しいものではないことが判明した。

ひとことで言えば、チンパンジーは群れ同士で戦うのだ。しかも、想像を絶するほどの残忍《ざんにん》さで戦う。典型的なおとなのチンパンジーは、からだが小さいにもかかわらず、おとなの人間の二倍以上の力を持つ。(86) 研究対象のチンパンジーが鋼鉄製のケーブルや棒をやたらと振りまわすさまを、グドールはおののきながら記している。(87) チンパンジーは相手のチンパンジーを文字どおり八つ裂《ざ》きにする能力を持ち、実際にそうする。その元凶が人間社会やその複雑な技術にあるとは考えがたい。(88) 彼女の報告にはこうある。「夜中にふと目が覚めると、見たいとも思わないのに、ぞっとするような光景が心に浮かぶことがよくあった。サタン［長く観察中のチンパンジーの名前］が、スニッフの顔の大きな傷から流れ出る血を、その顎の下に自分の手を柄杓《しゃく》のようにして受けて飲もうとしている情景、［中略］ジョメオがデーの股の皮を剝ぎ取っている情景、フィガンが、幼いころ彼の憧れの的だったゴライアスの、打ちのめされて震えている体に、何度も突進をくり返し殴《なぐ》りつける情景などである」(89)。青年期のチンパンジー(ほとんどがオス)の小さな集団が随時、縄張《なわば》りの境界を巡回している。よそ者たちに出合い、自分側が数でまさる場合は、容赦《ようしゃ》なく相手に襲いかかり、痛めつける(集団が巨大化するなかで脱落した、かつては知り合いのチンパンジーだとしても、許しはしない)。チンパンジーは超自我(super-ego)をあまり持っていないのだ。人間に関しても、自己制御の能力は思いのほか低いと用心しておくべきだろう。日本軍による残酷な大虐殺を描いたアイリス・チャンの『The Rape of Nanking』[90](邦訳は『ザ・レイプ・オブ・南京』=同時代社)など、衝撃と恐怖に満ちた本を精読すると、深く愛し合っている相手でさえ、本当に大丈夫かと疑わしく思えてくる。当時設立された日本の生物兵器研究部門、七三一部隊については、ここで触れたくもないほどだ。関心のあるかたは、じゅうぶん覚悟のうえ、関連書籍をお読みいただきたい。

狩猟《しゅりょう》・採集時代の人々も、共同生活や地域文化にもかかわらず、産業化された現代人よりはるかに残忍だ。現在、英国における年間殺人発生率はおよそ一〇万人あたり一名。[91]米国はその四〜五倍、近代国家で最も発生率の高いホンジュラスでは約九〇倍だ。それでも、各種の証拠からみると、人間は昔より平和的になったらしい。時の経過につれて社会が大きくなり、組織化されるうち、殺人事件がむしろ減った。一九五〇年代、エリザベス・マーシャル・トーマスは、アフリカのクン族のブッシュマンを「無害な人々(the harmless people)」と美化した。[92]しかし、当時の年間殺人発生率は一〇万人あたり四〇人であり、のちに国家権力のもとに置かれたあと、三〇パーセント以上減少した。[93]複雑な社会構造が、人間の暴力的な性向《せいこう》を抑制することを示す意義深い例だ。攻撃性の強さで知られるブラジルのヤノマミ族の場合、一〇万人につき三〇〇人という年間殺人発生率が続いている。だが、まだ上がある。パプア・ニューギニアでは毎年、一〇万人につき一四〇〜一〇〇〇人が殺害されている。[94]おそらく最悪は、カリフォルニアの原住民カトー族が一八四〇年ごろに記録した一〇万人あたり一四五〇人という数字だろう。[95]

おとなと同様、子どもも善良なだけではない。放置しておいて社会の作用なしに完璧に開花することは不可能だ。犬でさえ、群れの一員として受け入れられるためには、社会に順応しなければならない。まして人間の子どもは犬よりはるかに複雑だ。訓練され、しつけられ、適切な方向へ促されなければ、より複雑な迷い道に入り込む恐れが高い。したがって、人間の暴力的傾向をすべて社会構造の病理のせいにすることは、間違っているばかりか、退化を招きかねない。社会化の重要な過程が、多くの悪を防ぎ、善を育《はぐく》むのだ。子どもたちは形作られ、知識を与えられる必要があり、でなければ花開けない。この事実は、行動に表れている。子どもたちは、友達やおとなの注意を惹きたいと懸命になっている。他人から注目を浴びることで、存在感のある洗練された共同体構成メンバーになれるからだ。

子どもは、精神的、肉体的な虐待《ぎゃくたい》と同じくらい、あるいはそれ以上に、的確な注意を払われないことでも傷つく。干渉《かんしょう》しすぎだけでなく怠慢《たいまん》も、同様に深刻で長期的な悪影響をもたらす。良かれと思って口出ししない親は、子どもを曖昧模糊《あいまいもこ》とした状態に置いてしまい、鋭敏《えいびん》で観察力や自覚のある人間に育てることに失敗している。面倒を見なければならない立場の親が、衝突や動揺を恐れて、矯正《きょうせい》しようとせず、何の指導もしないと、子どもたちはダメージを受ける。わたしは、街中でもそういう子どもは見てすぐわかる。肌が青白く、集中力がない。輝きがなく、どんよりと鈍い。手の加えられていない角材《かくざい》であり、永遠に何かを待ち続けている。

この種の子どもは、ほかの子どもたちから慢性的に無視されている。遊び相手として楽しくないからだ。おとなも同じ態度を示す(問い詰めれば、本人は否定するだろうが)。わたしはキャリアの初めに保育園で働いていた。周囲からわりあい無視された子どもたちは、救いを求めてわたしに寄ってきた。不器用かつ中途半端な態度で、適度な距離感を持っておらず、熱心に遊ぶ気もないようすだった。わたしのそばにすわったり、いきなり膝の上に乗ってきたりする。こちらが何をしていようとお構いなしだ。成長の触媒《しょくばい》として必要な、おとなの注意を惹きたいという強い衝動を抑えられない。とても気の毒だし事情も理解できるのだが、そういう子どものあまりの幼児性に対し、適切な反応をしてやるのは難しい。不快さ、ときには嫌悪《けんお》を隠しきれない。押しのけてしまうことすらあった。わたしの反応は、褒《ほ》められたものではないが、ほとんど誰もが経験する心の警告信号だと思う。社会に順応していない子どもと関係を結ぶことは、それなりの危険性を伴う。即座に不適切な依存(本来は親の責任)を押しつけられ、その依存に付随して莫大《ばくだい》な時間や資源を費やすはめになる恐れが出てくる。このような状況に直面すると、友達になる可能性があった仲間や興味を持っていたおとなは、おそらく、ほかの子どもに注意を向ける。そのほうが、あけすけに言えば、コストあたりの利得がはるかに大きい。

親なのか友達なのか

無視や放置は、しつけのやりかたが体系化されていない、あるいはまったくないことが大きな原因であり、意図的である可能性も高い。誤った教育方針に従って、親があえてやっている。しかしもっと多いのが、何らかの理由で罰したら子どもに嫌われてしまうのではないか、と不安に駆《か》られ、何もできずにいるケースだ。そういう現代の親たちは、子どもと友達になりたがっており、友情を得られるなら尊敬はいらないと考えている。これは良くない。子どもには今後おおぜいの友達ができるだろうが、親は(せいぜい)ふたりしかいない。親のほうが重要な意味を持つ。友達があなたの子どもを矯正する権限は非常に限られている。したがって、親は自分を律《りっ》して、一時的な怒りや憎《にく》しみを子どもに向けるのを我慢し、まずは必要な矯正措置をとるべきだろう。子ども自身は長期的な結果を考慮する能力をほとんど持っていない。親が社会との仲裁者なのだ。どう振る舞えば、ほかの人たちが有意義に、生産的に交流してくれるかを教える必要がある。

子どもをしつけるのは親の責任だ。子どもの誤った行動への対処は、怒りではない。恨みでもない。慈悲と長期的な判断との慎重な組み合わせだ。正しくしつけるには努力が必要になる。いや、努力とほとんど同義かもしれない。子どもを慎重に見守るのは難しい。何が間違っていて、何が正しく、それはなぜかを理解させるのは難しいことだ。公正で思いやりのあるしつけかたを策定し、子どもの世話に深く関わっているほかの人たちと交渉するのも難しい。こうして責任と困難が絡《から》み合うため、子どもに制約を課すのはどんなときも良くないとする意見のほうが、気楽で歓迎されやすい。そういう意見を受け入れれば、おとなは深く悩まずに済み、文化伝達者としての役割を放棄《ほうき》し、このほうが子どものためになる、とうそぶくことができる。それはきわめて有害な自己欺瞞《ぎまん》の行為だ。怠惰《たいだ》で、残酷で、許しがたい。しかも、どうにか理屈を付けようとする姿勢は、ここでは終わらない。

ルールを設定すると、本来なら無限で個性的な子どもの創造性を抑え込んでしまう、と考えがちだ。しかし科学文献によれば、まず平凡を超えた創造性など驚くほど稀であり、(96)しかも厳格な制約は創造的な成果を阻害《そがい》するどころか助長することが明らかだ。(97)ルールや体系が負の要因にしかならないと考える人は、子どもを完全にありのままにしてやれば、いつ眠り何を食べるかについて自分で適切に選択できるという考えも持ちかねない。どちらも根拠のない空論だ。子どもたちは間違いなく、ホットドッグとフライドチキンとカラフルなシリアル食品だけで生きていこうとするだろう。それでいちおう腹が満たされ、新しいものに挑戦する手間も省ける。また、賢《かしこ》く穏やかに眠りに就こうとはせず、眠気に耐えて夜更《よふ》かしし、疲れはてるだろう。子どもたちは、おとなを挑発する一方で、社会環境の複雑な輪郭《りんかく》を探る。群れのなかで始末に負えない若いチンパンジーさながらだ。(98)あれこれにちょっかいを出してどんな結果になるかを観察することで、チンパンジーも子どもも、構造化されていない恐ろしい自由はどこまでが限界なのかを見定める。限界を発見すると、一時的には失望や不満を抱くものの、ここまでなら安全という範囲を確保できる。

わたしの娘が二歳のころ、遊び場に連れていったことがある。娘は、うんていにぶら下がって遊びだした。同《おな》い年くらいのやんちゃ坊主が、娘がつかまっているのと同じバーの上に立っていた。わたしが見守るなか、その男の子は娘のほうへ動き、わたしと目を合わせた。続いて、ゆっくりと娘の両手を踏んだ。しだいに強く、何度も何度も踏みながら、わたしを見下ろしていた。自分が何をしているのか正確に知っていた。おじさん、ざまあみろ。それが彼の人生観だった。おとなは卑劣《ひれつ》であり、簡単に撃退できる、とすでに結論していた（あいにく、本人もやがてそういうおとなになる運命だが）。それが、両親が彼に背負わせた絶望的な未来だった。わたしはその子を遊具から引き離し、一〇メートル下の地面へ落とした。さぞかし大きな、しかし有益なショックを受けただろう。

――というのは嘘《うそ》で、わたしは娘を連れてよそへ移動した。けれども落としてやったほうが、あの子のためになったと思う。

幼児が繰り返し母親の顔をぶっていると想像してほしい。なぜそんなことをするのだろう？　――愚かな質問だ。純朴《じゅんぼく》すぎる。答えは明白。母親を支配するためだ。許されるかどうかを確かめるためだ。なにしろ、暴力は不思議ではない。不思議なのは平和であり、暴力が初期状態といえる。暴力はたやすい。平和は難しい。学び、強化し、定着させなければならない（人は往々にして、基本的な心理について逆の疑問を抱く。なぜドラッグをやるのか？　べつに不思議ではない。なぜドラッグをやり続けないのかが不思議なのだ。なぜ不安に悩まされるのか？　それは謎ではない。どうやって冷静でいられるのか？　そのほうが謎だ。人間は壊れやすく、死ぬ運命にある。一〇〇万の事柄が、一〇〇万通りの不都合を引き起こしかねない。わたしたちは毎秒、震え上がっていてもおかしくない。しかし違う。鬱《うつ》病、怠惰、犯罪についても同様のことがいえる）。

もしわたしがあなたより力が強く、あなたを傷つけることができるなら、いつでも好きなときに好きなことができる。自分の好奇心を満たす目的で、あなたを痛めつけることもできる。あなたの注意力を奪い、あなたを支配できる。あなたのおもちゃを盗むことができる。子どもたちが誰かを叩くのは、第一に、生まれつき攻撃性を持っているから（攻撃性の強さは人によるにしろ）、第二に、攻撃すれば欲望を満たせる可能性が高まるからだ。そういう行動が後天的なものだと考えるのは愚《おろ》かしい。蛇《へび》は、教わらなくても、攻撃方法を知っている。動物の本能に組み込まれている。統計からいえば、二歳児が人間のなかで最も凶暴らしい(99)。蹴り、叩き、噛《か》み、他人のものを盗む。そうやって、探求し、怒りや欲求不満を表現し、衝動的な欲望を明確にする。さらに重要なことに、行動の許容範囲の限界を見きわめようとしている。何が許容されるかを探るには、ほかに手段がないのだ。幼児は、目が不自由な人と同じように、手探りで壁を見つけようとする。壁を試しに押して、本当の境界なのかを確かめようとしている（現に、壁が予想どおりの位置にあることは少ない）。

このような行動を絶えず矯正してやれば、容認できる攻撃性の限界を子どもに示せる。矯正されないと、子どもは好奇心を高める。攻撃的、支配的な気分になるたび、叩き、噛み、蹴る。何かが限界を教えてくれるまでやめない。ママをどのくらいまで強くぶっていいのかな？——母親が叱るまで、だ。そう考えると、矯正は遅いより早いほうがいい（親の望む最終結果が、ぶたれないことであれば）。また、矯正してやることで、子どもは、他人をぶつことは社会戦略として最善の策ではないと学ぶ。矯正がなければ、衝動を整理し調節するための努力に取りかからない。心のなかの衝動が、より広い社会でも問題なく存在できるとなれば、あえて抑える努力はしない。心を整理するには大変な苦労が必要だからだ。

わたしの息子は、幼児のころひどく気むずかしかった。娘のほうは、幼いとき、わたしがにらみつけるだけで動かなくなったが、息子は、その程度ではまったく効きめがなかった。生後九カ月にして、夕食時に妻（気弱なタイプではない）を困らせるようになった。スプーンの支配権をめぐって妻と争った。それなら結構、とわたしたちは思った。必要最低限しか食べさせてやらないぞ。すると息子は、三口か四口しか食べなかった。あとは遊び始める。ボウルのなかで食べ物をかきまぜる。子ども椅子《いす》のテーブルの上に食べ物を垂《た》らし、床に落ちるのを眺める。まあ、それはいい。探求中なのだ。しかし、食事の量が不十分だった。食事が足りないせいで、じゅうぶんに眠れない。夜泣きして、両親を起こす。両親ともに不機嫌になってくる。いらだった妻が、わたしに八つ当たりする。良い軌道《きどう》ではなかった。

この悪い変化の数日後、わたしは、スプーンの支配権を取り戻すことに決めた。戦いの準備を整えた。じゅうぶんな時間を用意した。信じがたいかもしれないが、忍耐強いおとなは二歳児を打ち負かすことができる。「Old age and treachery can always overcome youth and skill（年齢と裏切りは、若者と技能をつねに打ち負かす）」とのことわざどおりだ。勝因の一つは、二歳児にとっては時間が永遠に続くせいだろう。わたしの三〇分は息子の一週間にあたる。わたしは勝利を確信した。息子は頑固《がんこ》で執拗だった。しかし、わたしはさらに執拗になれた。わたしたちは向かい合ってすわり、ボウルを息子の前に置いた。さながら『真昼の決闘』だ。息子もわたしもそうわかっていた。息子がスプーンを取った。わたしはそれを奪い取り、おいしい離乳食をひと口ぶんすくった。これ見よがしに、息子の口に近づけた。息子がわたしを見る目つきは、あの遊び場のやんちゃ坊主とそっくりだった。唇《くちびる》を固く結んでへの字に曲げ、いっさいの侵入を拒否した。わたしがスプーンを息子の口元で回すと、息子は硬い表情のまま、それに合わせて小さく顔を回した。

しかし、わたしにはまだ次の作戦があった。いらだたせる狙いで、空いているほうの手で息子の胸を突いた。息子は動かない。もういちど突いた。二度、三度。強くではないが、無視できないくらいの加減にした。一〇回ほど突いたあと、息子は、怒りの声を発しようと口を開けた。ふふ！　引っかかったな。わたしは手際よくスプーンを口に差し込んだ。息子は果敢《かかん》に、無理《むり》強《じ》いされた食べ物を舌で吐《は》き出そうとした。けれども、わたしはそれへの対抗策も心得ていた。人さし指を横に向けて息子の唇に当てた。多少は唇からこぼれたが、多少は喉《のど》の奥へ向かった。パパ、一点獲得。わたしは息子の頭をなで、いい子だと言った。心底そう思っていた。やってほしかったことを相手がやってくれたら、報いるべきだ。勝ったら遺恨《いこん》なし。一時間後、戦いは終わった。途中、怒りがあった。泣き声もあった。ストレスに耐えきれず、妻は部屋を出て行った。しかし、食べ物は子どもの胃袋に収まった。息子が疲れ果て、こちらの胸に倒れ込んできた。わたしたちはいっしょに昼寝をした。目が覚めたとき、息子は、しつけられる前よりわたしのことを好《す》いていた。

対決のかたちでしつけをしたあとは、いつもそうだった。うちの息子にかぎらない。少しあと、別の夫婦と交替で子どもの世話をするようになった。どちらかの家に両家の子どもたちを集合させる。一方の夫婦は夕食に出かけたり映画を見たりし、もう一方の夫婦が居残って子どもたち(全員が三歳未満)を世話するわけだ。ある夜、あらたな夫婦がこの輪に加わった。ふたりの息子は二歳だが大柄《おおがら》で力が強く、わたしとはあまり面識がなかった。

「この子、寝つきが悪いんです」と父親が言った。「いったんベッドに寝かせても、這《は》い出て一階に下りてくると思います。そんなとき、うちではたいてい、エルモのビデオを見せています」。我慢ならない行動に対して、反抗的な子どもに報いる必要はない、とわたしは思った。エルモのビデオなんて見せてたまるか。あの不平ばかり言うキャラクターは前々から嫌いだ。ジム・ヘンソンの遺産のなかで唯一の汚点だと思う。

だから、エルモのごほうびは念頭になかった。もちろん、両親には言わなかった。子どもについてその親と話をする気はない——向こうが聞く耳を持たないかぎり。

二時間後、子どもたちをベッドに就かせた。五人のうち四人が即座に眠った。エルモ好きの子だけが例外だった。ただ、わたしはその子をベビーベッドに入れたので、脱出は不可能だった。残された手段として、その子は大声を出した。有効な手立て、優れた戦略だ。神経にさわるうえ、ほかの子どもを起こしかねない。ほかの子まで泣き叫び始める恐れがある。その子、一点獲得。そこでわたしは寝室まで行った。「横になって」とわたしは言った。効果なし。「横になって」——もういちど言った。「でないと、力ずくで寝かせるよ」。子どもに説得を試みてもたいてい役に立たず、とくにこの場合は無理そうだったが、公平を期した。もちろん、その子は横にならない。また大声を上げた。子どもたちはよくこの手を使う。親は怯え、泣いている子どもが悲しいか傷ついていると考える。ところがそうではない。泣く理由で多いのは、怒りだ。泣いている子どもの筋肉組織パターンを注意深く分析すると、これが確認できる。[100] 怒りで泣いているときと、恐怖や悲しみで泣いているときは、ようすが異なる。さらには声も異なり、よく耳を澄《す》ますと判別できる。怒って泣くのは支配的な行為である場合が多く、しかるべき対処が必要だ。わたしはその子をいちど持ち上げ、また下ろした。静かに、忍耐強く。しかし力強く。彼は起き上がった。わたしは寝かせた。また起き上がった。わたしは寝かせた。起き上がった。こんどは寝かせてから、背中に手を当てた。その子は懸命に嫌がったが、無駄なあがきだった。なにしろ、からだがこちらの一〇分の一にすぎない。片手で運べてしまう。だからわたしは、彼を寝かせたまま、静かに話しかけた。いい子だと言い、リラックスしなさいと言った。背中をゆっくりなで、優しく叩いた。その子はリラックスし始めた。目を閉じ始めた。わたしは手を外した。するとすぐに立ち上がった。わたしは感心した。根性のある子だ！　わたしは彼を持ち上げて、ふたたび下ろした。「いいかげん、横になるんだよ、モンスター」。また少し背中を叩いた。それで癒《い》やされる子どももいる。その子の場合、疲れ始めていた。降伏《こうふく》する気になっていた。目を閉じた。

わたしは立ち上がり、静かにすばやくドアへ向かった。念のため、ちらりと振り返った。その子はまた立っていた。わたしは人さし指を向け、「すわりなさい、モンスター」と力を込めて言った。その子は撃たれたかのようにへたり込んだ。わたしはドアを閉めた。わたしたちは互いに好意を持った。あとはもう、その子が声を発するのは聞こえなかった。

「あの子、どうでした?」。その夜だいぶ更けて、帰宅した父親がわたしに尋ねた。

「だいじょうぶ。まったく問題ありません」とわたしはこたえた。「いま眠っています」

「寝たあとまた起きたでしょう?」

「いいえ。ずっと眠っています」

父親はわたしを見た。わけを知りたそうだった。しかし、尋ねてこなかった。わたしも話さなかった。

「Don't cast pearls before swine(豚に真珠を与えるな)」ということわざがある。それでは気の毒、とあなたは思うかもしれない。しかし、子どもが寝つかないように訓練して、ほうびに、気味《きみ》の悪いパペットが皮肉をしゃべるのを聞かせるべきだろうか? それも気の毒すぎる。苦い薬を与えるべきときもある。

しつけと罰

現代の親は、並べて語られることの多い二語を恐れている。「しつけ(discipline)」と「罰(punish)」。この二語は、刑務所、兵士、軍靴《ぐんか》を思い出させる。たしかに、しつけから抑圧へ、罰から拷問《ごうもん》へ、ともすると変化しかねないほど距離が近い。しつけと罰は慎重に扱わなければならない。ひるむのも無理はない。しかし、どちらも必要だ。用いかたが無意識的か意識的か、じょうずか下手かの違いはあるにせよ、避けることはできない。

報酬をちらつかせて訓練するのも不可能ではない。それどころか、良い行動に対してほうびを与えるのは非常に有効だ。行動心理学者のなかで最も有名なB・F・スキナーは、このアプローチをおおいに支持した。このやりかたの達人だった。鳩《はと》にピンポンを教え込んだ。[101]くちばしで球をつついて転がして返すだけとはいえ、なにしろ鳩だ。じょうずでなくとも、見事な成果だった。さらにスキナーは、第二次世界大戦中、「プロジェクト・ピジョン」(のちにオーコン)と称し、鳩たちにミサイルの誘導を教えた。[102]電子誘導システムが発明されるまで、長いあいだ苦心を重ねた。

スキナーは、そうした訓練を行う動物に対して、格別の注意を払った。狙いどおりの行動に多少とも近ければ、すぐさま相応のサイズの報酬を与えた。効果を生まないほど小さくはなく、かといって将来の報酬がかすむほど大きくない報酬となるよう工夫した。このようなアプローチは子どもにも応用でき、非常に有効だ。たとえば、幼いわが子にテーブルの支度《したく》を手伝ってもらいたいとしよう。身につけると役立つ技能だ。やってくれれば、あなたはますますその子が好きになるだろう。子どもの側もいくぶん自尊心を満たせる。それにはまず、狙いの行動を細分化する。テーブルの支度の一段階は、食器棚からテーブルへ皿を運ぶことだ。しかし、その程度でも複雑すぎるかもしれない。あなたの子どもは歩き始めてからほんの数カ月。よちよち歩きで頼りない。そこで、まずは皿を渡し、すぐ返してもらうトレーニングから始める。できたら、頭をなでる。ゲームふうにすることもできる。左手で渡す。次は右手。背中を通して一周。次に、皿を与えてから、数歩あとずさりさせ、また戻ってきて返すという動作をさせる。皿を扱う名人になるまでトレーニングする。不器用なままで終わらせない。

このようなアプローチを使えば、ほとんど誰にも何でも教えることができる。まず、あなたが望むものを定める。次に、まわりの人たちを鷹《たか》のように観察する。最後に、あなたの望みに多少とも近い何かを見かけたら、すかさず鷹のように舞い降りて、報酬を与える。あなたの娘が、十代に入ってから自分の殻《から》に閉じこもりがちになったとしよう。もっと話をしてほしい。そこで目標は、話し好きな娘。ある朝、食事しながら、娘が学校でのエピソードを話しだした。注意を払ってやる好機だ。それが報酬になる。あなたは携帯電話をいじるのをやめ、耳を澄ます。さもないと、もう二度と話してくれなくなるかもしれない。

子どもを幸せにするために、親の介入は、行動を整えるというかたちをとるべきだ。夫や妻、同僚、両親についても同じことがいえる。もっとも、スキナーは現実主義者だった。報酬の使用は非常に難しいと記している。対象が所望《しょもう》の行動に自発的に取りかかるようになるまで、観察者は慎重に見守り続け、そのあとほうびを与えなければいけない。多大な時間を必要とする。待ち時間が長い。そこが大変だ。また、スキナーは、鳩が餌《えさ》という報酬に重大な関心を寄せるように、あらかじめ、給餌《きゅうじ》を減らして体重を四分の三まで落とさせた。純粋にポジティブなアプローチは、ほかにも欠点がある。

ポジティブな感情と同様、ネガティブな感情も、わたしたちの学習を助ける。もともと愚かで傷つきやすいから、学ぶ必要がある。でないと、ときには生死に関わる。死ぬのはうれしくない。もし死を歓迎するなら、死を求めながら死を迎えるだろう。わたしたちが死をこころよく思わないのは、本当に死ぬ可能性があるからだ。いつ死ぬともかぎらない。そんなふうに、ネガティブな感情が、不愉快でありながらわたしたちの身を守ってくれる。傷つき、恐れ、恥じ、嫌悪することによって、被害を避ける。わたしたちはそういった感情にたびたび影響を受ける。事実、ある大きさの利得に感じる喜びより、同じ大きさの損失に感じる失望のほうが大きい。苦痛は快楽よりも強大であり、不安は希望より強大だ。

感情は、ポジティブとネガティブという明確に異なる二つの有益な形態をとる。満足感が、行ったことが良かったとわたしたちに教え、希望(具体的には報酬)が、この先、楽しい何かがあると教えてくれる。痛みを感じるおかげで、個人的な損害や社会的な孤立を招いたその行動を繰り返さないようになる(突き詰めれば、孤独も痛みの一種といえる)。不安のおかげで、有害な人や場所から遠ざかり、痛みを避けられる。こうした感情はすべて、バランスがとれている必要があり、状況に応じて慎重に判断しなければならないとはいえ、わたしたちが生き延びて花開くために必要だ。したがって、ネガティブな感情も含め、利用できるものをすべて利用しなければ、子どもたちにかえって気の毒な思いをさせることになる(もちろん、ネガティブな感情を活《い》かしてしつける場合は、できるかぎり寛大なやりかたを用いるべきだが)。

スキナーは、報酬が望ましいことを促進するのと同じように、脅迫と罰が望ましくない行動を止められると知っていた。親による干渉《かんしょう》は子どもの清らかで自然な成長を妨《さまた》げるという考えで麻痺《まひ》した現代では、罰を利用する方法など、取り上げることさえ難しい。だが、もし行動を矯正する必要がないのなら、子どもはもっと短期間で自然に成熟するはずだろう。子宮から出たとたん、株式トレードの準備ができているはずだ。また、子どもたちを恐怖や苦痛から完全に守ってやることはできない。子どもは小さく傷つきやすい。世界についてあまり知らない。歩く練習のような、自然な何かをしているときでも必ず、世界から痛い目に遭《あ》わされる。ましてや、やがて必然的に、きょうだいや仲間、非協力的で頑固なおとなを相手に、不満や拒絶を味わう。そう考えると、道徳上の基本的な課題は、子どもを冒険や失敗から完全に保護し、恐怖や痛みをけっして経験させないことではなく、いかにして最小限の犠牲で最大限の有益な学びを得られるようにしてやるかだ。

ディズニー映画『眠れる森の美女』では、国王夫妻が待望の娘をさずかる。その娘オーロラを世に披露するため、大々的な洗礼式を催す。新しい娘を愛し、敬意を表してくれる人々を招く。ところが、マレフィセントを招待しなかった。マレフィセントは、本質的には暗黒世界の女王、自然界のネガティブ面だ。つまり象徴的に解釈すれば、国王夫妻は、愛する娘を守ろうとするあまり、ネガティブな要素のまったくない世界を用意した。そのせいで、王女は弱かった。マレフィセントは、王女が一六歳で糸車の針に刺《さ》されて死ぬように呪いをかけた。糸車は運命の車輪を表す。出血させる刺し傷は、処女の喪失《そうしつ》を、すなわち少女から女性への成長の証《あか》しを象徴している。

さいわい、善良な妖精(自然界のポジティブ面)が、呪いを「死」ではなく「眠り」に軽減し、愛する人の最初の口づけで意識を取り戻すように取りはからった。それでも動転した国王夫妻は、ありとあらゆる糸車を除去し、王女を善良すぎる妖精たち三人にゆだねた。夫妻はその後も、危険をすべて排除する戦略をとるが、そのせいで王女は世間知らずで未熟で弱いままになる。一六歳の誕生日の直前、王女は森でひとりの王子に出会い、その日のうちに恋に落ちてしまう。常識的な基準に照らすと、早急すぎる。王女は、幼少時からフィリップ王子との結婚を定められていることに対して声高《こわだか》に不満を示し、両親のいる城に戻ったとき泣き崩れる。その瞬間、マレフィセントの呪いが効きめを発揮する。城の門戸が開き、糸車が現れ、王女は針に指を刺されて倒れ、昏睡《こんすい》状態に陥《おちい》る。眠れる森の美女になる。そうして(ふたたび象徴的に解釈すれば)、おとなの人生の恐怖を感じずに済む道を選ぶ。過保護な環境で育てられた子どもには似たようなことが起こりやすい。失敗や、純然たる悪意に初めて遭遇《そうぐう》したとき、意気消沈し、すべてに目をつぶって平穏な状態へ逃げようとする。そういった苦難を知らず、理解しようとせず、身を守る術もない。

共有することを学ばなかった三歳児の例を挙げておこう。その女の子は、両親の前で利己的に振る舞うが、両親は良かれと思って介入しない。率直にいえば、注意を払うこと、何が起きているのかを認めること、適切に行動する方法を教えることを拒否している。その子が妹と分かち合おうとしなかったとき、もちろん、両親はいらだつが、大丈夫というふりをする。大丈夫ではない。おそらくいずれ、まったく不適切な場面で娘の頬《ほお》を叩くことになるだろう。そのとき娘は傷つき、混乱するが、何も学ばない。さらに悪いことに、その娘が友達をつくろうとしても、社会的に洗練されていないため、うまくいかないだろう。三歳くらいの子どもたちは、協調性のない子どもを嫌う。けんかするか、敬遠してほかの子どもと遊ぶ。そんな子どもの親も、気まずい仲間はずれの子を遠目《とおめ》に眺めるだけで、いっしょに遊んであげなさいとは言わない。仲間はずれの子は拒絶され、孤独になる。不安や憂鬱《ゆううつ》、怒りが生じる。人生に背を向ける。昏睡を願うのと似た状態になる。

子どもをしつける責任を負おうとしない親は、本来必要な葛藤《かっとう》を避けさせることが正しい子育てだと考えている。悪い連中を(短期的には)遠ざける。けれども、子どもをあらゆる恐怖や痛みから救い、守ることはできない。むしろ逆だ。そういう親の子どもは、厳しくてもっと広い社会へ出たとき、自覚のある親に育てられた子どもよりもはるかに過酷《かこく》な衝突や罰を受けるはめになる。あなたが子どもをしつけるか、情《なさ》け容赦《ようしゃ》のない世界にしつけの責任を転嫁するか、どちらかだ。後者の選択を愛と混同してはいけない。

現代の多くの親と同じように、あなたはこう反論するかもしれない。そもそも、子どもを親の恣意《しい》的な命令の対象にすべきではないのではないか？　たしかに、子どもはおとなの支配下にあるという考えかたを「アダルティズム」と呼んで非難する向きがある。[103] 性差別や人種差別に似た偏見と抑圧であり、政治的に正しくないと主張する。おとながどんな権限を持つかについては、慎重に答えなければならない。問題そのものを精査する必要がある。異議を一理あると受け入れることは、妥当性を全面的に受け入れる途中段階であり、もし問題の提起そのものが間違っていれば、危険につながる。問題を細分化して検討しよう。

まず、子どもをなぜ「対象」とみなすのか？　これは簡単だ。すべての子どもは、ひとりまたは複数の不完全なおとなの好意に甘えて頼らざるを得ないから、おとなの言葉に耳を傾け、従わなければならない。そう考えると、子どもは、純粋な愛情や善意をもらえるように振る舞うのが得策だ。さらに良い策も考えられる。合わせて、おとなからの最適な注目を確保し、自分の現状や将来の発展に役立つように振る舞う。かなりハードルが高いものの、最高の利益が望めるとあって、めざすに越したことはない。

また、子どもは、市民社会の期待にうまく従うように指導されなければいけない。虚無《きょむ》なイデオロギーに適合することを勧《すす》めているわけではない。親は、家族の枠を超えた世界で成功につながるような子どもの態度や行動に褒美《ほうび》を与え、苦痛や失敗につながる行動をなくすため、必要に応じて、叱責《しっせき》や罰を用いなければならない。機会は限られており、すばやく適切な反応をしてやることが重要だ。四歳までにきちんとした振る舞いをしつけないと、その子は永遠に友達づくりに苦労する。この点は研究文献によって明らかだ。四歳を過ぎると、社会適応のおもな原動力は友達だから、これは重大な問題だ。仲間はずれになった子どもは成長が止まる。ほかの子どもたちが成長を続ける一方で、どんどん遅れていく。結果として、友達のいない子どもは孤独になり、反社会的あるいは憂鬱なティーンエイジャー、おとなになっていく。これは良くない。わたしたちの正気《しょうき》(sanity)のうち、一般に思われているよりもはるかに大きな割合が、社会生活に浸《ひた》れる幸運に起因している。わたしたちは絶えず、適切に考えて行動するように注意しなければならない。方向を見失って漂《ただよ》っているときは、わたしたちを気づかい、愛する人々が少しずつ押してくれ、それが合わさって、おおかた軌道に戻ることができる。だから、そういう人たちを身のまわりに持っているべきだ。

もとの問題に戻ると、おとなの命令がすべて恣意的であるというのも間違っている。機能不全に陥った全体主義国家においてのみ当てはまる指摘だ。文明的でオープンな社会では、大多数の人々が社会契約を負い、相互の向上をめざす。少なくとも、あまり暴力のない狭《せま》い地域で共存しようとする。最小限の契約しか許容しないルール体系ですら、ルールがない場合と比較すれば、恣意的とはけっしていえない。もし社会が、生産性を上げるためにプラスとなる行動に対してじゅうぶんな報酬を与えず、資源を著《いちじる》しく恣意的かつ不当な方法で分配し、窃盗《せっとう》や搾取《さくしゅ》を許すとしたら、ほどなく争いが起きるだろう。もしも権力のみ、あるいはおもに権力によって社会の階層が構築され、重要かつ困難な事柄を成し遂げるために必要な能力が反映されていなければ、その社会は崩壊する運命だろう。もっと単純な、チンパンジーの階層構造でも、同じことがいえる。チンパンジーの社会は、基本的、生物学的、非恣意的な真理を示している[104]。

　社会化されていない子どもたちはひどい生活を送る。適切に社会に順応させるべきだ。報酬で教え込めるものもあるが、全部ではない。したがって、罰や脅《おど》しを使うかどうかが問題なのではない。いかに意識的に考え、慎重に実行するかだ。では、子どもたちをどのようにしつけるべきなのか？　非常に難しい。子ども（および親）は気質の個人差が大きいからだ。愛想《あいそう》のいい子どももいる。そういう子は、心から他人に気に入られたいのだが、半面、争いを好まず依存しやすい。もっと芯《しん》が強く、独立性が高い子どももいる。自分の望むときに望むことをやりたがる。半面、挑発的で、従順さに欠け、頑固になりかねない。ルールや構造を切望する子どももいて、厳格な環境でも満足する。逆に、予見可能性や所定の手順をほとんど無視する子どもは、必要最小限の命令にも従おうとしない。想像力に富む独創的な子どももいれば、もっと具体性を好み保守的な子どももいる。いずれも根の深い、重大な違いであり、生物学的な要因によって左右され、社会的には修正しがたい。さいわい、このように差が大きくても、わたしたちは社会統制の適切な使いかたについて熟慮し、活かすことができる。

必要最小限の力

アイデアの単純な出発点はこうだ。ルールは必要以上に増やすべきではない。言い換えれば、悪い法律があると、良い法律まで尊重されなくなる。科学の世界には、仮説の数が少ないほど良いとする「オッカムのかみそり」と呼ばれる原理があり、ちょうどそれを倫理的、法的な内容に置き換えたものといえる。子ども——または、子どもをしつける者——を多すぎるルールでがんじがらめにしてはいけない。欲求不満につながるだけだ。

ルールは絞り込むべきだ。では、そのうちの一つが破られたとき、どうすればいいかを考えてみよう。罰則の厳しさを状況によらず一般的に定めるのは難しい。しかしすでに、西洋文明の偉大な産物、イギリスのコモン・ローに、有用な規範が定められている。それを分析すれば、副次的な価値ある原則を確立するのに役立つ。コモン・ローは、合理的な範囲内でのみ、あなたの権利を保障している。誰かがあなたの家に侵入したとする。あなたの手元には実弾入りのピストルがある。あなたには自衛の権利があるが、段階を踏んで行使しなければいけない。酔っ払いが入ってきただけ、隣人が間違って入ってきただけならどうだろう？「撃ってしまえ」とあなたは思う。しかしそんなに単純ではない。そこで、「止まれ！　こっちは銃を持っているぞ」と警告する。これで侵入者がひるまない場合、威嚇《いかく》射撃が選択肢になるだろう。なおも向かってくる場合、脚を狙って撃つかもしれない（合法的な助言ではない。あくまで例だ）。このように段階を追って厳しさを増す対応を、ごく簡単にみごとな実用的ルールから導き出せる。すなわち、「必要最小限の力を用いる」だ。これで原則が二つそろった。第一に、ルールはなるべく絞り込む。第二に、ルールを執行する際は最小限の力を用いる。

第一の原則について、子どもをしつけるあなたはこう尋ねるかもしれない。「絞った結果、具体的にどんなルールが残るのか?」。(あなたが子どもへ伝えるべきルールを)いくつか提案しておこう。「自己防衛のケースを除いて、噛む、蹴る、殴打《おうだ》するのは禁止。よその子どもをいじめてはいけない。刑務所に入れられてしまう」「洗練され、感謝に満ちたマナーで食事をとる。ほかの人たちがあなたを自宅に招き、喜んで食事を提供してくれるようになるだろう」「共有することを学べば、ほかの子どもたちが遊んでくれるようになる」「おとなに話しかけられたときには注意して聞き、嫌われないようにして、何かを教えてもらうこと」「適切に穏やかに眠りに就き、両親の私生活を邪魔《じゃま》せず、あなたの存在を疎《うと》ましく思われないようにする」「自分の持ち物を大切にする。それが手に入った幸運に感謝し、活かしかたを知るべきだ」「楽しいことが起きているときは共に楽しむ。そうすれば今後の楽しいことに招いてもらえる」「あなたがそばにいるとほかの人たちが幸せになるように行動する。あなたにそばにいて欲しいと、みんなが思うようになるだろう」——これらのルールを知っている子どもはどこでも歓迎されるはずだ。

同じくらい重要な第二の原則に関しては、こんな疑問が湧《わ》くかもしれない。「必要最小限の力とは何か?」。これは、試行錯誤しながら定めていく必要がある。まずはなるべく小さな干渉から始める。子どもによっては、ひとにらみしただけで石になるかもしれない。ひとこと注意すれば済む子どももいる。指切りのたぐいが有効な子もいる。このような戦略は、レストランなどの公共の場でとくに役立つ。即座に、静かに、効果的に実行でき、それ以上に事は荒立たない。ほかにはどんな手段があるだろうか? 怒って泣きながら注意を惹こうとする子どもは、あまり好かれない。テーブルからテーブルへ走り回り、みんなの平穏を乱す子どもは、自分にも両親にも恥をかかせる。最適とはとうてい呼べない結果だ。その種の子どもは、人前で無作《ぶさ》法《ほう》な振る舞いを続けるだろう。というのも、古いルールがそのまま新しい場所にも適用可能かどうか実験しているのだ。三歳未満の場合、言葉では許可を確認しない。

うちの子どもたちがまだ小さかったころ、レストランに連れて行くと、周囲から微笑《ほほえ》まれた。ちょこんとすわって、行儀良く食べる。長くは我慢できないので、長居せずに帰る。四五分ほど経《た》つとそわそわし始めるため、帰り時だとわかる。そこまで織り込み済みだった。そばで食事中の客たちから、幸せなご家族を見ているとうれしくなる、と声をかけられる。うちの家族はいつも幸せとはかぎらず、子どもたちもいつも行儀がいいとはかぎらなかった。けれども、行儀がいいときが多く、子どもたちの存在に周囲から好意的に反応してもらえるのは素晴らしい体験だった。子どもたちに本当に良い効果があった。他人から好いてもらうのを実感できた。おかげでますます行儀が良くなった。これは報酬だ。

機会さえ設ければ、人々はあなたの子どもをとても気に入ってくれる。最初の子どもミハイラが生まれてまもなく、わたしはそう学んだ。彼女をベビーカーに乗せて、労働者階級の人々が住むモントリオールの街を散歩していると、酒好きの荒くれ者のような見かけの男たちが、トラックをとめて、彼女に微笑みかけた。何やらささやき合ったり、おかしな表情をつくってみせたりする。人々が子どもに反応するようすを見ると、人間の本性を信じる気持ちがよみがえるものだ。子どもが人前で行儀良くしていれば、さらにその気持ちが増す。そういう好循環が生まれるようにするためには、子どもたちを慎重に、効果的にしつける必要がある。それには、知識から目を背《そむ》けず、報酬について、罰について、ある程度知っておかなければいけない。

息子や娘との関係を確立するうえでの一つの段階は、しつけの介入にその子がどんな反応をするのかを知り、効果的な介入を柔軟に工夫することだ。使い古された決まり文句を唱えるのはたやすい。「どんな場合も体罰は許されない」「子どもを殴っても、殴ることを学ばせるだけ」などなど。前者の主張を検証してみよう。「体罰は許されない」――第一に、ある種の非行、とくに窃盗と暴行に関する行為は間違っていて処罰されるべきだ、という考えは広く賛成が得られるだろう。第二に、ほとんどの処罰は、心理的、さらには身体的な罰という形をとる。自由の剝奪《はくだつ》が引き起こす苦痛は実質、身体的な傷と同様の痛みだ。社会的な孤立にも同じことがいえる(黙ってすわらせ続ける罰も含む)。わたしたちは、この点を神経生物学的に知っている。いま挙げた二種類は、脳の同じ領域に影響を与え、同じ種類の薬で治療できる。[105] たとえば刑務所は――とくに独房監禁は――明らかに身体的な刑罰だ。暴力行為がなくても、そういえる。第三に、悪意ある行動は、効果的に即時に止める必要がある。それ以上エスカレートしないように制止しなければいけない。電気コンセントにフォークを突っ込もうとしている子どもに対し、適切な罰は何だろう？　混雑したスーパーマーケットの駐車場で笑いながら走り回る子どもに対しては？　答えは簡単だ。理性の範囲内で、最も速く止める手段なら何でもかまわない。そうしなければ、命に関わる。コンセントや駐車場の場合は、明らかだろう。しかし、社会的な領域にも同じことが当てはまる。ここで、体罰の是非《ぜひ》をめぐる第四のポイントになる。誤った行動――小児期のうちにやめさせるのが効果的な種類の行動――に対する罰は、子どもの年齢が上がるにつれて厳しくすべきだろう。四歳になるまでに社会不適合を矯正されなかった者は、青年期や成人期初期になって社会からあからさまな処罰を受けるはめになる恐れがきわめて高い。四歳で矯正されていない子どもは、性格からして、二歳の時点ですでに過度に粗暴《そぼう》であることが多い。統計的にみて、同《おな》い年のほかの子よりも、蹴り、嚙み、おもちゃを奪う(窃盗の第一歩を踏み出す)可能性が高い。そういうタイプは男の子の約五パーセントを占め、女の子はもっと少ない。[106] また、ろくに考えなく「どんな場合も体罰は許されない」という呪文を唱えることは、「天使のようだった愛らしい幼児が、悪魔のようなティーンエイジャーに変身した」という悪夢を引き起こしかねない。間違った行動を見逃すのは、子どもにとって何の得にもならない（とりわけ、その子が粗暴な気質の場合）。

第五に、体罰は許されないという主張は、「だめ」と相手に言いさえすれば、それ以上の罰の脅威《きょうい》がなくても効果がある、と想定していることになる。力の強いナルシストの男性に向かって女性が「だめ」と言えるのは、社会規範や法律や国家の後ろ盾があってこそだ。三つめのケーキを欲しがる子どもに向かって親が「だめ」と言えるのは、親のほうが大きく、強く、能力でまさっているからだ（加えて、社会規範や法律や国家の後ろ盾もある）。結局のところ、「だめ」とは、つねに「それを続けたら、あなたにとって好ましくないことがあなたの身に起こる」を意味する。そうでなければ無意味だ。たんなる無意味どころか、「どうでもいいおとなが、また無意味な言葉を口にしている」、さらには「おとなはみんな、どうせ無力で弱い」と受け取られかねない。すべての子どもはやがておとなになる運命だから、このようなイメージ定着は非常に悪い教訓だ。個人的な苦痛を経ずに習得される事柄のほとんどは、おとなを手本にしたり、おとなから直《じか》に教えられたりして学ぶ。おとなを無視し、軽蔑する子どもは、どんな将来を思い描くはめになるだろう？　成長する意義があるだろうか？　この疑問が『ピーターパン』の物語につながる。おとなはみんなフック船長の同類であり、暴虐《ぼうぎゃく》的で、自分の死を恐れているとみなすわけだ（腹のなかに時計を秘めた空腹の鰐《わに》を思い出してほしい）。暴力なしに「だめ」が「だめ」を意味するのは、分別ある者が分別ある者に向かって言うときに限られる。

「子どもを殴っても、殴ることを学ばせるだけ」という意見はどうだろう？　結論は、ノー。間違っている。いたって簡単だ。まず、「殴る」は、効力ある親の懲戒《ちょうかい》法を表す大雑把《おおざっぱ》な言葉にすぎない。体罰全般を「殴る」の一語で済ますのは、雨滴《うてき》と原子爆弾を「落ちる」でいっしょに扱うのに近い。強度が問題だ。また、状況の流れにも目を向けなければいけない。意地悪《いじわる》な犬にいきなり噛まれるのと、骨を欲しがるペットについ甘噛《あまが》みされるのとは違うと、どんな子どもでも知っている。殴る話題となれば、どのくらい強く、なぜ殴られたのかを無視するわけにいかない。状況のなかでどんなタイミングだったかも重要になる。木のブロックで赤ん坊を叩いた二歳児を、直後に手で払いのけた場合、二歳児は因果関係を理解し、以後、少なくとも、また叩く意欲は弱まるだろう。良い結果のように思える。間違いなく二歳児は、払いのけられた記憶に照らして、叩くことは推奨されていないと考える。二歳児は、馬鹿ではない。嫉妬《しっと》と衝動に駆られ、まだ粗野《そや》なだけだ。ほかに、下の子を守る方法があるだろうか？　効果的にしつけなければ、赤ん坊が痛い目に遭う。おそらく何年も。あなたがまるきり止めようとしないから、いじめは続く。あなたは、平和を確立するのに必要な争いを避けている。目をつぶっている。やがてその下の子から（おとなになったあとかもしれないが）責《せ》められたとき、あなたは「そんなこと、知らなかった」と言うだろう。あなたは知りたくなかったにすぎない。とにかく、知らなかった。しつけの責任を拒否し、優しさを示し続けて正当化した。甘い菓子の家にはきまって、子どもを滅ぼす魔女がいる。

　では結局、わたしたちはどうすればいいのか？　効果的にしつけるか、効果なくしつけるかの二択だ（しつけないという選択肢はない。子どものころの行動の誤りが正されずに残れば、自然や社会から厳しい罰を受ける結果になる）。いくつか現実的なヒントを記しておこう。黙ってじっとすわらせるという罰は、とくに気持ちが落ち着けば、聞き分けのいい子どもの場合は非常に効果的だろう。腹を立てている子どもは、怒りが収まるまでひとりですわらせておくのがいい。あとは普段どおりに戻してかまわない。怒りを克服した体験になる。「適切に行動できるようになりしだい、みんなに合流しなさい」という教えだ。子ども、親、社会いずれも得をする。子どもが感情のコントロールを取り戻したかどうかは、あなたが判断できるだろう。間違った行動をしたにもかかわらず、その子をいままで以上に好きになる。もしあなたの怒りがまだ収まらないなら、子どもの反省が不十分なのかもしれない。あるいは、あなた自身の気質に対策が必要かもしれない。

階段なり部屋内なりにおとなしくすわらせようとしても、笑いながら逃げてしまうような厄介《やっかい》な子どもの場合、身体的な拘束を加える必要があるだろう。腕を慎重にしっかりと固定し、身もだえをやめ、注意を払うまで待つ。それで駄目《だめ》なら、親の膝の上に押さえつけることになるかもしれない。なおも悪賢《わるがしこ》く逃れようとする子どもには、背中を一回ぴしゃりと叩くことで、責任あるおとながしかるべき真剣さで臨んでいることを伝えられるだろう。それでもまだ足りないケースもある。たとえば、子どもがあくまで強情だったり、ひどく抵抗したりする。そういった各種を考え抜いておかなければ、親としての責任を果たしていないことになる。汚れ仕事を他人に任せている。他人はもっと汚れた仕事をおしつけられることになるだろう。

原則のまとめ

しつけの原則その一、「規則は数を絞る」。その二、「必要最小限の力を用いる」。あらたにその三、「両親が協力し合う」[107]。子育ては、負担が重く、疲れる。そのため、親ひとりでは間違いを犯しやすい。不眠症、空腹、誰かとの口論、二日酔い、仕事のしくじり――こうした要素が一つでもあれば、正常な理性を失う恐れがある。組み合わされば、いよいよ危ない。そのような状況下では、見守り、介入し、議論する第三者がそばにいることが必要になる。これにより、反抗的な子どもと不機嫌な親が互いに興奮して、引き返せないところまでエスカレートしてしまう危険を防げる。両親がペアになって協力し合えば、新生児の父親が母親を見守ってやれる。赤ん坊の夜泣きが夜一一時から朝五時まで三〇日連続し、疲労のあまり、自暴自棄《じぼうじき》の行動に出ることを抑止できる。わたしはけっしてシングルマザーに嫌みを言っているわけではない。シングルマザーの多くは、信じがたいほど勇気を振り絞って奮闘している。残忍な夫から逃れるしかなかった母親もいるだろう。とはいえ、どんな家族構成でも同じくらいうまくいく、というのは嘘になる。事実ではない――以上。

第四の原則は、おもに心理的な内容だ。「親は、自分が厳しすぎ、執念深く、傲慢で、怒りや欺瞞に満ちることもあり得る、と心得ておかなくてはいけない」。意識的にひどい親である人はほとんどいない。しかし、悪い親になってしまう危険性は誰にもある。人間は、善の才能だけでなく悪の才能にも長《た》けているのに、その事実に目をつぶりがちだ。親切で思慮深くもなれるが、攻撃的で利己的にもなれる。そのため、おとなの人間――階層社会を持つ捕食性の猿――は、誰ひとり、生まれたての赤ん坊に支配されることに完全には耐えきれない。復讐心が湧く。優しさと忍耐力にあふれる両親でも、地元のスーパーマーケットで大騒ぎする子どもをなだめられずに一〇分も経つと、意気揚々《ようよう》と駆け戻ってきたその子を冷たくあしらうだろう。さんざん当惑《とうわく》させられ、不服従を示され、支配関係を脅《おびや》かされる。私欲がまったくないと自負する親でさえ、腹を立てかねない。そうなると、本気で処罰に取りかかる。憤りが復讐欲を生む。自発的な愛情の提供が減り、愛情を注ぐべきでない理由が増える。子どもの個人的な成長をめざす場面が減る。軽く目を背《そむ》け始める。まだ序の口だが、この先には全面的な家族戦争が待っている。家族戦争は、人目に隠れて、正常な愛ある家庭の仮面のもとで勃発《ぼっぱつ》する。

この道へ進んでしまうケースは多いが、もちろん避けるに越したことはない。挑発を受けたとき、自分の忍耐力には限界があることを真剣に認識している親だけが――とくに、同様の自覚を持つパートナーに、見守られている場合――適切なしつけの戦略を真剣に立てることができる。本当の憎悪が出現するまで物事を悪化させずに済む。用心してほしい。有害な家族はどこにでもある。ルールを作らず、間違った行動を正さない。そんな両親は突然、予期しないときに激高《げきこう》する。子どもたちはカオスのなかで生活し、押しつぶされている。弱気ならば意気消沈し、強気ならば非生産的な反抗に走る。いずれにしろ良くない。見るに堪《た》えない。

そこで第五の、最後でいちばん一般的な原則の出番になる。「親は、現実世界の代理人――思いやり深い代理人――として行動する義務がある」――。いずれにしろ、代理人だ。その義務は、みずからの幸福を確保し、創造性を高め、自尊心を高めるための責任よりも優先度が高い。子どもを社会的に望ましい存在にするのは、親の主たる義務だ。それによって、子どもに機会と自己評価と安全を与えられる。個人のアイデンティティを育むよりも、さらに重要だ。アイデンティティという聖杯《せいはい》は、いずれにしろ、社会的な適応度が洗練されたのちでなければ追求できない。

良い子どもと責任ある親

適切に社会化された三歳児は、礼儀正しく、人を惹きつける。簡単には騙されない。ほかの子どもたちから興味を持たれ、おとなから理解される。ほかの子どもたちが歓迎し、気を惹こうと競うような世界で暮らす。おとなたちも、その子を見ると心底うれしくなる。こころよくその子を世界に紹介する。結果的に、日々の争いやしつけを避ける臆病《おくびょう》な親に育てられるより、個性を伸ばしていける。

自分たちの子どもについて、好きなところと嫌いなところをパートナーと話し合うといい。うまくいかなければ、友人と話し合うのもいいだろう。好き嫌いを感じることを恐れてはいけない。適切な意見かどうか、瑣末《さまつ》な点かどうかは判断しよう。善悪の区別もわかるはずだ。さらに、自分の態度――心の狭さ、傲慢さ、憤り――を評価したあと、次の段階に進み、子どもを正しく行動させる。あなたには子どもをしつける責任がある。しつける過程でやむを得ず犯した過《あやま》ちについても、責任がある。自分が間違っていたときには謝り、以後、改善していけばいい。

つまるところ、あなたは子どもを愛している。あなたが嫌うような行動を子どもがするときは、あなたほどその子に愛情のない他人がどう感じるかを考えるべきだ。他人は、容赦なく、責任もなく、厳しく罰するだろう。そんな事態を招いてはいけない。何が望ましく、何が望ましくないのか、子どもにわからせたほうがいい。そうすれば、家族の外の世界で、洗練されたメンバーになれるだろう。

漫然《まんぜん》と漂うのではなく注意力を備え、泣きべそをかく代わりに元気に遊び、困惑ではなくユーモアを振りまくような子どもは、行く先々で友達をつくれる。先生に好かれ、親にも好かれる。おとなに行儀良く寄り添い、また寄り添ってもらえる。微笑みかけられ、楽しく指導してもらえる。ともすれば冷たい敵意に満ちる世界で、個性を開花できる。ルールを明確にすれば、子どもたちは安全に、親たちは冷静沈着になれるはずだ。しつけと罰、慈悲と公正さをバランス良く明確な原則にまとめれば、社会的な成長と心理的な成熟を最適なかたちで促せるだろう。明確なルールと適切なしつけによって、子どもも家族も社会も、秩序を確立、維持、拡大するのに役立ち、わたしたちをカオスや暗黒世界の恐怖から守ってくれる。すべてが不確実で不安で絶望的な状態に陥らずに済む。献身的で勇気ある親がもたらせる、最上の美徳だ。

あなたが辟易《へきえき》するような行動を、子どもにさせてはいけない。

Rule 06

世界を批判する前に
家のなかの秩序を正す

Set your house in perfect order
before you criticize the world

宗教上の問題

二〇一二年、コネティカット州ニュータウンのサンディフック小学校でひとりの男が二〇人の子どもと六人の職員を射殺した。この若者を宗教的な人間と表現するのは不適切に思われる。コロラド州の劇場で銃を乱射した犯人や、コロンバイン高校の乱射事件の犯人たちも同様だ。しかし、こうした殺人者たちは、宗教的な深みに存在する現実に問題を抱えていた。コロンバイン高校の二人組の片方はこう書いている。[108]

人類には戦う相手としての価値はない。殺す価値しかない。地球を動物に返せ。人類より動物のほうが地球にふさわしい。これ以上の真実はない。

このような発想の人々は、「ビーイング」が不公平で残酷《ざんこく》で、もはや腐敗《ふはい》しており、とくに人間の「ビーイング」は軽蔑《けいべつ》すべきものだと考えている。自分たちは現実の最終審判者だと気取り、欠点に気づく。究極の批評家だ。皮肉屋の人物はこう続けている。

おまえたちの歴史を思い起こせ。ナチスはユダヤ人問題に対する「最終的な解決策」を考え出した。［中略］皆殺しにしろ。まあ、意味を理解できないなら、おれが言ってやろう。「人類を殺せ」、誰ひとり生き残るべきではない。

彼らの判断では、経験の世界は不十分で邪悪《じゃあく》――何もかも地獄に堕《お》ちてしまえ！ そんなふうに考え始めると、何が起こるだろうか？ ドイツの偉大な戯曲《ぎきょく》『ファウスト――悲劇第一部』（ヨハン・ヴォルフガング・フォン・ゲーテ著）が、この問題を取り上げている。主人公であるハインリヒ・ファウストという学者は、不滅の魂《たましい》を悪魔メフィストフェレスに譲り渡す。見返りとして、地球上で生きているあいだは望むものを何でも受け取れる。この戯曲におけるメフィストフェレスは「ビーイング」の永遠の敵だ。彼は、ある明確な信条を持っている。(109)

わたしは万物を否定する霊。
万物は否定がふさわしい。
生まれいずるものはことごとく、哀《あわ》れに滅ぶがお似合いだ。
何も始まらなければ、ましだった！
そんな次第で、あなたが罪だの、
破壊だの、悪だのと言い表わすものは――
一切合財《いっさいがっさい》、わたしの身内だ。

ゲーテはこのおぞましい感情を非常に重要と考えた。復讐心《ふくしゅうしん》に燃える人間の破壊性の中心的な要素を解く鍵とみなしていた。何年も後に執筆した第二部でも、少し違ったせりふ回しでメフィストフェレスにもういちど言わせている。(110)

実際に行動を起こし、高校、大学、劇場で残酷な大量殺人を行うことはまずないものの、人は往々にしてメフィストフェレスふうの考えに陥《おちい》る。現実であれ想像であれ、不正を味わわされたとき。悲劇に遭遇《そうぐう》したり、他人の策略の餌食《えじき》になったりしたとき。納得のいかない自分の限界のせいで恐怖や苦痛を経験し、つい「ビーイング」に疑問を抱き、暗闇から生まれた邪悪なものだと呪いたくなるとき。なぜ罪のない人々が、こんなにひどい苦しみを受けるのか？　この星はどれほど血と恐怖にまみれているのか？

人生は本当につらい。誰もが苦痛を受ける運命にあり、破滅を予定されている。ときには、個人的な失態の結果として苦痛が訪れる。たとえば、故意に現実に目をつぶったり、意思決定を躊躇《ちゅうちょ》したり、悪意を抱いたりしたのが原因のこともある。そういう場合、自業自得《じごうじとく》のように見え、苦痛が正当であるように感じるかもしれない。人は自分にふさわしいものを得るのだ、と。しかし、もしそのとおりだとしても、寒々しい慰《なぐさ》めだ。たしかに、苦しんでいる当人がみずからの行動を改めれば、生活の悲惨《ひさん》さを緩和できるときもあるだろう。けれども、人間が制御できる範囲には限りがある。絶望、病気、老化、死の影を逃れられないのは万人共通だ。結論として、わたしたちが自分の脆弱性《ぜいじゃくせい》をつくり出しているわけではなさそうだ。では、誰が悪いのか？

重い病気の人（さらには、子どもが病気の人）は、信心《しんじん》深いかどうかにかかわらず、ついこの疑問に駆《か》られるだろう。巨大な官僚主義の歯車にシャツの袖《そで》が挟《はさ》まった人も同様だ。税務調査を受けている人や、果てしなく続く訴訟や離婚問題に苦しんでいる人。自分の「ビーイング」の耐え難い状態は、誰のせい、何のせいなのかと思い悩む。これは、明らかな苦痛を味わっているときだけの悩みではない。たとえば、名声と影響力と創造力が絶頂に達したころのレフ・トルストイが、人間の存在の価値に疑問を持ち始めた[11]。彼はこう記している。

> 私の境地は恐ろしいものであった。私は理性にもとづく知識の道に、生の否定以外の何物をも見いだし得ないことを知った。がまた同時に、こうした信仰の中からは、生の否定よりもっと不可能な、理性の否定以外の、何物をも見いだし得ないことを知ったのである。理性にもとづく知識に従えば、人生は悪だ、人々はそれを知っているのだ、だからわれわれは生を断絶すべきなのだ、が、それにもかかわらず世の人々は生きて来たし、また現在も生きている、いやかくいう私自身もまた、人生の無意味であり悪であることを、とうの昔に知りながら、今日まで便々と生きて来たのだ［後略］。

懸命に知恵を絞ったすえ、トルストイはそうした考えから逃れる方法を四つだけ見つけた。一つめは、この問題に気づかない無垢《むく》な子どもに返ること。二つめは、何もかも忘れて快楽を追求すること。三つめは、「何も生み出せないのを承知のうえで、邪悪かつ無意味な人生を引きずり続けること」だ。トルストイはこれを、弱さを伴った逃避《とうひ》とみなした。「このグループに属する人々は、生よりも死が良いと知っているものの、理性に従って迅速《じんそく》に行動し、自分を殺して妄想《もうそう》に終止符を打つほどの強さを持っていない」

最後の四つめの逃避方法だけが強さとエネルギーを備えている。「生命が邪悪で無意味であることに気づいた時点で、生命を破壊することだ」。トルストイは冷酷《れいこく》にこの考えを追求した。

> 強いしっかりした性格の少数の人々が、こういういき方をするのである。自分達の身に演ぜられている道化芝居の愚劣さを暁り、死者の幸福が生者の幸福に優っている事、それ以上の幸福があり得ない事を暁ると同時に、彼等は直に、首をくくるとか、入水するとか、胸へナイフを突き刺すとか、線路の上へ身を投げるとか言ったような手段を選んで、ひと思いにそうした道化芝居をお仕舞いにしてしまうので

ある。

トルストイの悲観は、まだじゅうぶんではなかった。わたしたちを題材にした愚かしい冗談は、自殺を誘発するだけではない。殺人を引き起こす。大量殺人——。多くの場合、締めくくりは犯人の自殺。実存に対する抗議として、たんなる自殺よりはるかに深い傷跡を残す。信じられないかもしれないが、米国では二〇一六年六月までの一二六〇日間で一〇〇〇件の大量殺人事件が起こった（一件で、犯人を除いて四人以上が射殺された事件を大量殺人と定義[112]）。三年以上にわたって、六日のうち五日、そんな事件が発生したことになる。「理解できない」と誰もが言う。なぜ理解不能なふりを続けるのだろう？　トルストイは理解していた。一世紀以上前に。聖書のカインとアベルの物語を記した古代の著者たちも理解していた。二〇世紀以上前に。エデンの時代に続いて最初に描かれる一幕が殺人だ。ただの殺人ではなく、兄弟殺し。罪がないばかりか、理想的で善良な者を殺す。宇宙の創造主に向かって意識的に歯向《はむ》かう。昨今の殺人者たちも、自分たちなりの言葉で同じことを語る。これは、林檎《りんご》の芯《しん》に潜んでいた虫ではないか？　しかし、あまりにもきわどい真実なので、わたしたちは耳を傾けない。あれほど思慮《しりょ》深いロシア作家でさえ、袋小路《ふくろこうじ》に追い込まれた。トルストイほどの人物が敗北を認めたのに、ほかの人間が対処できるだろうか？　何年もの間、トルストイは銃を目の届かないところに隠し、首つりを恐れてロープを持ち歩こうとしなかった。

目覚めた者は、どうすれば世界への怒りを避けることができるのか？

復讐か変身か

信心深い人は、神の明らかな不正と沈黙に絶望して拳《こぶし》を振るうかもしれない。キリストでさえ、十字架《じゅうじか》の前で神に見捨てられたと感じた（と伝えられている）。もっと不可知論的な、あるいは無神論的な人は、運命を非難するか、偶然の残忍《ざんにん》さを呪うかもしれない。苦しみや悪化の根底にある自分の性格の欠陥《けっかん》を探し、身を引き裂くような思いをする人もいるかもしれない。どれも一つのテーマをめぐる変奏曲だ。標的の名前は変われど、根底にある心理は変わらない。なぜだろう？　なぜ、これほどの苦しみや残酷さがあるのか？

まあたしかに、神の所業《しょぎょう》なのかもしれない——神を持ち出したくなければ、無意味な運命のいたずらと考えてもいい。そんなふうに考える理由がじゅうぶんすぎるほど存在する。しかし、そうわかったところでどうなるだろう？　大量殺人者たちは、存在に伴う苦しみが判断と復讐を正当化すると信じている。コロンバイン高校の少年たちはこう記した[113]。

> 自分の信念を捨てるくらいなら、さっさと死んでやる。この価値のない場所を離れる前に、おれは、何かにふさわしくない、とくに命に適さないと思う人間を殺す。過去におれを怒らせたやつを見かけたら、そいつを殺す。ほかの連中なら、怒らせてもいずれ丸く収められるかもしれないが、おれは許さない。おれを不当に扱ったやつらを忘れない。

二〇世紀でもとりわけ復讐心に燃えた殺人者、カール・パンズラムは、非行少年だったころ、彼の「更生」の責任を担うミネソタの施設で性的暴力を受け、虐待《ぎゃくたい》され、裏切られた。彼は立ち上がった。泥棒、放火魔、強姦魔《ごうかんま》、連続殺人鬼として、計り知れない怒りを煮えたぎらせた。意識的に一貫して破壊をめざし、放火で燃やした不動産の金銭的価値まで記録していた。彼はまず、自分を傷つけた個人を憎《にく》むことから始めた。恨《うら》みが募《つの》り、憎しみの対象が人類全体に及んだが、まだ止まらなかった。神そのものに向かって、根本的なかたちで破壊力を炸裂《さくれつ》させた。ほかに表現のしようがない。パンズラムは、「ビーイング」に対する怒りを表現するために、レイプし、殺害し、放火した。誰かに責任があるかのように振る舞った。カインとアベルの物語でも同じことが起こる。カインは犠牲(sacrifices)を拒絶される。苦しみのなかに置かれる。神を呼び出し、神が創造した「ビーイング」に異議を唱える。神は彼の嘆願《たんがん》を拒《こば》む。おまえの問題はおまえが招いた、とカインに告げる。激怒《げきど》したカインは、神のお気に入りのアベル(じつはカインも崇拝《すうはい》していた)を殺す。もちろん、成功している弟に嫉妬《しっと》したのだ。基本的には神を苦しめるため、アベルを亡き者にした。復讐心が極限まで高まったとき、人間に何が起こるかがきわめてリアルに描かれている。

パンズラムの反応は完全に理解できる(そこが非常に恐ろしいところだ)。彼の自叙伝《じじょでん》を細かく読むと、トルストイのいう「強さを持ち、論理的に一貫性のある人々」のひとりだったとわかる。強く、一貫して、勇《ゆう》敢《かん》な〝俳優〟だった。信念にもとづく勇気があった。彼の身に起こったことを考えると、彼のような人間が許したり忘れたりすることは期待しがたい。人には、本当にひどいことが起こる。復讐を思い立つのも当然だ。そのような状況下では、復讐が道徳的に必要なものに思える。正義を求めることと、どうやって区別できるのか? 残虐《ざんぎゃく》行為を受ける経験をしたあとでの許すという行為は、卑怯《ひきょう》なだけ、意志力の欠如《けつじょ》ではないのか? そんな疑問がわたしを苛《さいな》む。しかし、悲惨な過去から立ち直り、悪ではなく、善をなす人もいる。超人的な偉業だ。

わたしは、そういう偉業を成し遂げた人たちに会ったことがある。たとえば、ある偉大な芸術家は、パンズラムが描写したのとよく似た「学校」の出身者だった。はしか、おたふくかぜ、水ぼうそうを同時に患《わずら》って長い入院生活を過ごしたあとすぐ、そのひどい学校に放り込まれた。無垢《むく》な五歳のころだった。その土地の言葉が話せず、故意に家族から隔離《かくり》され、虐待され、飢《う》えに苦しみ、さまざまな方法で苦しめられて、挫《ざ》折《せつ》し、怒れる若者になった。麻薬やアルコールその他の自己破壊的な行動の結果、ひどくからだを壊した。彼はすべてを憎んだ。神も、自分自身も、先の見えない運命も。しかしやがて、そのすべてに終止符を打った。酒をやめた。憎むことをやめた（ときおり瞬間的には憎悪《ぞうお》が頭をよぎるが）。彼の出自《しゅつじ》である先住民の伝統的芸術文化をよみがえらせ、若い後継者たちを育成した。自分の人生の出来事を刻んだ一五メートルのトーテムポールを制作し、一本の丸太から長さ一二メートルの、いまではめったに生産されない種類のカヌーをつくった。家族を集めて、先住民にならった大がかりな儀式を行った。数百人が参加するなか、一六時間の踊りで自分の悲しみを表現し、過去と和解した。善良な人間になろうと決意し、善良な生きかたを貫《つらぬ》くために必要な困難きわまりない事柄をやり遂げた。

わたしの患者のなかに、家庭環境に恵まれない人がいた。幼いころに母親を亡くした。代わりに彼女を育てた祖母は、意地悪《いじわる》で辛辣《しんらつ》で外見を気にしすぎだった。孫娘を虐待し、その子の美徳――創造性、感性、知性――を罰した。人生のつらさに腹を立て、怒りを孫娘にぶちまけた。一方、父親とはまずまずの親子関係だったものの、彼は中毒患者だったせいで、世話のかいなく無残に死んだ。彼女には、息子がひとりいた。息子には、自分の悲惨な境遇を引き継がせなかった。息子は正直で、独立心を持ち、勤勉《きんべん》で、賢明《けんめい》な青年に育った。彼女は、受け継いだ文化的な布地の裂け目を広げずに、むしろ縫い合わせた。祖先の罪を拒否した。そんなことも可能なのだ。

精神的であれ肉体的であれ知的であれ、苦悩がニヒリズム（すなわち、価値、意味、望ましさの根本的な拒絶）を生む必然性はまったくない。そのような苦悩はつねにさまざまな解釈が可能である。

ニーチェはそう書いている[114]。彼が言いたかったのはこうだ。悪を経験した人間は、その悪を抱き続け、未来へ放ちたいと願うかもしれない。しかし、悪の体験から善を学ぶことも可能だ。いじめられた少年は、自分も真似《まね》て誰かをいじめることもできる。しかし、自身の虐待の経験を踏まえて、他人を虐《しいた》げ、惨《みじ》めな生活を送らせるのは間違っている、と学ぶこともできる。母親に虐待された女の子が、悲惨な経験をもとに、良い母親になることの重要性を学ぶかもしれない。子どもを虐待するおとなの多く、おそらくほとんどが、子ども時代に自身も虐待を受けている。しかし、子ども時代に虐待を受けた人の大半は、自分の子どもを虐待しない。これはじゅうぶんに裏付けの取れている事実であり、単純に数値で示すことができる。ひとりの親が三人の子どもを虐待したとする。その子たちにもそれぞれ三人の子どもが生まれ、さらにそれぞれ三人の子ども、と続いていくとしよう。虐待された者が必ず虐待者になるなら、第一世代で三人、第二世代で九人、第三世代で二七人、第四世代で八一人と、累乗《るいじょう》で増加する。二〇世代後には、一〇〇億人以上が子ども時代に虐待を受けているはずだ。現在の地球上の人口より多い。しかし実際は、虐待は世代を重ねるうちに消えていく。人間が拡散を抑制する。人間の心のなかで善が悪を克服することの証明だ。

たとえ正当性があったとしても、復讐の欲望は、ほかの生産的な思考の道を閉ざしてしまう。米国生まれの英国の詩人T・S・エリオットが、戯曲『カクテル・パーティー』のなかで、その理由を説明している。登場人物のひとりの女性が、つらい時期を過ごしている。精神科医に向かって、深い不幸を語る。自分の苦しみはすべて自分の責任であってほしいと言う。精神科医は驚き、理由を尋ねる。彼女は時間をかけて真剣に考え、次のような結論に達する。――もし自分の落ち度なら、自分で何とかなるかもしれない。けれども、もし神のせいなら、現実そのものに欠陥があって、惨めさをひたすら押しつけてきているなら、破滅する運命だ、と。たしかに、彼女は現実そのものの構造を変えることはできない。しかし、自分の人生を変えることはできるかもしれない。

アレクサンドル・ソルジェニーツィンは、ソビエトの労働収容所に収監《しゅうかん》されていた二〇世紀半ばの恐ろしい時期、存在の構造に疑問を持って当然だった。ナチスの侵攻に際して、彼は、物資不足のロシア戦線で兵士として戦った。やがて逮捕され、殴打《おうだ》され、刑務所に収監された。そのうえ、癌《がん》にかかった。腹を立て、悔しがってもおかしくなかった。史上最悪の二人の独裁者、スターリンとヒトラーのせいで、悲惨な人生を強《し》いられた。過酷《かこく》な環境で暮らした。貴重な時間を奪われ、浪費させられた。友人や知人が無意味で屈辱《くつじょく》的な苦しみを味わい、死んでいくのを目撃した。加えて、非常に深刻な病気にかかった。ソルジェニーツィンには、神を呪うだけの理由があった。これより過酷な仕打ちなどないほどだった。

にもかかわらず、偉大な作家であり、奥深く決然たる真実の擁護者《ようご》である彼は、自分の心が復讐と破壊へ向かうことを許さなかった。代わりに、目を開いた。数々の試練のなかで、ソルジェニーツィンは、恐ろしい状況下でも立派に振る舞う人々に出会った。彼らの行動について深く考えた。そのあと、自分に向かってきわめて難しい質問をした。この人生の悲惨さに、自分自身も貢献したのか？　もしそうなら、どんなふうに？　彼は、若いころに共産党を無分別に支持したことを思い出した。人生全体を振り返った。収容中、時間はいくらでもあった。過去、何か的外れな行動をとったか？　良心に反して、間違いとわかっている行動を何回しただろう？　何度自分を裏切り、嘘《うそ》をついたのか？　この収容所の泥沼のなかで、過去の罪を償《つぐな》う方法はあるか？

ソルジェニーツィンは、微《び》に入り細《さい》をうがって自分の人生を省察《せいさつ》した。第二、第三の自問に進んだ。いま、そのような間違いを食い止められるか？　いま、過去の間違いで生じた損傷を修復できるだろうか？　彼はよく見て、よく聞くことを学んだ。尊敬に値《あたい》する人々、どんな場面でも正直な人々を見つけた。自分を細かく分析して、不必要で有害な部分をそぎ落とし、再生した。その後、ソビエトの収容所の歴史、『収容所群島《しゅうようじょぐんとう》』を執筆した。(115) ありのままの真実という圧倒的な道徳の力をもって書かれた、力強くも恐ろしい本だ。何百ページにわたって、純然たる怒りが耐えがたい叫《さけ》びを上げている。ソビエト連邦では(当然ながら)出版禁止になったが、一九七〇年代、密《ひそ》かに西洋へ伝わり、世界に広がった。ソルジェニーツィンの著作は、イデオロギーや社会としての共産主義の知的信頼性を完全に破壊した。彼は、自分にまったく役立たない苦い果実のなる木――かつて植樹を見守り、支持した木――の幹に斧《おの》を振るった。運命を呪うよりも自分の人生を変えようとする者の決然たる思いは、共産主義の専制政治の病理システム全体を根底から揺るがした。そう遠くない時期にソビエト連邦は完全に崩壊し、ソルジェニーツィンの勇気もその一助となった。そのような奇跡を成し遂げたのは彼だけではない。迫害された作家で、のちになんとチェコスロバキアの大統領になったヴァーツラフ・ハヴェルや、マハトマ・ガンジーが思い浮かぶ。

すべての崩壊

あらゆる人々が現実を判断し、「ビーイング」を非難し神を糾弾《きゅうだん》することを断固として拒否してきた。この観点で、旧約聖書のヘブライ人を検討すると興味深い。彼らの苦悩は一貫したパターンをたどっている。アダムとイブ、カインとアベル、ノア、バベルの塔の話は本当に古い。起源の詳細は時間の謎のなかに消えた。わたしたちが歴史と呼ぶようなものが本当に始まるのは『創世記《そうせいき》』の洪水の話のあとだ。アブラハムから始まる。アブラハムの子孫が旧約聖書のヘブライ人になり、ほとんど同じ内容のヘブライ語聖書が生まれた。彼らはヤハウェと――神と――契約を結び、明らかに歴史的な冒険に乗りだす。

偉大な人物のリーダーシップのもと、ヘブライ人は社会を組織し、やがて帝国を組織する。富《とみ》が増え、成功が誇りと傲慢《ごうまん》を生む。腐敗が醜《みにく》い頭をもたげる。しだいに傲慢になる国家は権力に取り憑《つ》かれ、寡婦《かふ》や孤児に対する義務を忘れ始め、神との長年の合意から逸脱する。預言者《よげんしゃ》が生まれる。彼は、権威主義的な王と不誠実な国が神の前で失敗したことを、堂々と公《おおやけ》に非難する。何者をも恐れぬ勇気だ。さらに、恐ろしい審判がやがて訪れると告げる。この賢明な言葉を半信半疑で聞くころには、もう手遅れだった。神は、始末の悪い民たちを罰し、戦いに惨敗して何世代にもわたり服従する運命を課す。ヘブライ人はついに後悔して、自分たちの不幸は神の言葉に従わなかったせいだと気づく。もっとうまくやれたはずと考える。国家を再建し、ふたたびサイクルが始まる。

これが人生だ。わたしたちは生きるための構造を構築する。家族、州、国をつくる。そうした構造の土台となる原理を編み出し、信念の体系を定式化する。最初のうち、楽園のアダムとイブのように構造と信念を守って暮らす。しかし、成功のせいで自己満足する。注意を払うのを忘れる。現状を当然のものとみなす。目をつぶる。物事が刻々と変化し、腐敗が根付きつつあることに気づかない。すべてが崩壊する。元凶《げんきょう》は現実だろうか？　あるいは神だろうか？　それとも、人間がじゅうぶんな注意を払っていなかったから、何もかも崩れるのか？

ハリケーンがニューオーリンズを襲い、街が水没したのは、自然災害だろうか？　オランダ人は一万年に一回の最悪の嵐に備え、堤防を築いている。ニューオーリンズもそれにならえば、悲劇は起こらなかっただろう。誰も知らなかったわけではない。一九六五年に制定された水防法により、ポンチャートレイン湖の氾《はん》濫《らん》を食い止める堤防の改善が義務づけられ、一九七八年までに改良工事が完了する予定だった。しかし四〇年経《た》っても、工事は六〇パーセントしか終わっていなかった。意図的な無視と腐敗が、街を壊滅させた。ハリケーンは神の仕業《しわざ》だ。しかし、準備の必要性がわかっているときに準備を怠《おこた》ることは罪といえる。為《な》すべきことを為さなかった。『ローマ人への手紙』第六章二三節いわく、「罪の報《むく》いは死である」。古代ユダヤ人は、物事が崩壊するといつも自分たちを責めた。神の善良さ――現実の善良さ――は自明の理であるかのように振る舞い、失敗にみずから責任を負った。途方もない責任だ。しかしそれと正反対に、現実は不十分だと判断し、「ビーイング」そのものを批判し、恨みと復讐心に浸《ひた》るという選択肢もある。

あなたがいま苦しんでいるとしても――じつは、それが普通だ。人間には制約があり、人生は悲惨なのだ。しかし、あなたの苦しみが耐えられないほどで、堕落《だらく》し始めているのであれば、こんなふうに考えてほしい。

自分の人生をきれいにする

自分の状況を考えてみよう。初めは狭《せま》い範囲から。あなたはいま、差し出された機会を存分に活用しているだろうか？　職歴に、目の前の仕事に、懸命に取り組んでいるか？　それとも、悔しさや怒りに心を動かされ、引きずられているか？　兄弟とは仲直りしたか？　配偶者や子どもに尊厳と敬意をもって接しているか？　健康や幸福を損《そこ》ねる習慣はないか？　本当に責任を負っているか？　友達や家族に言うべきことを言ったか？　まわりの状況を良くするためにできること、できるとわかっていることはないか？

自分の人生をきれいにしたか？

答えが「ノー」なら、こんなことを試してほしい。間違っているとわかっている行動をやめる。今日からやめる。間違いだと自覚している事柄がすでにあるなら、それ以上の自問で時間を無駄《むだ》にしてはいけない。

適切でない質問は混乱を招き、行動をそらすだけで、何の足しにもならない。間違っていることや、正しいことは、理由がわからなくてもわかる。あなたの「ビーイング」全体が、あなたには説明も明確化もできないことを伝えてくれる。人間は複雑すぎて自分を完全に知ることができないし、自分では理解できない知恵をからだのなかに持っている。だから、たとえぼんやりとでも、やめるべきだとわかったら、ただやめればいい。その特定の卑劣《ひれつ》な行動をやめる。自分を弱くし、辱《はずかし》めるような発言をやめる。自分を強くする言葉だけを言う。胸を張って話せることだけをする。自分自身の判断基準を使ってかまわない。自分の導きに頼ればいい。外部の恣《し》意的な行動規範に従う必要はない(ただし、自分が属する文化の指針は無視すべきでない。人生は短く、すべてを自分で考え出す時間はない。過去の知恵は苦労のすえ培《つちか》われたものであり、死んだ祖先があなたに役立つ何かを持っているかもしれない)。

資本主義や急進的左派、敵の不正を非難するな。国家の再編成よりまず先に、自分の経験を秩序立てるべきだ。謙虚であれ。家庭に平和をもたらすことさえできないのに、市を支配しようと意欲を燃やすのはおかしい。自分の魂に導いてもらう。数日あるいは数週間、どんな変化が起こるかを観察する。

あなたは職場で自分の思いをありのままに発言し始めるだろう。妻や夫や子どもや親に、あなたが本当に求め、必要とすることを話し始める。何かをやり残しているとわかったら、ふたたび取り組む。嘘をつくのをやめ、おかげで頭のなかが鮮明になる。偽《いつわ》りの行動で経験を歪曲《わいきょく》するのをやめたぶん、経験が向上していく。やがてあらたに、自分の細かい間違った行動にも気づき始めるだろう。それもやめる。数カ月、数年と努力を重ねれば、あなたの生活はよりシンプルになり、複雑さが解消される。判断力が向上する。過去のもつれを解きほぐせる。強さが増し、つらさが減る。自信を持って将来へ突き進んでいける。人生を必要以上に難しくするのをやめる。あなたのもとには、人生の避けられない悲劇がむき出しで残ることになるが、もはや敵意や欺瞞《ぎまん》のせいで複雑化することはない。

おそらくあなたは、従来ほど堕落していない魂を見いだし、以前の生活を続けていた場合よりもはるかに強くなって、残された必要最小限の避けられない悲劇に耐えられるようになるだろう。悲劇を悪化させて完全な地獄にはまるのではなく、悲劇をたんなる悲劇として受け入れるようになるだろう。不安、絶望、憤慨《ふんがい》、怒りが、たとえ最初は甚《はなは》だしくても、やがて和《やわ》らぐだろう。あなたの堕落していない魂は、たとえ自分の弱さに直面したとしても、存在を真の善として、祝福すべきものとして、みるようになるはずだ。平和や、さまざまな善を招き入れる強い力になるだろう。

もしすべての人が人生で自分と同じようにすれば、世界は邪悪な場所ではなくなるかもしれないとわかるだろう。その後も努力を続けていけば、世界を悲劇的な場所ではなくすことさえ可能かもしれない。人類すべてが最善を尽くす決意を固めたら、存在がどんなものに変化するか想像もできない。この堕落した地球上に、わたしたちの魂が永遠の楽園をつくり、真理によって清められ、天をめざすことも可能ではないのか？

世界を批判する前に、自分の家のなかの秩序を完璧にしなさい。

Rule 07

その場しのぎの利益ではなく、意義深いことを追求する

Pursue what is meaningful
(not what is expedient)

良いうちに手に入れる

人生はつらい。それは明らかだ。これ以上基本的で反論の余地のない真実はない。楽園からアダムとイブを追放する直前、神もその趣旨の発言をしている。

神は女に言われた。「わたしはおまえの産みの苦しみを何倍にも増す。おまえは苦しんで子を産む。それでもなお、おまえは夫を慕《した》い、彼がおまえを治めるであろう」

さらにアダムに言われた。「おまえは妻の言葉を聞いて、食べるなとわたしが命じた木から取って食べたのだから、地はおまえのせいで呪われ、おまえは一生、苦しんで地から食物をとる。地はおまえのためにイバラとアザミを生じ、おまえは野の草を食べるであろう。おまえは額《ひたい》に汗してパンを食べ、やがて土に還《かえ》る。おまえは土から生まれたのだから。おまえは塵《ちり》だから、塵に還る」(『創世記《そうせいき》』第三章一六〜一九節)

いったいどうすればいいのだろう?

最も単純で明白で直接的な答えは、快楽を追求することだ。衝動に従う。いまだけを生きる。都合の良いことをする。嘘《うそ》をつき、ずるをし、盗み、欺《あざむ》き、操《あやつ》る——捕まらない程度に。結局は無意味な宇宙のなかで、そうやって生きて何が悪い? だいいち、これはけっして新しいアイデアではない。人生が悲劇であり、その一部が苦しみであるという事実は、非常に長いあいだ、目の前の利己《りこ》的満足の追求を正当化する口実として用いられてきた。

われわれの人生は短く、労苦が多い。最期《さいご》がくれば、もう治す薬はない。黄泉《よみ》から戻ってきた者はかつていない。

われわれは偶然この世に生を受け、のちには、存在しなかったも同然になる。鼻の穴の息は煙、理性は心臓の鼓動《こどう》から出る火花のようなものだ。

それが消えたとき、からだは灰になり、魂《たましい》はむなしい空気と化す。われわれの名は時とともに忘れられ、誰ひとり、われわれの仕事を思い出してはくれない。われわれの人生は雲の跡のように消え、太陽に追われて、その熱でかき消される。

われわれに割り当てられた時間は過ぎ去る影だ。死から戻ることはできない。封印されれば、戻れる者はいない。

だからさあ、この世にある良いものを楽しみ、若き日のように創造物を最大限に活《い》かそう。

高価なワインと香水におぼれ、春の花々をすべて、通り過ぎさせずにおこう。

しおれないうちに薔薇《ばら》のつぼみで王冠をつくり、かぶろう。

われわれひとり残らず酒宴《しゅえん》に加わり、あらゆる場所に愉楽《ゆらく》のしるしを残そう。それがわれわれの分け前であり、われわれの定めだ。

正しくも貧しい者を虐《しいた》げ、寡婦《かふ》に気をつかわず、老齢の白髪に敬意を払うまい。

力を正義の掟《おきて》としよう。そうすれば、弱い者は役立たずだとわかるだろう。(『知恵の書』第二章一～一一節)。

便宜《べんぎ》主義(expediency)の喜びは一時的なものかもしれないが、それでも喜びであり、喜びの積み重ねは、存在の恐怖と苦痛への対抗策だ。「Every man for himself, and the devil take the hindmost(われ先に逃げよ、悪魔は最も遅れた者をとらえる)」と古いことわざにある。機会があれば、手に入るものをすべて手に入れればいいのではないか? そんなふうに生きてはいけないだろうか?

あるいはほかに、もっと力強く魅力的な生きかたがあるだろうか?

わたしたちの祖先は、このような問いに対して非常に洗練された答えを出したが、わたしたちはいまだよく理解できていない。おもに儀式や神話に暗示されているにすぎず、現時点では明快な表現になっていないからだ。行動で表現したり、物語のなかで表したりはできるものの、明示的に定式化できるほど賢《かしこ》くない。わたしたちはまだチンパンジーの集団かオオカミの群れにすぎない。行儀はわきまえている。誰が誰で、なぜなのかは知っている。経験を通じてそれを学んだのだ。他者との交流によって、知識に磨きをかける。わたしたちは予測可能なルーチンや行動パターンを確立したが、本当に理解はできていないし、どこが起源なのかもわからない。長い時間をかけて進化させてきた。末永くどう行動すべきかを互いに教え合っているが、明示的な定式化はできていない(少なくとも、わたしたちがたどれる範囲の過去では)。しかし、そう昔ではないある日、わたしたちは目を覚ました。すでにやっていることだったが、自覚してやるようになった。からだを自分の行動を表す道具として使い始めた。真似《まね》をし、ドラマ化し始めた。儀式を生み出した。自分たちの経験から行動し、やがて物語を語り始めた。みずからのドラマを観察し、その結果を物語に組み込んだ。こうして、わたしたちの行動に最初に埋め込まれた情報は、まず物語というかたちにまとまっていった。しかし、それの意味すべては理解できていない。聖書に収められている楽園やそこからの物語も、そうやってできた。人類の想像力を結集し、何世紀にもわたってまとめ上げられた。「ビーイング」の本質が深く考察されており、その概念化や、本質に沿った行動を示している。自意識が芽生える前、エデンの園では、人間は罪のない存在だった(という)。わたしたちの元祖であるアダムとイブは、神とともに歩いた。しかし蛇《へび》に誘惑されて、知識の樹《き》の実を食べ、死や弱さを知って、神に背を向けた。人間は楽園から追放され、苦労の多い有限な存在になった。そのあと間もなく、犠牲という概念が登場し、カインとアベルの話から始まって、アブラハムの冒険やエクソダスの物語へ発展していく。熟考のすえ、苦悶《くもん》する人間たちは、適切な犠牲を捧《ささ》げることによって神の恩恵《おんけい》が得られ、怒りを鎮《しず》められることを学んだ。また、そのような方法で成功を望まない者や成功できない者のあいだでは、血なまぐさい殺人が起こりかねないことを知った。

満足の先送り

犠牲を捧げるにあたり、わたしたちの祖先はまず、ある前提を行動で表現した。言葉にするなら、「現在の価値ある何かを放棄《ほうき》することによって、将来もっと良いものが得られるかもしれない」という前提だ。労働の必要性は、原罪の報《むく》いとして神がアダムとその子孫に課した呪いの一つであることを思い出してほしい。脆弱性《ぜいじゃくせい》や死の必然という「ビーイング」の基本的な制約に目覚めたとき、アダムは未来を発見したに等しい。未来とは、自分がこれから向かい、(願わくば早すぎずに)死ぬ場所だ。死は、労働を通じて避けられるかもしれない。いまを犠牲にし、あとで利益を得るわけだ。犠牲の概念が、聖書で楽園追放のドラマの直後の章で登場するのは、この理由からだろう(もちろん、ほかにも理由はあるが)。犠牲と労働はほとんど違いがない。また、どちらも人間ならではのものだ。動物があたかも働いているかのように振る舞うこともあるが、実際には、本能の命令に従っているにすぎない。ビーバーはダムをつくる。それはビーバーだからにすぎない。つくりながら、「本心としては、恋人とメキシコのビーチに行きたいんだけど」とは考えない。

ありていに言えば、こうした犠牲――労働――は、満足を先送りすることにほかならないが、そのような俗な表現では示しきれない深い意義を持つ。満足を先送りできるという発見は、時間の発見でもあり、同時に因果関係(少なくとも、自発的な人間活動にもとづく因果関係)の発見でもあった。太古《たいこ》の霧《きり》のなかで、人間は、現実が取引可能であるかのような構成になっていると気づき始めた。いま、衝動を抑え、他者の苦境を思いやって適切に行動すれば、将来、まだ存在していない時と場所で報酬を受け取れると学んだ。そこで、他人や将来の自分を邪魔《じゃま》しないように、反射的な衝動を抑制し、コントロールし、組織化し始めた。それはつまり、社会を組織することでもある。現在の努力と明日の質とに因果関係があるのを知った結果、今日の仕事を(おもに他者からの約束という形で)確保するため、社会契約を結ぶようになった。

理解は、明確に把握されるより先に、行動に表れることが多い(ちょうど赤ん坊が、「母」や「父」の役割を言葉で説明できるようになる前に、役割を理解して行動するように)[116]。神に儀式的な生贄《いけにえ》を捧げる行為は、先送りの有用性という概念を原始的ながらも洗練されたかたちで表したものだ。たんに好き放題に空腹を満たすことと、余った肉を火でいぶして夜のために、あるいは不在の人のために取っておくのを学ぶこととのあいだには、概念上、格段の違いがある。後日の自分のために何かを保存したり、ほかの人と共有したりする(前者の場合、将来の自分と共有しているに等しい)のを習得するまでには、長い時間がかかる。目の前にあるものをすべて利己的にすぐさま消費してしまうほうが、はるかに簡単であり、可能性として高い。先送りやその概念をひとつずつ習得するには、いずれも長い時間がかかっている。短期的な共有や、未来のための保存のほか、記録というかたちでの保存、やがては通貨というかたちでの保存、最終的には銀行その他の社会機関における貯蓄も、同じ概念の表れだ。一部の概念化は仲介人《ちゅうかいにん》としての機能を果たしており、おかげで、犠牲や労働とそれを表すものに関して、わたしたちは本格的に考え、実践できるようになった。

わたしたちの祖先はドラマを、フィクションを演じた。運命を支配する力を、あたかも人間であるかのように、取引ができる霊魂として擬人化《ぎじんか》した。驚くべきことに、そのやりかたは成功した。成功の理由の一つは、未来は未来の人間たち――多くの場合、自分の過去の行動を詳細に観察し、評価してきた人間――で構成されているからだ。はるか雲の上から、あなたを観察している神にも似た行為といえる。自分のあらゆる動きを追跡し、将来参照できるように大きな本に書き留める。生産的かつ象徴的に言い表すなら、「未来は審判を下す父」なのだ。いい出発点だが、犠牲という概念を発見したせいで、二つの典型的で根本的な疑問が生じた。どちらも、労働の論理の究極的な延長――いまを犠牲にし、のちに利益を得る――に関係している。

最初の疑問は、何を犠牲にしなければならないかだ。小さくて特異な課題であれば、小さな犠牲でもじゅうぶんだろう。しかし、大規模で複雑な課題をいくつも同時に解決するためには、大規模で包括《ほうかつ》的な犠牲が必要かもしれない。困難は増すが、より良い結果が得られる可能性がある。たとえば、医学部で必要な履修に適合するためには、学生同士でパーティーに興《きょう》じてばかりいて勝手気ままに暮らすわけにはいかない。犠牲として、それを放棄することになる。その代わり、医師になれば家族に食べ物をもたらせる。長い時間のかかる、困難な労苦だ。つまり、将来を向上させるためには犠牲が必要であり、より大きな犠牲のほうがより良い成果につながる。

二つめの疑問は、じつは関連するいくつもの疑問を含んでいる。わたしたちはすでに、基本的な原則を確立した――「犠牲が将来を向上させる」。しかし、いったん確立された原則は具体化されなければならない。拡張した完全な概念や意義まで理解する必要がある。犠牲が将来を向上させるという概念は、最も極端で究極の場合には、何を意味するのか？　この基本原則はどこで限界を迎えるのか？　わたしたちはまず、こう自問しなければならない。「可能なあらゆる犠牲のなかで、最も大きく最も効果的で、最も喜びを与えるものは何か？」。続いて、「最も効果的な犠牲を払ったとして、可能なかぎり良い未来とはどれくらい良いものなのか？」――。

先に述べたとおり、聖書では、アダムとイブの息子であるカインとアベルの物語が、楽園追放の話の直後に続いている。アダムとイブは神によって創造された特殊な存在だから、カインとアベルが本当の最初の人間といえる。

カインとアベルは、エデンではなく歴史のなかで生きる。労働しなければならない。神を喜ばせるために犠牲を払わなければならず、祭壇《さいだん》と適切な儀式を通じて犠牲を捧げる。けれども、事態は複雑になってくる。アベルの供え物は神を喜ばせるが、カインの供え物は効果がない。アベルは何度も報われるものの、カインは違う。理由は正確には明らかにされていない（ただし、カインの供え物には心がこもっていないことが強く示唆《しさ》されている）。カインの捧げ物は質が低かったのかもしれない。カインに出し渋《しぶ》る気持ちがあったのかもしれない。何らかの秘《ひそ》かな都合で神がいらだったのかもしれない。文章の説明のあいまいさも含めて、すべてが現実的だ。すなわち、あらゆる犠牲が同じ質ではない。また、明らかに質の高い犠牲を払っても、より良い未来には恵まれないように思えることが多く、理由は明らかでない。なぜ神は喜ばないのか？　喜ばせるには何を変える必要があるのだろう？　難しい疑問だ。誰もが、無意識にせよ、つねにこうした疑問を抱く。

こうした疑問を抱くことは、すなわち、思考することだといっていい。

快楽の先送りが有効だと認識し始めたものの、人間としては非常に納得しがたかった。祖先の原始的な動物本能は、即座の満足を求める(とくに、不可避であり頻繁《ひんぱん》な、物資が欠乏した状況では)。先送りは、まったくその逆だ。しかもさらに複雑なことに、そのような先送りが有効なのは、文明が安定し、将来において間違いなく報いを受けられる場合に限られる。取っておいたものがすべて破壊されたり、運悪く盗まれたりしたら、先送りした意味がない。オオカミが一回の食事で一〇キログラムの生肉を食べるのはそのせいだ。「暴飲暴食は良くないな。来週のぶんに取っておこう」とは考えない。では、先送りと、将来の社会の安定という、二つの非常に難しく、しかし必要な状況は、どうやって出現したのだろうか?

要因として、動物から人間への進化が考えられる。厳密にいえば違うのだが、いま取り上げているテーマに関しては、進化が要因とみなしていい。第一に、食料が豊富に得られるようになったこと。マンモスのような巨大な草食動物などのおかげで、大型の死骸《しがい》が入手できた(人間はたくさんのマンモスを食べた。たぶん、食べ尽くした)。大型の動物だと、いったん仕留めれば、あとに取っておくゆとりがある。最初は偶然だっただろうが、やがて「取っておく」ことの有用性が認識され始めた。同時に、犠牲に関する暫定《ざんてい》的な概念が生まれた。「いま欲しいとしても、いくらか残しておけば、自分はあとで空腹にならずに済む」。この暫定的な概念が、次のレベルに発展する。「いくらか残しておけば、自分はあとで空腹にならずに済み、愛するほかの者たちも空腹にならない」。さらに、次のレベルへ進む。「自分はこのマンモスを全部食べきれないが、残りをあまり長く保存することもできない。ほかの人たちにも少し食べさせたほうがいいかもしれない。それを覚えていてくれて、いずれ、自分に食料がなく彼らに余りがあるとき、マンモスを少し分けてくれるかも。そうなれば、自分はいま少しマンモスを食べ、しかもあとでまた少し食べられる。いい取引だ。それに、分け与えた相手はわたしをこれまで以上に信頼してくれるだろう」。こうして「マンモス」が「将来のマンモス」に、「将来のマンモス」が「個人の評判」になる。これが社会契約の発祥だ。

共有とは、価値あるものを手放して何も戻ってこないという意味ではない。共有を拒否する子どもは、そういう全面的な損失を恐れる。しかし適切な場合、共有とは、取引の開始を意味する。共有できない、取引できない子どもは、友達をつくれない。友達関係は取引の一形態だからだ。かつてベンジャミン・フランクリンは、新しく引っ越してきた人が隣人に頼み事をするケースを挙げ、古い格言を引用してこう述べた。「一度親切にしてくれた人は、こちらが親切にしてやった人よりも、向こうからまた親切にしてくれる」[117]。フランクリンの意見によれば、何か頼み事をすることは(もちろん、過大な頼み事ではまずいが)、社会的な交流の糸口としてきわめて有効で即効性があるという。あらたに引っ越してきた側が最初の出会いでそうやって何か頼めば、隣人に良い人間であることを示す機会を与えられる。また、隣人が見返りとして恩義を求めることが可能な状況になり、互いの親密さと信頼が増す。両者ともに、見知らぬ間柄に生じがちな躊躇《ちゅうちょ》と恐怖を克服できるわけだ。

何もないより何かあるほうがいい。自分の持っているものを惜《お》しみなく共有するに越したことはない。だが、寛大《かんだい》な共有で広く知られるようになれば、さらに良い。効果が長続きし、頼りになる。このような抽象化の段階を考えれば、信頼、正直、寛大という概念の基礎がどのように築かれるかわかる。言葉として明確な道徳の基礎が確立された。生産的で誠実な共有者こそ、善良な市民、善良な人間の原型(prototype)だ。「あとのために取っておくのが得策」という単純な発想から、いかにして崇高《すうこう》な道徳原理が現れるかが理解できただろう。

人類が発展する過程で、ちょうどこんなことが起こったらしい。始まりは、歴史やドラマが文章に記されるより何万年も前の果てしない昔。この時期に、先送りと交換という二つの習慣がゆっくりと痛みを伴いながら現れる。そのあと、儀式や生贄の物語のように、比喩《ひゆ》的な抽象的表現として表されるようになり、こう言われるようになった。「まるで空の上に強力な誰かがいて、すべてを見て、あなたを判断しているかのようだ。価値あるものを放棄すると、その誰かが喜ぶらしい。そうしなければ地獄が出現するから、あなたはその誰かを喜ばせたい。犠牲と共有を練習し、その達人になれば、物事がうまくいく*」。こんなふうにはっきりと言葉にした者はいないが、そうした考えが、実践と物語のなかに暗示されている。

最初は行動だった(当然だろう。かつて動物だったわたしたちは、行動はできるが思考できなかった)。暗黙の、認識されていない価値がまずは出発点だった(思考より行動が先行するため、価値を具体化できたが、その価値を説明することはできなかった)。人々は、何千年、何万年と、うまくやれば成功し、やれなければ失敗するという現実を観察した。熟考のすえ、結論を出した。「満足を先送りした者が成功している。未来と取引した者が成功する」。偉大なアイデアが生まれ始め、より明確に表現されたかたちをとり、より明確に表現された物語のなかに現れ始める。成功と失敗の違いは何か? 「成功者は犠牲を払う」――。成功者が犠牲を払うことに慣れるにつれて、事態は良くなる。疑問がさらに綿密に、と同時に広範囲になる。可能なかぎり最大の犠牲とは何か? 可能なかぎり最高の善とは? 答えもしだいに深みを増していく。

多くの神と同様、西洋の伝統の神は、犠牲を求める。理由はすでに検討した。だが神は、さらなる要求を出す。たんなる犠牲でなく、最も愛するものを犠牲にせよと要求してくる。この点は、アブラハムとイサク

*実際に空の上に強力な誰かがいるかどうかにかかわらず、これらはすべて事実といえる。

の物語のなかで最もはっきりと(最も理解しかねるほど明らかに)描写されている。神に愛されていたアブラハムは、長いあいだ息子を欲しがっていた。だいぶ先送りしたあと、神は願いを叶《かな》えることを約束した。老齢と、妻の長い不妊《ふにん》というきわめて難しい条件が重なったにもかかわらず、その後まもなく、奇跡的にイサクが誕生した。イサクがまだ子どものころ、神は態度を急変させ、理不尽かつ野蛮《やばん》にも、忠実なアブラハムに息子を犠牲にせよと要求する。しかし物語はハッピーエンドを迎える。神は天使を遣《つか》わして、従順なアブラハムを守り、イサクの代わりに羊を生贄として受け入れる。結末は良いが、肝心《かんじん》の問題が残される。神はなぜ、あんな要求をしたのか?

ここではまず、控えめながらも自明なことから分析を始めよう。すなわち、「物事はうまくいかないこともある」。これは、疫病《えきびょう》や飢饉《ききん》、暴政や裏切りなど、世界の恐ろしい性質とおおいに関係がありそうだ。しかし、ここで問題がある。「物事がうまくいかないとき、世界が原因ではない。原因は、その時点で主観的、個人的に最も価値が高いものにある」。なぜか? それは、世界はある程度、あなたの価値基準を通じて明らかにされるからだ(これについては、ルール10でさらに詳しく説明する)。もしあなたが見ている世界が望む世界でないなら、あなたの価値を検証すべきだろう。あなたの現在の前提を取り除く時機《じき》が来ている。期限切れだ。あなたがいちばん好きなものを犠牲にして、現状のままを脱し、あなたがなり得る人間になるときなのだろう。

この一連の考えをうまく表す古い典型的な話として、「猿の捕まえかた」がある。まず、大きくて口の狭《せま》い壺《つぼ》を見つけなければならない。口の大きさは、猿がぎりぎり手を入れられるくらい。次に、壺にある程度まで小石を詰めて、猿には持ち上げられないようにする。続いて、壺のそばに猿の好物の餌《えさ》をまき、壺のなかにも少し入れておく。やがて猿がやってきて、狭い口のなかに手を入れ、しめしめと餌をつかむ。ところが、餌を目いっぱいつかんだままだと、拳《こぶし》がつかえて狭い口から抜けない。餌を手放すほかない。すでにつかんだものを放棄しなければいけない。けれども猿はそれを嫌がる。罠《わな》をしかけた者は、おもむろに壺に近寄って、猿を捕まえることができる。猿は一部を犠牲にすることを知らず、全部を手放すまいとする。

貴重なものをあきらめると、将来の繁栄が保証される。貴重なものを犠牲にすると、神を喜ばせることができる。では、何が最も価値があり、最も犠牲にふさわしいのか？　少なくとも、それを象徴するものは何か？　選《え》りすぐりの肉片。群れのなかで最高の一頭。最も価値ある所有物。それ以上に何があるだろう？　非常に個人的で、あきらめるのがつらいもの。これが、神の要求として象徴化されたのかもしれない。アブラハムが慣習として一部を犠牲に捧げているとき、象徴的に、すべてを捧げよと要求した。それ以上とは？　一部分ではなく、その人間全体に近いものは何か？　究極の報いを得るための、究極の犠牲とは何か？

子どもか自分か、僅差《きんさ》だろう。子どもをこの世の犠牲として差し出す母親の姿が、意義深い象徴だ。ミケランジェロの偉大な彫刻、ピエタに描かれている。マリアが、はりつけにされ滅ぼされる息子を思って悲しみに暮れている。原因は彼女にある。彼女を通して、彼は世界に生まれ、「ビーイング」の偉大なドラマを演じた。このひどい世界に赤ん坊をもたらすのは正しいことなのか？　どの女性もこれを自問する。「ノー」と結論する人もいて、それぞれもっともな話だ。マリアは、何が起こるかを熟知しつつも「イエス」と自発的に答えた。その気さえあれば、どんな母親も、生後の苦難を予測できるだろう。そのうえで子どもの誕生を自発的に引き受けるのは、非常に勇気ある行為だ。

その代わり、マリアの息子キリストは、自分を神と世界に捧げ、裏切りと拷問《ごうもん》と処刑を受ける。十字架《じゅうじか》で絶望の極みに達し、「わたしの神よ、わたしの神よ、なぜあなたはわたしを見捨てたのか」と恐ろしい言葉を叫ぶ（『マタイ伝』第二七章四六節）。それは、より良い人々――「ビーイング」の向上に向けて自分の人生を引き上げてくれた人々——のためにすべてを捧げ、神の意志がひとりの有限な生涯のなかで明らかになるようにした人物の典型的な物語だ。立派な人間の模範だろう。しかしキリストの場合、みずからを神に、つまり自分を父に捧げたのだから、神の息子を犠牲にしたともいえる。このため、キリスト教的な犠牲のドラマでは、息子と自分を捧げる形式が典型となっている。想像し得るかぎりこれ以上ない、偉大な究極の物語だ。まさに「元型的《げんけい》(archetypal)」の定義であり、「宗教的(religious)」の核心だ。

痛みと苦しみが世界を定義している。その点には疑いの余地がない。犠牲は、多かれ少なかれ、痛みや苦しみを遠ざけることができ、犠牲が大きいほど、効果を発揮する。その点も疑いの余地がない。誰もが魂のなかにこの知識を持っている。したがって、世界の苦しみを軽減したい者——「ビーイング」の欠点を是正《ぜせい》し、可能なかぎり最善の未来を実現し、地上に楽園を創造しようとする者——は、最大の犠牲、自己と子ども、愛するすべてを捧げて、善をめざした人生を送ることになる。便宜主義は放棄する。究極の意義を追求していく。そうやって、絶望的な世界に救いをもたらす。

しかし、そんなことが可能だろうか？　個人にあまりにも多くを要求していないか？　キリストは実際に成し遂げたと主張する人もいるかもしれないが、なにしろ彼は神の子だった。とはいえ、そこまで神格化されていない原型が、ほかにもある。たとえば、古代ギリシャの哲学者ソクラテスを考えてみよう。ソクラテスは生涯にわたって真実を求め、大衆を教育したのち、生まれ故郷アテネの都市国家に対する反逆《はんぎゃく》の罪に問われた。裁判所は、街から退去して混乱を避けるだけでよいとする機会をじゅうぶんに与えた[118]。しかしソクラテスは熟慮し、この行動方針を拒否した。彼の仲間であるヘルモゲネスは当時、ソクラテスが裁判以外の「ありとあらゆる問題[119]」を論じる姿を見て、なぜそんなに平然としていられるのかと尋ねた。ソクラテスはまず、自分を擁護《ようご》するために全生涯を準備してきたと答えた[120]。次に、さらに神秘的で重要なことを言った。

「公正な手段であろうとなかろうと」[121]無罪放免となる戦略を考えようとするとき――あるいはたんに、裁判で可能な行動を検討するとき[122]――自分は、内なる精神、声、デーモンといった神のしるしによってさえぎられるのだ、と。この声についてソクラテスは裁判の場でも論じた[123]。自分がほかの人間と異なる要素の一つ[124]は、この声の警告に耳を傾けようとする強い意志にあり、声が反対する場合は発言をやめ、行動をやめる、と語った。神々は、とくにこの理由から、ソクラテスをほかの人間よりも賢明《けんめい》だと考え、デルフォイの神託《しんたく》により、そのようなことについて信頼できる判断を下した[125]。

つねに信頼できる内部の声が、逃げ出すこと（さらには自分を弁護すること）に反対したので、ソクラテスは裁判の重要性についての見解を根本的に変えた。裁判が呪いではなく祝福かもしれないと考え始めた。ヘルモゲネスに、自分がつねづね耳を傾けていた魂は、「最も簡単で、しかし友人たちをできるだけ傷つけない手段[126]」によって人生から脱する方法を提示しているようだ、と語った。「健全な肉体と、親切さを示すことができる精神[127]」を備え、「病気の苦しみ」や極端な老齢の悩みをなくすような方法を[128]。運命を受け入れることを決めたソクラテスは、裁判前から、裁判中、判決後[129]にわたって、さらには執行時まで[130]、死の脅威《きょうい》に直面しつつも、限りある生の恐怖を払拭《ふっしょく》できた。満ち足りた人生であり、潔《いさぎよ》く手放してもかまわないと考えた。自分の諸問題を整理する機会があった。歳《とし》を重ねてゆっくりと衰退していく悲劇から逃れられると思った。自分の身に起こっているすべては神からの贈り物だと解釈するようになった。だから、告発者に反論して身を守る必要はなく、少なくとも、無実の判決を受けて自分の運命から逃れる必要はないのだった。代わりに、立場を逆転し、議会がなぜ自分を殺したがっているかを正確に理解させるようなかたちで裁判官たちに話しかけた。そのあと、人間らしく、毒を飲んだ。

ソクラテスは便宜主義とそれに伴って必要になるごまかしを拒否した。その代わり、切迫した状況下でも、意味のある真実を追求し続ける道を選んだ。二五〇〇年後のいま、わたしたちは彼の決断を思い起こし、安堵《あんど》する。彼の生きかたから何を学べるだろうか？　もしあなたが虚偽《きょぎ》を口にするのをやめ、良心の命令に従って生きるなら、たとえ究極の脅威に直面しても、高貴《こうき》さを保つことができる。もし誠実に勇気を持って最高の理想に従うなら、近視眼《きんしがん》的に保身に集中するよりも、より大きな安全と強さを与えられる。もし適切にじゅうぶんに生きるなら、死の恐怖からさえも自分を守れるだけの意味を見いだすことができる。

はたしてそんなことが可能だろうか？

死と労苦と悪

自意識に目覚めた「ビーイング」の悲劇は、必然的に苦しみを生む。苦しみが、都合良くすぐに満足したいという利己《りこ》的な欲求に火をつける。しかし、苦しみを遠ざけ続けるためには、短期の衝動的な喜びよりも、犠牲と労働のほうがはるかに効果が高い。もっとも、悲劇そのものは（個人の脆弱性を突く、社会や自然の恣意《しい》的な厳しさととらえられているものの）、苦難の唯一の原因ではないし、おそらく主たる原因ですらない。悪の問題も考慮しなければならない。たしかに世界はわたしたちに厳しくできているが、人間が他人に向ける非人道性のほうがさらに悪い。そのため、犠牲の問題は複雑さを増している。労働によって――捧げ、あきらめる意思によって――対処しなければならないのは、物資の欠乏と死の制約だけではない。悪にも対処する必要がある。

ふたたびアダムとイブの物語を考えてみよう。親の原型が覚醒《かくせい》し堕落《だらく》したあと、その子孫（つまりわたしたち）の人生は非常に厳しくなった。まず、楽園追放のあと――世界の歴史――においては、わたしたちを恐ろしい運命が待ち受けている。ゲーテが「われわれの創造的な果てしない労苦」と呼んだものとは違う[131]。これまで見てきたように、人間は働く。自身の脆弱性、病気や死を免《まぬか》れない現実に目覚め、できるだけ長く自分自身を守りたいと願って働く。いったん未来が見えると、それに備えないかぎり、否定と恐怖のなかで生きなければならない。よって、わたしたちは今日の愉楽《ゆらく》を犠牲にし、より良い明日をめざす。しかし、アダムとイブが禁断の果実を食べて覚醒し、目を開いたとき、認識したのは死の必然と労働の必要性だけではない。善と悪の知識も与えられた（あるいは、その知識で呪われた）。

わたしは、その意味を（部分的にでも）理解できるまで何十年もかかった。たどり着いた意味はこうだ。自分が脆弱であることをいったん認識すると、人間の脆弱性の本質全般を理解することになる。恐怖、怒り、憤慨《ふんがい》、つらさがどんなものかを理解する。痛みの意味を理解する。自分のなかでそのような感情や、それがどのようにして生まれるのかを本当に理解すると、他人のなかでどうやって生まれるのかも理解する。こうして、わたしたち自意識のある人間は、自発的に巧みに他人を苦しめることができるようになる（もちろん自分自身も苦しめられるが、いま心配すべきは他人を苦しめることだ）。この新しい知識の結果は、アダムとイブの息子カインとアベルが登場してから明らかになる。

ふたりが現れるころ、人間はすでに神に犠牲を捧げることを学んでいた。専用にしつらえた石の祭壇を使い、共同で儀式を行った。何か価値のあるもの、選り抜きの動物またはその一部を供え、火であぶって変質させ、天に昇る煙（魂）に変える。こうして先送りの概念をドラマ化し、未来の向上を試みる。アベルは、犠牲を神に受け入れられ、繁栄する。ところがカインは拒否される。嫉妬《しっと》と苦々しさが湧《わ》き上がってくる。当然だろう。もし誰かがいっさい犠牲を払わず、そのせいで失敗し、拒絶されたという場合なら、それはまあ、少なくとも理解できる。その人もやはり憤慨し復讐心《ふくしゅうしん》を持つかもしれないが、心のなかでは、悪いのは自分だと知っている。知っているから、怒りにもふつう限りがある。けれども、つかの間の喜びを我慢し、努力し苦労したのにうまくいかず、骨を折っても拒絶された場合、はるかに悲惨《ひさん》だ。現在も未来も失ったことになる。労働が、犠牲が無意味だった。そのような状況では、世界が暗転し、魂は反逆する。

カインは拒絶されて憤慨する。神と対立し、神を批判し、神の創造物を呪う。非常にまずい決断だった。神は、明快な言葉で、すべてはカインのせいであると告げた。さらに悪いことに、おまえは故意に独創的に罪と戯《たわむ》れて、[132]報いを受けたのだ、と。カインが聞きたかったことではなかった。これは神の謝罪ではない。侮辱《ぶじょく》であり、泣き面《つら》に蜂だった。神の反応に心を傷つけられたカインは復讐を企《くわだ》てる。大胆にも、創造主に反抗する。思いきった行動だ。カインは傷つける方法を知っている。なにしろ自意識があり、苦しみと恥のなかでさらに自意識を高めた。そこで彼はアベルを冷酷《れいこく》に殺した。自分の理想だった弟を殺した（アベルはカインが望むすべてだった）。彼自身、全人類、そして神をまとめて苦しめる恐ろしい罪を犯す。大混乱を引き起こし、復讐を果たそうとする。存在に対する基本的な異議を唱え、「ビーイング」の耐えがたい気まぐれに抗議する。カインの子どもたち、カインのからだと決断を受け継ぐ子孫は、さらに悪い。カインは存在をめぐって激怒し、殺人を一回犯した。ところが子孫であるレメクはもっと過激化している。レメクは言う。「わたしは傷を受ければ人を殺し、痛みを受ければ若者を殺す。カインの復讐が七倍なら、レメクの復讐は七十七倍だ」（『創世記』第四章二三〜二四節）。「青銅や鉄の刃物すべてを鍛える職人」（『創世記』第四章二二節）であるトバルカインは、カインから数えて七代目にあたり、戦争兵器の最初の創造者だ。次に、創世記では洪水が起きる。このつながりは偶然ではない。

悪は、自意識とともに世界に侵入する。アダムは神から労働の呪いをかけられた。それだけでもかなり悪い。イブは出産の痛みと夫への依存を課せられた。これも、ささいなことではない。これらは、苦悩を伴う悲劇を暗示している。不完全さや窮乏《きゅうぼう》、生命を制約する死、蔓延《まんえん》する疫病にさらされざるを得ない。そうした厳然たる現実は、勇気のある者でさえ人生に背を向けたくなるにじゅうぶんだ。しかし、わたしの経験からいって、人間は「ビーイング」が暗黙のうちに含む悲劇を、揺るぎなく——精神的な損傷を受け入れられるほど強い。わたしは、私生活でも、教授としての仕事のなかでも、臨床医としての役割のなかでも、その証拠を繰り返し見てきた。地震、洪水、貧困、癌《がん》——わたしたちはそのすべてに対処できるほど強い。しかし、人間の悪は、まったく新しい次元の不幸を世界に追加する。だからこそ、創世記の早い段階の章(および、それを取り囲む広大な伝統)に、自意識の高まりや、それに伴って善悪や死を知るさまが描かれ、宇宙規模の大変動として示されているのだ。

意図的な人間の悪意は、悲劇にさえ揺らがなかった魂を破壊することができる。わたしの患者だったある女性を思い出す。何年ものあいだ、深刻な心的外傷後ストレス障害(PTSD)に悩まされていた。診療の結果、酔ったボーイフレンドの怒りの表情が思い浮かぶだけで、日ごろ恐怖にすくんでからだが震え、慢性的な不眠に陥《おちい》っていることが判明した。彼の「うつむいた顔」(『創世記』第四章五節)は、彼女を傷つけたいという はっきりと意図的な願望を示していた。彼女は人並み外れて純朴《じゅんぼく》で、トラウマを受けやすいたちだったが、そこは重要ではない。わたしたちが互いに行う自発的な悪は、強い者にさえ深刻で末永いダメージを与える可能性がある。いったい何がこのような悪の動機なのだろう?

たんに人生の苦労の結果として悪意が現れるのではない。また、たんに失敗そのもののせいや、失敗が当然ながら引き起こす失望や苦々しさのせいで、現れるのでもない。しかし、人生の多くの困難に加えて、犠牲をたびたび拒否され、苦しみが増幅された場合はどうだろう? 犠牲に心がこもっていないなどの原因があったとしても、人間はねじ曲げられて、真の怪物と化し、意識的に悪を働くようになり、自分自身や、苦痛の周辺にいる他人(さらには、苦痛に寄与している他人)に悪意を向ける。こうして悪循環が始まる。犠牲を出し渋る。神に、現実に拒否される。拒否に憤《いきどお》る。恨《うら》みや復讐の願望を抱く。犠牲をますます出し渋ったり、いっさい出さなくなったりする。この悪循環の行き先は、まさに地獄だ。

イギリスの哲学者トマス・ホッブズが残した忘れがたい名言のとおり、人生はたしかに「不快で残酷《ざんこく》で短い(nasty, brutish and short)」。しかし、人間の悪の能力が、事態を悪化させる。人生の問題の核心――人生の残忍《ざんにん》な事実への対処――は、たんに苦しみを減らすためだけではなく、苦しみと悪を――最悪の苦しみを生み出す、意識的で自発的な復讐を――減らすために何をどのように犠牲にするかということだ。カインとアベルの物語は、英雄と対抗者という対立する兄弟、すなわち、個々の人間の精神における二つの要素を象徴的に表す物語だ。一つの要素は上方の神をめざし、もう一つは下方の地獄をめざす。アベルは真の英雄だが、最終的にはカインに敗れる。神を喜ばせるという、不可能に近い偉業を成し遂げたものの、人間の悪を克服することはできなかった。したがって、アベルは不完全さを表す。彼が純真すぎたのかもしれないが、復讐心に燃える兄は想像もできないほどの裏切り者であり、『創世記』第三章一節の蛇のように「狡猾《こうかつ》」だった。しかし、最終的な分析としては、理由づけは重要ではない。悪の問題は、アベルが神に適切な犠牲を捧げてさえ、解決できないままだった。人類が解決策に近いものを考え出すまで、数千年を要した。同じ問題が、キリストと悪魔の誘惑の物語というかたちでふたたび現れる。ただし、こちらはより包括的に記述されており、英雄が勝つ。

悪との対決

処刑される前、イエスは「悪魔に誘惑されるために」(『マタイ伝』第四章一節)、荒野へ連れて行かれた。これはカインの物語の抽象的な言い換えだ。これまで見てきたとおり、カインは不満で不幸な状態に陥る。一生懸命働いていると、少なくとも本人はそう思っているが、神は喜ばない。一方でアベルは、どう見ても、人生を享受《きょうじゅ》している。作物は豊作。女性たちに愛されている。最悪なことに、真の善人だ。誰もがそう知っている。アベルは幸運に値《あたい》する。そのぶん、人から妬《ねた》まれ憎《にく》まれる理由が増えていく。対するカインの場合、物事はうまく進まない。次から次へ、不運に見舞われる。悲惨な暮らしのなかで、地獄のようなものを生み出し、心の荒野へ踏み入る。自分の不運、神による裏切りに執心《しゅうしん》している。憤りを募《つの》らせる。ますます精緻《せいち》な復讐の幻想にふける。そうするうち、傲慢《ごうまん》さが悪魔の域に達する。「不正に扱われ、抑圧されている」と考える。「この世はばかげていて、ひどすぎる。わたしの知るかぎり、地獄と化すのがお似合いだ」――。結果として、カインは荒野であらゆる目的のためにサタンに出会い、誘惑の餌食《えじき》になる。さらに、物事を最悪にする思いに駆られる。ジョン・ミルトンの不滅の表現によれば、こうだ。

> 蓋《けだ》し、ひたすら偉大な創造主《つくりぬし》に対する怨みから、
> 人類をその根本《ねもと》から破滅させるとともに、地上と地獄とを混ぜ合わせて一つにしようとするかくも根強い悪意などは、諸悪の元兇《げんきょう》たる
> サタン以外の誰から生じえたろう?[133]

カインは、神に否定されたものを手に入れるために悪に転じる。自発的に、意識的に、悪意をもって行動する。

キリストは違う道を歩む。荒野に置かれた状況は、魂の暗夜《あんや》を表す。きわめて人間的で普遍的な経験だ。混迷の極みとなり、友人も家族も遠く感じられ、希望もなく絶望に支配され、どす黒いニヒリズム(虚無《きょむ》主義)に手招きされたとき、わたしたち誰もが向かう地への旅。話の信憑性《しんぴょうせい》を裏付けるように、ひとり荒野で飢《う》えて四〇昼夜《ちゅうや》を過ごす。本当にそんな経験をすれば、あなたも同じ心情を味わうかもしれない。客観的な世界と主観的な世界が、同期しつつ衝突する。四〇日間という期間は、ファラオとエジプトの圧制から逃れたヘブライ人たちが砂漠を放浪した四〇年間を象徴する。混乱と恐怖が支配する暗黒世界で過ごす四〇日間は長い。暗黒世界の中心、地獄そのものへたどり着くのにじゅうぶんな長さだ。その旅の光景は、誰でも見ることができる。自分自身と人間の悪を真剣に受け止めようとする者であれば、誰でも。歴史に少し詳しければ役立つだろう。強制収容所、強制労働、血なまぐさいイデオロギーの病理といった二〇世紀の全体主義的な恐怖をしばらく検証するのが、手始めとして適した出発点だ。さらに、収容所の最悪の看守《かんしゅ》も人間であり、じつに人間的だったという事実も考え合わせてほしい。荒野の物語をふたたび現実にし、現代人の心によみがえらせる一助となるだろう。

権威主義を学んだテオドール・アドルノは、「アウシュビッツのあとに詩は存在できない」と述べた。いや、違うだろう。アウシュビッツについての詩こそ存在すべきだ。紀元二〇〇〇年間の最後の暗い一〇〇年、人間の恐ろしい破壊力が大きな問題となった。救いのない人生の苦しみの問題さえもかすむほど重大だった。しかもその二つの問題はどちらも、他方が解決しなければ解決しない。ここで、キリストが人類の罪をみずから引き受けるという概念が鍵となり、荒野における悪魔との出会いを深く理解できる扉が開かれる。ローマの劇作家テレンスはこう表現した。「人間的なものはすべて、わたしにとって異質ではない」。恐ろしい指摘も辞さない精神分析学者、カール・グスタフ・ユングは、こう付け加えている。「どんな樹も、その根が地獄に達していないと天国にとどかない」[134]。このような言葉に出会うと、どんな人の足もすくむ。熟慮のすえのユングの意見によれば、対応する下方への動きがないかぎり、上方へ動く可能性はない。だから、悟りに達することは稀《まれ》なのだ。下方への動きをこころよく受け入れられる者がいるだろうか？　最も邪悪《じゃあく》な考えのいちばん奥底で、諸悪《しょあく》の根源《こんげん》と対面したいだろうか？　コロンバイン高校で大量殺人を行ったエリック・ハリスは、同級生を集団殺害する前日に、謎めいた記述を残している。「人間の姿をしているうちに、自分が死ぬことを知っているのは興味深い。それに比べれば、何もかも取るに足りない」[135]。こんな記述にあえて説明をつける人がいるだろうか？

キリストは荒野でサタンに出会う（『ルカ伝』第四章一〜一三節、『マタイ伝』第四章一〜一一節参照）。この物語には、物質的、形而上学的《けいじじょうがく》な意味もあるにしろ、加えて明らかに心理的な意味がある。すなわち、「キリストは永遠に、人間の堕落の深さすべてに対して個人的に責任を負うと決意した者である」。キリストは永遠に、人間の本質の最も邪悪な要素によってもたらされる誘惑に立ち向かい、深く考え、危険を冒《おか》すことをいとわない。キリストはつねに、意識的に、完全に、自発的に、みずからの内側と世界の内側に同時に存在するかたちで、悪に立ち向かう意志を持つ。抽象的とはいえ、たんなる抽象ではない。軽々しい問題ではない。たんなる知的な問題でもない。

兵士がＰＴＳＤを発症する場合、たいがい、自分が見たものではなく、自分がやったことが引き金になっている[136]。戦場には、いわば悪魔が数多くいる。戦争への関与は、地獄への入り口を開くことになりかねない。アイオワの農家で育ったような純朴な青年が、急に何かにとらわれ、怪物に変身することがある。本当にひどい事件を起こす。ベトナム・ソンミ村で女性をレイプし殺し、幼児を虐殺《ぎゃくさつ》する。自分自身がそれをやるのを眺める。自分のなかの暗い部分が、それを楽しんでいる。自分が楽しんでいるという記憶が、心に深く刻まれる。そして後日、自分に関する現実や、そのとき明らかになった世界について、どう折り合いをつければいいか途方に暮れる。無理もない。

古代エジプトの偉大で根本的な神話のなかで、神ホルス——歴史的にも概念的にも、しばしばキリストの先駆者とみなされる[137]——は、父オシリスの王位を奪った邪悪な叔父《おじ》セトと対峙《たいじ》したとき、同じことを経験した。*ホルスは、すべてを見通すエジプトのハヤブサの神であり、エジプトの永遠の崇高な意識そのものだ。セトの真の性質に立ち向かう勇気を持ち、直接対決する。しかし、恐るべき叔父との格闘で、意識が傷つく。片目を失う。神格的な姿と比類のない視覚能力にもかかわらず、負傷してしまう。たんなる凡人が同じことを試みたら、何を失うだろう？　もっとも、ホルスは、外界に対する視覚を失ったのに比例して、何かを理解し、内的な視野を得ることができたのかもしれない。

サタンは、犠牲の拒否を象徴している。傲慢で無骨《ぶこつ》、意地悪《いじわる》で欺瞞《ぎまん》、残酷で意識的な悪意だ。人間、神、「ビーイング」に牙《きば》をむく純粋な憎悪《ぞうお》だ。自分がすべきことをじゅうぶんに知り、手を緩めようとしない。さらに、自分が何をしているのかを正確に認識しており、破壊への欲望に取り憑《つ》かれ、故意に、思慮《しりょ》深く、完全に実行している。善の原型であるキリストと対峙して誘惑する、まさに悪の原型だ。万人が最も熱望するものを、きわめて過酷《かこく》な条件のもとにある、人類の救世主に差し出す役柄にふさわしい。

サタンはまず、荒野の岩をパンに変え、飢えを癒《い》やしてはどうかと、空腹のキリストを誘惑する。続いてサタンはキリストに、崖から飛び降り、落下を防いでほしいと神と天使たちに祈ってはどうか、と提案する。キリストは最初の誘惑に対して、「人はパンのみで生きるのではなく、神の口から出るすべての言葉によって生きる」と答える。この答えはどういう意味だろうか？　極端な貧困状態でも、食べ物より大切なものがあるということだ。別の言いかたをすれば、魂を裏切った場合、いま陥っている飢えを癒やすだけのパンがあってもほとんど役に立たない。**キリストは、サタンが示唆したとおり、全力を尽くしてパンを手に入れ、断食をやめることもできただろう。広い意味では、その延長上として、世界の富《とみ》を手に入れることを試みてもおかしくなかった（それにより、末永くパンの問題を解決できる）。しかし、その代償は？ めざす先は？ 道徳的な荒廃《こうはい》のさなかに、空腹を満たしてどうなる？ きわめて貧しく悲惨な宴《うたげ》になるだろう。そこでキリストは、より高いものをめざす。「ビーイング」の状態を正し、飢えの問題を永遠に解決しようとする。わたしたちが皆、一時しのぎではなく、神の言葉に従って食事する道を選んだとしたら？ 飢餓《きが》を永久に過去のものにするためには、ひとりひとりが生き、生産し、犠牲を捧げ、語り、共有することが必要になる。それでこそ、荒野における飢餓の問題は本当に、最終的に解決される。

このことは福音書《ふくいんしょ》でも、ドラマチックで明確なかたちでほかに繰り返し示されている。キリストは、絶えず無限の糧《かて》を供給する者として描かれている。奇跡でパンと魚を増やした。水をワインに変えた。どういう意味だろう？ これは、最も実用的であり同時に最も質の高い生きかたとして、より高い意味を求めるべきだとの呼びかけだ。劇的かつ文学的にこう描かれている。原型である救世主のように生きなさい、そうすれ

＊この考察と合致する事実として、セト（Set）という言葉はサタンという単語の語源だ。D.M.Murdock著『Christ in Egypt: the Horus-Jesus connection』（二〇〇九年、Stellar House）の七五ページを参照していただきたい。

＊＊飢餓に伴う具体的・物質的現実や真の苦しみを考えると、これは現実的でない、と反論する人もいるかもしれない。そういう人には、わたしはふたたびソルジェニーツィンの『収容所群島』を勧めたい。適切な倫理的行動についての並外れて深遠な議論と、極端な欠乏と苦痛の状況でこそ、そのような行動の重要性が小さくなるどころか大きくなるのだという主張が記されている。

ば、あなたもあなたの周囲ももう飢えないだろう、と。世界の恩恵は、正しく生きる人々にもたらされる。それはパンよりもいい。パンを買う金銭よりいい。こうして、完全な個人の象徴であるキリストは、最初の誘惑を克服する。誘惑はさらに二つ続く。

「崖《がけ》から身を投げなさい」と悪魔は次の誘惑を差し出す。「もし神が存在するなら、必ず救ってくれるだろう。おまえがもし本当に神の子ならば、神は必ずおまえを助けるはずだ」。神はなぜ姿を現し、ひとり息子を飢えと孤独から、巨大な悪の存在から救おうとしないのか？　しかし、それでは人生の規範にならない。文学にさえならない。ラテン語で言う「deus ex machina（デウス・エクス・マキナ）」――主人公を魔法のように苦境から救う神の出現――は、へたな脚本家が使う安っぽい手だ。独立、勇気、運命、自由意志、責任をあざ笑うものでしかない。また神は、目を見開いていない者たちには救済策にならない。たとえ息子のためであっても、無理やり登場させられ、魔法を使わされるような存在ではない。

「あなたの神を試してはならない」（『マタイ伝』第四章七節）――短いものの、このひとことが、第二の誘惑を退《しりぞ》ける。キリストは、気軽に命令を発したり、あえて頼んだりして神に介入を求めはしない。自分の人生の出来事を神の責任にして済ますことを拒《こば》む。神にその存在を立証せよと命じたがらない。また、死に至る脆弱性の問題を、神に救ってもらうという、たんなる個人的な方法で解決することを拒否する。そんな方法は、すべての人がいつでも使える解決策にならないからだ。また、誘惑の拒絶には、正気《しょうき》を失って慰《なぐさ》めを得ることも否定する意味合いがある。自分が魔法の救世主にほかならないとする心理は、荒野にとどまるキリストが厳しい条件下で受ける甘い誘惑と同じだといえるかもしれない。代わりにキリストは、神の子とはいえ、自己愛から優越性を表出させ、神に要求すれば救われる――少なくとも短期的には生き延びられる――という発想を拒否する。

最後に、最も魅惑《みわく》的な第三の誘惑が差し出される。キリストは、自分の前に世界の王国が置かれるのを見る。地上における絶大な力を提示される。あらゆる人と事物を統制し、命令を与える機会だ。支配階層の頂点、すべての裸のサルの動物的な欲求を提示される。何もかも服従のもとに置き、最も素晴らしい土地を所有し、世俗《せぞく》的な満足が無限に得られる可能性を示される。大きな報酬とはいえ、便宜的なものだ。しかし、それだけではない。そこまで地位が拡大すれば、心のなかの闇をおもてに出す機会も無限になる。血、レイプ、破壊の欲望が、力の魅力を後押しする。人間は、もはや苦しまずに済むようにするためだけに力を求めるのではない。欠乏、病気、死を克服するためだけに求めるのでもない。力は、復讐する能力、間違いなく敵を服従させて倒すことも意味する。カインにじゅうぶんな力を与えた場合、アベルを殺すだけでは済まない。まず想像力を働かせ、延々とアベルを拷問し、そのあとでようやく殺すだろう。さらに、ほかの人々すべてを追い立てる。

支配階層の頂点よりも上に、何かがある。そこへ至る道を犠牲にしてまで、目の前の成功を取るべきではない。わたしたちが自分の方向性を定めるうえで使う標準的な地図には概念化されていないものの、頂点より上のその場所は現実にある。かつてわたしはこんな幻想を抱いたことがある。目前に、広大な景色が限りなく広がっている。わたしは空高くにいて、鳥の目で眺めることができた。至るところに、ガラスでできた重厚なピラミッドがあった。小さなものもあれば、大きなものも、密集したものも、孤立したものもあった。現代の超高層ビル街に似ていた。どのピラミッドにもおおぜいの人々がいて、それぞれの頂点に達しようと努力している。ただ、その頂点の上、それぞれのピラミッドの外に、密かな場所があった。その場所に立てば、特別な視界が得られ、もがく人々を俯瞰《ふかん》できる。特定の集団や大義にとらわれず、不思議に何もかも超越できる。純粋に制約なく、注意力を働かせることができる。独立して、慎重に観察し、適切な時機が訪れ、場所が確立されたときに行動しようと待つ――。『道徳経《どうとくきょう》』にはこうある。

> ところで、ものごとを人為的に為そうとする者はそれをぶち壊し、ものごとを捕《つか》まえようとする者はそれを取り逃がしてしまう。それ故、理想的な人物たる聖人は、ものごとに人為を加えようとしない。だから、ぶち壊すこともないのだ。また、ものごとを捕まえようとしない。だから、取り逃がすこともないのである。[138]

第三の誘惑の物語には、正しい「ビーイング」を引き入れる力強さがある。地上に神の王国を樹立し、楽園を復活させるという、可能なかぎり最高のほうびを得るためには、自分の人生を律《りっ》し、どれほど強力かつ現実的な説得力をもって差し出されたとしても、目の前の満足や、本能からくる邪悪な欲望を拒む必要がある。悪の誘惑を退けなければならない。悪は人生の破局をさらに悪化させる。「ビーイング」の本質的な悲劇を強調し、すでにあるものに飛びつく便宜主義を劇的に煽《あお》る。ほんの平凡な犠牲でも、悲劇を回避でき、多少の成功をつかめる可能性もあるが、悪を倒すためには、特別な種類の犠牲を払う必要がある。それが、何世紀にもわたってキリスト教徒(をはじめとする人々)の想像力を占有してきた特別な犠牲の記述だ。では、なぜ期待した効果が得られなかったのか？　なぜわたしたちは、顔を上げて善をめざし、すべてを犠牲にしようとする以上の良い方法はないと納得しないのだろうか？　わたしたちはたんに道を理解できなかったのか、それとも意図的に、あるいは意図に反して、道から逸《そ》れてしまったのか？

キリスト教とその問題点

カール・ユングは、ヨーロッパの精神の発展をキリスト教と結びつけて考えた。「霊的救済を鋭く強調するキリスト教が、存在にまつわる苦しみの問題にじゅうぶん対処できていない」と暗黙のうちに結論したあと、ヨーロッパの精神は、物質世界を研究し、科学の認識技術を発展させる方向へ舵《かじ》を切ったのだ、と。このような暗黙の結論は、ルネッサンス前の三〇〇〜四〇〇年間、耐えがたいほど急速に広まった。その結果、欠点を補おうとする未熟で深遠《しんえん》な空想が、西洋の集団心理の奥深くに芽生え、最初には不可思議な錬金術《れんきんじゅつ》という発想を生み、何世紀もあとに完全に明確なかたちの科学に発展した。[139] 物質の変化を最初に追求し始めたのは、錬金術師たちだった。健康や富や長寿の秘密を発見したいと願っていた。こうした偉大な夢想家たち（その筆頭がニュートンだった）[140]は、教会によって呪われた物質的な世界には何か秘密が潜《ひそ》んでおり、それを解き放てば人類をその世俗的な苦痛と限界から解放できるのではないか、と直感し、追求した。疑念によって駆り立てられたその発想が、科学の発展に必要な集団、個人の途方もない動機づけの原動力になり、その一方、満足の集中と先送りをめぐって、思想家たちは極度の考察を強《し》いられた。

キリスト教が失敗だったという意味ではない。不完全に実現された範囲でも、むしろ逆だ。キリスト教はほとんど不可能と思えることを成し遂げた。キリスト教の教義は、個人の魂を高め、奴隷と主人、平民と貴族を同じ形而上学的な基盤に置き、神と律法《りっぽう》の前ですべてを同等にした。王も数あるなかのひとりにすぎないと主張した。明らかに感じられるさまざまな証拠に反した、世俗的な力と傑出《けっしゅつ》した存在が神の特別な恩恵のしるしであるという考えは、根底から排除されなければならなかった。その困難な事柄が部分的に達成された背景には、救済は努力や価値――「労働」――を通してでは得られないとする奇妙なキリスト教の主張がある[141]。限界はあったにせよ、そのような教義が発展したおかげで、王、貴族、裕福な商人が大義を得て平民を支配する事態は避けられた。その結果、ありとあらゆる魂には超越的価値が潜むとする形而上学的な概念が確立され、西洋の法と社会の基本的前提が過剰にはびこるのを妨《さまた》げた。このような抑止は過去の世界では実現しておらず、現在の世界でもほとんどの場所では現実になっていない。にもかかわらず、わたしたちの祖先の奴隷を基盤とした階層的な社会が、倫理的、宗教的な啓示《けいじ》のもとに再編成され、他者の所有と絶対的支配が間違っているとみなされるようになったことは、奇跡にほかならない(わたしたちはそれを強く肝《きも》に銘《めい》じるべきだ)。

奴隷制の直接の効用は明白であり、強者が弱者を支配すべきであるという議論は(少なくとも強者にとっては)説得力があり、便利で、きわめて実用的であるという点も、わたしたちはよく心得ておくべきだろう。これはつまり、奴隷所有社会が尊重するものすべてについて革命的な批判が必要であり、そのような批判は疑問を持たれるべきでないのはもちろん、禁止されるべきではないことを意味する(権力や権威を行使したところで奴隷所有者は高貴にならない、奴隷所有者が行使する権力は必ずしも有効ではなく、高潔《こうけつ》ではないという批判も含む)。キリスト教は、最も低い身分の者でさえ真の権利を持っており、主権者と国家は基本的なレベルでこれらの権利を承認する道徳的な義務を課せられている、という瞠目《どうもく》すべき主張を明確にした。また、人間の所有という行為が奴隷所有者(以前は貴族に値すると考えられていた人々)を奴隷よりもひどく堕落させるという、さらに納得しにくい考えも明示した。現代のわたしたちは、そのような考えが当時、いかに理解困難なものだったかをよくわかっていない。人類の歴史のほとんどを通じて、その逆が自明であったことを忘れている。現代人には、他人を奴隷にして支配したいという欲求のほうが不可解だと思う。物事を正反対にとらえている。

キリスト教に問題がなかったわけではない。しかし、そうした問題は、まったく別の深刻な諸問題が解決されたあとで浮上したとみるのが適切だろう。キリスト教によってつくられた社会は、それが取って代わった異教徒の社会に比べ――ローマ人の社会と比べてさえ――野蛮《やばん》さがはるかに抑えられていた。たとえ野蛮な慣習がまだ少なからず存在しているとしても、キリスト教社会は、大衆の娯楽のために奴隷を貪欲《どんよく》なライオンに食べさせる行為は誤りであると、少なくとも認識していた。嬰児《えいじ》殺し、売春などのはびこっていた原則に反対した。女性は男性と同じくらい価値があると主張した(それを政治的に表現する方法はいまだ模索中だが)。社会の敵であっても人間とみなすことを要求した。ついには、教会と国家を分離した。明らかに人間的である皇帝はもはや神からの寵愛《ちょうあい》を主張できなくなった。これらは不可能な要求に思えるが、実際に起こった。

しかし、キリスト教革命が進むにつれ、不可能なほどの問題を解決した功績がかすんでしまった。解決し終えた問題は忘れられやすい。解決策が実行されたあとは、そのような問題が存在したという事実さえ見えなくなる。そうなった段階で初めて、キリスト教主義が迅速《じんそく》に解決できずにいる問題が、西洋の意識の中心的な位置を占めるようになった。たとえば、首尾《しゅび》よくキリスト教化された社会のなかにまだ痛々しく残っている肉体的、物質的な苦痛を解決するため、科学の発展に拍車がかかった。はるかに深刻な問題を内燃機関《ないねん》が解決し、視界から消したあと初めて、自動車が有害物質を排出するという事実に大衆の注目が集まる。貧困に苦しむ人々は排ガスを心配しない。二酸化炭素濃度と無関係というわけではない。労働しつつも飢えて死に向かい、石の多い、アザミが覆《おお》う硬い地面から、かろうじて生活の糧を得ているとき、そんな心配までは気が回らないのだ。トラクターが発明され、膨大《ぼうだい》な数の人々が飢えから救われるまで、そんな心配はしていられない。いずれにしろ、ニーチェが登場した一九世紀後半には、キリスト教では未解決のままだった問題が最も重要になっていた。

ニーチェは、けっして大げさではなく、己を哲学で鉄槌《てっつい》を振るう存在であると自負していた(142)。キリスト教を徹底的に批判した。ただでさえ、キリスト教は、みずから誕生を誘発した科学との対立によって弱体化していたが、ニーチェは大きく分けて二つの面から攻撃を仕掛けた。まず最初に、キリスト教が最も高度な意味で発達させてきた真理の感覚こそが、突き詰めれば、信仰の根本的前提を危《あや》うくするものであると主張した。たとえば、道徳的あるいは物語的な真実と客観的な真実との違いについて、いつまでも完全な説明がつかない(したがって、語られてきた真実は、必ずしも存在しないとの仮定が成り立つ)。ただ、説明しきれないことがあるからといって、誤りである証明にはならない。キリスト教に反対する現代の無神論者が、たとえば「創世記に書かれた世界誕生の物語は客観的に真実である」と主張する原理主義者を批判する場合も、じつは、キリスト教文化が何世紀にもわたって高度につちかってきた真理の感覚にもとづいて、そのような議論を行っている。数十年後、カール・ユングはニーチェの議論を発展させ、こう指摘した。ヨーロッパは啓蒙《けいもう》思想の最中、キリスト教の夢から目覚め、これまで当然と考えられていたことすべてに疑問を抱き、また抱くのが当然だと気づいた、と。「神は死んだ」とニーチェは書いている。「神は死んだままだ。それも、俺たちが神を殺したのだ。殺し屋中の殺し屋たる俺たちは、どうやって自分を慰めたらいいのか。世界がこれまで所有していた最も神聖で最も強力なもの、それが俺たちの刃で血まみれになって死んだ。——誰がこの血を俺たちから拭いとってくれるのか(143)」

ニーチェによれば、西洋の精神がいま真実とみなしているものを考慮すると、西洋の信仰の中心的教義はもはや信用できないというわけだ。もっとも、ニーチェの破壊的な攻撃は、もう一つの側面に対するほうが強力だった。教会の発展の過程でキリスト教の真の道徳的重荷が取り除かれたことに対して攻撃した。鉄槌を振るう哲学者の攻撃対象は、初期に確立され、その後つねに影響力のあるキリスト教の考えかた、すなわち、「キリスト教とは、イエスの生贄によってのみ人間性を取り戻すことができた、という命題を受け入れることを意味する」というものだ。とはいえ、「キリストは人類の救済のために十字架で死んだと信じるキリスト教徒が、それによって個人的な道徳的義務から多少とも解放された」という点を否定したわけではない。「贖罪《しょくざい》の第一義的責任は救世主《きゅうせいしゅ》によってすでに果たされた。大きく堕落した人間たちには、もはや重要な課題は残っていない」と強く示唆されていることを批判したのだ。

ニーチェは、パウロや、のちにルターに従ったプロテスタントたちが、キリスト信奉者から道徳的責任を取り除いたと考えた。彼らはキリストの模倣《もほう》(the imitation of Christ)という概念を広めた。キリストの模倣が、信仰者の神聖な義務だった。抽象的な信仰についての言葉に従う(あるいは、たんに口にする)のではなく、人生の特別な、特定の条件のなかで救世主の精神を実際に明らかにして、元型(archetype)を実現するか具体化する、永遠のパターンを肉付けすべきだとされた。ニーチェはこう書いている。「キリスト教徒は、イエスが彼らに命じておいた行為をいちどとして実践したことがなく、また、『信仰によって義とされる』という破廉恥な饒舌と、これがもつ唯一至上の意義とは、教会が、イエスの要求する業を信奉すると公言する気力も意志ももちあわせていなかったことの結果にすぎない[144]」。ニーチェは、じつに比類《ひるい》ない批判者だった。

キリスト教の中心的公理の独断的な信仰(キリストの十字架が世界を救済したこと、救済は来世《らいせ》のために留保されたこと、救済は努力を通じては達成されないこと)は、相互に補強し合う三つの結果をもたらした。第一に、来世のみを重視し、地上の生活の大切さを軽視する姿勢だ。これは、いまつねに存在する苦しみの責任から目を逸らし、逃れるのが許容されるようになったことも意味する。第二に、今生《こんじょう》の努力ではどうせ救済が得られないため、現状をただ受け入れる姿勢が生じた（マルクスは、宗教は大衆を毒するアヘンであると主張し、この姿勢を嘲笑《ちょうしょう》した）。第三は、神の子がすでに重要な仕事をすべて済ませたので、（キリストを通じた救済を信じる以外に）信者はいかなる真の道徳的負担も負う必要がないという姿勢だ。ニーチェに大きな影響を与えたドストエフスキーも、この点から制度的キリスト教を批判した（あいまいであるが、より洗練されたかたちで）。傑作『カラマーゾフの兄弟』のなかでドストエフスキーは、無神論者の超人であるイワンに、「大審問官《だいしんもんかん》」という短い話をさせている。(145) 簡単にまとめるとこうだ。

イワンは、弟のアリョーシャが修練院でいそしんでいる修行を軽蔑《けいべつ》し、こんな話を聞かせる。スペイン異《い》端《たん》審問の時代にキリストが降臨《こうりん》したときのことだ。ふたたび現れた救世主は、当然ながら大変な騒ぎを引き起こす。病人を治し、死者を甦《よみがえ》らせる。奇跡的な行為の数々で騒動が大きくなり、まもなく異端審問官がこれに気づき、キリストを逮捕して監獄に投げ入れる。のちに、捕らえられたキリストをみずから訪ねる。おまえはもう必要ないと、キリストに告げる。おまえの復活は教会にとってあまりにも大きな脅威だ。キリストが人類に負わせた、信仰と真実のなかで生きるという重荷は、ただの人間には耐えきれない重荷だった。教会が慈悲《じひ》をもってそのメッセージを薄め、完全なる「ビーイング」をめざす負担を信者たちの肩から下ろしてやり、代わりに、信仰から慈悲深く単純に逃避《とうひ》させ、死後の暮らしを保証した。その仕事には何世紀もかかった。それだけ努力をした教会にとって最もありがたくないのは、そもそも人はすべての重荷を負うべきだと主張する者の帰還だ、と異端審問官は言う。キリストは黙って聞いている。審問官が立ち去ろうとしたとき、キリストは彼を抱き、唇《くちびる》にキスをする。異端審問官は衝撃を受け、顔面蒼白《そうはく》になる。そのあと独房のドアを開けたまま出て行く。

この物語の深遠さと、それを生み出すのに要した精神の偉大さは、いくら誇張しても足りない。史上屈指《くっし》の偉大な文学者であるドストエフスキーは、偉大な著作すべてで深刻な実存的問題に取り組み、勇気をもってその結果を無視した。明らかにキリスト教徒である彼は、合理主義者や無神論者の槍玉《やりだま》に挙げられることを断固として拒否した。たとえば『カラマーゾフの兄弟』で、ドストエフスキーのつくり出した無神論者イワンは、キリスト教の前提に対して、驚くほど明快かつ情熱的に反論している。一方、アリョーシャは、気質と決断によって教会に同調しているものの、兄の説を何一つ論破できない(信仰は揺らがないが)。ドストエフスキーは、キリスト教が理性の能力に——さらには知性に——打ち負かされたことを知り、認めていた。しかし(とくに重要なことに)、その事実から逃げはしなかった。自分が最も真実で価値があると信じているものに反対する立場を弱めるために、否定や欺瞞、あるいは皮肉を試みはしなかった。言葉より行動を優先し、問題にうまく対処した。小説が終わるまでに、ドストエフスキーは、アリョーシャの偉大で道徳的な善良さを、勇気あるキリストの模倣を描ききった。イワンの壮大であるが究極的には虚無主義的で批判的な知性に、アリョーシャは勝利する。

大審問官が説明したキリスト教会の実態は、ニーチェが責《せ》め立てたのと同じだ。子どもじみ、聖人ぶっていて、家父長《かふちょう》的で、国家の手先に近い。現代のキリスト教に反対する人たちが批判する、腐敗だらけの姿だ。ニーチェは、聡明《そうめい》さを活かして慎重に怒りを表出しているが、判断力によってじゅうぶんに和《やわ》らげることはできていない。ドストエフスキーがニーチェを真に超越したのはそこだ。ドストエフスキーの偉大な文学はニーチェの哲学を超越したとわたしは評価する。ドストエフスキーが生んだ異端審問官は、あらゆる意味で本物に感じられる。日和見《ひよりみ》主義的で、シニカルで、操作的で残酷な尋問者。異端者を拷問して殺すことさえいとわない。虚偽であることを知っている伝道師だ。しかし、この場面には典型的な完璧さを備えたキリストがいて、何はともあれ彼に接吻《せっぷん》する。同様に重要なのは、接吻の直後、大審問官がドアを半開きにして、キリストが処刑執行を逃れられるようにしたことだ。ドストエフスキーは、キリスト教の偉大で腐敗《ふはい》した組織にも、その創始者の精神をよみがえらせる余地がまだどうにか残っていることを見いだした。欠点はあるにしろ、西洋の不滅の知恵に対して、賢明で深遠な一つの魂が感謝を捧げたのだ。

ニーチェが信仰に——より具体的に言えば、カトリックに——しかるべき評価を与えたがらなかったわけではない。ニーチェもまた、キリスト教を特徴づける独断的な「自由の束縛(unfreedom)」の長い伝統——すべては単一で首尾一貫した形而上学的理論で説明されるべきだとするこだわり——が、規律がありながらも自由な現代精神の出現に必要な前提条件だったと考えていた。『善悪の彼岸』でこう述べている。

精神の長いあいだの不自由［中略］すべての出来事をキリスト教の図式のもとで解釈し、あらゆる偶然のうちにもキリスト教の神を発見し、正当化しようとする長いあいだの精神的な意志。——これらのすべての暴力的なもの、恣意的なもの、悍《おぞ》ましいもの、理性に反するものが、結局はヨーロッパ精神に強さを与え、尽きることのない好奇心と繊細な活動力を育てるための手段だったことが明らかになったのである。(146)

ニーチェからみてもドストエフスキーからみても、自由は——行動する能力でさえ——制約を必要とする。この理由から、両者とも、教会の教義の必要性を認識していた。個人が自由にかつじゅうぶんに行動するためには、制限的で一貫性のある規律構造によって、制約を受け、型がつくられ、ときには破壊に近づけさせられる必要がある。寛大な精神を持つドストエフスキーは、腐敗しているとしても、教会にある種の慈悲、ある種の実用主義を認めた。キリストの精神、世界を創造した神の言葉は、歴史上も現在も、その独断的な構造のなかに存在の余地があり、主権さえもある、と認めた。

父親が息子を適切にしつける場合、父親は明らかに、とくに当面のところ、息子の自由を妨《さまた》げる。そのような父親は、「ビーイング」の自発的な表現に制限を加え、社会的な一員としての地位を強制する。そのような父親は、子どもの可能性を一つの経路に集中させる必要がある。息子に制約を課す父親は、子どもの奇跡的な多様性をないがしろにし、一つの狭い現実に限定する破壊的な力とみなされるかもしれない。しかし、もし父親がそのような行動をとらなければ、息子を永遠の少年、失われた少年たちの王、存在しないネバーランドの支配者であるピーターパンのままにしておくだけだ。それは、道徳的に正しい選択肢ではない。

教会の教義は、当の教会が強力に展開した真理の精神によって損なわれた。それが神の死につながった。しかし教会の独断的構造は、必要な規律構造だった。自由な精神を発達させるためには、一つの解釈構造として長きにわたる「自由の束縛」が必要だ。キリスト教の教義はそのような「自由の束縛」を提供する。しかし、少なくとも現代の西洋人の心では、ドグマは死んでいる。神とともに滅びた。しかし、その死体の陰《かげ》から現れたもの――最も重要な問題だ――は、もっと死んだもの(something even more dead)であり、過去にも生きていなかったものだった。それはニヒリズムと、同様に危険な、全体化された新しいユートピア的な思想を容易に受け入れる姿勢だ。神の死後、(ドストエフスキーとニーチェが予想したとおり)共産主義とファシズムという巨大な集団的恐怖が発生した。ニーチェは、神の死の余波のなかで個々の人間は独自の価値を創造しなければならないと考えた。しかし、これは彼の思想のなかで、心理的に最も弱い部分だ。わたしたちは自分たちの価値を創造することはできない。自分が信じることを魂にただ押しつけるわけにいかないからだ。これはカール・ユングの偉大な発見だったが、ニーチェが提起した問題に傾注《けいちゅう》するあまり、解決には至らなかった。

わたしたちは、他者からの全体主義と同じように、自分自身の全体主義にも反抗する。わたしは自分に向かってはただ行動するように命令することはできないし、あなたもできない。「グズグズするのはやめる」とわたしが言っても、わたしはそうしない。「適切な食事をとる」と言っただけでは、行動に移らない。「酔っ払っての不作法《ぶさほう》はやめる」と言っただけでは、やめない。知性によって構成されたイメージにただ重ねて、自分自身をつくり上げることはできない(とくに知性がイデオロギーに占有されている場合)。わたしには本性があり、あなたにも、誰にもある。本性を発見して、それに取り組んだあと、自分と和平を結ばなければいけない。わたしたちは正直、何者か？ 何者かを知ったうえで、正直、どんなものになり得るのか？ そのような質問に本当に答えられるようになるには、まず根本的なところに到達しなければならない。

過去のニヒリズムへの疑念

ニーチェより三〇〇年も前、偉大なフランスの哲学者ルネ・デカルトは、重大な知的使命に取りかかった。自分の疑問を真剣に受け止め、物事を分解し、中核の把握をめざしたのだ。結果として自分の懐疑《かいぎ》的な態度にも屈さない唯一の命題を見いだすこと、あるいは確立することができるかどうかに挑んだ。正しい適切な「ビーイング」を確立できるような礎石《そせき》を探し求めた。そして彼なりの結論に達した。「cogito ergo sum(コギト・エルゴ・スム＝われ思う、ゆえにわれあり)」という有名な言葉に含まれる、考える「われ」、意識している「われ」のなかに礎石がある、と。もっとも、そのような「われ」の概念は、はるか前にできあがっていた。数千年前、意識している「われ」は、エジプトの偉大な息子で太陽の神である、すべてを見通すホルスだった。ホルスは、国家に注意を向けて再生し、避けられない腐敗に立ち向かった。それ以前にも、メソポタミア人の創造者で神のマルドゥクがいた。頭のまわりじゅうに目があり、世界を創造する魔法の言葉を発した。キリスト教の時代に入って、「われ」は神の言葉「ロゴス(Logos)」になった。これが、原始の時間の始まりに「ビーイング」を一つずつ創造していった。デカルトはたんにロゴスを世俗化し、それをより明確に「意識し、考えるもの」に変えたにすぎないといえるかもしれない。端的にいえば、これが現代の自我だ。しかし、自我とは何なのか?

その恐ろしさはある程度、その気があれば理解できるだろうが、その善良さを定義するのは難しい。自我は、「ビーイング」の舞台を闊歩《かっぽ》する悪の偉大な役者にもなり得る。ナチスやスターリン主義の時代、アウシュビッツ、ブーヘンヴァルト、ダッハウ、数々のソビエト収容所を生み出した。これらすべて、恐ろしく真剣に検討しなければならない。しかし、その逆は何か? 悪の対極にある善はどうなっているのか? 悪の存在と対比することで、より実体的で理解可能なものになるのか? ここで、確信と明瞭《めいりょう》さをもって、こう断言できる。伝統的な知恵を軽蔑する人たちに愛されている合理的な知性さえ、死後また永遠に生き返る神、人類の永遠の救い主、ロゴスそのものと、せいぜい、密接に必然的に類似したものにすぎない、と。科学哲学者のカール・ポパーは、もちろん神秘主義ではなく、思考はダーウィン的進化の論理的拡張ととらえていた。考えることができない生物は、「ビーイング」を丸裸で体現するしかない。本性を即時、具体的に表して行動するほかない。環境の要求に合った行動を明示できなければ、死ぬだけだ。しかし、それは人間には当てはまらない。「ビーイング」の可能性を抽象表現できる。想像力という舞台でアイデアを生み出すことができる。自分のほかのアイデアや他人のアイデアを、世界そのものと対比して試せる。期待外れなら、手放すことができる。ポパーの表現を借りれば、わたしたちの代わりに自分のアイデアを死なせることができる。[147] こうして、主体であるアイデアの発案者は、以前と比べて誤りに足を引っ張られずに前進できる。数々のアイデアの死を越えてなお残った自分の一部分を信じることが、自分自身を考えるための前提条件になる。

さて、アイデアは事実と同じではない。事実は死んでいて、独立して存在する。意識も、力への意志も、動機も、行動もない。死んだ事実は無数にある。インターネットは死んだ事実の墓場だ。ところが、人をつかむアイデアは生きている。おもてに出て、世界で生きたがっている。だから、フロイトとユングを筆頭とする深層心理学者たちは、人間の精神は思想の戦場だと主張した。アイデアには目的がある。何かを求めている。価値構造を持つ。ある種のアイデアは、みずからが求めるものが現状より良いと信じている。みずからの表出の実現を左右する要素だけに世界を縮小し、ほかのすべてを無意味なものとして矮小化《わいしょうか》する。大地に絵を描く。アイデアは事実ではなく、一種の人格だ。人の内側で表出したアイデアは、その人を操り人形にして、行動に駆りたてる。そのような衝動的な行動(憑依《ひょうい》といってもいい)が強力すぎ、そのアイデアを死なせることができず、本人が死に至る場合もある。つまり、これは概して悪い決定だ。死ぬのはアイデアだけであるべきで、本人は操り人形にならないように阻止し、方向性を変えて、進み続けるのが筋だろう。

祖先の劇的な概念を活かせば、道が拓《ひら》ける。祖先の英知は、神との関係が崩れたとき(たとえば、耐えがたいほど過度の苦しみに襲われ、何かを変えなければいけないと示唆されたとき)に、適切なものを死なせる、犠牲にするべきだと教えている。現在において適切な犠牲がなされれば、未来は良くなるということにほかならない。そう理解できている動物は人間だけであり、理解までに何千年、何万年もかかった。このアイデアを物語にするには、膨大な時間の観察と英雄崇拝、何千年もの研究が必要だった。加えて、物語を評価し、とり入れるのにさらに長い時間を要した。そのうえで、いまわたしたちはこう簡単に言える。「規律を守り、現在よりも未来に優先権を与えられていれば、自分に有利なほうへ現実の構造を変えることができる」――。

しかし、どのように実践するのが最善だろう？

一九八四年、わたしはデカルトと同じ道を歩み始めた。当時は同じ道だと知らなかったし、デカルトという偉大な哲学者との類似性を主張しているわけでもない。しかしわたしは、疑念におおいに悩まされていた。わたしは若いころの浅いキリスト教理解を卒業し、ダーウィン理論の基礎を理解できるようになっていた。以後、キリスト教の信仰の基本的な要素が希望的観測と違わない気がしていた。その後すぐ、代わりとして魅力的に思えた社会主義も、同じように実体のないものであることが明らかになった。時が経《た》つにつれ、オーウェルを通じて、社会主義の考えの多くが、貧困層の尊重、富める成功者を憎む気持ちにもとづいているとわかり始めた。しかも社会主義者は本質的に資本家よりも資本家だった。同じくらい金銭の力を信じていた。たんに、金銭の所有権が別の人々へ移行すれば、人類を苦しめてきた問題が消滅するとの考えだった。そんな解決は無理だ。金銭では解決できない問題もたくさんあり、悪化する問題もある。裕福な人々も離婚するし、自分の子どもたちから疎外《そがい》され、実存的不安に苦しみ、癌《がん》や認知症を発症し、愛されずに孤独に死ぬ。回復しかけていた中毒者も、あぶく銭《ぜに》に呪われると、薬物や酒におぼれ、すべて台無しにしてしまう。さらに、何もすることのない人々には、退屈が重くのしかかる。

同時にわたしは冷戦という現実に苦しめられた。頭のなかがいっぱいになった。悪夢にうなされた。荒野へ、人間の魂の長い夜へ向かわされた。なぜ世界の二大派閥《はばつ》が互いに相手を徹底的に破壊しようとする事態になったのか、理解できなかった。双方のシステムが同じくらい専断的になり、腐敗したのか？　たんなる意見の相違なのか？　すべての価値構造が権力の隠れ蓑《みの》にすぎなかったのだろうか？

全員、正気を失ったのか？

とにかく、二〇世紀には何が起きたのだろう？　一〇〇万人につき一〇人が新しい教義やイデオロギーの犠牲になって死んだのはなぜか？　共産主義とファシズムが合理的に取って代わろうとした貴族主義や腐敗した宗教的信念よりもさらに悪いものに、どうやって行き着いたのか？　わたしの知るかぎり、こうした疑問に誰も答えを出せていなかった。デカルトと同じように、わたしは疑問に悩まされた。疑う余地のない何か一つを探し求めた。家を建てるための礎石が欲しかった。疑問がわたしを駆りたてたのだ。

アウシュビッツで課された、きわめて狡猾な労苦について読んだことがある。看守に命じられて、五〇キロの湿った塩の袋を、大きな建物の一方の端《はし》から反対の端へ運び、ふたたび持ち帰る。収容所の入り口の標識には「Arbeit macht frei（労働があなたを自由にする）」とドイツ語で書かれていたが、その自由とは死を意味した。塩を運ぶのは無意味な懲罰だった。邪悪な芸術だった。この話を通じて、わたしはいくつかの行動が間違っていることを確実に認識できた。

アレクサンドル・ソルジェニーツィンは、一〇〇万人のうちの一〇人が雇用、家族、アイデンティティ、生活を奪われた二〇世紀の恐怖について、明確に深く記している。『収容所群島《しゅうようじょぐんとう》』第二巻の二章で、二〇世紀における最も重要な出来事と考えるニュルンベルク裁判について論じた。裁判の結論はこうだ。「本質的に恐ろしい行為のなかには、人間のビーイングの適切な性質に反するものもある」。これは基本的に真実であり、時間や場所、文化を超越する。こうした行為は邪悪だ。言い訳はきかない。同じ人間を非人間化し、寄生虫のような状態に引き下げ、個々の有罪・無罪にかかわらず拷問し、芸術的な苦痛を与えること――それは間違っている。

わたしが疑ってはいけないものは何か？　苦しみの現実だ。その存在に疑いはない。ニヒリストが懐疑《かいぎ》とともにそれを弱めることはできない。全体主義も追放できない。冷笑したところでこの現実から逃れることはできない。苦しみは現実であり、他人に苦しみを与えるという巧妙な行為は、根本から間違っている。それがわたしの信念の礎《いしずえ》となった。人間の思考と行動の最下層を探索して、自分にもナチスの刑務所の看守や強制収容所の監視役のように振る舞う能力があることを知った結果、「世界の罪を自分が引き受ける」とはどんなことかを理解した。人間は誰もが、計り知れない邪悪な力を持っている。誰もが、何が善なのかは知らなくても、何が悪なのかは先験《せんけん》的に理解している。悪なるものがあれば、そのうえで善なるものがある。最悪の罪が他人の拷問、苦痛を与えるだけを目的にした拷問だとすれば、善はそれと正反対のものだ。善とは、そのようなことが起こらないように防ぐことだ。

より高い善としての意味

このことから、わたしは基本的な道徳的結論を引き出した。上をめざせ。注意を払え。修正できるものを修正せよ。自分の知識に傲慢になるな。全体主義的なプライドは不寛容、抑圧、拷問、死というかたちで現れるから、謙虚さを求めよ。自分の弱さ——臆病《おくびょう》さ、悪意、恨み、憎しみ——を自覚せよ。他人を非難する前に、そして世界の構造を修復しようとする前に、自分の魂の残忍さを考えよ。おそらく、世界が悪いのではない。おそらく、あなたが悪いのでもない。あなたは道を外れた。目標を見失った。神の栄光に値しなかった。罪を犯した。これらすべて、世界の不十分さと悪に対して貢献した報いだ。何よりも、嘘《うそ》をついてはいけない。どんなことについても。嘘は地獄を生む。何百万人もの人々の死の元凶《げんきょう》は、ナチスと共産主義国家の重大かつ小さな嘘だった。

不必要な苦痛の緩和は良いことだとみなすべきだ。「自分の能力を最大限に発揮して、不必要な痛みや苦しみを軽減するように行動する」と肝に銘じる。これで、「ビーイング」の向上をめざす前提と行動を、道徳的階層の頂点に置いたことになる。なぜか？ ほかの選択肢もあると知っているからだ。その選択肢をとったのが二〇世紀だった。地獄との違いがわからないほどの惨状《さんじょう》。地獄の対極が楽園だ。不必要な痛みや苦しみの緩和を価値階層の頂点に置くことは、地上に神の王国をもたらすために尽力することを意味する。国家としても心の状態としても、楽園をめざす。

ユングは、そのような道徳的階層の構築が不可避ではあるものの、階層の整備は難しく、内部的な自己矛盾が残りかねないと指摘した。ユングからみて、個人の道徳的階層の頂点にあるものは、いかなる意味でも、その人の究極の価値、つまりその人の神だ。その人が行動で表すもの。最も深く信じるもの。そうして定まったものは事実でも、事実の集合でもない。むしろ性格、より正確には、二つの対立する性格のどちらをとるかの選択だ。シャーロック・ホームズかモリアーティか、バットマンかジョーカーか、スーパーマンかレックス・ルーサーか、チャールズ・フランシス・エグゼビアかマグニートーか、トールかロキか。つまり、アベルかカインか——キリストかサタンかだ。もしそれが「ビーイング」を気高《けだか》くするため、楽園の樹立のために機能しているなら、キリストといえる。もし「ビーイング」の破壊のため、不必要な苦しみと苦痛の生成と伝播《でんぱ》のために機能しているなら、サタンといえる。避けられない典型的な現実だ。

便宜主義とは、目を閉ざして衝動に従うことにほかならない。短期的な利益。狭量《きょうりょう》でわがままだ。思いどおりにするため、嘘をつく。何も考慮に入れない。未熟で無責任。これに対する成熟した代替品《だいたいひん》が、意味(meaning)だ。意味は、衝動が調節され、組織化され、統一されたときに現れる。世界の可能性とその世界を支える価値構造との相互作用から生まれる。価値構造が「ビーイング」の向上をめざしたものであれば、意味は生命の維持につながる。カオスと苦しみに対する解毒剤《げどくざい》になる。すべてを重要にする。すべてを良くする。

適切に行動すれば、あなたは現在、明日、そして将来にわたって心理を統合でき、同時にあなた自身、あなたの家族、あなたのまわりのより広い世界のためにもなる。すべてが一つの軸に沿って重なり合い、整列する。すべてがまとまる。最大限の意味を生み出す。この重なり合いは、今ここに感覚によって明らかになる以上のことを経験できるわたしたちの能力によって、その存在を知ることができる。感覚というものは、情報を収集し表現する能力が明らかに限られている。意味は便宜主義にまさる。意味は、いまも今後も、あらゆる衝動を満足させる。だから検出できる。

もしあなたが、不公平さや痛みを感じながらも、「ビーイング」に憤りを向けるのは妥当《だとう》ではないと判断すれば、不必要な痛みや苦しみを少しでも減らすために修正できる事柄に気づくかもしれない。「今日は何をしよう?」という自問は、「物事をいままでより良くするために、どうやって時間を使おうか?」という意味になるだろう。それは、未処理の書類の山を片付けることかもしれないし、部屋をもう少し心地よくすることかもしれない。家族にもう少しおいしい食事をつくり、心を込めて出すことかもしれない。

こうした道徳的義務に注意を払い、価値階層の最上位に「世界を良くする」という言葉を置くと、意味がますます深まるのを体感するだろう。それは天からの恵みではない。幸福でもない。骨折して傷ついた「ビーイング」の罪深い事実に対する償《つぐな》いに近い。存在という非常識で恐ろしい奇跡の代償としてあなたが負っている負債の支払いだ。ホロコーストを思い出す方法。歴史の病理を償う方法。地獄の住人になりかねないという責任の受け入れ。楽園の天使として奉仕する意志だ。

便宜主義——それは、戸棚に骸骨《がいこつ》を隠しているも同然だ。流した血をカーペットで覆《おお》い隠しているにすぎない。責任回避だ。卑怯《ひきょう》で浅薄《せんぱく》で間違っている。単純な便宜主義は、繰り返しによって、悪魔の性格をつくり上げてしまう。便宜主義は、あなたの頭のなかにある呪いをほかの誰かへ、あるいは未来の自分へ移すだけだ。自分をはじめとする全般的な未来を悪化させる。

便宜的なことをこなすのに、信念も勇気も犠牲もいらない。行動や前提には何が重要なのか、世界はどんな重要な事物でできているのか、といったことについての注意深い観察もいらない。欲しいものを手に入れるよりも、自分の人生に意味を持たせることのほうが良い。人生に意味がなければ、自分が何を求めているのかも、本当に何が必要なのかもわからないだろう。意味は、おのずからあなたに降って湧くものだ。あなたは、前提条件を整えることや、意味が現出したときそれに従うことはできるが、意志の働きで勝手に意味をつくり出すことはできない。自分が適切な時に適切な場所にいて、秩序とカオスの適切なバランスがとれていて、その時点で何もかも最善の状態にあるとき、意味が重要性を帯びる。

便宜主義は、その場しのぎにしかならない。即座で、衝動的で、限定的だ。対照的に、意味のある事柄は、ともすれば便宜的でしかない物事を「ビーイング」のなかの交響曲として編成する。意味は、言葉だけで表現できる以上にベートーベンの『歓喜《かんき》の歌《うた》』で強い威力を発揮する。美しい旋律《せんりつ》が折り重なり、すべての楽器が役割を果たし、統制のとれた歌声がさらに重なった勝利の歌だ。絶望から歓喜まで、人間の感情のすべてを覆い尽くす。

原子の小宇宙から細胞、器官、個体、社会、自然、宇宙に至るまで、多くのレベルの存在がみごとに配置されて完全に機能して、それぞれのレベルでの行動が美しく完璧に促進され、過去、現在、未来のすべてが取り戻され、調和するようになったとき、意味はおのずと現れる。あらたに生まれた薔薇《ばら》のつぼみが、空隙《くうげき》から太陽と神の光のなかへ開くように、美しく深く現れる。意味は、暗い湖水の底から、澄《す》んだ水中を懸命に上へ伸び、水面に開く蓮《はす》の花だ。花のなかには、完璧に統制のとれた黄金のブッダが現れており、あらゆる言葉と仕草《しぐさ》に聖なる意志が示されている。

意味とは、そこにあるすべてのものが一つの目的を持つ喜びの踊りとして集まったものだ。現実の賛美。現実がどんなに素晴らしくなっても、未来に向かってさらに良く、深くなっていける。踊りが激しくなり、過去のすべての恐怖、その瞬間までのすべての生命とすべての人類によって行われたすべての恐ろしい戦いが、真に強大で善良な何かを必要とし、それに値するものになったとき、意味が現れる。

意味とは、究極の均衡《きんこう》だ。一方には、変化と可能性のカオスがあり、もう一方には、純粋な秩序の規律がある。均衡の目的は、付随するカオスから新しい秩序を生み出し、その秩序から、さらに均衡のとれた生産的なカオスと秩序を生み出せるようにすることだ。意味とは道、より豊かな人生の道だ。愛に導かれ真実を語るときにあなたが住む場所、もうそれ以上を望まない、望みようがないときに生きる場所だ。

便宜的なことではなく、意義深いことをしなさい。

Rule 08

真実を語ろう。
少なくとも嘘はつかないことだ

Tell the truth—or, at least,
don't lie

あいまいな世界の真実

わたしは、モントリオールのマギル大学で臨床心理学者になる訓練を受けた。クラスメイトとともに、市内のダグラス病院で精神を病《や》んだ患者の臨床診察を初めて経験した。ダグラス病院は広大な敷地と何十もの建物を有している。モントリオールの果てしない冬から労働者や患者を守るため、建物の多くは地下トンネルでつながっていた。この病院には、かつて数百人の長期入院患者が収容されていた。しかし六十代後半、抗精神病薬の普及と大規模な脱施設化運動の影響で居住施設以外の精神治療施設が閉鎖され、入院患者は大幅に減った(もっとも、そうして「解放された」患者は、さらに困難な路上生活に追いやられることがほとんどだったが)。わたしが最初にその病院を訪れた八〇年の初めには、きわめて深刻な患者だけが残っていた。奇妙な行動をする人々だった。病院のトンネル内のあちこちにある自動販売機のまわりに群がっていた。ダイアン・アーバスの写真かヒエロニムス・ボスの絵画に描かれているような光景だった。

ある日、わたしはクラスメイトたちと並んで立っていた。ダグラス臨床研修プログラムを運営する厳格なドイツ人心理学者からの指示を待っているところだった。入院生活の長い弱々しい患者がひとり、ある学生に近づいた。過保護のもとで育った保守的な女子学生だ。その患者は、子どものような気さくな態度で、女子学生に尋ねた。「どうしてみんなここに立っているんだい? 何をしている? わたしもいっしょに立っていていいかしら?」。女子学生がわたしのほうを向いて、「なんて答えればいい?」と不安そうに尋ねた。彼女もわたしも、孤独で傷ついた患者からの奇妙な要求に驚いた。拒絶や叱責《しっせき》と解釈されるようなことは言いたくなかった。

わたしたちは一時的に、社会が基本的なルールや指針を提供していない、あいまいな世界に足を踏み入れたのだった。まだ新入生だったから、精神科病院の敷地内で、社会的帰属の可否について素朴《そぼく》で友好的な質問をする統合失調症患者と相対する準備ができていなかった。ここでは、互いに脈絡《みゃくらく》に注意を払いながら自然な会話をやり取りすることもなかった。通常の社会的交流の枠をはるかに超越したこのような状況で、ルールとはいったい何か？　具体的にはどんな選択肢があるのか？

わたしがすぐ推測できた範囲では、二つしかなかった。全員の面目《めんもく》が立つような話を患者に告げるか、あるいは、正直に答えるかだ。前者の例は、「このグループには八人しか入れないんです」や「いま、退院するところです」だろう。どちらも、少なくとも表面的には誰の感情も傷つけないだろうし、その患者とわたしたちを隔《へだ》てる立場の違いも目立たないだろう。しかし、どちらも真実ではない。だからわたしは、その種の返答をしなかった。

わたしはなるべく単刀直入に言った。わたしたちは新しい学生で、心理学者になるための訓練を受けているので、あなたは加わることができない、と。この答えは、患者とわたしたちの境界を浮き彫りにし、溝を深めた。よく練られた罪のない嘘《うそ》に比べ、厳しい内容だった。しかし、わたしはすでに、どんなに善意であっても、真実でないほのめかしは意図しない結果を生む危険性があると気づいていた。患者はうなだれ、傷ついたようすを見せたが、それはほんの一瞬だった。意味を理解してくれた。問題なかった。それで解決した。

わたしはそうやって臨床研修に入る数年前、奇妙な経験をした(148)。自分はかなり暴力的な衝動を感じやすいことに気づき(行動に移したことはなかったが)、その結果、自分が何者で何をしようとしているのか、じつはほとんど知らないと強く自覚した。そこで、自分が何をし、何を話しているのかに従来より注意を払い始めた。その経験は、控えめに言っても当惑を生じるものだった。間もなくわたしは二つに分裂した。話をする自分と、注意を払って判断を下す自分。ほどなくして、わたしは自分が言うことのほとんどが真実でないのに気づいた。そんなことを言う背景には動機があった。議論に勝ち、地位を得て、人々に感銘《かんめい》を与え、欲しいものを手に入れたかったのだ。言語を使って世界をねじ曲げ、必要だと思うことを実現していた。けれども、わたしは偽物《にせもの》だった。これに気づいたわたしは、内なる声が異議を唱えないようなことだけ言う練習を始めた。わたしは真実を語り始めた。少なくとも嘘はつかない。そう決めておけば、どうしていいかわからないときとくに役立つのがわかった。迷ったらどうするか？　本当のことを言えばいい。だから、ダグラス病院でわたしはこのルールに従った。

のちに、被害妄想で危険な患者の担当になった。偏執《へんしゅう》的な人たちと協力するのは難しい。彼らは、悪意を持って陰《かげ》で動いている謎の共謀者の標的になったと信じている。神経を研《と》ぎ澄《す》ませ、過敏になっている。通常の人間の相互作用ではおもてに出ないような意図を、言葉以外の手がかりからつかもうとする。解釈を誤るが（つまり妄想症《もうそうしょう》だ）、動機、判断、虚偽《きょぎ》を発見する能力に関しては、不可解なほど卓越している。そういう偏執的な人に心を開かせたければ、非常に注意深く耳を傾け、真実を話さなければならない。

わたしはその患者の言葉に注意深く耳を傾け、正直に話した。彼はときどき、復讐《ふくしゅう》のために人を殺す血なまぐさい空想を語った。わたしは自分の反応を観察した。彼が話しているあいだ、自分の想像力の舞台にどのような考えやイメージが浮かび上がってくるかに注意を払い、その結果を彼に伝えた。彼の考えや行動を支配しようとしたわけではない。わたしはただ、彼の行為が少なくともひとりの人間に直接影響を与えていることを、できるだけ透明に知らせたかっただけだ。慎重に注意し、率直に反応したからといって、わたしは動揺していなかったのではなく、もちろん相手を承認したわけではない。話を聞いていてたびたび怖くなり、彼の言葉と行動が見当違いであり、このままだと深刻なトラブルに巻き込まれると伝えた。

それでも彼は話し続けた。わたしが耳を澄まし、正直な反応を示したからだ(もっとも、自分自身の気が沈むような反応だったが)。否定的な感想を返したにもかかわらず(いや、正確に言えば、そのせいで)、わたしを信じてくれた。妄想癖《へき》のある患者とはいえ、愚《おろ》かではなかった。自分の行動が社会的に受け入れられないことを知っていた。まともな人間なら、自分の空想に恐怖するはずだとわかっていた。わたしがまさにそんな反応をしたので、彼はわたしを信用し、話を続けたのだ。信頼関係を築かなければ、患者を理解できる見込みはない。

彼にとってのトラブルは、たいてい、銀行などの形式主義的な組織が発端になっていた。施設に入って簡単な仕事をするつもりになった彼は、口座を開く、請求書の支払いをする、何らかの間違いを修正するなどの手続きをしようとした。ところが、そういう場所で往々にして出会う、役立たずの担当者に遭遇《そうぐう》することが少なくなかった。差し出した身分証を拒否されたり、不必要で入手困難な情報を要求されたりした。おそらく、形式的で面倒な手続きが避けられない場合もあると思うが、官僚的な権力のけちな乱用のせいで必要以上に複雑になりかねない。わたしの患者は、そのような出来事に非常に敏感だった。プライドにこだわりがあった。安全、自由、帰属よりもプライドが大切だった。その論理に従って(妄想症の人たちは徹底して論理を重んじる)、誰かから少しでも軽視されたり、侮辱《ぶじょく》されたり、恥をかかされたりするのを我慢できなかった。水に流すということをしなかった。柔軟性のない頑固《がんこ》な態度のせいで、彼はすでにいくつか行動の禁止命令を受けていた。しかし、禁止命令が有効なのは、禁止命令をされる必要のないような人たちだけだろう。

そういう場面で「おれはあんたの最悪の悪夢になるぞ」と吐《は》き捨てるのが彼の癖《くせ》だった。わたし自身、堅苦しい面倒な手続きをさせられるとそんなせりふを口にしたくてたまらなくなるが、たいてい、言わずに済ませたほうが得策だ。しかし、その患者は本気でそう言い、ときには実際に誰かの悪夢になった。映画『ノーカントリー』に出てくる悪党さながらだった。運の悪い場所で運の悪いときに会うような相手だ。うっかりとでも怒らせてしまったら、あなたに忍び寄り、あなたがしたことを思い知らせ、あなたの生活を脅《おびや》かす。わたしは誰にも嘘をつく気がなかった。わたしはつねに真実を話したので、彼は冷静になってくれた。

わたしの大家

そのころ、わたしは妻のタミーと借家で暮らしていた。そこの大家の男性は、すぐ隣にある、自分の両親が所有する小さなアパートメントに住んでいた。昔、地元の暴走族のリーダーだったという。彼のガールフレンドには、境界性パーソナリティ障害に特徴的な自傷行為の痕跡《こんせき》があった。わたしたちがそこに住んでいるあいだに、彼女は自殺した。

その大家の男性、フランス系カナダ人のデニスは、大柄《おおがら》で力が強く、白ひげをたくわえ、才能のあるアマチュア電気技師だった。芸術的才能もあり、特注のネオンライトをあしらった合板の広告を制作して生計を立てていた。刑務所から釈放されたあと、酒を飲まずにいようと努力していた。それでも、一カ月くらいごとに、数日続けて姿を消し、大酒を飲んだ。驚嘆《きょうたん》するほどアルコールに強い体質だった。立ったまま、ビールを二日間で五〇～六〇杯飲んだ。嘘のような本当の話だ。当時わたしは家族性アルコール依存症について研究しており、被験者たちから、自分の父親は一日に一リットル以上のウォッカを習慣的に摂取《せっしゅ》していた、と聞かされることも珍しくなかった。そういう父親は、月曜日から金曜日まで毎日午後に一本購入し、日曜は酒屋が休業日なので土曜日に二本買ってしのいでいた。

デニスは小さな犬を飼っていた。ときおり、大酒を飲む期間中のデニスが、朝四時、裏庭で犬といっしょに月に向かって吠《ほ》えているのが聞こえてきた。そんな調子だから、酒で手元の貯金を使い果たすこともあった。すると、うちのアパートメントにやってきて、夜中にノックした。デニスはドア口に立ち、からだを揺らしながらも、奇跡的に意識があった。彼はトースター、電子レンジ、広告板を抱えていた。それをわたしに売って、飲み代に変えたいのだった。慈善活動のつもりで、わたしはいくつか買った。しかしやがて、妻のタミーから、もう買ってはいけないとたしなめられた。妻自身いらだっていたし、妻はデニスが好きで、デニスのためにもならない、と。妻の言い分は理にかなっていて当然だったものの、わたしは困った立場に置かれた。

暴力をふるう傾向のある元暴走族のリーダーが、ひどく酔って朝二時に家の戸口に現れ、不確かな英語で電子レンジを売ろうとしてきたとき、何と言えばいいのか？　これは、先に挙げた精神科医院の患者や妄想症の男よりもさらに厄介《やっかい》だった。しかし、結論は同じだ。真実を伝える。とはいえ、真実とは何かを知っておかなければいけない。

妻との話し合いのすぐあと、デニスがまたノックした。何かとトラブルを起こしがちな、屈強《くっきょう》な大酒飲みの男にふさわしく、疑わしげに目を細めてわたしを見た。「裏切らないよな？」と言いたそうだった。からだを軽く前後に揺らしながら、トースターを買いませんかと、ていねいに尋ねてきた。わたしは、霊長類《れいちょうるい》の本能と道徳的な優越が共存する、魂《たましい》の底へ逃れた。できるだけ率直かつ慎重に、買わないと答えた。小細工はしなかった。瞬時にして、自分の教養も、英語圏文化も、幸運も、上昇志向の若者という立場も捨てていた。彼のほうも、ケベック出身の前科者のバイカー、血中アルコールレベルが〇・二四の男ではなくなった。ふたりとも、正しいことをめざして互いに助け合う、善意ある人間だった。酒をやめると言っていたじゃないか、とわたしは言った。これ以上、金を与えるのはきみのためにならない、と。きみが尊敬するタミーも、こんなに酔って遅い時間に物を売りつけようとする姿に辟易《へきえき》している、と。彼は一五秒ほど黙ってわたしをにらみつけた。じゅうぶんに長い時間だった。わたしの表情に皮肉、欺瞞《ぎまん》、軽蔑《けいべつ》、自己満足が少しでも表れていないかを観察していたのだ。しかしわたしは、慎重に熟考したうえ、本気で言っていた。わたしは注意深く言葉を選び、危険な沼地を横切り、部分的に沈んだ石の道を感じた。デニスはきびすを返し、立ち去った。それればかりか、筋金《すじがね》入りの中毒状態にもかかわらず、そのときの会話を覚えていた。その後、何も売ろうとしなかった。わたしたちの関係は、大きな文化的ギャップがあることを考えると非常に良好だったが、より強固になった。安易なかたちを取るか、真実を話すかは、たんなる二つの選択肢ではない。人生の異なる経路。全く異なる存在方法だ。

世界を操る

あなたは言葉を使って世界を操作し、欲しいものを届けさせることができる。つまり、「政治的に行動する」という意味だ。口先のまやかし。悪徳マーケッター、セールスマン、広告主、ナンパの達人、スローガンに取り憑《つ》かれたユートピア派、サイコパスの専門分野だ。他人に影響を与え、操作しようとするときに行うスピーチ。学生が、自分の考えを明確にするためではなく、教授を喜ばせるために書く論文。何かを求め、自分の満足を優先して偽《いつわ》りの姿を装《よそお》うと決めたとき、誰もがすることだ。策略、スローガン、プロパガンダだ。

そのような生きかたをする人は、何らかの悪い欲望に取り憑かれ、目的を達成するうえで合理的に思われるかたちで発言や行動をする。計算ずくの典型的な目的としては、「自分のイデオロギー的信条を強要する」「自分が正しい（あるいは正しかった）ことを証明する」「有能そうに見せる」「支配階層の上方へ自分を引き上げる」「責任を回避する」（または、その逆で「他人の功績を横取りする」）、「昇進を勝ち取る」「大きな注目を集める」「誰からも好かれる」「苦難の見返りを得る」「皮肉な態度を正当化する」「反社会的な見解を正当化する」「純朴《じゅんぼく》な考えを維持する」「脆弱性《ぜいじゃくせい》をむしろ活《い》かす」「つねに聖人ぶる」、（とくに悪質なケースとして）「子どものころ愛されなかったせいにする」——などがある。いずれも、ジークムント・フロイトと同じオーストリアの心理学者アルフレッド・アドラーが「life-lie（人生の嘘）」と呼んだものだ[149]。「人生の嘘」のなかで生きる人物は、知覚や思考や行動で現実を操《あやつ》ろうとする。存在できるのは、自分の狭《せま》い望みが反映された結果だけになる。このような人生は、意識的、無意識的に二つの前提にもとづいている。第一に、将来に何が善であるかを、いま持っている知識だけで明確にできるということ。第二に、現実をいまのメカニズムにまかせておいては耐えられないということだ。第一の前提は哲学的に正当化できない。その人が現在めざしていることは達成する価値がないかもしれない。現在行っていることが誤っているのかもしれない。第二の前提は、さらに悪い。そんな前提が成り立つのは、現実が本質的に耐えがたく、しかも勝手に操作や歪曲《わいきょく》が可能な場合のみだ。英国の詩人ジョン・ミルトンは、そのような発言や思想の源《みなもと》にある傲《ごう》慢《まん》さと確信をサタン——神に背《そむ》いた反逆《はんぎゃく》の天使——に、みごとに重ね合わせている。理性は危険なまでに高《こう》慢《まん》になり、「自分は、知る必要のあることをすべて知っている」と考えかねない。高慢は、みずからが生み出したものを愛し、それを絶対的なものにしようとする。

ユートピアを定義し、それを実現しようと人生を歪曲する人々を、わたしはこの目で見てきた。左派寄りのある人物は、学生時代、権威主義を敵視する風潮《ふうちょう》に乗り、そのあと二〇年間、自分の想像力が生み出した架空《かくう》の敵を倒そうと、怒りに燃えて努力を続けている。ある女性は、一八歳のとき、五二歳になったら引退しようと勝手に決意した。以後三〇年間、その目標の実現をめざして日々働いている。決意した時点ではまだ年端《としは》も行かぬ少女だったことに気づかなかった。ティーンエイジャーのうちに、五二歳の自分がわかるだろうか？　長い年月が経《た》ったいまでも、退職後のエデンの園で何がしたいのか、おぼろげにしか思い描けていない。あえて目をつぶっている。最初の目標が間違っていたら、自分の人生にはどんな意味があったのだろう？　だから、世界じゅうの問題が詰まったパンドラの箱を開けることを恐れている。箱のなかには希望も入っているのに、自分の人生を歪《ゆが》めて、世間知らずだった少女の空想に合わせようとしている。

世間知らずのまま定式化された目標は、時間とともに不吉なかたちの「人生の嘘」に姿を変える。四〇代のある男性患者が、若いころに決めた将来の夢をわたしに語った。「引退して、熱帯の海岸に寝そべり、太陽の下でマルガリータを飲むんです」。それは計画ではない。旅行のポスターだ。マルガリータを八杯も飲めば、二日酔いが待っているだけだろう。マルガリータ漬けの三週間が過ぎて、まだ何らかの感覚が残っているなら、感じるのは強い退屈と自己嫌悪《けんお》だ。一年もしないうちに、哀《あわ》れな人間になる。後年の人生に向けて長く持ちこたえられるアプローチではない。このような過度の単純化と改竄《かいざん》は、とくにイデオロギー主義者に典型的にみられる。政府が悪い、移民が悪い、資本主義が悪い、家父長《かふちょう》制が悪い、などと一つの公理を掲げる。自分の経験をふるいにかけて、すべてがその公理によって説明がつくように絞り込み、それを主張する。根底では、自己陶酔《とうすい》に浸《ひた》り、自分がコントロールしてこそ世界は正しくなると信じている。

「人生の嘘」にはもう一つ、根本的な問題がある。とくに、回避をめぐる問題だ。自分でも間違っているとわかっていてやるとなれば、遂行《すいこう》の罪になる。止められるのに悪いことを放置するのは、怠慢《たいまん》の罪だ。古くから、後者――回避――よりも前者が重い罪とみなされている。しかし、わたしはどうかと思う。

自分の人生は万事順調と主張する女性がいるとしよう。彼女は葛藤《かっとう》を避け、微笑《ほほえ》み、求められたことをやる。狭い適所を見つけてそのなかに隠れる。権威に疑問を投げかけたり、自分の考えを前面に出したりせず、不当に扱われても文句を言わない。群れの中心にいる魚のように、目立たないように努力する。それでも、心には不安を秘めている。人生は苦難だから、彼女も苦難を感じている。孤独で、満たされていない。けれども、自分を押し殺して他人に服従し、人生からあらゆる意味を消し去っている。他人にとって都合のいい、奴隷になり下がってしまった。自分が欲しいもの、必要なものを手に入れられない。手に入れるためには、本心を語らなければいけないからだ。だから、彼女の存在には、人生の苦難を相殺《そうさい》できるほどの価値がない。結局、病《やまい》に陥《おちい》る。

自分が属する集団体制が行き詰まって縮小するとき、まず最初に姿を消すのはうるさいトラブルメーカーだろう。しかし、次に犠牲になるのは存在が目に見えない者たちだ。彼ら隠れている者たちは、重要視されない。不可欠な存在とされるためには、独自の貢献が必要だ。また、隠れた存在だからといって、病気、死、税金の負担にさらされることは避けられない。しかも、他人から身を隠すということは、自分の潜在能力を抑えたり隠したりすることになる。それは問題だ。

他人に自分を明かさないとなると、自分自身に対しても自分を明らかにできない。自分を抑圧することになるうえ、それだけにはとどまらない。必要に迫られて自分の思わぬ可能性がおもてに出る、という機会がほとんどなくなってしまう。これは概念的真理であり、生物学的真理でもある。大胆に冒険するとき、自発的に未知《みち》のものに立ち向かうとき、情報を集め、その情報で自分自身をあらたにする。これが概念的な要素だ。しかし最近になって、生物学的な裏付けが発見された。有機体が新しい状況に置かれると、中枢《ちゅうすう》神経系のある種の遺伝子が活性化するのがわかったという。その遺伝子が新しいたんぱく質をコード化し、このたんぱく質が要素となって脳内に新しい構造が生まれる。つまり、あなたの五感のかなりの部分がまだ発生期にとどまり、停滞した状態では眠ったままになっている。何かを言い、どこかへ行って、しかるべき行動をとって、眠りを覚まさなければならない。もしそうしなければ……不完全な人間のままで終わる。人生は、不完全な人間には過酷《かこく》すぎる。

必要な場合、上司や配偶者や母親に「ノー」と言えば、あなたは必要に応じて「ノー」と言える人間に生まれ変わる。ところが、「ノー」と言うべきときに「イエス」と言えば、明らかに拒否すべき場面でも「イエス」としか言えない人間になる。ごく普通のまともな人たちが、いつの間にか、ソビエト収容所の看守《かんしゅ》たちのような残忍《ざんにん》な行為に手を染めるのはなぜか。これを不思議に思ったことがあれば、答えがわかっただろう。本気で「ノー」と叫《さけ》ぶ必要に迫られるころには、「ノー」と言える人が誰もいなくなっているのだ。

自分を裏切ったり、真実ではない言葉を口にしたり、嘘を行動に移したりすると、性格が弱くなる。自分の人格をみずから弱める。人格が弱くなると、いずれ逆境になったとき、圧倒されてしまう。逆境は必然的に現れるだろう。隠れようとしても、隠れる場所はない。ふと気づくと、残忍な行為に手を貸している。

現実は歪曲によって改善できると主張するのは、きわめて冷笑的で希望のない哲学だ。「ビーイング」やそれを発現する努力を、欠陥《けっかん》ありとみなす。真実を不十分だと非難し、正直な男を「騙《だま》されている」と非難する。世界にはびこる腐敗《ふはい》を促し、正当化する哲学だ。

そのような状況下における元凶《げんきょう》は、ビジョンそのものではなく、ビジョンを達成するために練られた計画でもない。望ましい未来を思い描くビジョンは必要だ。そうしたビジョンは、現在とっている行動と、重要で長期的な基本的価値とを結びつける。行動に、現在の重要性を付与する。不確実性や不安を制限する枠組みを提供する。

問題はビジョンではない。故意に目をつぶることだ。最悪の嘘。狡猾《こうかつ》だ。安易で簡単な合理化に頼る。知ろうとすれば知れることを、知らずに済ます。ノックの音が聞こえるのに、戸口に人がいることを認めようとしない。部屋にいる巨大なゴリラを、カーペットの下の象を、クローゼットのなかの骸骨《がいこつ》を認めようとしない。計画の遂行中、誤りを認めようとしない。どんなゲームにもルールがある。最も重要なルールのいくつかは暗黙の了解になっている。ゲームをすると決めた時点で、そのようなルールを受け入れることになる。一つめのルールは、そのゲームが重要だということだ。重要でなければ、参加しないだろう。参加するからには、重要なのだ。第二に、試合中にとる行動は、勝つために役立つ場合のみ、有効といえる。もし行動を起こしても、それが勝利に役立たないなら、定義上、悪い行動となる。何か違う行動を試みる必要がある。昔から「狂気《きょうき》とは、同じことを何度も繰り返していながら、異なる結果を期待することだ」といわれる。

運が良ければ、失敗しても新しい何かを試みて、先へ進める。それもうまくいかない場合は、また別の方法を試せばいい。幸運な状況では、小さな修正でじゅうぶんだから、小さな軌道《きどう》修正から始めて、うまくいくかどうかを確認するのが賢明《けんめい》だろう。しかしときには、価値の位置づけ全体に欠陥があり、体系をすべて放棄《ほうき》しなければならない。ゲームを根底から変更させざるを得ない。それが革命だ。さまざまなカオスと恐怖を伴う。軽々しくやるべきものではないが、ときには避けられない。誤りを正すためには犠牲が必要であり、重大な誤りには重大な犠牲が必要になる。真実を受け入れるとは、犠牲を払うことを意味する。もし長いあいだ真実を拒否しているのなら、危険なほど大きな犠牲を払わないまま溜《た》め込んでしまっていることになる。森を焼く火が無用なものを焼き払い、閉じ込められた元素を土に戻す。しかし、人為的にそんな火災を抑止できることもある。無用なものの堆積《たいせき》は止まらない。遅かれ早かれ火事は起こる。起こったとき、火災の温度が非常に高くなり、森が育つ土壌さえも破壊されてしまう。

高慢で理性的な思考様式は、みずからの確かさに満足し、みずからの輝きに魅了され、往々にして、間違いを無視し、汚れを敷物で覆《おお》って済ませかねない。ソーレン・キルケゴールをはじめとする文学的で実存的な哲学者たちは、「ビーイング」のこのような状態を「不純(inauthentic)」とみなした。「不純」な人物は、自分の経験から虚偽だとわかっているかたちで認識し、行動する。自分の声で話さない。

「わたしの望みは実現したか？　いいや。となると、目的や方法が間違っていたのだ。まだ学ぶべき事柄がある」——これが純粋な声。

「わたしの望みは実現したか？　いいや。となると、世界は不公平だ。人間は嫉妬《しっと》に燃え、理解しがたいほど愚かだ。それは何か、あるいは誰かのせいにちがいない」——これが不純な声だ。そこから遠からず、「世界を止めるべきだ」「傷つけるべきだ」「破壊すべきだ」といった思いに発展する。理解できないほど残《ざん》酷《こく》な事件は、そんな思いが噴出《ふんしゅつ》した結果なのだ。

無意識のなかにそういった思いが芽生えることは、けっして悪くない。嘘をつくとき、当人は自覚している。自分の行動の結果に目をつぶるかもしれない。理解せずに済むように、自分の側を分析して明確化しようとしないかもしれない。自分が嘘をついたのを忘れ、その事実を意識の外へ追いやるかもしれない。しかし、それぞれの誤りを犯した時点では、それぞれの責任を怠《おこた》った時点では、そのことに自分で気づいている。その時点では、自分が何をしようとしているのか知っていた。「不純」な個人の罪は積み重なって、国家を腐敗させる。

権力に飢《う》えた人物が、あなたの職場で新しいルールを増やしたとしよう。不必要なルールだ。非生産的。

いらだちの原因になる。あなたの仕事から喜びと意味を奪う。なのに、あなたは大丈夫だと自分に言い聞かせる。文句を言うほどではない、と。やがて、ふたたびルールが増える。最初に反応しなかったあなたは、そのような事態を許すように自分を訓練してしまった。勇気が少し薄れている。相手側は、何の抗議もないので、少し強気になっている。組織が少し腐敗してきた。権威主義的な停滞と抑圧の過程が進みつつあり、問題ないふりをしたあなたは進行に加担《かたん》している。なぜ文句を言わないのか？　なぜ堂々と抗議しない？　あなたが抗議すれば、同じように発言を恐れているほかの人たちが擁護《ようご》してくれるかもしれない。もし擁護がなければ――革命の時機《じき》だ。たとえば、魂が腐敗の危険にさらされない別の場所で仕事を見つけるべきだろう。

「全世界を手に入れたところで、代わりに魂を失った者は、どんな得があろうか？」(『マルコ伝』第八章三六節)

アレクサンドル・ソルジェニーツィンの傑作『収容所群島《しゅうようじょぐんとう》』の大きな功績の一つは、ソビエトの強制労働収容所における依存状態と経済(数百万人が苦しんで死亡した)の病理と、同国民のほぼ普遍的な生活傾向との直接的な因果関係を分析したことだ。市民たちは、自分の日々の個人的経験を正面から見つめず、国家によって誘発された苦しみを否定して、理性的なイデオロギーに支配された共産主義体制の独裁命令を支持する傾向にあった。ソルジェニーツィンの意見では、偏執的な大量殺戮《さつりく》の怪物ヨーゼフ・スターリンの犯罪を助け、そそのかしたのは、このような悪い姿勢、すなわち苦しみの否定だった。ソルジェニーツィンは、収容所における経験を通して、真実を、自分から見た真実を書き、ソビエト国家の嘘を暴露した。『収容所群島』の出版後、教養のある人々は誰ひとり、ソビエトのイデオロギーを擁護しなくなった。「スターリンがしたことは本当の共産主義ではない」という言い訳は、もう誰も口に出せなくなった。

ヴィクトール・フランクル（精神科医でナチス強制収容所の生存者、『夜《よる》と霧《きり》』の著者）も、同様の社会心理学的な結論を導き出した。すなわち、「欺瞞的で偽りのある個人の存在が、社会全体主義の前兆《ぜんちょう》である」と。ジークムント・フロイトも同様に、「抑圧」が精神疾患の発症に重大な役割を果たしていると考えた（さらに、真実の抑圧と嘘との違いは程度の問題であって、種類は同じである、と）。アルフレッド・アドラーは嘘が病を生むことを知っていた。カール・グスタフ・ユングは、患者が道徳的な問題に悩まされていること、そのような問題は真実の歪曲によって引き起こされていることを見抜いた。これらの思想家はすべて、個人および文化を病理学の中心に扱い、同じ結論に達した。すなわち、「嘘はビーイングの構造を歪める」。不実は魂も国家も同じように腐敗させ、一方の腐敗が他方の腐敗を助長する。

裏切りや欺瞞によって、ありふれた存在上の不幸が完全な地獄へと変化するのを、わたしは繰り返し目撃してきた。たとえば、病気の親に死期が迫ったとき、おとなになりきれていない子どもたちがみっともない言い争いを始め、表現に堪《た》えないほどの醜態《しゅうあく》に発展することがある。未解決の過去に取り憑かれた彼らは、墓場荒らしの悪霊《あくりょう》さながら死の床《とこ》のまわりに集まって、ふつうの悲劇を、不謹慎な卑怯《ひきょう》と憤慨の戯《たわむ》れに変えてしまう。

母親が息子をあらゆる失望や苦痛から守ろうと熱心になると、その息子は独立して成功する能力を奪われかねない。息子は母親のもとを離れようとせず、母親も孤独を感じずに済む。これは邪悪な陰謀《いんぼう》であり、無数の訳知りなウインクやうなずきを通じてその病理が展開し、ゆっくりとできあがっていく。母親は、息子を支えることを運命づけられた殉教者《じゅんきょうしゃ》を演じ、もともと支えになるはずの友人たちから、吸血鬼のように思いやりを吸い取る。息子は、心の地下室で物思いに沈み、自分が虐《しいた》げられていると感じる。自分の臆病さ、気まずさ、無能さは、自分を拒絶した世界のせいだと考え、そういう世界をめちゃくちゃにする空想をして楽しむ。やがて、実際にめちゃくちゃにするかもしれない。「なぜこんなことを?」と誰もが疑問に思う。答えを知ろうとすれば知れるのだが、みずから拒《こば》む。

もちろん、問題ない生活を送っていても、病気や病弱、制御できない破局によって歪められ、傷つき、ねじ曲げられる恐れがある。鬱《うつ》病、躁鬱《そううつ》病、統合失調症などはすべて、癌《がん》と同様、個人が直接コントロールできない生物学的因子《いんし》を含んでいる。人生に内在する困難は過酷であり、わたしたちひとりひとりを弱らせ、圧倒し、限界を超えて押しやり、最も弱いところを突く。最良の人生でさえ、脆弱性から完全に守られているわけではない。とはいえ、もともと相互信頼と献身《けんしん》によって強く結ばれている家族にくらべ、壊滅して荒れ果てた住居跡で再建をめざすのは、成功する可能性がはるかに低い。個人や家族や文化にささいなごまかしをすれば、本来の弱さや存在の困難さが、深刻な危機に拡大する恐れがある。

いくら正直な人間の魂であっても、地上に楽園をつくり出す試みには絶えず失敗するかもしれない。それでも、生存に伴う苦痛を我慢できるレベルにまで減らすことはできるだろう。「ビーイング」の悲劇は、制約と脆弱性のせいで人間の経験が限られているために起こる結果だ。「ビーイング」の代償ともいえるだろう。存在にはつねに限界がある。

わたしの知り合いのある男は、末期の認知症にかかっている妻に対して、正直に勇敢《ゆうかん》に対処していた。必要な調整を段階的に行った。必要なときにはほかの人の助けを仰《あお》いだ。妻の悲しい病状から目を背けようとせず、いさぎよく適応した。死期が迫ったとき、その妻の家族が集まってきて、互いに支え合った。彼ら——兄弟、姉妹、孫、父親——と夫とのあいだにあらたな心の絆《きずな》が生まれ、失うものを部分的ではあるが純粋に補った。

わたしの娘は、十代のころ股関節《こかんせつ》と足首を骨折し、二年間も激しい痛みに耐えなければならなかったが、精神的には無傷だった。弟が自発的に、腹一つ立てず、友情や社会的関与の機会をたびたび犠牲にしながら、苦しむ姉を支えたおかげだった。愛、励まし、人格が保たれていれば、人間は想像以上の回復力を発揮する。しかし、悲劇と欺瞞によってもたらされる絶対的な破滅には耐えられない。

理性的な心には、欺《だま》し、操作し、企《たくら》み、ごまかし、反証し、矮小化し、見当違いをし、裏切り、矛盾《むじゅん》し、否定し、除外し、つじつまを合わせ、偏《かたよ》り、誇張し、あいまいにする能力がある。その能力は顕著《けんちょ》で際限がない。科学以前の思想は何世紀にもわたって道徳的努力の本質を明らかにしようと努め、間違いなく悪魔的だとみなしたほどだ。プロセスとしての理性そのもののせいではない。理性のプロセスは、明確さと進歩を生み出すことができる。しかし理性は、ある最悪の誘惑を受けやすい。いま持っている知識が完全で絶対的、と過大評価してしまう誘惑だ。

これが何を意味するのかを明確にするために、ふたたびジョン・ミルトンに目を向けてみよう。何千年もの歴史を通じ、西洋世界は宗教的なものを核に、悪の本質を表す夢のような物語を生み出した。物語の主人公は、反抗的な性格で、「ビーイング」の堕落《だらく》に専心する。ミルトンはこの集団的な夢の本質を整理し、劇的にし、明確にした。擬人化《ぎじんか》により、サタン――「光の運び手」こと魔王ルシファー――という姿で表現した。ルシファーの原始的な誘惑とその結果について彼はこう書いている。[150]

（これらの天使の援助をえて、儕輩《せいはい》を尻目に
自らを栄光の地位におき、）あわよくば、一戦を交えて
至高者《いとたかきもの》と対等たらんことを窺《うかが》った彼であった。そして、
野心満々、神の御座と御稜威《みいつ》に向かって、不敬かつ

傲慢不遜な戦いを、場所もあろうに天において挑《いど》んだのだ。
これこそまさしく身のほども知らぬ企てというべきで
あった。全能の力をもち給う神は、大胆不敵にも、あえて
全能者に向かって武器をとって刃向かってきたこの者を、
いと高く浄《きよ》き空から真っ逆様に落し給うたのであった。彼は
凄じい勢いで炎々《えんえん》と燃えさかる焔《ほのお》に包まれて、奈落の底へ、
底知れぬ地獄へと、墜落していったのだ。

ミルトンから見て、ルシファーは、理性の霊であり、神によって虚空《こくう》からもたらされた最も驚くべき天使だ。これは心理的に読み解ける。理性は生きている。わたしたち全員のなかで生きている。誰よりも年長だ。能力ではなく人格と理解されるのがふさわしい。目的も誘惑も弱点もある。ほかのどんな霊よりも高く飛んで遠くを見る。しかし理性は自分自身に恋をする。さらに悪いことに、みずからつくり出したものに恋をする。つくり出したものをいっそう高い地位にのぼらせ、絶対的なものとして崇拝《すうはい》する。すなわち、ルシファーは全体主義の権化《ごんげ》だ。結果、天から地獄へ堕《お》ちていった。人智を超えた最高位の存在に対する反逆は、必然的に地獄を生み出す。

もういちど言っておこう。理性は大きな誘惑に駆られやすく、自分の能力と自分が生み出したものを賛美し、自分の領域を超えたもの、領域外のものは何一つ必要ないと主張しやすい。重要な事実はすべて発見済み、重要でまだわからないことなど何もない、というわけだ。さらに大切なことに、個人が「ビーイング」と勇気を持って向かい合う必要性などない、という意味になる。あなたを救うものは何か？　全体主義者の

主張は、簡潔にまとめるとこうなる。「すでに知っていることを信頼するしかない」――。けれども、それは救いにならない。役に立つのは、知らない事柄から学ぶ意欲だ。人間が変わっていける可能性を信じること。現在の自己の犠牲を信じることだ。全体主義者は、個人が「ビーイング」に対して最終的な責任を負う必要性を否定する。

そんな否定は、「至高者」に対する反逆を意味する。全体主義はこう言わんとする――必要のあるものはすべて発見された、すべてが計画どおりに展開するだろう、完璧なシステムを受け入れればすべての問題は永遠に消滅する、と。ミルトンの偉大な詩は予言だった。キリスト教の廃墟《はいきょ》から理性が立ち上がると、キリスト教に付随するシステム全体が大きな脅威《きょうい》にさらされる。とくに共産主義は、想定上の受益者である抑圧された労働者たちよりもむしろ、知識人たちにとって魅力的だった。知識人たちは、知性に高慢な誇りを持ち、自分たちはつねに正しいと信じていた。しかし、約束されていたユートピアは実現しなかった。代わりに、人類はスターリン主義のロシア、毛沢東《もうたくとう》の中国、ポル・ポトのカンボジアという地獄を経験した。これらの国の市民は、みずからの経験を裏切り、仲間の市民に背を向け、一〇〇〇万人に一〇人の割合で死ぬことを強《し》いられた。

ソビエトにこんな古いジョークがあった。アメリカ人は死んで地獄に堕ちる。するとサタンがじきじきに案内してくれる。やがて大釜《おおがま》のそばを通りかかる。アメリカ人は大釜のなかを覗《のぞ》き込む。煮えた釜のなかは、苦しむ魂で満ちている。懸命に釜から出ようとするが、縁にすわった低位の悪魔たちに、フォークで突いて戻されている。当然、アメリカ人はショックを受ける。サタンが言う。「あそこの釜には、罪深い英国人を入れてある」。見学は続く。間もなく二番目の大釜に近づいた。もう少し大きく、もう少し熱い。アメリカ人はなかを覗き込む。苦しむ魂で満ちており、全員がベレー帽をかぶっている。やはり、逃れようとする者は、悪魔にフォークで突かれ、釜へ戻されている。「その釜には、罪深いフランス人を入れてある」とサタンは言う。遠くに三番目の大釜がある。ずっと大きく、白く煮えたぎっている。近寄れないほどだ。けれども、サタンに強く勧《すす》められ、アメリカ人は近づいて、覗き込む。よく見えないが、沸騰《ふっとう》する水面の下に魂がひしめいている。しかしときおり、群れを逃れて、釜のへりへ必死に手を伸ばす者がいる。不思議なことに、この巨大な釜のふちには悪魔がひとりもすわっていない。にもかかわらず、逃げようとした者は結局、水面下へ戻って消える。「なぜここには脱走を防ぐ悪魔がいないんですか?」とアメリカ人は尋ねる。サタンはこう答える。「この釜にはロシア人を入れてある。誰かが逃げようとすると、ほかの人が引き戻すのだ」

ミルトンの考えによれば、誤りに直面しても変化を拒否するという頑固な態度は、天からの堕落や、いっそう深まる地獄への退化を意味するだけでなく、贖罪《しょくざい》そのものの拒否を意味する。サタンは、たとえ自分に和解を求める意思があり、神にそれを認める意思があったとしても、自分は変わらず、ふたたび反逆するだけだろうとじゅうぶん知っている。おそらく、この高慢な頑固さが、聖霊に対する不可解で許されない罪の原因なのだろう。

ああ、喜びが
永久に住んでいる幸福《さち》多き天国よ、さらばだ！　祝福あれ、もろもろの
恐ろしきものの上に！　祝福あれ、この奈落の上に！　汝、無間地獄《むげんじごく》よ、
今こそ、汝の新しき主《あるじ》を迎えよ！　この主《あるじ》は、場所と時間の如何に
よって変るような心の持主ではない。[151]

これは来世《らいせ》の空想ではない。政治上の敵に対して死後行う拷問《ごうもん》を邪悪に思い浮かべているのではない。これは抽象的な概念だ。抽象概念は、それが表すものよりも現実的であることが多い。地獄が何らかの形而《けいじ》上学《じょうがく》的なかたちで存在するという考えは、古くから広く行きわたっているだけではない。真実だ。地獄は永遠。つねに存在している。いまも存在する。カオスの暗黒世界のなかで最も不毛で絶望的で悪意に満ちた領域であり、失望と憤慨にまみれた人々が永遠に住む場所だ。

心というものは、それ自身
一つの独自の世界なのだ、——地獄を天国に変え、天国を地獄に
変えうるものなのだ。(152)

ここでなら、われわれも安心して
支配できる。思うに、支配するということは、充分野心の目標
たりうる、——たとえ、地獄においてもだ。天国において奴隷たる
よりは、地獄の支配者たる方が、どれほどよいことか！(153)

じゅうぶんに嘘をついた者たちは、言葉のうえでも行動のうえでも、地獄に住んでいる。街のにぎやかな通りを歩いてみてほしい。目を開き、注意を払ってもらいたい。いま、そこにいる人たちが見えるだろう。そういう人たちと、あなたは本能的に距離を置く。あなたが無遠慮に視線を向けると、相手は腹を立てるか、ときにはわが身を恥じて目をそらす。以前、路上で暮らすひどい姿のアルコール依存症患者が、わたしの幼

い娘の前で、まさにそんなふうに目をそらすのを見たことがある。彼は何よりも、自分の堕落したさまが娘の目にまざまざと映るのを見たくなかったのだ。

欺瞞は、人を我慢できないほど惨《みじ》めにする。人間の魂を憤慨と復讐心で満たす。人類に恐ろしい苦しみをもたらす。ナチスの死の収容所や、スターリンの拷問部屋や大量虐殺《ぎゃくさつ》、さらに大きな怪物、毛沢東らを出現させる。欺瞞が、二〇世紀に膨大《ぼうだい》な数の人々を殺した。文明が根底から破滅する寸前だった。今日、わたしたちを最も深刻に脅かすのは欺瞞だ。

代わりに、真実を

では、嘘をつくのをやめたらどうなるだろう？　どんな意味をもたらすだろうか？　しょせん、わたしたちの知識は限られている。最善の手段や最善の目標を確実に見きわめることはできないのに、折に触れて決断を迫られる。目的が、野心が、行動に必要な構造を提供する。目的は終着点を、現在とは対照的な場所を、すべてのものを評価できる枠組みを提供する。進歩を定義し、そうした進歩を活性化する。不安を軽減してくれる。もし目的がなければ、何もかも無意味になりかねず、安らぎを得られない。したがって、多少ともまともに生きるためには、わたしたちは考え、計画し、制限し、仮定しなければならない。ではどうすれば、全体主義的な確実性という誘惑に陥らずに、未来を想像し、方向性を確立できるのか？

ある程度、伝統に依存することが、目標を確立するのに役立つだろう。他人がふだん行ってきた行動にならって行動するのは理にかなっている。教育を受け、労働し、愛を見つけて家族を持つことは理にかなっている。そうやって文化は維持されるのだ。しかし、どんなに伝統どおりだとしても、まなこを大きく開いて目標を見定める必要がある。方向性はあるが、間違っているかもしれない。計画はあるが、間違っているかもしれない。自身の無知によって——さらに悪い場合は、まだ露《あら》わになっていない自分の腐敗によって——道を迷わされたのかもしれない。だから、すでに知っていることではなく、知らないことに親しまなければならない。行動中の自分自身に注意を払い続けなければならない。同士の目のなかの塵《ちり》を気にかける前に、自分の目のなかの大きなごみを取り除かなければいけない。そうやって、自分の魂を強化し、存在の重荷に耐え、現状を若返らせるのだ。

すでに数千年前、古代エジプト人はこのことを理解していたが、彼らの知識は物語というかたちに埋め込まれていた。[154] 彼らは、国家の神話上の創始者であり、伝統の神であるオシリスを崇拝《すうはい》していた。しかしオシリスは、邪悪で計画的な弟セトによって殺され、冥界《めいかい》へ追放された。エジプト人は、社会組織が時間とともに硬直化し、意図的に目をつぶる傾向があるという事実をこの物語のなかで表現した。オシリスは弟セトの本当の姿を見ようとすれば見抜けたはずなのに、見抜けなかった。セトは好機を待ち、攻撃した。オシリスを細かく刻み、聖なる遺骨を王国に撒《ま》き散らし、その魂を冥界へ送った。オシリスの復活を困難にした。

幸い、偉大な王オシリスはセトにひとりで立ち向かう必要はなかった。エジプト人はオシリスの息子ホルスも崇拝していた。ホルスは非常に特徴的なハヤブサの姿をしており、その目はいまもエジプトを代表する図柄とされている(ルール7参照)。オシリスは伝統の神であり、老齢で、故意に目を閉ざしている。対照的に、息子のホルスは見る能力と意志を持っていた。観察眼の神だった。理性とは異なる。観察眼を光らせたおかげで、ホルスは莫大《ばくだい》な犠牲を払いながらも、叔父《おじ》セトの悪を認識し、それに勝利できた。ホルスとセトの対決は壮絶《そうぜつ》だった。敗北し王国から追放される前に、セトは甥《おい》ホルスの目を引き裂いた。最終的に勝利したホルスは目を取り戻した。そのあと、じつに意外な行動に出た。あえて冥界へ旅し、その目を父親に与えるのだ。

どういう意味だろう？　第一に、悪意や悪との出会いは、神の視覚さえも傷つけるほどの恐怖だということ。第二に、思慮《しりょ》深い息子は、父親の視覚を取り戻せるということだ。文化は、過去の偉大な人々の精神によって確立されたとはいえ、つねに死に近い状態にある。現在は過去ではない。したがって、過去の知恵は、現在と過去の状況の相違に比例して、価値が下がったり、時代遅れになったりする。これはたんなる時間の経過の結果であり、経過が必然的にもたらす変化だ。しかし同時に、文化やその英知は腐敗――自発的で意図的に目を閉ざすことやメフィストフェレスの陰謀――に弱いことも表している。祖先が残してくれた制度は、必然的に効果が薄れていく。そのうえ、現在のわたしたちが的外れな不品行《ふひんこう》をすれば、その価値はいっそう加速して低下する。

たとえ恐ろしげでも、目の前にあるものを勇気を持って見て、そこから学び取ることがわたしたちの責任だ。見るのが怖いあまり、意識が傷つき、なかば目を閉ざしていたとしても、目を向けなければならない。すでに知っていて頼りにしている前提が揺らげば、わたしたちは動揺し、不安定になるかもしれないが、そんなときこそ、しっかり見るという行為がとくに重要だ。見ることによって、個人は情報を知り、状態を更新できる。人の価値はどれだけの真理を許容できるかによって決まる、とニーチェが言ったのはそのせいだ。あなたという存在は、すでに知っていることだけでできあがっているのではない。今後その気になれば知ることができる事柄を含めたすべてが、あなたを成り立たせている。だから、現在の自分のために自分の可能性を犠牲にしてはならない。すでに確保したセキュリティを優先して、潜在的なより良いものをあきらめてはいけない。とりわけ、現在の自分を上回る何かを間違いなく垣間《かいま》見《み》たことがあるのなら、けっしてあきらめてはいけない。

キリスト教の伝統では、キリストはロゴスと同一視される。ロゴスとは神の言葉だ。すべての時間の始まりに、その言葉がカオスを秩序に変えた。人間の姿をしたキリストは、真理、善、神のために自発的に犠牲になった。その結果、彼は死に、生まれ変わった。カオスから秩序を生み出した御言葉《みことば》は、すべてを神に捧げる。この一文が、何よりもキリスト教を要約している。学ぶ事柄一つずつがすべて死のかけらだ。新しい情報はすべて、以前の概念に挑むものであり、より良いものとして生まれ変わるためには、いったんカオスに溶け込ませる必要がある。ときには、そのような死が実質的にわたしたちを破滅させる。そのような場合、回復することができないかもしれないし、回復したとしても、大きく変化するだろう。わたしのある親友は、何十年ものあいだ妻が浮気をしていたことを知った。そんな事態は予想もしていなかった。彼は深い鬱状態に陥った。暗黒世界へ降りていった。あるとき、わたしにこう言った。「前々から、落ち込んでいる人は気を取り直せばいいじゃないか、と思っていた。まったく見当違いだった」。やがて、彼は深淵《しんえん》から復帰した。いろいろな意味で新しい人間になった。おそらく、より賢《かしこ》くより良い人間になった。二〇キロ近く減量した。マラソンを走った。アフリカへ旅行し、キリマンジャロに登った。地獄に堕ちるより再生を選んだのだ。

たとえどうあるべきかわからなくても、自分なりに野心を設定すべきだ。地位や権力よりも人格や能力の発達にかかわる野心がいい。地位を失うことも恐れてはいけない。きちんと人格と個性を持っていれば、どこへ行っても逆境に勝てる。それがわかったら、自分を大きな石とロープで結ぶ。その石を手に取り、前方へ投げ、ロープを引いてそこへ向かう。前方に進む最中、観察を怠ってはいけない。自分の経験を自身や他人にできるだけ明確かつ慎重に伝える。このようにすれば、目標に向かってより効果的、効率的に進む方法を学べるだろう。そのあいだ、嘘をついてはいけない。とりわけ、自分自身に。

自分の行動と発言に注意を払っていれば、行動や発言を間違ったとき、自分の内側の分裂や弱さの状態を感じとることができる。思考ではなく、体内に組み込まれた感覚だ。わたしは、自分の行為や言葉に対して不注意なときに、体内で固さや強さではなく、落ち込みや分裂を感じる。これがわたしの太陽神経叢《そう》(みぞおち)の中心にあって、神経組織を大きく束《たば》ねているらしい。実際、嘘をついているとき、この落ち込みと分裂に気づき、いま自分は嘘をついていると自覚するようになった。どんな嘘なのかを突き止めるのに時間がかかることもあった。ときには、うわべを気にして言葉を使っていた。ときには、いまの話題について無知なのを隠そうとしていた。自分について考える責任を避けるために、他人の言葉を使うこともあった。

注意を払っていれば、何かを求めているときには目標に向かって前進できる。しかしさらに重要なのは、情報を得て、目標を柔軟に変容できることだ。全体主義者は、「現在の野心が間違っていたらどうする?」と問うことはない。つねに絶対的なものとして扱う。ありとあらゆる意味で、自分の野心が自分の神となる。それが最高の価値となる。それが感情や動機づけを左右し、考えを決定する。人々は誰も、自分の野心に奉仕する。その意味では無神論者はいない。どんな神に仕《つか》えているかを知っている者と知らない者がいるだけだ。

すべてを見ずに意図的に、ある目標の達成のためだけに向けて歪曲してしまうと、あなたや世界をより良くする別の目標が存在しても、気づかなくなる。真実を語らないと、そういう犠牲が生じるのだ。逆に、真実を語れば、あなたが進むにつれて価値が変化していく。苦労して進むあいだ、明らかになっていく現実を把握できるように身構えていれば、何が重要なのかの認識は変化するだろう。ときには徐々に、ときには急に根本的に、自分自身の方向を変えることになるだろう。

こう想像してみてほしい。あなたはいま、親の望みに従って、工学部に通っている。しかし本意ではない。自分の希望と矛盾するせいで、勉強に身が入らず、成績がさえない。どうにか自分を律して集中しようとするが、うまくいかない。自分の意志が虐げられることを、あなたの魂は拒否する(ほかにふさわしい表現があるだろうか?)。あなたはなぜ従っているのか? 両親を失望させたくないからかもしれない(もっとも、さえない成績で失望させているが)。自分を自由にするうえで必要な衝突に臨む勇気がないのかもしれない。親は何でも知っているという子どもじみた親への信頼を捨てたくないのかもしれない。そうやって、自分よりも自分のことをよく知り、世界のすべてを知っている人がいると信じ続けようとしている。そうやって、個々の「ビーイング」のまったくの孤独さや、それに付随する責任から保護されたい。どれも非常によくある話で、理解できる。けれども、あなたはエンジニアになるつもりがないので、苦難を味わっている。

ある日、我慢の限界がくる。工学部を中退する。あなたは両親を失望させる。そのうえで生きていくことを学ぶ。自分自身と相談する。自分の判断だけに頼るしかない。結果、あなたは哲学の学位を取る。自分の失敗の重荷を受け入れる。独立した人間になる。親のビジョンを拒絶することで、自分自身のビジョンを育《はぐく》む。やがて両親が老いたころ、一人前になったあなたは、両親に必要とされたとき助ける。両親も勝利するわけだ。しかし、双方の勝利は、あなたの真実によって引き起こされた衝突という犠牲があってこそ得られた。真実がおもてに出ることの役割について、キリストは『マタイ伝』第一〇章三四節でこう言っている。「地上に平和をもたらすためにわたしが来たと考えてはならない。わたしは平和ではなく、剣をもたらすために来たのだ」

真実に従って生き、真実が明らかになるにつれ、あなたは「ビーイング」が生み出す矛盾を受け入れ、それに対処しなければならない。そうすることで、あなたは成長を続け、全体として少しずつさらなる責任感を持つだろう(少しずつであっても重要だ)。より新しく、より賢明に定められた目標に向けて、これまで以上に密着して前進し、不可避な誤りを発見して目標を修正するときにも、より適切な対処ができるようになるだろう。経験の英知を取り入れるにつれて、何が重要なのかという概念もいっそう適切になるだろう。大きく迷わず、善に向かっていままで以上にまっすぐ歩み始めるだろう。当初、あらゆる証拠に照らして正しい判断を下したとしても、その時点では理解できなかったような善が見えてくるはずだ。

存在が善であれば、存在との明瞭《めいりょう》で正しい関係も良好に保てる。逆に、存在が善でなければ、あなたは敗北する。あなたを救うものは何もない。まして、考えがあいまいで、故意に目をつぶって欺瞞を招くような傲慢な反逆者となれば、救いはない。いま自分の存在は善か？　知るためには大変な危険を冒《おか》さなければならない。真実のなかで生きているか、欺瞞のなかで生きているか、現実から目を逸《そ》らさず、結論を出すべきだ。

これはキルケゴールが必要と主張した「信仰の行為」だ。前もって知ることはできない。個人ごとの違いを考えると、良い例でさえ必ずしも参考にはならない。運のおかげで成功した可能性もある。したがって、自分自身の人生を危険にさらすほかない。古代の人々はこの危険を、個人の意志を神の意志に捧げる、と表現した。服従の行為ではない（少なくとも現在理解されている意味の服従ではない）。むしろ、勇気ある行為だ。自分の船を風が新しいより良い港へ向けてくれると信じることだ。ふさわしく成長すれば、「ビーイング」はおのずと正されると信じる。まさに探検の精神だ。

こんなふうに概念化したほうがわかりやすいかもしれない。カオスを制限して自分の人生を理解できるようにするため、誰もが具体的で明確な目標を――野心、目的を――必要としている。しかし、そのような具体的な目標はすべて、メタ目標とも呼ぶべきものに従属することになる。メタ目標とは、目標にアプローチしたり、目標を策定するための手段だ。「真実のなかで生きる」ことがそれに相当するかもしれない。つまり、こんな意味だ。「明確な、定義された、一時的な目的に向けて誠実に行動する。失敗と成功の基準を、少なくとも現時点の自分にとってはふさわしく、明確なものにする（ほかの人たちもあなたのしていることを理解し、あなたといっしょに評価できれば、なお良い）。しかし、あなたが真実を明らかにして行動する一方で、世界やあなたの魂が自由に展開できるようにする」――。これは現実的な野心であると同時に、勇敢な信念でもある。

人生は苦難に満ちている。ブッダはそう明確に述べた。キリスト教徒も、聖なる十字架というかたちで同じ感情を象徴的に表現している。ユダヤ人の信仰にも、人生の苦難の記憶があふれている。生命に必ず足枷《あしかせ》があるのは、最も重要で避けられない真実だ。「ビーイング」は弱く、社会からの判断や軽蔑にさらされ、肉体がいずれ必然的に滅ぶという苦難にさらされている。しかし、このような悲惨《ひさん》な苦しみでさえ、世界を堕落させ、地獄に変えるほどではない。ナチスや毛沢東主義者やスターリン主義者が世界を堕落させ、地獄に変えたのとは比較にならない。本当の地獄を現出させるためには、嘘が必要だ。ヒトラーもそう明言している。(155)

かれらはその際、まったく正しい原則、つまり嘘が大きければ信じてもらえる一定の要素がつねに存在するという原則、から出発した。なぜなら国民大衆の心は本質的に、意識して、故意に悪人になるというよりも、むしろ他から容易に堕落させられるものであり、したがって、かれらの心情の単純な愚鈍さからして、小さな嘘よりも大きな嘘の犠牲となりやすいからである。というのは、かれら自身、もちろんしばしば小さな嘘をつくのだが、しかし大きな嘘をつくのはなにしろあまりにも気恥ずかしく感じてしまうからである。そのような大きな嘘はかれらの頭にはとてもはいり込めないし、したがって不名誉きわまる歪曲《わいきょく》をするような、まったく途方もない厚かましさは他人の場合でも可能だなどと信じえないだろう。それどころか、このことについて説明を受けてさえも、なお長く疑いつづけ、動揺するだろうし、そして少なくとも、なにか一つくらいの理由はやはり真実だと受け取るだろう。

大きな嘘にはまず小さな嘘が必要だ。小さな嘘は、たとえるなら、嘘の父が犠牲者を釣り上げるために使う餌《えさ》だ。人間の想像力という能力によって、わたしたちは夢を見て別の世界を創造することができる。これがわたしたちの創造性の究極の源泉だ。しかし、その特異な能力には対極が、コインの裏側がある。すなわち、自分や他人を騙して、物事の正体をじつは知っていながら、別の正体があるかのようにふるまうことができる。

では、嘘をついてなぜ悪いのか？　小さな利益を得るため、物事を滑《なめ》らかにするため、平和を維持するため、あるいは感情が傷つくのを避けるために、物事をねじ曲げたり歪めたりしてはいけないのか？　現実には恐ろしい側面がある。目が覚めているときにはいつも、蛇《へび》の頭を持つ側面を見つめ続ける必要があるのだろうか？　見るに堪えないという理由だけで背を向けてはいけないのか？

理由は簡単だ。万物は崩壊する。昨日うまくいったことが今日もうまくいくとは限らない。わたしたちは祖先から偉大な国家と文化の仕組みを受け継いだものの、それらは死んでおり、日々の変化に対処することはできない。生きている者なら、対処できる。目を開いて、必要な部分を修正し、仕組みをスムーズに動かし続けることができる。正反対に、すべてがうまくいっているふりをして必要な修復を行わず、うまくいかなければ運命を呪うこともできる。

万物は崩壊する。これは人類の偉大な発見の一つだ。わたしたちが目をつぶる、行動しない、嘘をつくといった態度をとれば、偉大なものの自然な劣化が加速する。注意を払わなければ、文化は衰退して死滅し、悪が蔓延《まんえん》する。

嘘にのっとって行動するとき(ほとんどの嘘は言葉ではなく行動に移される)、自分で気づいているのは、嘘全体のほんの一部分にすぎない。だが一つの嘘はほかのすべてにつながっている。大瓶《おおびん》のシャンパンにたとえ一滴でも汚れた水が混じれば、すべて台無しになる。一つの嘘は、それと同じ悪影響を世界にもたらす。嘘はいわば生きていて、成長を続ける。

嘘が大きく成長すると、世界じゅうが台無しになる。とはいえ、目を凝《こ》らして見れば、大きな嘘は小さな嘘で構成され、小さな嘘はさらに小さな嘘で構成されている。ほんの小さな嘘が大きな嘘の発端になる。たんなる事実の誤認ではない。人類を我がものにしようとする、史上最も深刻な陰謀《いんぼう》の様相を呈《てい》する行為だ。一見すると無害な取るに足らない卑劣《ひれつ》さや傲慢さ、それを見逃すささやかな責任回避にすぎないが、すべてが効果的に組み合わさって、その正体を、真の危険性を覆い隠す。人間が犯し、楽しみさえする大きな悪の行為も覆い隠す。嘘は世界を堕落させる。さらに悪いことに、堕落させることが嘘の意図だ。

まず小さな嘘を一つつく。それを支えるため、いくつかの小さな嘘を重ねる。嘘がばれて恥ずかしい思いをしないように、思考を歪め、結果を隠すためにまた少し嘘を重ねる。やがて、最も恐ろしいことに、つかずにいられなくなった嘘が、実践を通じてかたちを変え、自動化、特殊化、構造化され、神経学的に裏付けられた「無意識の」信念や行動と化す。虚偽にもとづいた行動は、不快な経験になるばかりで、意図した結果を生み出せない。煉瓦《れんが》の壁の存在を信じないうちは、また正面からぶつかって怪我《けが》をする。結局、そんな壁をつくり出した現実を呪う。

その後、うまい嘘を生み出せることに満足し、必然的に傲慢さと優越感を味わう(もっとも、当人にとって「うまい嘘」にすぎず、じつは非常に危険だ。自分以外は誰もが騙されていて、誰もが間抜けに感じられてくる。自分の嘘で、誰もが愚かに騙されている。自分が望むものは何でも手に入る、と考え始める)。ついには、こんな命題を打ち立てる。「ビーイングはわたしに操作されかねない。よって、尊重に値しない」まるでオシリスのように、事物が粉々に崩壊し始める。悪の力の影響により、人間や国家の構造が崩れていく。暗黒世界のカオスが湧き上がり、洪水のように、見慣れていた土地を水没させる。それでもまだ地獄ではない。

地獄はそのあと訪れる。個人や国家と現実との関係が嘘によって壊れたとき、地獄が訪れる。万物が崩壊する。人生が腐敗する。すべてが欲求不満と失望にまみれる。希望はつねに裏切られる。騙された人は、カインのように必死に犠牲を捧げるしぐさをするが、神を喜ばせることはできない。そしてドラマは終幕に入る。

絶え間ない失敗に痛めつけられ、その人物は冷酷になる。失望と失敗が結合し、空想を生み出す。「世界の歪みが、わたしを個人的に苦しませ、不安にし、破滅させようとしている」と。復讐が必要だ。自分にはその権利がある。やるしかない。これが地獄への入り口だ。恐ろしい、非日常的な暗黒世界が、自分の悲惨さそのものになる。

偉大な西洋の伝承によれば、この世の始まりに、神は言葉を利用してカオスを「ビーイング」に変えた。その伝承のなかでは、男も女も同様に、神の姿に似せてつくられたことが自明とされている。わたしたちもまた、言葉を通じて、カオスを「ビーイング」に変える。さまざまな可能性を秘めた未来を、過去や現在の現実に変える。

真実を語れば、最も住みやすい現実が「ビーイング」になる。真実は一〇〇〇年にわたって耐えうる土台を作る。貧しい人々に糧《かて》を与え、衣服を与え、国家を豊かで安全なものにする。人間の恐ろしい複雑さを簡《かん》潔《けつ》な言葉にまで還元し、その人を敵ではなくパートナーにできる。真実は、過去を本当の過去に葬《ほうむ》り、未来の可能性を最大限に利用する。尽きることのない究極の天然資源。闇のなかの光だ。

真実を見て、真実を語るべきだ。

真実はスローガンの集まりでもなければ、イデオロギーでもないから、他人の意見を装って現れることはない。ごく個人的なものだ。あなたの真実は、あなたの人生特有の状況にもとづいており、あなただけが知ることができる。あなたの個人的な真実を理解すべきだ。その真実を、自分や他人に注意深く明確に伝える。これによって、現在の信念の構造を維持しつつ、あなたの安全と生活をより豊かにすることができる。確定した過去とは異なる将来の恵みを保証してくれる。

真実は、「ビーイング」の最も深遠な源泉からあらたに湧き出てくる。人生の必然的な悲劇に遭遇しているあいだ、魂が枯《か》れたり死んだりしないように保ってくれる。悲劇に対して復讐したいという恐ろしい欲望を退ける助けになるだろう。悲劇も「ビーイング」の深い罪の一部であり、潔《いさぎよ》く耐えなければならない。

もし自分の人生が本来可能なかたちと異なるなら、真実を語る努力をすべきだ。イデオロギーに固執《こしつ》したり、ニヒリズムに陥ったりしているなら、真実を語ってみてほしい。自分が弱く拒絶されている気分になり、絶望し混乱したなら、真実を語ってみるべきだ。楽園では誰もが真実を語る。だからこそ楽園なのだ。

真実を語ろう。少なくとも嘘はつかないことだ。

Rule 09

あなたが知らないことを相手は知っているかもしれないと考えて耳を傾ける

Assume that the person you are listening to might know something you don't

無益なアドバイス

心理療法はアドバイスではない。アドバイスとは、不愉快《ふゆかい》で複雑な相談を持ちかけてきた者を黙らせて追い払うための言葉だ。自分の知性に優越感を覚えながら、一方的に相談者に語り聞かせる。あなたは低次元の人間だから低次元の厄介事《やっかいごと》を抱えるのだ、といわんばかりに。

心理療法は真の会話だ。真の会話とは、探索であり、明確化であり、戦略化だ。真の会話に参加しているときは、「聞く、話す」をどちらもするが、ほとんどは聞いている。耳を傾け、注意を払っている。あなたが耳を傾けると、ほかの人たちは驚くべきことを話しだす。耳を傾ければ、本人の問題点を教えてくれるときもある。ときには、どうやって解消するつもりかまで教えてくれるかもしれない。それが、あなた自身の問題点を解消するのに役立つ場合もある。わたしはあるとき、驚くべき体験をした(数多くの驚くべき体験の一例にすぎないが)。ひとりの女性の話を注意深く聞いていると、数分もしないうちにこんなふうに明かしたのだ。(a)自分は魔女であり、(b)自分たち魔女の集団は、世界平和の実現をめざして多大な時間を費やしている、と。その女性は長いあいだ、官僚的な仕事のわりあい低い職務に就《つ》いていた。彼女がまさか魔女だとは思わなかった。魔女の集団が世界平和を願って時間を費やしていることも知らなかった。わたしは理解に苦しんだが、退屈ではなく、それなりに興味深かった。

わたしは臨床医として、話をし、耳を傾ける。相手によって、話す時間が長いときも、聞く時間が長いときもある。わたしが聞く側に回るときの患者は、たいてい、ほかに話し相手がいない。なかには本当に世界でひとりぼっちの人もいる。その種の人たちは、あなたが思う以上に多い。孤独な人物だから、あなたが見かけないだけだ。あるいは、暴君やナルシスト、酔っ払い、トラウマや被害妄想《もうそう》を抱えた人々に囲まれて暮らしているケースもある。自分のことを明確に話すのが苦手な人もいる。突然、話題が変わる。繰り返す。あいまいで矛盾《むじゅん》したことを言う。他人の言葉に耳を貸さない。また別に、まわりで恐ろしいことが起きている人もいる。たとえば、アルツハイマーの親や病気の子どもを抱えている。自分の個人的な心配事にあまり時間を割《さ》けない。

あるとき、診療を始めて数カ月の女性患者が*、定期診療にやってきて、少し前置きをしたあと、「わたし、レイプされたみたいです」と言い出した。こういう発言に対する適切な反応は難しいが、この手の出来事はしばしば謎めいている。ほとんどの性的暴行事件と同様、アルコールが関与していることが多い。アルコールはあいまいさを引き起こしかねない。それが酒を飲む理由の一つだろう。アルコールは一時的に人間の自意識の恐ろしい重荷を取り除く。酔っ払いはその後、自分がどうなるかわかっているが、気にかけていない。気持ちが高ぶり、愉快になっている。明日など存在しないかのように浮かれ騒ぐ。しかし、明日は――たいがい――存在するから、酔っ払いはトラブルに巻き込まれかねない。意識を失う。不注意な人たちと危険な場所へ行く。楽しむ。しかし、レイプされる恐れも生じる。そこでわたしは、彼女の場合もそのようなことが関係しているのではないかと思った。「されたみたいです」という自信なさげな言いかたを、ほかにどう解釈すればいいのか？　ところが、話はそれで終わりではなかった。彼女はさらに詳細を付け加えた。「五回です」。最初のひとことでもじゅうぶんひどいが、この追加情報でわけがわからなくなった。五回？　どういう意味だろう？

＊ここでもまた、関係者のプライバシーにかんがみ、詳細の多くは架空にしてあるが、出来事の核心は変えないように配慮した。

その女性は、バーに行って何杯か飲むことがよくあると言った。ほかの男性客に話しかけられる。結局、いっしょにその客の家か彼女の家に行くことになる。夜が更《ふ》けて、必然的に、性的なクライマックスへ進む。翌日、彼女は目を覚ますが、何が起こったのかわからない。自分の動機についても、相手の動機についても、世界についてもわからない。仮に「ミス・S」と呼ぶことにしよう。ミス・Sは、存在しないほどまでにあいまいだった。亡霊だった。しかし、服装はプロフェッショナルふうだった。初めて会った相手に、自分をアピールする術《すべ》を知っていた。おかげで、交通インフラの主要部分の建設を検討する政府の諮問《しもん》委員会の職をどうにか手に入れた(じつのところ、政府、諮問、建設について何一つ知らなかったが)。また、本格的に仕事をした経験がなく、起業家について何も知らないにもかかわらず、「起業家精神の育成」をテーマにした地元の一般向けラジオ番組の司会を務めていた。成人してからずっと生活保護を受けていた。

彼女の両親は、彼女に一分たりとも注意を払わなかった。兄弟が四人いたが、誰も彼女に良くしてくれなかった。現在も過去も、彼女には友達がひとりもいなかった。パートナーもいなかった。話す相手がなく、自分でものを考える方法も知らなかった(これは珍しいことではない)。自己がなかった。歩き回る不協和音のような、統合されていない経験のかたまりだった。わたしは以前、このミス・Sが仕事を見つけるのを手伝おうとしたことがある。履歴書はあるかと尋ねた。彼女がイエスと言うので、持ってくるように頼んだ。次の診療時、彼女は持ってきた。五〇ページもあった。ファイル整理箱に入っており、分野ごとに分けられ、仕切られていた。仕切りの厚紙には小さいカラフルなインデックスが付いていて、「わたしの夢」「読んだ本」などと書いてあった。「夢」のセクションには、夜に見た夢が何十回ぶんも書かれ、「本」のセクションには、過去に読んだ本の簡単な要約と感想が書かれていた。ミス・Sは、これを箱ごと将来の雇用主候補に送るつもりなのだった(あるいは、すでに送った経験があるのかもしれない)。夢や小説について五〇ページ書き、箱に整理したものが「履歴書」だという独自の世界で、他人は存在する必要があるのかどうかわからない。ミス・Sは自分について何も知らなかった。他者についても何も知らなかった。世界について何も知らなかった。彼女は焦点《しょうてん》のぼけた映画のようだった。それでいて、自分に関してつじつまの合う説明を聞きたくてたまらないのだった。

冷水に砂糖を入れてかき混ぜると、砂糖は溶ける。水を温めればもっと溶ける。沸騰《ふっとう》させれば、はるかに多く溶ける。そのあと、沸騰した砂糖水をゆっくり冷やして、衝撃を与えないように気をつければ、最初の冷水のときよりもずっと多くの砂糖を溶かした状態にできる。これは過飽和《かほうわ》溶液と呼ばれる。過飽和溶液に糖の単結晶を落とすと、余分な糖が突然、劇的に結晶化する。まるで秩序が欲しくてたまらなかったかのように。ミス・Sはまさにそれだった。彼女のような人たちがいるからこそ、現在あらゆる種類の精神療法が行われている。非常に混乱している人の場合、何らかの合理的に秩序立った解釈体系を適用すれば、心が整理され、人生が改善される可能性がある。生活のバラバラな要素を規律ある方法で集めるわけだ。つまり、もし自分がバラバラになってしまった場合(あるいは、いちどもまとまった気がしない場合)、フロイト心理学、ユング心理学、アドラー心理学、ロジャー心理学、あるいは行動原理にもとづいて、人生を再構築できる可能性がある。そうすれば、少なくとも理屈をつけられる。少なくとも首尾《しゅび》一貫させられる。全部とはいかなくても、部分的には理屈を通せる。斧《おの》で車を固定することはできなくても、木を切ることはできる。それなりの効力がある。

わたしがミス・Sを診療していたのとほぼ同じころ、マスメディアはさかんに、セラピーによって過去の記憶が――とくに性的暴行の記憶が――よみがえった例を報じていた。それをめぐって論争が激化した。過去のトラウマが本当によみがえったのか？　それとも、すべての問題を単純な原因に結びつけようと懸命になり、不注意なセラピストから意識的、あるいは無意識的に圧力をかけられて、あとから思いついた想像の産物なのか？　おそらく、前者のケースもあれば後者のケースもあっただろう。しかし、わたしがきわめて明確に理解できるようになってきたのは、患者は自分の性的経験について不安が明らかになるとすぐ、いとも簡単に偽《いつわ》りの記憶を心のなかに植えつけることがある、という点だ。過去は固定されているように見えるが、じつのところ、心理的に重要な意味においては固定されていない。なにしろ、過去には非常に多くの出来事があり、記憶の整理方法が大幅に変わる可能性がある。

たとえば、恐ろしい出来事ばかり起こる映画を想像してほしい。それでも、最後は万事うまくいく。すべて解決する。じゅうぶんに幸せな結末のおかげで、それまでの出来事すべての意味が変わってくる。結末を考えると、途中の出来事がどれも価値があるように見えてくるだろう。また別の映画を想像してほしい。さまざまな出来事が起こる。エキサイティングで面白い。ただ、出来事が多すぎる。九〇分経《た》ったころ、あなたは心配になる。「素晴らしい映画だけど、あれこれ進行しすぎではないか。すべてうまくけりがつくといいのだが」。ところが、不安が的中する。物語は突然、未解決のまま幕を閉じたり、妙に陳腐《ちんぷ》な結末で終わったりする。あなたは、深いいらだちと不満を覚えながら席を立つ。劇場にいたほとんどの時間、完全に夢中になって映画を楽しんでいたことを忘れてしまう。現在は過去を変えかねず、未来は現在を変えかねないのだ。

過去を思い出す場合も同じで、ある部分は思い出すが、ほかの部分は忘れる。実際に起こった事柄のいくつかには鮮明な記憶を持っている一方、記憶があいまいな出来事もある。現在、身のまわりのある側面は認識しているが、ほかの側面は意識していないのと同じだ。経験を分類し、いくつかの要素をグループ化して、ほかの要素から分離している。記憶にはすべて不可解な恣意《しい》性がある。包括《ほうかつ》的で客観的な記録をつくることはできない。無理なのだ。あなたはじゅうぶんに知らない。じゅうぶんに認識しきれない。そのうえ、あなたは客観的ではない。生きている。だから主観的だ。利害にからんでいる。少なくともふつう、自分自身の利害関係にかかわっている。物語にどんな出来事を盛り込むのか？　出来事のあいだの境界はどこか？

小児の性的虐待《ぎゃくたい》は、気が滅入《めい》るほど頻繁《ひんぱん》にある。[156]けれども、トレーニング不十分な心理療法士が考えているほど頻繁ではなく、また、必ずしも重度のトラウマを抱えたまま成人になるわけではない。[157]人によって回復力はさまざまだ。ある人が完全に参ってしまうような出来事でも、ほかの人なら乗り切れることもある。にもかかわらず、フロイトの知識を少しかじっただけのセラピストは、苦しんでいる成人患者は小児期に性的虐待を受けたに違いないと公式化してしまっていることが多い。ほかに苦悩の原因などあるはずがない、と即断する。そこで、無理に掘り起こし、推測し、親密にし、提案し、過剰《かじょう》反応し、偏《かたよ》った観点でねじ曲げる。[158]一部の出来事の重要性を誇張し、ほかの出来事を軽視する。自分たちの理論に合うように、事実を切り詰める。性的虐待を受けたはずだと患者に信じ込ませる。あとは思い出すだけだ、と。そこで、患者は思い出し始める。告発を始める。そうした記憶が何もかも偽りで、告発された人々が無実という場合もある。良い一面はあるか？　少なくともそのセラピストの理論は傷つかない。良いことだろう――そのセラピストにとっては。しかし、巻き添えの被害は大きい。なのに、自分の理論が保たれれば、大量の付随的な損害もやむなしと考える人が多いものだ。

ミス・Sから性的体験を告白されたとき、わたしはそういう傾向を心得ていた。何度もシングルズバーに行き、そのあと何が起こったかを彼女が話すのを聞きながら、わたしはたくさんの事柄を同時に考え、こう思った。「あなたはとてもあいまいで、存在していない。カオスと暗黒世界の住人だ。同時に一〇カ所を旅している。誰でも、あなたの手を取って自分の選んだ道へ導くことができる」。結局のところ、あなた自身が自分のドラマの主役を引き受けなければ、ほかの誰かのドラマの脇役になってしまう。陰鬱《いんうつ》で孤独で悲劇的な役を演じることになるだろう。ミス・Sの話が終わり、わたしは思った。「あなたは普通の性欲を持っている。けれども、とても孤独だ。性的に満たされていない。男性を恐れ、世界を知らず、自分のことを何も知らない。事故が起こるのを待っているかのように歩き回っている。それがあなたの人生だ」

さらに思った。「あなたの一部分は、他人に取られたいと望んでいる。子どもになりたいと思っている。兄弟から冷たくあしらわれ、父親から無視されたので、あなたの一部分は男性への復讐《ふくしゅう》を望んでいる。一部分は罪深い。別の一部分は恥じている。また別の一部分は興奮を感じている。あなたは誰なのか？　何をしたのか？　何が起こったのか？」。客観的な真実とは何だろう？　客観的な真実を知る方法はなかった。永遠に無理だろう。客観的な観察者がいなかったし、将来もいないだろう。完全で正確な話はない。そんなものは存在しなかったし、存在できなかった。部分的な説明と断片的な見解しか存在しない。しかしなかには、わりあい鮮明なものもある。記憶は過去の客観的な記述ではない。記憶は道具だ。未来へ向けての、過去の指針。何か悪いことが起きたときを思い出し、その理由を理解できれば、再発を避けることができる。それが記憶の目的だ。「過去を思い出す」ことではない。同じ失敗を繰り返すのを食い止めることだ。

わたしは考えた。「ミス・Sの人生を単純化するのは簡単だ。レイプ疑惑にはじゅうぶんな根拠があり、これはほんの一部で、あなたは徹底的かつ長期的に迫害されてきた、と言ってやることもできる。性的パートナーには、彼女がアルコールで判断力を失って同意しているかどうかを確認する法的義務がある、と伝えることもできた。性行為のたび、明確に口頭で同意しないかぎり、不法な暴力行為を受けたことになる。あなたは罪のない被害者だ、と」。そういう言葉を残らず投げかけることもできた。実際にそんな出来事があったのだろう、と。そうしたら、彼女はそれを真実だと受け入れ、一生記憶することになっただろう。新しい歴史、新しい運命を持つ、新しい人間になれただろう。

しかし、わたしはこうも思った。「あなたは歩く災難だ、と告げることもできる。意識をなくした売春婦のようにバーへ迷い込んでいること、彼女自身にとってもほかの人にとっても危険な存在になっていること、目を覚ます必要があることを伝える。シングルズバーに行って飲みすぎていれば、また家へ連れ帰られて、乱暴な（あるいは優しい）セックスに至るのは当然の流れではないか、と」。もっと哲学的に言い換えれば、彼女はニーチェの言う「pale criminal（青ざめた犯罪者）」、すなわち、神聖な法律をあえて破っていながら、次の瞬間、代償を払いたがらない人物だと、教えることもできた。それもまた真実だっただろうし、彼女はそれを受け入れ、記憶しただろう。

もしわたしが左翼的な社会正義のイデオロギーの支持者だったら、彼女に前者の話を言い聞かせたはずだ。もし保守的なイデオロギーの支持者だったら、後者の話をしただろう。どちらの話をしても、彼女はこちらの満足のいく反応を示し、わたしの説明は完全に正しいと裏付けられただろう。アドバイスを与えるとしたら、それでいい。

自力で解明する

しかしどちらの説明もせず、わたしは耳を傾けることにした。患者の問題を勝手に奪ってはならないと学んでいた。他人の物語のなかで、英雄や救いの神を演じたくない。他人の人生は欲しくない。だから、あなたの考えを聞かせてくれと頼み、ひたすら耳を澄《す》ました。彼女は延々としゃべった。話し終わった時点でも、本当にレイプされたかどうか彼女はまだ確信を持てず、わたしもそうだった。人生は非常に複雑だ。

一つの論点を正しく理解するために、すべての理解のしかたを変えなければならない場合もある。「自分はレイプされたのか?」はとても複雑な質問だ。そんなかたちで疑問が浮上すること自体、積み重なる無限の複雑さが示唆《しさ》されている。「五回」となればますますだ。「自分はレイプされたのか?」のなかには、大量の疑問が隠されている。レイプとは何か? 同意とは何か? 性的な面で適切な用心とは何か? どうすれば身を守れるのか? どこに欠点があるのか? 「自分はレイプされたのか?」は、いわばヒドラだ。頭を一つ切り落とすと、あらたに七つ生えてくる。それが人生だ。自分がレイプされたかどうかを解明するには、ミス・Sは何十年も話をしなければならなかっただろう。誰かが聞き手になる必要があっただろう。わたしはそのプロセスに取りかかったものの、事情により、やり遂げられなかった。初めて会ったときと同じくらいぎこちなくあいまいに、わたしの診療所に姿を見せなくなった。しかし少なくとも、呪われたイデオロギーをわたしから吹き込まれはしなかった。

わたしが話を聞く患者は、話す必要がある人々だ。人間は話すことで思考する。人間は思考する必要がある。さもないと、やみくもに穴のなかへ迷い込んでしまう。人間は思考するとき、世界をシミュレートし、そこでどのように行動すべきか計画を練る。うまくシミュレーションできれば、自分が何をしてはいけないかがわかる。わかれば、もうその行為はしない。その結果に苦しむ必要もない。それが思考の目的だ。ただ、ひとりではできない。ほかの人たちと世界をシミュレートし、そのなかでの行動を計画する。こんなことができるのは人間だけだ。素晴らしい。自分のアバターをつくり、架空《かくう》の世界にアバターを配置する。次に何が起こるかを観察する。アバターが成功するようなら、現実世界で同様の行動をとればいい。そうすれば、成功できる(はずだ)。アバターが失敗した場合、分別がある人なら、その道へ進まない。架空の世界でアバターを死なせたぶん、自分は現実世界で死ななくて済む。

ふたりの子どもが会話している場面を想像してほしい。年下の子が「屋根に登ったら楽しいんじゃないかな？」と言う。架空の世界に自分のアバターを配置してみたのだ。ところが、その子の姉は反対し、押しとどめる。「だめよ。パパに見つかったらどうするの？　屋根から落ちたらどうするのよ？」。下の子は、最初のシミュレーションを修正し、適切な結論を導き、架空の世界全体をしまい込む。いや、違うかもしれない。危険を冒《おか》す価値があると判断するかもしれない。しかし、少なくとも今度は、あらたな可能性を考慮に入れることができる。架空の世界はもう少し完全になり、アバターはもう少し賢《かしこ》くなる。

人々は自分が考えていると思うが、それは真実ではない。ほとんどの場合、自己批判が思考をすり抜けてしまう。真の思考は稀《まれ》だ。真の傾聴《けいちょう》と同じくらい稀といえる。考えることは自分自身に耳を傾けることであり、難しい。考えるためには、少なくとも脳内にふたりの人間が必要になる。もう一人の自分には、自由に反対意見を言わせるべきだ。思考とは、世界についての複数の観点から内部で対話することをさす。一つめの観点は、シミュレートされた世界のアバター。自分なりの過去、現在、未来を持ち、自分なりの行動指針がある。第二、第三、第四の観点も同様だ。思考とは、これら脳内のアバターが自分たちの世界を互いに想像し、統合していくプロセスだ。あなたが考えているときには、アバターを前に論点のねじ曲げ(straw men)はできない。できるとしたら、考えていないことになる。後知恵で合理化してしまっている。気を変えなくて済むように、自分の欲しいものをわざと弱い相手と戦わせている。自分の思想を推進しているにすぎない。ごまかしている。自分の結論を使って、証拠を正当化しようとしている。真実から逃げている。

真の思考は複雑で要求が多い。明確な話し手であると同時に、注意深く思慮《しりょ》深い聞き手であることが必要になる。衝突もあり得る。衝突に耐えなければならない。交渉や妥協《だきょう》もあり得る。だから、駆け引きを学ぶとともに、自分の前提を修正し、自分の考えを、ときには世界に対する認識さえも、調整することを学ばなければならない。場合によっては、一つまたは複数の内部アバターを削除する結果になる。だが、アバターは打ち負かされたり、削除されたりするのを好まない。つくるのは大変だ。価値がある。生きている。生き残りたがる。生き残るために戦う。あなたは耳を傾けたほうがいい。耳を貸さないと、そのアバターは地下世界へ逃れ、悪魔になってあなたを苦しめるだろう。結果として、思考は生理的に過酷《かこく》なだけでなく、精神的な苦痛を伴う。思考しないことを除けば、何よりも苦痛だ。それでも、高度な明晰《めいせき》さと洗練さをもって、頭のなかでこのような過程を進めなければならない。では、思考するのが苦手、いちどに二役を兼ねるのは苦手だったら、どうすればいいのか？　簡単だ。誰かと話せばいい。ただ、聞き手が必要になる。熱心に聞いてくれる人は、あなたの協力者であり、敵でもある。

聞き手は、何も言わなくても、あなたの話(と考え)を精査する。人類一般の代表者だ。大衆に味方する。大衆がつねに正しいわけではないが、ふつうは正しい。典型的には正しい。したがって、あなたの言うことにみんなが驚くようなら、考え直したほうがいい。たしかに、賛否両論の意見も必要であり、槍玉《やりだま》に挙げられた意見がむしろ正しいこともある。そういう意見に大衆が耳を貸さないせいで、破滅を招いてしまう場合もある。だからこそ、個人は道徳的に立ち上がり、自分自身の経験の真実を語る義務がある。しかし、新しく急進的なものは、ほとんどいつも間違っている。一般的な世論を無視したり、否定したりするには、正当な、重大な理由が必要になる。それがあなたの文化だ。力強い樫《かし》の木だ。あなたはその枝の一つにとまっている。その枝が折れた場合、思ったよりずっと遠くまで落ちるだろう。この本を読んでいるからには、あなたは並ならぬ力量を持つ人間である可能性が高い。文章を読める。読む時間がある。あなたは雲高くにいる。その場所を確保するのに、何世代もかかった。少しは感謝すべきだろう。自分のやりかたで世界を曲げようとするなら、自分なりの理屈を持つべきだ。自分の立場を主張するからには、根拠がなければいけない。よく考えたほうがいい。そうでなければ、扱いにくい人間になるだけだろう。よほどの理由がないかぎり、ほかの人と同じことをするべきだ。道に迷っているとき、少なくともほかの人たちがその道を進んだことはわかるわけだ。へたな抜け道を使うと、正規のルートを踏み外しかねない。踏み外した先には、追いはぎや怪物が待っている。

だから知恵に頼るべきだ。

熱心な聞き手

聞き手は一般大衆の声を代表できる。何も言わなくても役割を果たせる。話をしている本人が、自分自身の声に聴き入るだけでいい。フロイトはそう勧《すす》めている。彼は、患者にカウチに横たわってもらい、天井を見て心を解放するように告げ、自由に話をさせた。いわゆる自由連想法(free association)だ。フロイト派の精神分析者は、こうして自分の個人的な偏見や意見が患者の内面的な風景に介入してしまわないように努める。そのため、フロイトは患者と面と向かって話さなかった。自分の表情に出る感情が、患者の自発的な瞑《めい》想《そう》にわずかでも影響を与えないように用心した。自分の意見が――さらに悪いケースでは、自分の未解決の問題が――意識的、無意識的にかかわらず、表情やしぐさに反映されてしまうことを懸念していた。患者の心の展開に悪影響を与えることを恐れた。同様の理由で、精神分析医は自分自身を分析すべきだとも主張した。フロイトのやりかたにならう精神分析医たちに、自分自身の最悪の見落としや偏見を見いだして取り除き、診療の質が落ちないように注意を促したのだ。フロイトは的を射《い》ている。やはり天才だ。いまだフロイトを毛嫌いする人がいるのは、彼が天才だからこそだろう。しかし、フロイトが推奨した、患者と距離を置くアプローチには欠点がある。治療を求める患者は、たいがい、緊密で個人的な関係を望んでいるのだ（そのぶん危険もあるが）。だからわたしは、ほとんどの臨床心理士のようなフロイト流の方法ではなく、会話というかたちで診療を行うようにしている。

患者に反応を見せることには価値がある。ただし、患者に悪影響を与えないように、きちんと目標を設定し、適切な反応を示せるように努めている。打てる手はすべて打って、患者のために最善を尽くしている。心を整理し、個人的な心配事は切り離す。患者にとって何が最善かに集中すると同時に、わたしが判断を誤らないようにするためだ。わたしの側の思い込みを避けるには、準備を整えておかなければいけない。緊密に個人的な交流をするうえでのリスクを軽減するため、慎重に管理する必要がある。患者が話す。わたしは聞く。ときどき反応する。たいてい、反応はわずかだ。言葉を出さないときも多い。患者とわたしは向かい合う。目を合わせる。互いの表情を見ることができる。患者は自分の言葉がわたしにどんな影響を及ぼすかを観察でき、わたしも、こちらの反応がどんな影響を及ぼすかを観察できる。こちらの反応に対し、向こうも反応を示す。

「妻が嫌いなんです」と患者が言うかもしれない。いったん言葉にすれば、おもてに出る。宙を漂《ただよ》う。暗黒世界を抜け出て、カオスから具体化し、みずからの姿を明らかにする。それは認識可能で具体的であり、もはや簡単には無視できない。現実になった。話した本人も驚く。わたしの目に同じ驚きが浮かぶのを見る。彼はそれを指摘し、正気《しょうき》への道を進み続ける。「待ってください」と彼は言う。「いまのは撤回します。言いかたがきつすぎました。ときどき妻が嫌いになります。何を望んでいるのか言わないのが嫌なんです。わたしの母もいつもそうでした。それで父は激怒《げきど》していました。正直に言えば、家族全員が激怒していました。当の母まで腹を立てていました。母はいい人でしたが、すぐ怒るんです。まあ、母に比べれば、妻はまだましです。よっぽどましです。いや、待ってください。妻は、何を望んでいるのか言うのはかなりじょうずなのですが、たまに言わなくて、イライラするんです。なにしろ母は殉教者《じゅんきょうしゃ》ぶるので、みんな死ぬほどうんざりでした。わたしは嫌で嫌でたまりませんでした。いまでも、似たことが少しでも起こると、過剰反応してしまいます。そうか！　つまりわたしは、母が厄介《やっかい》を起こしたときの父と、そっくりの反応をしているんですね！　父を真似《まね》ているだけ。妻の問題なんかではなかったわけです！　妻に謝らなきゃ」。母親と妻を混同していたこの患者が、ふたりの正しい区別に気づくまで、わたしはただ観察していた。彼が無意識のうちに父親の魂《たましい》に取り憑《つ》かれているのが見て取れた。彼も、それをすべて理解した。結果として、彼はそれまでより少しだけ区別の力がつき、少しだけ磨きがかかり、少しだけ霧《きり》のなかから出た。自分の文化の小さな裂け目を縫い合わせた。「有益なセッションでした」と、彼が感謝の言葉を口にした。わたしはうなずいた。黙っているだけで、大きな成果を上げられたわけだ。

話をしなくても、わたしは協力者であり敵対者でもある。必然的にそうなる。かすかであっても、表情で反応を伝える。フロイトが強調したとおり、黙っていても意思は疎通《そつう》する。ただ、臨床の場でわたしが話すときもある。こちらが発言すべきタイミングはどうしたらわかるのか？　まず、前述したように、自分の心の枠組みを適切に整える。適切な狙いを定める。物事をもっと良くしたいと願う。この目標が定まれば、心はおのずと正しいほうへ向かう。目的に近づくような治療的対話を促すべく反応を試みる。わたしは自分の内部で何が生じるかを見守り、反応をおもてに出せばいい。これが最初の原則だ。たとえば、患者が何かを言ったとき、わたしに何らかの考えが浮かんだり、空想が頭のなかを駆けめぐったりすることがある。多くの場合、その日のもっと早い時間、あるいは前回のセッション中に、同じ患者が言った事柄に関係している。そこで、その考えや空想を患者に伝える。そっけなく言う。「あなたがこう言ったので、わたしはこう気づき、こんなことを感じました」と。続いて、それをめぐって議論する。わたしの反応の意味が妥当《だとう》かどうかを判断しようとする。ときには、わたし自身を映し出す反応だとわかる。フロイトの主張どおりだ。しかし、距離は置いているものの前向きな人間が、別の人間の個人的な告白に対して純粋に示す反応の場合もある。その場合は、意義深い。矯正《きょうせい》方法を示唆していることさえある。とはいえ、矯正されるべきがわたしのこともある。あなたは、ほかの人たちとうまくやっていく必要がある。そういう「ほかの人たち」のひとりが、セラピストだ。良いセラピストなら、何を考えているか、あなたに正直に話すだろう(考えていることが正しいかどうかは別問題だ)。そうなれば、少なくともひとりから、正直な意見を聞けるわけだ。貴重な存在といえる。ありがたい。これが心理療法の大事なポイントだ。ふたりの人間が互いに真実を話し、互いに耳を傾ける。

どのように聞くべきか

二〇世紀の偉大な精神療法士のひとり、カール・ロジャーズは、聞くときの心得を知っていた。彼は次のように書いている。「われわれの大多数は耳を傾けることができない。じっと耳を傾けることは危険が大きいので、評価へ移りたい気持ちに駆られる。いちばん必要なのは勇気だ。われわれは必ずしもそんな勇気を持ち合わせていない」(159)――。彼は、耳を傾けることが人々を変えられると知っていた。それについて、こうコメントしている。「人の話によく耳を澄ましているのに、成果が出たためしがないと感じている人もいるかもしれない。その場合、聞く姿勢がわたしの説明と食い違っている可能性が非常に高い」。次にうまくいかなかったときは、こんな短い実験を行うことを提案している。「少しのあいだ議論をストップし、こういうルールを決めてほしい。『めいめい、前の話し手の考えと感情を正確に言い直し、その話し手の満足感を得たあとでのみ、自分自身の話に移る』」。わたしはこのテクニックを私生活でも診療でも実践し、非常に有用であることを確認済みだ。相手がわたしに言ったことを要約し、理解が正しいかどうかを尋ねる。正しいと受け入れてもらえる場合もあれば、小さな修正を求められる場合もある。ときには、完全に間違いだと指摘される。いずれの場合も、知ることができて良かった。

この要約プロセスにはいくつかの大きな利点がある。一つは、相手の話の内容を真に理解できることだ。これについてロジャーズはこう述べている。「簡単そうに聞こえるだろう。しかし、実際に試してみると、かつて経験した覚えのないほど難しいプロセスだとわかるはずだ。もし本当にこうした方法で相手を理解し、相手のプライベートな世界に踏み込んで、その人の目から人生を眺めるとなると、あなたは自分自身が変化させられる危険を冒すことになる。相手側の観点に立つと、いつの間にか、自分の態度や性格が影響を受けていることに気づくかもしれない。このような変化のリスクは、わたしたちが直面する可能性のある最も恐ろしい問題の一つだ」。これほど有益な文章はめったにない。

相手の話を要約する二つめの利点は、記憶の統合と利用に役立つことだ。こんな状況について検討してほしい。臨床診療中、ある患者が、人生のなかで困難な時期について話す。感情に満ちた、寄り道が多くて長い話だ。その人物とわたしは、相手の発言のあと、内容を要約してみせる。短い話にまとまる。すると、患者の記憶もわたしの記憶も、内容が整理されて要約される。いろいろな意味で異なる記憶に変わる。運が良ければ、前よりいい記憶になっている。重苦しさが減る。蒸留《じょうりゅう》され、要点が絞られる。もとの話から教訓が抽出《ちゅうしゅつ》される。起こった出来事の原因と結果が明確になり、悲劇と苦痛が将来また繰り返されないように定式化された。「出来事の本質はこれだ。原因はこれ。今後は、これをやらないように心がけなければいけない」。有益な記憶になる。それこそが記憶の目的だ。過去を思い出すのは、「正確に記録されているから」ではなく、「将来に備えるため」なのだ。

ロジャーズのやりかたを用いる三つめの利点は、不注意に机上の議論に陥《おちい》る危険が減ることだ。あなたの要約に異議を唱えられた場合、あなたは相手の立場を単純化、滑稽《こっけい》化、あるいは歪曲《わいきょく》化したい誘惑に駆られる。これは非生産的なゲームであり、その目的は、反対者を傷つけ、自分の地位を不当に高めることだ。対照的に、相手が同意してくれるように話を要約しようとする場合、相手自身がまだ対処していないレベルまで踏み込んで、より明確かつ簡潔に述べる必要があるかもしれない。最初から相手のいいところを認めようと考え、相手の視点から話をまとめると、(1)話のなかに価値を見いだし、その過程で何かを学ぶことができる、あるいは(2)それでも彼らが誤っていると感じるなら、反対の立場に磨きをかけ、異議に耐えられるように意見を強化する方法もある。そうなれば、あなたの聞く力ははるかに強くなるだろう。相手の立場を誤ったかたちで把握しなくなる(少なくとも、相手との溝がある程度は埋まる)。自分の心にわだかまる疑念を打ち消す力もはるかに強くなる。

話を聞いているとき、相手が本当は何を意図しているのか理解するのに時間がかかることもある。たいてい、当人が初めて自分の考えを明確にしているせいだ。初めて言葉にするので、どうしても袋小路《ふくろこうじ》をさまよったり、矛盾したり、無意味な主張をしたりする。話すこと(および考えること)は、記憶よりも忘却が関わっている場合が多い。とくに死や重い病気のような感情的な出来事について話し合うときは、何を残すかをゆっくりと選ぶことになる。しかし手始めには、不必要なこともあれこれと言葉にしてみるしかない。感情を抱えた話し手は、経験全体を詳細に説明しなければならない。そのあと初めて、中心となる出来事、原因、結果に焦点《しょうてん》を当て、全体を統合できる。その段階でようやく話の教訓が得られる。

誰かが一〇〇ドル札の束《たば》を持っていて、一部が偽札《にせさつ》だとしよう。本物と偽物を区別するためには、すべての紙幣をテーブル上に広げて、一枚ずつ見えるようにし、何らかの違いがあれば記録しなければならない。問題の解決や重要な事柄の伝達を試みている人の話に本当に耳を傾けるには、偽札を見つけるときと同じように、整然としたアプローチをとるべきだ。あなたが一部の偽札を見破ったあと、もしあっさりすべてしまい込んでしまったら、相手は真贋《しんがん》を見分ける術を学ばずに終わるだろう。

早まった判断を下さずによく耳を澄ませば、たいていの場合、相手は自分が考えていることを残らず――ほとんど欺瞞《ぎまん》なしに――話すはずだ。非常に驚くべき、途方もない、興味深い内容を話すだろう。会話のなかで退屈な要素はほとんどないだろう（実際、自分が熱心に聞いているかどうか、この点で判断できる。会話が退屈なら、おそらくあなたは本腰を入れていない）。

支配階層の操作――とウィット

話していればつねに思考している、というわけではない。また、耳を傾ければつねに変化を促すことができる、ともかぎらない。どちらにも真の思考とは別の動機があり、なかにははるかに価値の低い、非生産的で危険な結果をもたらすものさえある。たとえば、人によっては、支配階層における自分の地位を確立または確認するためだけに発言している場合がある。また、人によっては、聞く価値があると印象づけるため、最近や過去の良い話、悪い話、面白い話から始める。聞き手は、自分のほうが面白みのない人間という立場になりかねないと察し、即座に、本来より良すぎる、悪すぎる、意外すぎるコメントを考える。これでは正しいありかたと違う。本来は、ふたりが純粋な気持ちで、互いの楽しみのために同じ内容を要約し合うべきだ。ところが、純粋かつ単純に上位のポジションを競い合ってしまっている。そういう会話の流れになっているときは、それとわかる。話し手も聞き手もぎこちなさを感じ、たったいまの発言が嘘《うそ》、誇張であることに気づく。

ほかにも、密接に結びついた会話に見えながら、じつはどちらの話し手も相手の話をまったく聞いていないパターンがある。現在の話し手の時間を使って、自分が次に何を話すかを考えているケースだ。聞きもせず、自分が話す番を待っているだけなので、たいてい、いまの話題とずれた事柄を思い浮かべている。そんな状況になると、会話という列車が急停止してしまう。列車に乗っていた人たちは黙り込み、ときおりぎこちなく視線を交わすだけになる。あとは、みんな帰るか、誰かが気の利いたせりふを言って場を和《なご》ませるかしかないだろう。

また、ひとりの参加者が自分の視点で勝利を得ようと会話を展開するパターンもありうる。支配階層を争う会話の一例だ。イデオロギー的になりがちなこのような会話のなかで、話し手は、(1)反対の立場にある人の視点を否定あるいは嘲笑《ちょうしょう》する、(2)その際、都合のいい証拠だけ選んで使う、(3)自分の主張の妥当性を聞き手(多くはすでに同じイデオロギーの空間を占めている)に印象づけるよう努力する。そのような会話の目的は、包括《ほうかつ》的で単一で極度に単純な世界観を支持してもらうことだ。したがって、考えないことが正しいやりかたとなるように話を進める。そんなふうに話す人は、議論に勝てば自分が正しい証明になる、そうなれば自分が最もなじみ深い支配階層の構造が必然的に正当化される、と信じている。当然かもしれないが、多くの場合、その人物が最も成功を収めた階層、あるいは最も気質が合っている階層を正当化したがっている。政治や経済に関するほとんどすべての議論はこのように展開する。各参加者が、何かを学ぼうとしたり、異なる枠組みを採用しようとしたりせず、固定された演繹《えんえき》的立場を正当化しようとする。保守派もリベラル派も、とくに極端になるにつれて、自分たちの立場の正しさは自明だと信じている。特定の気質にもとづく仮定を使うと、予測可能な結論が現れる。

これらは、きちんと耳を澄ますタイプの会話とは大きく異なる。聞き手が真に耳を澄ます会話が行われているときには、各自が発言権を持ち、ほかの誰もが聞いている。話す番の人には、何らかの出来事——通常は不幸な出来事、あるいは悲劇的な出来事——について真剣に話し合う機会が与えられる。ほかの人は同情的に反応する。こうした会話が重要なのは、話し手はしゃべりながら、頭のなかで厄介な出来事を整理しているからだ。この点は繰り返し強調するに値するほど重要といえる。人は会話によって脳内を整理する。話し相手がいないと、正気を失う。好き勝手に物を溜め込むばかりで、整理整頓しようとしない人に似てしまう。個々の精神の完全性には、周囲の仲間からのインプットが必要になる。別の言い方をすれば、心を整理するには「村」が必要だ。

わたしたちが健全な精神機能と考えているものの大半は、他人の反応を利用して複雑な自己を保つ能力の成果だ。わたしたちは、自分の正気の問題を外注する。だからこそ、子どもを社会に受け入れられるように育てることは、親の基本的な責任といえる。行動を他人に許容してもらえるように育った人間は、あとは社会的背景のなかに自分を置くだけでいい。あとは、その人物の行動や発言があるべき姿なのかどうか、周囲が態度で示してくれる。興味を持つ、うんざりする、その人の冗談に笑うあるいは笑わない、からかう、嘲笑する、眉《まゆ》をひそめるなどの反応を通じて、適切さがわかる。誰もが、理想にめぐり合いたいという願望をみんなに向けてつねに発信している。わたしたちは、それぞれがそういう願望に従って行動できるように、互いを罰したり、報酬を与えたりする(もちろん、あえてトラブルを求めているときは別だが)。

真の会話のなかで示される同情的な反応は、話し手が重んじられていること、語られている話が重要で、真剣で、考慮に値《あたい》し、理解可能であることを表す。特定の問題に焦点を当てた会話では、男女間で誤解が生じやすい。男性はしばしば、議論の早すぎる段階で「物事を修正する」ことを望みがちだと批判される。男性はそういう批判にいらだつ。問題を効率的に解決することを好むうえ、まさに解決する目的で女性から会話を求められているからだ。もっとも、本書をお読みの男性陣は、なぜこれがうまくいかないのかを容易に理解できるかもしれない。問題は、解決に先立って、正確に定式化されなければならないという説明を覚えていると思う。女性は何かを議論する際、問題を定式化することに熱心な傾向がある。明確に定式化するためには、話を聞いてもらい、さらには質問されたい。そうすれば、残っている問題が何であれ、解決に役立つ(また、あまりにも早急に解決策を提示するのは、問題を定式化する面倒を逃れたいという願望にすぎないかもしれない)。

また別の会話のパターンとして、講義がある。講義というものは、意外にも会話の一種だ。話すのは講師だけだが、聴衆は言葉を使わずに講師とコミュニケーションをとる。フロイトについての議論で前述したとおり、驚くほど多くの人間の相互作用が、からだの姿勢や顔の表情を通じて行われる。たとえば感情は、たいがいそんなかたちで伝達される。優秀な講師は、事実を伝えるだけではない(おそらく、事実そのものは講義のなかで最も重要性が低い)。事実のみではなく、そういう事実にまつわる話をし、聴衆が示す興味の度合いを見極めながら、聴衆を理解へ導く。関連する話の数々を介して、事実が何であるかだけでなく、なぜそういう事実が大切なのか――現在知らないある種の事柄を知ることがなぜ重要なのか――を聴衆に伝えるのだ。ある種の事実の重要性を示すため、そうしたことを知ると行動がどのように変わるか、世界の解釈のしかたに影響があるかを聴衆に教える。それにより、聴衆は障害を回避し、より良い目標に向けてより迅《じん》速《そく》に前進できるようになる。

　したがって、優れた講師は、聞き手に向かって一方的に話すのではなく、聞き手と対話する。対話を円滑に進めるためには、講師は観客の動き、身振り、声にじゅうぶん注意を払う必要がある。あいにく、聴衆全体を観察するだけでは無理だ。優れた講師は、特定可能なひとりに直接話しかけ、相手の反応を観察する。*陳腐で一方的な講演はしない。そもそも講演ではなく、会話なのだ。本質的にいえば、「講演」なるものは存在しない。「聴衆」もいない。会話に参加する必要のある個人の集まり、とみなすべきだ。訓練を積んだ有能な話し手は、識別可能なひとりの人物に話しかけ、その人物がうなずく、頭を振る、しかめっ面《つら》をする、混乱した表情を浮かべるなどのようすを観察し、そうした身振りや表現に適切かつ直接的に反応する。そのあと、いくつかのフレーズでいったん一つの話題を締めくくったあと、対象を別の参加者に切り替えて、同じことをする。こうして、集団全体の態度を推測し、それに反応する。

　ほかに、おもにウィットの実演として機能する会話がある。何らかの支配的な要素もあるものの、目標は楽しい話し手になることだ(参加者全員も楽しんでこそ達成できる)。こうした会話の目的は、わたしのウィットに富む友人の言葉を借りると「真実か滑稽かのどちらか」を言うことだ。真実とユーモアは親密な関係にあることが多いので、両者の組み合わせはうまく機能した。知的な肉体労働者の会話はその種の会話

＊特定の個人に話しかけるという戦略は、どんなメッセージを伝えるにも不可欠なうえ、人前で話すことへの恐怖に対する有効な解毒剤となる。何百もの無愛想な、探るような視線にさらされるのは、誰でも嫌なものだ。しかし、熱心な聞き手ひとりに向かって話すだけなら、たぶん平気だろう。そこで、スピーチをする必要に迫られた場合は、そうするといい。聴衆のうちひとり、あるいは数人ひとりずつに向かって話すのだ。さらに、逃げ隠れしてはいけない。演台の陰に隠れたり、視線を伏せたり、静かに話しすぎたり、口ごもったり、才能や準備の欠如について謝罪したり、自分のものではないアイデアや決まり文句で身を守ろうとしたりしてはいけない。

ではないかと思う。わたし自身、生まれ育ったアルバータ北部の住民たちや、のちにはカリフォルニアで出会った海軍特殊部隊（SEAL）のメンバーたちが、皮肉、風刺《ふうし》、侮辱《ぶじょく》、概してやりすぎのどたばたを交えて交流する場にたびたび立ち会った。SEALの面々とは、非常に人気の高いある小説家を介して知り合ったのだ。彼らは、どんなにひどい発言でも、面白くさえあれば心の底から喜んだ。

少し前、その小説家がロサンゼルスで四〇歳の誕生祝いを開くことになった。SEALのひとりも招待した。ところが、その小説家の妻が、直前になって重い病気で脳外科手術が必要と診断された。小説家はSEALの男に電話をかけ、事情を伝えて、誕生祝いはキャンセルするしかないかもしれない、と伝えた。「きみたちは不幸に見舞われたと思っているんだろうが」とSEALの男は答えた。「こっちだって、きみのパーティーに行くために、払い戻し不可の航空券を買ったばかりなんだぜ！」。世界人口の何パーセントがこの反応を面白いと感じるかはわからない。わたしが最近、知り合って間もないグループにその話をしたところ、面白がるどころか、ショックを受け、唖然《あぜん》としていた。わたしは、夫婦が悲劇に耐えて乗り越えられるにちがいないとSEALの男は敬意を示したのだ、と弁護したが、あまり同意は得られなかった。それでもわたしは、SEALの男が本当に敬意を意図していたと信じているし、素晴らしいウィットだと思う。無《む》謀《ぼう》なほど大胆で過激な冗談だが、深いおかしみはそういうところから生まれる。小説家とその妻も、ありがたみを見抜いた。自分たちには悲劇に耐えるだけの強さがあることを、友人が知ってくれていると感じた。いわば、相手の度量を試すユーモアだ。人格を試された夫婦は、見事に合格した。

わたしは、大学から大学へと移り、教育的、社会的なはしごをのぼるにつれて、そのような会話が身のまわりから減っていくのを実感した。品が悪いとみなされるのかもしれない（わたしはそう思わないが）。わたしが歳《とし》をとっただけかもしれないし、思春期以降にできる友達との絆《きずな》には、幼なじみのような非常識な競争的親密さやひねくれた遊び心が欠けているものなのかもしれない。もっともわたしは、五〇歳の誕生日のパーティーのために北の故郷に戻ったとき、昔の友達に腹のよじれるほど笑わされた。あまりに大笑いして息が苦しくなり、何度も別室へ逃げ込んでしゃがみこんだほどだ。そういう会話がいちばん楽しく、ふだん味わえなくて寂《さび》しい。ついていくのに苦労したり、ひどい屈辱《くつじょく》を感じたりする恐れもあるとはいえ、ブラックなジョークによって得られるものはかけがえがない。本当に大事なルールはただ一つ。ほかの人を退屈させないことだ（また、人をこき下ろすふりをするのはいいが、そのふりをして本当にこき下ろしてはいけない）。

模索の手段としての会話

最後のタイプの会話は、相互探索の一種で、耳を傾けるタイプに似ている。聞き手と話し手が相互に本気で恩恵《おんけい》をもたらす必要がある。うまくいけば、参加者全員が自分の考えを表現し、整理することができる。相互探索の会話では、参加者にとって真に関心のある、一般に複雑な話題を扱う。参加者はみんな、自分の立場の先験《せんけん》的妥当性を主張するのではなく、問題を解決しようとする。すべて、学ぶべきことがあるという前提で行動する。この種の会話は、積極的な哲学であり、最高の思考形態であり、適切な生活のための最良の準備だ。

このような会話に参加する人たちは、自分たちの認識を組み立て、行動や言葉を導くため、実際に用いている考え(ideas)について議論しなければならない。自分たちの哲学に実存的に関与していなければならない。つまり、たんに信じたり理解したりするのではなく、実際にそれを生きていなければならない。また、カオスよりも秩序を好む人間の性質を、少なくとも一時的に逆転させた経験がなければいけない（無分別な反社会的反乱につきもののカオスをさすわけではない）。いままで挙げたうちで、よく耳を傾ける以外のタイプの会話は、何らかの既存の秩序を補強する試みにすぎない。対照的に、相互探索の会話では、既知《きち》のものよりも未知《みち》のものと親しくしたいと決めた人たちが参加することになる。

なにしろ、すでに知っている事柄はもうわかっているわけで、いまの人生が完璧でないかぎり、すでに知っていることだけでは不足なのだ。病気、自己欺瞞、不幸、悪意、裏切り、腐敗、痛み、制限に脅《おびや》かされたままで変われない。結局、無知すぎるせいで自分を守りきれず、こうしたものにさらされている。もっと知識があれば、もっと健康で正直になれる。苦しみを減らせるだろう。悪意と邪悪《じゃあく》さを認識し、抵抗し、勝利することさえできるかもしれない。友人を裏切ることもないし、仕事や政治や恋愛に関して偽りや欺瞞を企《たくら》むこともない。しかし、現段階の知識では、完璧にも安全にもならなかった。したがって当然、根本的に、致命的に不十分なのだろう。

哲学的な会話をする前に、説得力、抑圧、支配、愉快さを求めるより前に、まずはこの点を受け入れなければならない。秩序とカオスを永遠に媒介《ばいかい》する言葉があなたの心に働きかけるような会話に臨む前に、自分の無知を受け入れなければならない。このような会話をするには、会話のパートナーの個人的な経験を尊重する必要がある。彼らは注意深く、思慮深く、純粋な結論に達したと仮定しなければならない（さらにおそらく、この仮定を裏付ける実績をすでに残しているにちがいない）。もし彼らと結論を共有すれば、同じことを個人的に学ぶうえでの苦痛を多少とも回避できるはずだと信じなければならない（ほかの人の経験から学ぶほうが早く、はるかに危険が小さい）。勝利に向けて戦略を練るのではなく、瞑想しなければならない。もしそうできない、したくない場合、あなたはすでに信じていることをひたすら自動的に繰り返し、その妥当性を確認し、正当性を主張しようとするだけだろう。しかし、会話しながら瞑想すれば、相手の話に耳を傾け、おのずと深くから湧《わ》き上がってくる新しい独創的なことを口にするだろう。

そういう会話のあいだは、相手の声に耳を澄ますのと同じように、自分自身の声にも耳を澄ますことになる。あなたは、話し手によって与えられた新しい情報にどのように反応しているかを説明する。その情報が自分にどう働きかけ、自分のなかにどんな新しいものを生み、それがどのように自分の前提を変えたか、どのように新しい質問を考えたかを報告する。話し手に直接これらのことを伝える。相手にも同じ効果が及ぶ。こうして、あなたたちはより新しく、より広く、より良い場所へ移動する。あなたが皮を剝《は》いで生まれ変わり、古い前提を捨てたことで、ふたりとも変わる。

このような会話では、じつはどちらの参加者も、真実に対する欲求こそが、声を聞き、話している。だからこそ、魅力的で、活力があり、興味深く、意義があるのだ。その意義とは、あなたの「ビーイング」の深い、古代の部分からの信号だ。あなたは本来いるべき場所に立つ。片足を秩序に置き、もう片足をカオスと未知の世界へ一時的に踏み入れる。道教《どうきょう》の世界に浸《ひた》り、偉大な生きかたに従う。その場所では、じゅうぶんに安定性があるものの、変化できるだけの柔軟性もじゅうぶんにある。その場所で、新しい情報を自分に染《し》み込ませ、安定性を浸透させ、構造を修復して改善し、拡張する。あなたの「ビーイング」を構成する要素をいっそう的確に変形させる。このような会話は、素晴らしい音楽を聴くときのような心持ちになる。魂同士が繫《つな》がっている、本物の世界に入り込む。あとであなたは「本当に価値ある体験だった。心から互いを知ることができた」と感想を持つ。仮面が外れ、捜索者が現れる。

だから、自分自身と、自分が話している相手に耳を傾けるべきだ。そうすれば、すでに持っている知識だけではなく、知識をたえず探求するという、英知の最高のかたちを手に入れることになる。だから、古代ギリシャでアポロンの神託《しんたく》をつかさどった祭司《さいし》は、つねに真実を求めるソクラテスを高く評価した。自分は何も知らないと知っている、と述べるソクラテスを最も賢い人間だと認めた。

　自分が知らないことを相手は知っているかもしれないと考えて、耳を澄ますべきだ。

Rule 10

正直に、そして正確に話す

Be precise in your speech

わたしのノートパソコンが時代遅れになる理由

パソコンを、自分のノートパソコンを見たとき、あなたには何が見えているだろう？　灰色と黒色の平《たい》らな箱が見える。もう少し漠然《ばくぜん》とした存在として、入力するもの、表示するものが見える。しかし、後者の認識を含めても、見えているものがコンピュータということにはまったくならない。灰色と黒の箱はたまたまいま、コンピュータかもしれない。高価なコンピュータかもしれない。しかし近いうちに、コンピュータとは異なるものになるだろう。寄付さえ断られるようなものになるはずだ。

いまから五年も経《た》たないうちに、たいていの人は手持ちのノートパソコンを手放す。画面、キーボード、マウス、およびインターネット接続がまだ問題なく機能しているとしても、処分してしまう。いまから五〇年後には、二一世紀初頭のノートパソコンは、一九世紀後半の真鍮《しんちゅう》製の実験道具のように珍妙《ちんみょう》なものになるだろう。後者はもはや不可解な錬金術の装置のように見え、いまでは存在を認められない現象を測定するためにつくられている。一台でアポロ宇宙計画のシステム全体よりも強力な計算能力を持つハイテク機器が、なぜ五年ほどの短期間で価値を失うのだろう？　エキサイティングで有益な、地位を高める機械から、複雑ながらくたへ、なぜこれほど迅速《じんそく》に変身できるのだろうか？　それは、わたしたちの知覚の性質と、知覚と世界の根底にある複雑さとのあいだの目に見えない相互作用のせいだ。

あなたのノートパソコンは、計り知れない規模のオーケストラによって現在演奏されている交響曲の一つの音符だ。大きな全体のほんの一部。機能の大半は、硬い筐体《きょうたい》の奥に隠れている。現状では、大量のテクノロジーが調和をとっているおかげで、機能が保たれている。たとえば電力。電力を供給する送電網は、目には見えなくても、無数の複雑な物理的、生物学的、経済的、対人的なシステムの安定性に依存している。部品を製造する工場のおかげでもある。パソコンの機能を有効にするオペレーティングシステムは、製造中の部品にもとづいており、まだ製造が実現していない部品にはまだ対応していない。内蔵のビデオハードウェアが、ウェブにコンテンツを投稿するクリエイティブな人々にふさわしいテクノロジーを有効化している。あなたのノートパソコンは、他のデバイスやウェブサーバーからなる特定のエコシステムと通信している。

これらすべては、いっそう目に見えにくい要素、すなわち信頼という社会的契約によって可能になっている。信頼できる送電網を実現するため、基本的には正直な政治的、経済的システムが相互に結びついているおかげなのだ。相互依存性の全体は、システムが順調に機能しているうちは見えないものの、機能に支障が出るとたんに鮮明になる。パーソナルコンピューティングを支える高次の周辺システムは、腐敗《ふはい》した第三世界の国々にはほとんど存在しない。送電線、電気スイッチ、コンセントなどを見ても、送電網がないか不十分であることは明らかで、実際、家庭や工場へ実用的な電力を供給できていない。そのため、電力のおかげで独立して機能する電子機器その他は、満足のいく性能を発揮できず、ひどい場合はいっさい作動しない。システムが機能しないのは、技術力の不足も一因だろう。しかし大きな原因は、組織的に腐敗した社会には信頼が欠如《けつじょ》していることだ。

別の言いかたをすれば、あなたがコンピュータとして認識しているものは、森のなかにある木の枝の葉一枚にすぎない。もっと正確に言えば、一枚の葉をあなたの指がなでているにすぎない。たしかに、その葉を枝から摘《つ》み取ることもできる。自己完結した一つの実体として認識できる。しかし、全体から切り離した認識は、むしろ誤解につながる。数週間後、葉は乾燥してバラバラになるだろう。木がなければ、そもそも葉は存在しなかっただろう。また、木と切り離されれば、存在し続けることができない。これが、世界に対するノートパソコンの位置づけだ。存在のほとんどは、実体の外にある。だから、わたしたちが膝《ひざ》のうえに乗せている画面付きの機器は、コンピュータらしい姿をほんの数年間しか維持できないのだ。

ノートパソコンほどわかりやすくないとしても、わたしたちが見たり持ったりしているもののほとんどが、同じような状態にある。

道具、障害物、世界への拡張

わたしたちは世界を見て、物体が見えていると思い込むが、実際にはありのままが見えていない。人間の進化した知覚システムは、わたしたちが暮らす相互に結びついた複雑な多階層の世界を、ありのままの姿ではなく、便利な道具(あるいは逆に、障害物)といった解釈でとらえている。世界を必要かつ現実的なかたちに単純化しているわけだ。物事の無限に近い複雑さを、自分の用途という狭《せま》い仕様を通して平易に変える。そうしてピントを合わせ、世界を用途にかなった姿にする。物体をありのままに知覚することとは、だいぶ違う。

わたしたちは、価値のない実体を見て、そのあと実体に意味を持たせる、という手順は踏まない。意味を直接認識する。(160) 床を見れば、歩くためのもの、ドアを見れば、通り抜けるためのもの、いすを見れば、すわるためのものと瞬時に見て取る。だから、客観的には共通点がないのに、座布団と切り株をどちらも「すわるためのもの」という同じ分類に入れる。石を見れば「これは投げられる」、雲を見れば「あそこから雨が降ってくるかもしれない」、林檎《りんご》を見れば「食べられそうだ」、他人の車を見れば「邪魔《じゃま》だな」と思う。たんなる物体としてではなく、道具や障害物として見る。さらにわたしたちは、必要性、能力、知覚上の限界を考慮し、最も有用（あるいは危険）なのは何かという「便利さ」を分析基準にすえて、道具や障害物を判断する。世界は、たんなる存在としてよりも、わたしたちが利用するもの、わたしたちを導くものとして、その姿を明らかにする。

わたしたちが話し相手の顔を見るのは、その人とコミュニケーションをとり、協力する必要があるからだ。その人物の微細《びさい》構造や細胞、細胞を構成する細胞小器官、分子、原子までは見ない。また、その人物を取り巻く大きな環境も見ていない。身近な社会を構成する家族や友人、それを内包《ないほう》する経済、さらにはすべてを含む生態環境などには、目をやらない。同じように重要なことに、その人物の時間経過による変化も見ていない。現在という狭く、即時的で、圧倒的な枠組みのなかでしかとらえない。もしかすると、いまおもてに現れているものより重要かもしれないが、昨日や明日といった奥行きは見通していない。そのように絞らないと、負担が重すぎてしまう。

世界を見るとき、わたしたちは、自分の計画や行動が機能し、なんとかやっていけるだけの範囲しか認識していない。それでもう、じゅうぶんなのだ。根本的に、機能的に、無意識のうちに世界を単純化している。だからつい、認識しているものを世界そのものと勘違いしかねない。しかし、わたしたちが目にする物体は、人間の単純で直接的な知覚のために存在しているわけではない*。互いに複雑な多次元の関係で存在する。明

*そのため、たとえば、世界じゅうで機能する自動ロボットをつくるには、当初想定していたよりもはるかに時間がかかった。わたしたちは自分の知覚に容易にアクセスできるので、知覚の問題を軽く考えがちだが、じつは非常に難しい。実際、知覚の問題が難しいあまり、人工知能（AI）の研究は初期段階で行き詰まり、当時の人々はあきらめかけたほどだ。実体のない抽象的な理屈では、現実世界のごく単純な問題さえ解決できなかった。やがて一九八〇年代後半から九〇年代前半にかけて、ロドニー・ブルックスらの先駆者たちが、世界を管理可能なものにするためには、まず前提として、行動する主体が必要であると提唱し、AI革命は自信と勢いを取り戻した。

らかに独立した境界のある物体ではない。わたしたちが認識するのはそういうものではなく、機能の有用性だ。観点を絞り込むことで、単純化し、理解可能にする。観点を絞るためには、目標を明確にしなければならない。目標がなければ、わたしたちは世界の複雑さに溺《おぼ》れてしまう。

これは、わたしたち自身や個人の認識にも当てはまる。知覚のありかたからいって、わたしたちはひとまず、皮膚の表面が目標だと仮定する。しかし少し考えれば、皮膚はかりそめの境界線にすぎないと理解できるだろう。自分がいる環境の変化につれて、いわば皮膚のなかにあるものが変化する。ねじ回しを使うような簡単な動作をするときでさえ、脳は身体と判断するものを自動的に調節して、道具と一体化させる。[161]手の延長であるかのように、ねじ回しの先端で物の感触を味わう。ねじ回しを持って手を伸ばすとき、ねじ回しの長さまで自動的に計算に入れる。延長された端《はし》で物を探り、いまの状況を把握できる。さらに、自分が持っているねじ回しを「自分のねじ回し」とみなして、所有欲を感じる。もっとはるかに複雑な状況ではるかに複雑な道具を使う場合も、同じことをする。車を運転するときは、瞬時に自動的に車が自分自身になる。そのせいで、横断歩道でいらだった歩行者があなたの車のボンネットを拳《こぶし》で叩《たた》いたら、自分が攻撃されたかのように腹が立つ。必ずしも理性ある反応ではない。それでも、自己を車にまで拡張しないと、運転は不可能だ。

拡張可能な自己の境界が、家族、恋人、友人まで包み込む場合もある。母親は子どものために自分を犠牲にする。父親や息子や妻や夫は、腕や脚と大差ないくらい、わたしたちにとって不可欠ではないだろうか？「失うとしたら、どちらを選ぶか？」と考えてみればわかるだろう。どちらの損失を避けるためなら、より大きな犠牲を払うだろうか？　わたしたちは、本や映画に出てくる架空《かくう》の登場人物に自分を重ねることによって、このような長期的な拡張、長期的なこだわりの練習をする。登場人物の悲劇や勝利が、急速に説得力をもって自分のものになる。席にすわったままでありながら、さまざまな仮想現実（VR）のなかで行動し、実験的に自己を拡張して、複数の道を試し、いずれ実際にとるべき道を予行演習する。架空の世界に夢中になると、実際には存在しないものにさえなり得る。映画館の魔法の空間で、あっという間に幻想的な生き物になれる。暗闇のなか、素早く点滅する画像を前にしてすわり、魔女、スーパーヒーロー、エイリアン、吸血鬼、ライオン、エルフ、木製人形になる。彼らが感じているすべてを感じる。感じるものがたとえ悲しみや恐怖であっても、そういう特別な体験を非常に喜ぶ。

似ているがもっと極端なことが起こるのは、架空のドラマの登場人物ひとりではなく、敵と戦うグループ全体と同化するときだ。たとえば、重要な試合で自分のひいきのチームが宿敵に勝ったり負けたりすることを考えてみよう。決勝のゴールの瞬間、ファンの集団みんなが思わず立ち上がる。台本もないのに同じ行動をとる。まるで、おおぜいの人間の神経系が、目の前で展開するゲームと直接つながっているかのようだ。ファンは、好きな選手のユニフォームを着て、ひいきのチームの勝利や敗北をいたって個人的な出来事と受け止める。日々の生活で実際に起こるどんな出来事よりも自分自身の出来事として受け止め、勝利や敗北に大騒ぎする。このような同化は、からだの深くで起こる。生化学的、神経学的にも変化が起こるのだ。たとえば、好きなチームの勝敗を経験すると、試合に入れ込んでいるファンたちの体内ではテストステロンの量が増減する。[162] 同化する能力は、「ビーイング」のあらゆるレベルに影響を及ぼすわけだ。

愛国心についても同様だ。自分の国が重要というだけにとどまらない。わたしたちは自国と同化している。国との同化を維持するために、戦争となれば、わたしたちは小さな個人のすべてを犠牲にすることさえある。歴史の大部分において、死をいとわないそのような姿勢は、人間の義務の一部として賞賛《しょうさん》に値し、勇敢《ゆうかん》とみなされてきた。逆説的ではあるが、戦いへのそうした参加は、人間の攻撃性の現れではなく、極端な社交性と協調性の直接的な結果なのだ。わたしたちは自分自身だけでなく、家族やチームや国になれるから、自分のからだを守るという先天的なメカニズムにより、おのずと協調性が湧《わ》いてくる。

故障すると、世界の単純化は崩れる

ただ見ただけでは、いくつものカオスが相互につながった現実を理解することは非常に難しい。理解は非常に困難で、そのためにはおそらく脳の半分が必要だろう。現実世界のすべてが刻々と変化している。仮想的に分離してみたところで、分離した一つひとつは、より小さな単位の組み合わせでできており、同時に、より大きな単位の一部を構成する。レベル間の境界や、同一レベル内における要素同士の境界は、客観的に見て明確でもなく自明でもない。だから実際的、実用的に明確化される必要がある。また、それらは非常に狭い、特定の条件下でのみ、有効性を保持できる。たとえば、完全でじゅうぶんな知覚という意識的な幻想は、すべてが計画どおりに進んでいるときだけ、わたしたちの目的に合うかたちを維持できる。そのような状況では、わたしたちにはじゅうぶん正確に見えているので、さらに深く見ようとする意味はない。車をうまく運転するためには、車の複雑なメカニズムを理解したり、認識したりする必要はない。自分の愛車に隠された複雑さは、メカニズムが故障したり、何かと不意に衝突したりしたときにだけ、わたしたちの意識に侵入する。重大な事故にかぎらず、ほんの機械的故障の場合でさえ、そのような侵入はつねに――少なくとも最初は――不安を誘発する。突発的な不確実性の結果だ。

わたしたちが認識する車は、ただの物体ではない。行きたい場所へ連れて行ってくれるものだ。連れて行ってくれなくなって初めて、多少とも物体として認識する。急に動かなくなったとき、事故に巻き込まれて、道路脇《わき》に停車しなければならないときにだけ、移動手段として依存していた車を物体としてとらえ、無数の部品を理解し、分析しなければならない。車が故障するとすぐさま、複雑さに対して自分が無能であることが明らかになる。これには、実際的な影響もあるが、(自分が向かっていた場所へ行くことができない)心理的な影響もある。つまり、車が正常に機能するという安心感が損《そこ》なわれる。たいていの人は、修理工などの専門家にまかせて、車の機能性を回復し、認識をふたたび単純化する。修理工が心理学者としても役立ってくれるわけだ。

こういう場面で、わたしたちは自分の視覚が驚くほど低画質であることや、それをろくに理解していなかったことを思い知る。ふだん、そんなふうに深く考える機会はめったにない。危機に陥《おちい》り、手持ちの物が機能しなくなったとき、わたしたちは、自分よりはるかに優れた専門知識を持つ人々に頼って、自分の期待と実際に起きていることとの一致を取り戻そうとする。要するに、車の故障によって、通常は見えない、より広い社会的状況の不確実性に直面せざるを得なくなり、機械(や修理工)がたんなる部品になる。車に裏切られたわたしたちは、じつにさまざまな未知《みち》に直面する。新車に買い換える時期なのか？ 最初の購入の決断を間違えたのか？ この修理工は有能で正直で信頼できる人物か？ ここの修理工場は信頼できるのか？ ときにはさらに悪いこと、さらに広く深いことを熟考しなければいけない。最近は道路状況が危険になりすぎているのか？ わたしの能力が落ちた(あるいは、もともと低かった)のだろうか？ 注意散漫になりすぎているのか？ 歳《とし》をとりすぎたのか？ 単純化された世界では信頼して依存できていたものが壊れると、事物や自己についての認識の限界が表面化する。つねに存在していたものの、ふだん都合よく無視してきたもっと複雑な世界が、その存在を現す。城壁に囲まれた庭に、前々から隠れ棲《す》んでいた蛇《へび》が、姿を見せる。

世界が正常に機能しているときのみ、単純化できる

事物が崩れると、いままで無視されてきたものが一気に噴出《ふんしゅつ》する。物事が正確に特定されなくなると、壁が崩れ、カオスが存在を露《あら》わにする。わたしたちがふだん不注意で、事態を流れにまかせていると、軽視してきたものが結集し、邪悪《じゃあく》な蛇のかたちをとり、——多くの場合、最悪のタイミングで——襲いかかってくる。そのときようやく、意図を集中し、狙いを正確に定め、慎重に注意を払ってこそ防げるものが見えてくる。

誠実な妻が、突然、夫の浮気の証拠に直面したとしよう。何年も夫といっしょに暮らしてきた。勤勉で、愛情があり、信頼できる人物だと思って夫を見てきた。盤石《ばんじゃく》な結婚生活だと信じてきた。ところが、最近の夫は注意力が低下し、散漫になっている。よくあるパターンで、残業が多い。ささいな一言で、妙に腹を立てる。ある日、街のカフェで夫が別の女性といっしょにいるのを見かける。あまりに親密そうなようすで、説明がつかず無視しがたい。たちまち、いままでの自分の認識の限界と不正確さが、痛みを伴って明らかになる。

夫についての理論が崩壊する。その結果、何が起こるか？　まず、いままでの夫に代わって、複雑で恐ろしい、見知らぬものが現れる。それだけでも悪い事態だが、まだ問題の半分でしかない。裏切られた影響で、その妻が自身に対して抱いていた理論まで崩壊してしまう。これで、見知らぬ何者かがふたりも現れたことになる。夫はいままで知覚していた人物ではなくなった。裏切られた妻である自分自身も、いままでとは別人になった。もはや「愛されて安定している妻、大切なパートナー」ではない。過去は不変であるはずなの

に、その妻は自分がいままで存在しなかったような錯覚に陥る。

過去は、すでに確定しているにもかかわらず、じつは必ずしも不変ではない。現在はカオスであり、不確定だ。その妻にしろ、わたしたちにしろ、足元の地面は絶えず移動している。同様に、まだ存在しない未来も、もとの予定とは違うものに変わる。かつては「じゅうぶん満足な妻」だったのが、いまでは「騙《だま》されていることに気づかなかっただけの妻」、あるいは「騙されやすい愚《おろ》かな人間」に変わりかねない。彼女は自分を被害者と見るべきか、それとも共通の妄想《もうそう》を生み出した共犯者と見るべきなのか？　夫は——何者だろう？　不満を抱えた恋人？　誘惑の標的？　病的な嘘《うそ》つき？　まさしく悪魔？　どうしてこんな残酷《ざんこく》な仕打ちができるのだろう？　人間はこんなに残酷になれるものなのか？　住み慣れてきたこの家は何なのか？　自分はなぜこんな世間知らずなのだろう？　こんなことがあっていいのか？　彼女は鏡を見る。この女性は誰？　何が起きている？　これまでの他人との関係は、一つでも本物だったか？　一つでも本当に存在したのか？　未来には何が起こっただろう？　世界の奥深い現実が思いがけず明らかになったとき、何もかもが安定を失う。

すべてが想像を超えて複雑だ。あらゆるものが、ほかのあらゆるものの影響を受ける。わたしたちは、相互に因果関係のつながった複雑な集合体のうち、ほんの狭い一部分しか知覚していない。知覚の狭さが招く問題を全力で避けようとしているものの、避けきれない。何か基本的なことがうまくいかなくなると、知覚の狭さが露見《ろけん》してしまう。わたしたちの知覚がひどく不十分であることが表面化する。大切なものがすべて粉々になる。わたしたちは身がすくむ。動けなくなる。そのあと何が見えるだろう？　自分に見えているものが不十分だと明らかになったとき、わたしたちはどこを見ればいいのか？

見えているものの正体がわからないとき、何を見るのか？

世界貿易センタービルが崩壊したあとの世界はどうなっただろう？　何が残っている？　世界の金融システムを支える目に見えない柱がもろくも崩れ去ったとき、廃墟《はいきょ》からはどんな恐怖の獣《けもの》が立ち上がるのか？　ルワンダの大虐殺《だいぎゃくさつ》のさなかに、国民社会主義の集会の火とドラマに巻き込まれ、恐怖で麻痺《まひ》したわたしたちに何が見えるだろうか？　自分に何が起こっているのか理解できず、どこにいるのかも自分が誰なのかもわからず、自分を取り巻くものが理解できないとき、わたしたちは何を見るのか？　そのとき「見ない」ものは、なじみがあり安心できる、役に立つ道具であふれた世界だ。なじみのある障害物さえ見当たらなくなる。そういう障害物なら、もう扱いに慣れていて、簡単に回避できるのだが。

物事が崩壊したときわたしたちが知覚するのは、もはや、居住可能な秩序を備えた舞台や状況ではない。永遠の液状のような混乱、形状のない空虚さ、深淵《しんえん》、わたしたちの安全保障という薄い表面の下に永遠に潜《ひそ》むカオスだ。人類によって表明された最古の意見によれば、まさにそのカオスから、神自身の聖なる言葉が、時の初めに秩序を生み出した(また、同じ意見によれば、その言葉からわたしたち男女がつくられた)。そのカオスから、幸運にも経験ができた何らかの安定性が出現し、限られた時間のあいだ、わたしたちは最初に知覚することを学んだ。物事が崩壊すると、わたしたちはカオスを見る。これはどういう意味だろう？

万が一の緊急事態が現実になる。これまで知られていなかった現象が、未知の部分から突然現れる(英語のphenomenon［現象］はギリシャ語の「出現」に由来する)。永遠のドラゴンの姿をしたものが、破られた眠りから、永遠の洞窟《どうくつ》から、姿を現す。怪物が昇ってくる闇の世界。何が、どこから現れたのかわからない場合、緊急事態にどのように備えればいいのだろう？　何を予期すればいいのか、どのように行動すればいいのかわからないとき、わたしたちはどのようにして災害に備えるのか？　わたしたちは――ゆっくりと、重々しく――いわば、心から目を逸《そ》らし、身体へ向ける。身体は心よりもずっと反応が速い。

まわりの物事が崩壊すると、知覚が消え、わたしたちは行動に移る。思考ばかりか知覚そのものが失われた悲惨《ひさん》な場面では、太古《たいこ》から何万年、何億年にもわたって培《つちか》ってきた自動的かつ効率的な反射神経[163]が、わたしたちを守ってくれる。そのような状況下では、身体がおのずからあらゆる可能性に備える。最初は、全身が凍りつく。続いて、知覚の次の段階である情動がにじみ出る。これは怖いものなのか？　役に立つものか？　戦わなければならない敵か？　無視できるものか？　わたしたちはこうした点をいつ、どうやって判断するだろう？　わからない。この時点で、わたしたちは何としても準備に取りかからなければいけない状態に置かれる。体内にコルチゾールとアドレナリンがあふれ出す。心臓が早鐘《はやがね》を打つ。呼吸が速くなる。自分の能力と完全性が失われたことを思い知る。そんなものは夢にすぎなかった、と。この瞬間のために注意深く保存してきた身体的、精神的資源を利用する（運良く手に入っていれば）。最悪の事態に備える。一気にアクセルを踏み込み、同時にブレーキを踏む。わたしたちは叫《さけ》ぶか、笑う。わたしたちは、怯《おび》えているように見えるか、辟易《へきえき》して見える。わたしたちは泣く。そのあと、カオスを解析し始める。

そこで、夫に裏切られた例の妻は、動揺を深め、何もかもみんなに暴露したい気持ちに駆られる。自分自身にも、姉妹にも、親友にも、さらにはバスに乗り合わせた赤の他人にも。あるいは逆に、沈黙のなかに引きこもりたくなる。執拗《しつよう》に反芻《はんすう》し、同じところにたどり着く。何が悪かったのだろう？　自分はそんなに許されないことをしただろうか？　いっしょに暮らしてきたあの男は誰なのか？　こんなことが起こり得る世界とはどういう世界なのか？　どんな神様がこんな場所をつくるのか？　かつての夫の殻《から》のなかに棲む、腹立たしい見知らぬ男と、どんな会話ができるだろう？　どんな復讐《ふくしゅう》をすれば、怒りが鎮《しず》まるのか？　侮辱《ぶじょく》の仕返しに、誰かを誘惑すべきか？　彼女の感情はめまぐるしく変化する。怒り、恐怖、つらい落胆、あらたに見つかった自由の可能性への喜び――。

彼女を安全に支えていた最後の岩盤は、結局のところ、そう安定していなかった。そもそも岩盤ではなかった。彼女の家は砂上に建っていた。彼女がスケートをしていた足元の氷はとても薄かった。割れて砕け、彼女は水中に落ちて溺れている。したたかに打撲《だぼく》を負い、怒り、恐怖、悲しみで苦しむ。裏切られた思いが、世界全体をむしばんでいく。彼女はどこにいるのか？　恐怖を抱え、暗黒世界にいる。どうやって、そこにたどり着いたのか？　この経験、物事の根幹へと向かう旅は、すべて初期の段階の知覚でもある。どんなことが起こり得たのか、どんな現在があり得たのかを考察し、準備し、感情や空想をめぐらせる。かつて知っていた見慣れた事物が単純化された快適なかたちでふたたび現れるには、こうした深い知覚を経なければならない。可能性のカオスが秩序ある機能的現実に再構成されるためには、どうしても必要だ。

「本当に意外な出来事だったのか？」と、彼女は自問し、振り返る。かすかであったにせよ、警告サインを見逃したことに罪悪感を抱くべきだろうか？　結婚当初を思い出す。毎晩、夫と情熱的に愛を交わした。それは多すぎたかもしれないが、ここ六カ月で一度だけ、というのはどうだろう？　その前の数年間は、二、三カ月に一度だった。自分が本当に尊敬できる人物は――自分自身も含めて――そんな状況に耐えられるだろうか？

わたしは、ジャック・ケントが書いた『There's NO Such Thing as a DRAGON』（邦訳は『びっくりドラゴンおおそうどう！』＝好学社）という物語が気に入っている。少なくとも表面的には、いたって単純な物語だ。かつてわたしは、トロント大学のＯＢ会で、この本の数ページを朗読し、象徴的な意味を説明したことがある。[*] 主人公の少年ビリー・ビクスビーは、ある朝、自分のベッドにドラゴンがすわっているのに気づく。家猫くらいの大きさで、愛想《あいそう》のいいドラゴンだ。ビリーは母親に報告するが、ドラゴンなんていないと相手にされない。やがてドラゴンは成長し始める。ビリーのパンケーキを全部食べてしまう。家のなかがいっぱいになる。母親は掃除機をかけようとするが、ドラゴンで空間を占められているため、いくら大奮闘しても、いっこうに掃除が終わらない。そのうち、ドラゴンは家をまるごとからだにはめたまま、逃げ去っていく。ビリーの父親が帰宅すると、家があったはずの場所には何もない。家がどこへ行ったかを郵便配達人から聞き出して、追いかける。街を徘徊《はいかい》するドラゴンの首をよじ登って、妻や息子と再会する。母親はまだドラゴンなんていないと言い張る。けれども、ビリーはもうじゅうぶん学び、「お母さん、ドラゴンはいるよ」と反論する。とたんに、ドラゴンは縮《ちぢ》み始める。ふたたび猫のサイズになる。全員がこの大きさのドラゴンについて、(1)存在し、(2)巨大化していたときよりずっと好ましい、という意見で一致する。ようやくしぶしぶ目を開いた母親は、悲しげに、どうしてあんなに巨大化したのかしら、と疑問を口にする。ビリーは静かに言う。「たぶん、気づいてもらいたかったんだよ」

そのとおりかもしれない。非常に多くの物語が、この教訓を伝えている。カオスは家庭に少しずつ現れる。互いの不幸や恨《うら》みが積み重なっていく。見苦しいものはすべて絨毯《じゅうたん》の下へ掃《は》いて隠され、それを食らってドラゴンがひそかに宴《うたげ》を催している。しかし、誰も何も言わない。家庭における共有された社会と交渉による秩序は、予期せぬ脅威《きょうい》に直面しないかぎり、不十分な姿や崩壊した姿をおもてにさらさない。みんな無理を

*そのようすの録画（二〇〇二年）はTVOで放映され、現在はhttps://www.youtube.com/watch?v=REjUkEj1O_Oで視聴できる。タイトルは『Slaying the Dragon Within Us』。

して元気に振る舞う。コミュニケーションのなかに敵意、恐怖、孤独、絶望、嫉妬《しっと》、欲求不満、憎悪《ぞうお》、退屈といった恐ろしい感情がにじんでいながら、受け入れるしかない。少しずつ、平和なふりをすることに慣れる。しかし陰《かげ》では、ビリー・ビクスビーの家でも、同様のどんな家でも、ドラゴンが育っていく。ある日突然、誰も無視できないかたちで出現する。その家庭を土台から切り離し、宙に浮かせる。そこでたとえば、不倫が発覚する。数十年にもわたって親権を争うはめになり、経済的、心理的にはなはだしい打撃を受ける。結婚という疑似《ぎじ》天国のなかで長い時間をかけて少しずつ展開していれば耐えられたはずの過酷《かこく》さが、凝縮《ぎょうしゅく》されて一気に噴出する。隠され、回避され、言い訳され、恐ろしいクローゼットのなかにしまい込まれた無数の骸骨《がいこつ》が、膨大《ぼうだい》な数の未解決の問題すべてが、ノアの洪水のようにあふれ出し、何もかも溺れさせる。方舟《はこぶね》はない。誰もが嵐を感じていたにもかかわらず、誰も方舟をつくらなかったからだ。

怠慢《たいまん》の罪の破壊力を過小評価してはいけない。

崩壊した夫婦は、性生活についてもっと早くに一回か二回、いや二〇〇回、話し合えばよかったかもしれない。肉体的な親密さを間違いなく共有することが、それに応じて心理的な親密さにつながったかもしれない。自分の役割を通じて戦うこともできたかもしれない。ここ数十年、おもに解放と自由の名のもとに、伝統的な分業体制が崩壊した家庭が多い。しかし、その崩壊で各自が制約からみごとに解放されたとはいえず、むしろ結果として、混乱や対立、不確定性が生まれた。圧制から脱出すれば楽園が待っているというわけではなく、往々にして、荒野に投げ出され、目的を失い、混乱し、剝奪《はくだつ》を受ける。さらに、合意された伝統がなければ(その伝統によって課せられる、しばしば不快な、不合理でさえある制約がなければ)、三つの難しい選択肢しか残らない。すなわち、奴隷制、専制、交渉の三つだ。奴隷は、言われたことをひたすらこなす。おそらく、責任を逃れることができて喜びつつ、そうやって問題の複雑性を解消する。しかし、一時的な解決策にすぎない。奴隷の魂《たましい》は反乱を起こす。暴君のほうは、奴隷がすべき事柄をひたすら命じ、そうやって問題の複雑性を解消する。しかし、一時的な解決策にすぎない。暴君は奴隷に飽き飽きする。身のまわりには、予測可能で不機嫌な服従のほか、何もない。たったそれだけで永遠に生きられる人がいるだろうか？これに対し、交渉を成り立たせるためには、ドラゴンが存在することを双方が率直に認めなければならない。直面しがたい現実だ。まだ小さいドラゴンで、立ち向かう騎士を食い殺すほどの力はないとしても、本気で向き合うのは難しい。

崩壊した夫婦は、自分たちが望む「ビーイング」のありかたをもっと明確にすればよかったのかもしれない。そうすれば、手に負えない勢いでカオスから水が噴き出して溺れそうになるのを、協力して防げたかもしれない。愛想のいい、怠惰《たいだ》な、臆病《おくびょう》な言いかたで「だいじょうぶ。戦いを挑むほどの価値はない」と偽《いつわ》る代わりに、力を合わせることができたかもしれない。結婚生活には、戦いを挑む価値のないものなどほとんどない。結婚生活は、一つの樽《たる》のなかにはまって動けなくなった二匹の猫に似ている。どちらか一方が死ぬまで抜け出せないという呪いで縛《しば》られている。その呪いの存在により、あなたは状況を深刻に受け止める。あなたは、結婚生活の何十年ものあいだ毎日、いまと同じようなささいないらだちに耐え続けられるのか？「ああ、我慢できるとも」とあなたは考える。いや、自分にそう言い聞かせるべきかもしれない。あなたは純粋な寛容《かんよう》の模範ではない。もしあなたがパートナーに向かって、きみの浅薄《せんぱく》な笑い声が黒板を引っかく音のように聞こえ始めている、と話したら、パートナーはあなたに、地獄へ落ちろと言うだろう。いたしかたない。あなたのせいかもしれない。もっとおとなになって、心を落ち着け、黙ったままでいるべきかもしれない。しかし、社交の場でロバのようなけたたましい声で笑うようすはパートナーの評価を下げるだろうから、あなたはやはり忠告を与えるべきかもしれない。そのような場合、真実を明らかにするには、戦うしかない。平和を破るしかない。なのに、あなたは黙ったままで、自分は善良で平和を愛する忍耐強い人間なのだから、と自分に言い聞かせている(実際は真実とかけ離れているのだが)。そして、絨毯の下に潜む怪物はさらに何キロか太った——。

簡単ではないにしろ、性的な不満について率直な会話をしていれば、しだいにほころびを縫い合わせる役に立ったかもしれない。もしかすると、妻は心の深くでセックスに対して相反する感情を持っていて、親密な関係を絶つことを密かに望んでいたかもしれない。その感情にどんな理由があるかはわからない。もしかすると、夫は恋愛に関してひどく利己《りこ》的だったのかもしれない。ふたりとも利己的だった可能性もある。それを正すためには、戦う価値があるのではないか? それは人生の大きな部分ではないか? 問題に対処して解決できるのなら、二カ月のあいだ、互いに真実だけを話すという非常につらい時期を送らなければいけないとしても、その労苦の価値があるだろう(破壊する、あるいは勝利する意図を持ってはいけない。それはただの全面戦争だ)。

セックスが原因ではない可能性もある。夫婦の会話は退屈な日常になり、生活に彩《いろど》りを与える刺激を共有できなくなったのかもしれない。関係を維持する責任を負うよりも、刻々と、日一日と悪化させるほうが楽だったのかもしれない。なにしろ、生き物は注意力がなければ死ぬ。人生は、手間のかかるメンテナンスに似ている。どんなパートナーも完璧ではないから、関係には絶えず注意して維持作業を続ける必要がある(もしそんな完璧な人間を見つけたとしても、不完全なあなたに恐れをなして逃げてしまうだろう)。正直なところ、あなたが必要な相手、あなたにふさわしい相手は、あなたとまさに同じくらい不完全な人間だ。

もしかすると、妻を裏切った夫は、あきれるほど未熟でわがままだったのかもしれない。自分のわがままに負けたのかもしれない。妻の側も、夫のそんな傾向にじゅうぶん力強く反対しなかったのかもしれない。

子どもたちの適切なしつけかたをめぐって意見が合わず、その結果、夫を子どもたちの生活から排除してしまったかもしれない。そのせいで、夫は子育てに問題を感じても、責任を負わされるのはごめんだと逃げるようになったのかもしれない。こうした隠れたいさかいを見て、子どもたちが心のなかに憎悪を感じ始め、母親の憤《いきどお》りにも加担を受け、少しずつ、古き良き父親から離れていったのかもしれない。妻が夫のために（あるいは、夫が妻のために）用意した夕食が冷たく、相手はまずそうに食べたのかもしれない。こうした未対処のままだったいざこざが積み重なって、双方とも口には出さないが憤慨《ふんがい》し、それに従って行動したのかもしれない。こうした暗黙のトラブルが、結婚を支える目に見えないネットワークを弱体化させ始めたのかもしれない。敬意が徐々に軽蔑《けいべつ》に変わり、誰も気づかなかったのかもしれない。当然、愛が徐々に憎《にく》しみに変わっていったのかもしれない。

明確になったものはすべて、目に見えるようになるはずだ。もしかすると、妻も夫も見たがらず、理解したがらなかったのかもしれない。意図的に霧《きり》のなかに放置したか、見たくないものを隠すために霧をつくったのかもしれない。妻からメイドや母親へ立場を変えたとき、彼女は何を得たのだろう？　性生活が消えて、むしろ安堵《あんど》したのでは？　夫が背を向けたとき、近所の人たちや自分の母親に対して、これ以上ないほど自分に有利に不平を言ったのではないか？　それは、どんなに完璧な結婚から得られる良いものよりも、じつは、もっと満足感が大きかったのかもしれない。さかんに行われているこのような洗練された殉教《じゅんきょう》の喜びは、比類のないものかもしれない。「あんなひどい男と結婚するとは、あの女性はなんて聖人だ。もっとはるかにいい生活がふさわしい女性なのに」。本人が無意識のうちに立った評判だとしても、そんな評判は生きていくうえで満足のいくよすがになるだろう（状況の真実は悲惨だが）。彼女は夫が好きではなかった、いまも好きではないのかもしれない。じつは母親のせい、さらには祖母のせいかもしれない。母親や祖母の行動を真似《まね》て、恵まれない妻を演じているのかもしれない。そういう境遇が、無意識に、暗黙のうちに、何世代にもわたって伝えられたのかもしれない。あるいは、父親や兄や社会に復讐していたのかもしれない。

家庭での性生活がなくなったとき、夫は何を得たのだろう？　こころよく殉教者の立場を受け入れ、友人たちに不満をぶちまけただろうか？　前からこんな口実が欲しかったと飛びついて、新しい恋人を探したのか？　この機会を利用して、結婚前に自分がさかんに女性から拒否されたことを思い出し、いまだ感じている女性全般への憤りを正当化したのか？　どうせ望まれていなかったので、努力せず太って怠惰になったのだろうか？

おそらく、妻も夫も両方が、これを機に結婚生活をめちゃくちゃにして、神に――この混乱を解消できたはずの唯一の「ビーイング」に――復讐することにしたのかもしれない。

このような問題について、恐ろしい真実がある。すなわち、自発的に処理されず、理解されず、無視された結婚の失敗の原因は、一つひとつが複合して共謀《きょうぼう》し、その後、裏切られた女性を一生苦しめる。夫も同じ目に遭《あ》うだろう。そのような結果を間違いなく得たければ、何もしなければいい。気づかず、反応せず、対処せず、議論せず、考慮せず、平穏に向けて努力せず、責任を取らない――それだけでいい。カオスに直面しても、カオスを秩序に変えようとしてはいけない。カオスが膨《ふく》れ上がってあなたを呑《の》み込むまで、能天気にただ待ち続ければいい。

回避したら必然的かつ不可避的に未来が阻害《そがい》されるというのに、なぜ回避するのか？　それは、あらゆる不一致や間違いの下に怪物が潜んでいる可能性があるからだ。あなたが妻や夫と行っている戦い（あるいは、行っていない戦い）は、ふたりの関係の〝終わりの始まり〟を意味する。あなたが悪い人間だから関係が終わるのかもしれない。少なくとも部分的には、それもあり得るだろう。したがって、真の問題を解決するために必要な議論を持つには、悲惨で危険な可能性の二つの形態に同時に直面する決意が必要になる。一つはカオス(人生そのもののあらゆる関係に潜む脆弱性《ぜいじゃくせい》)。もう一つは地獄(あなたもパートナーも、怠惰と悪意ですべてを台無しにするような悪い人間になり得るという事実)だ。回避したくなる理由はいくらでもある。しかし、回避しても役に立たない。

なぜ、あいまいなままにして、人生を停滞させ不透明にしておくのか? それは、自分が何者かわからないなら、わからないまま隠しておくこともできるからだ。あなたは不注意で価値のない悪人ではないかもしれない。真実は誰にもわからない。少なくとも、あなたはわからずに済む。それについて考えることを拒否すれば、うやむやのままだ。考えたくない理由はいくらでもあるだろう。しかし、知りたくないことを考えないまま、やりすごせるわけではない。あなたはたんに、自分の本当の欠点や欠陥《けっかん》のおそらくそう長くないリストを受け取って明確に知ろうとせず、代わりに、未定義の潜在的な欠点や不十分さのはるかに長いリストを手に入れただけだ。

現実を知れば現実の習得者になれるのに(習得者までいかないまでも、まじめなアマチュアの地位に立てるのに)、なぜ追い求めることを拒《こば》むのか? それは、遠方の地にたしかに腐ったものがあるとして、あえて出かけて対処する気になれないからだ。そのような状況では、意図的な無視のなかで生き、無知の至福を享受《きょうじゅ》するほうが得策ではないか? いやしかし、怪物が本物なら、得策とはいえない。退却することが本当に良い考えだと思うだろうか? 困難の海に立ち向かう可能性を放棄《ほうき》し、矮小化《わいしょう》していく自分の姿を見るのは、賢明《けんめい》だろうか? 陰で災厄が成長していくのを放置し、身を縮め、恐怖を膨らませることが賢明だと本気で思うだろうか? 準備し、剣を研《と》ぎ、闇を覗《のぞ》き込み、巣穴のなかのライオンに勇敢に立ち向かったほうがいいのではないか? 怪我《けが》をするかもしれない。おそらく怪我をするだろう。結局のところ、人生は苦難なのだ。しかし、致命傷ではない可能性がある。
もし、自分が調査を拒否しているものがいよいよドアをノックするまでただ待ち続けていたら、状況はけっしてうまくいかないだろう。あなたが最も望まないことが必ず起こるだろう。しかも、最も準備ができていないときに起こる。最も遭遇《そうぐう》したくない事柄は、それが最も強く、あなたが最も弱いときに現れる。そしてあなたは敗北するだろう。

しだいに広がりゆく渦に乗って鷹は
旋回を繰り返す。鷹匠《たかじょう》の声はもう届かない。
すべてが解体し、中心は自らを保つことができず、
まったくの無秩序が解き放たれて世界を襲う。
血に混濁《こんだく》した潮《うしお》が解き放たれ、いたるところで
無垢《むく》の典礼が水に呑まれる。
最良の者たちがあらゆる信念を見失い、最悪の者らは
強烈な情熱に満ち満ちている。[164]
（ウィリアム・バトラー・イェイツ『再臨《さいりん》』）

問題を特定すれば解決できるのに、なぜ特定を拒否するのか？　それは、問題の特定はすなわち問題の存在を認めることだからだ。問題を特定すると、たとえば自分は友達や恋人に何を求めているのか自分に知れてしまい、そうなったら、それが手に入らないとき、手に入らないということが明確にわかり、鋭く具体的

な痛みを引き起こすからだ。しかしあなたは、そこから何かを学び、将来的には学んだことを活《い》かせるだろう。鋭い痛み一つを避けようとすれば、その代償として、果てしない絶望とあいまいな失敗からくる鈍《にぶ》い痛みを味わうはめになる。貴重な時間が無為《むい》に過ぎ去るのを感じるはめになる。

なぜ特定を嫌がるのか？　なぜなら、成功を定義しないことで、失敗を定義することも避けたいからだ。そうすれば、失敗しても気づかないし、失敗しても痛くもない。しかし、その手はうまくいかない。あなたはそう簡単には騙されない（相当遠くまで道を進んでいないかぎり）。騙される代わりに、自分自身の「ビーイング」に対して繰り返し失望し、それに伴って自己嫌悪《けんお》を覚え、それらすべてから生じる世界への憎悪を募《つの》らせ続けるだろう。

たしかに何かの啓示が迫《せま》っている。
たしかに〈再臨〉が近づいている。
〈再臨〉！　その言葉が口を洩れるや
《世界霊魂》から出現した巨大な像が
私の視界を掻き乱す。どこか沙漠《さばく》の
　　　　　　　　　　砂の中で
ライオンの胴体と、人間の頭と、
空ろな、太陽のように無慈悲な目をしたものが
のっそりと太腿《ふともも》を動かしている。まわりに
怒り狂う沙漠の鳥どもの影がよろめく。

ふたたび暗黒がすべてを閉《とざ》す。だが、今、私は知った、
二千年つづいた石の眠りが
揺《ゆ》り籠《かご》にゆすられて眠りを乱され、悪夢にうなされたのを。
やっとおのれの生れるべき時が来て、ベツレヘムへ向い
のっそりと歩みはじめたのはどんな野獣だ？

裏切られた彼女が、絶望の力に駆り立てられ、過去、現在、未来のすべての矛盾《むじゅん》に直面する決意を固めたとしたらどうだろうか？　いままで避けてきたにもかかわらず、混乱を解決しようと決意したらどうだろう？　その努力のせいで、死ぬ寸前まで追いつめられるかもしれない（いずれにしろ、いま、死よりも悪い道をたどっているのだが）。再浮上し、脱出し、生まれ変わるためには安易に、しかし危険なまでに、無知のベールと平和の見せかけの陰に隠してきた現実を、慎重に明確化しなければならない。すべてが崩壊してしまった世界のなかで、「ビーイング」が元来持つ耐えがたさから、自分個人の破綻《はたん》の詳細を切り離して把《は》握《あく》する必要がある。すべての崩壊という、極度の状況を乗り越えなければいけない。すべてではなく、特定の事柄を突き止める。どんな信念が失敗し、どんな行動が虚偽《きょぎ》で誠実さを欠いていたか、特定しなければいけない。いったい何だったのか？　どうやって直せばいい？　どうすれば将来を改善できるのか？　問題を残らず解明する気になり、解明できなければ、泥沼から永遠に抜け出せない。ある程度の正確な思考、ある程度の正確な言葉、ある程度の自分の言葉への信頼、ある程度の神の言葉への信頼を活かせば、世界を元に戻すことができる。しかし、物事を霧のなかに隠したままのほうがいいかもしれない。いまとなってはもう、自分のかけらがろくに残っておらず、あまりにも多くの部分が埋もれ、未発達のままに終わっているかもし

れない。もはや精力が足りないかも……。

もっと早い時期に、気遣いや勇気、正直な表現を心がけていれば、このようなトラブル一切から救われていたかもしれない。もし、結婚生活が下り坂に差しかかったときすぐ、自分の不幸についてほかの人たちに相談していたらどうだっただろう？ その下り坂が最初に気になり始めたのは、正確にはいつだったのか？あるいはもし、そう気になっていなかったとすれば、本来、思い悩むはずの事柄がなぜそれほど苦にならないのかを他人と話し合っていればどうだっただろう？ 家庭における自分の努力を夫が軽蔑しているという事実に、はっきりと注意深く対峙《たいじ》していたらどうだろうか？ 父親や社会そのものに対する憤慨（また、その結果として自分の関係が汚されること）に気づいただろうか？ すべてをすでに修復していたら？ どれくらい強くなっていただろう？ 結果として、困難に直面することを回避しようとする傾向はどのくらい低くなるだろう？ そうすれば、自分や家族や世界にどれだけ貢献できただろう？

もし彼女が、より長期的な真実と平和を優先し、現在のいさかいに継続的かつ正直に取り組んでいたらどうだっただろう？ もし彼女が、自分の結婚の小さな崩壊を、無視したり、我慢したり、苦笑して済ませたりと、波風立てずにやりすごすのではなく、明らかに注目に値《あたい》する潜在的な不安定性の証拠として扱っていたらどうだっただろうか？ おそらく彼女は変わっただろう。夫も変わっただろう。形式的にも精神的にも結婚生活を続けられたかもしれない。肉体的にも精神的にも、ずっと若々しくいられたかもしれない。砂ではなく岩の上に家を建てられたかもしれない。

物事が崩壊し、ふたたびカオスが出現したとき、わたしたちはそれに構造を与え、言葉を通じて秩序を再確立することができる。慎重かつ正確に話せば、物事を整理して適切な場所に配置し、新しい目標を設定し、交渉できる。交渉し、合意に達すれば、意思を通じ合わせることができる。しかし、わたしたちが不注意で不正確に話すと、事態はあいまいなまま残る。目標が定まらない。不確実性の霧は晴れず、世界を通じた交渉も行われない。

魂と世界の構築

精神（魂）と世界は、ともに人間の存在の最高レベルであり、コミュニケーションを通じて言語によって構造化されている。結果が意図されたものでも望まれたものでもない場合、物事は見えているとおりではない。適切にふるまわない「ビーイング」は、カテゴリーの分類が間違っている。何かがうまく運ばない場合は、評価、思考、行動ばかりか、知覚そのものにも疑問を向けなければならない。誤りが現れるときには、未確認のカオスが近くにあり、物事を麻痺させ、混乱させる。ドラゴンはたしかに存在する（おそらく、他の何よりも明確に）。しかしドラゴンは、黄金も隠し持っている。把握《はあく》困難な「ビーイング」のひどい混乱のなかには、あらたに善良な秩序が生まれる可能性が秘められている。可能性を現実にするには、明瞭《めいりょう》な思考、勇気ある明瞭な思考が必要だ。

問題そのものは、出現後できるだけ早い時期に認識されなければならない。「わたしは不幸だ」と気づくのが良い出発点といえる（ただし、「わたしには不幸になる権利がある」ではない。問題解決プロセスの最初の段階では、権利の有無はまだ疑わしい）。現在の状況では、あなたの不幸は正当化されるかもしれない。まともな分別を持つ人なら、あなたのいまの状況に置かれれば、不愉快《ふゆかい》でみじめな思いをするのが当然かもしれない。いやそれとも、あなたが愚痴《ぐち》っぽく未熟なだけなのだろうか？　そんな懸念が生じるほどひどい状態なら、とりあえずは両方の可能性を同等に扱うといい。あなたはどのくらい未熟なのか？　底なしかもしれない。しかし、もしそれを認めることができれば、少なくとも改善に取りかかれるだろう。

わたしたちは、複雑に絡《から》み合ったカオスを解析し、自分自身も含め、物事の性質を特定する。こうして、創造的で意思疎通《そつう》のある探求が世界を生成し、再生し続ける。わたしたちは、自発的に遭遇するものによって形成され、知識を与えられる。そういう遭遇のなかで、自分が住む世界も形成する。難しい探求だが、やむを得ない。探求しなければ、事態が悪化する。

もしかすると、気まぐれな夫が夕食時の妻の会話を無視したのは、仕事に嫌気《いやけ》が差していて、疲労と鬱憤《うっぷん》が溜《た》まっていたせいかもしれない。仕事が嫌なのは、父親に仕事を強要され、抵抗する強さがなかったか、父親に忠実すぎたせいかもしれない。妻は、率直に抗議すると無礼で不道徳だと思い込み、夫の注意不足を我慢したのかもしれない。彼女は自分の父親の怒りを憎み、若いころ、攻撃性や自己主張はすべて道徳的に間違っていると決めたのかもしれない。あるいは、独自の意見を持つと、夫に愛されないと思ったのかもしれない。そのような状況に秩序をもたらすのは非常に難しい。しかし、問題を診断も修正もしなければ、壊れた機械は誤動作し続ける。

もみ殻をむいた麦

正確さが特定につながる。何かひどいことが起きたとき、そのとき実際に起こった特有のひどい事柄と、今回起こらなかったが起こってもおかしくなかった同じくらいひどい他の事柄とを区別するためには、正確さが必要になる。痛みで目が覚めたとすれば、あなたは死にかけているのかもしれない。痛みを伴う恐ろしい何らかの病気によって、ゆっくりと悲惨な死へ向かっているのかもしれない。もしあなたが自分の痛みについて医師に話すことを拒んだら、あなたが抱えているものは特定されないまま終わる。いくつもの病気のどれである可能性も残る。あなたが診療上の会話を避け、明確化しなかったせいで、言葉では表せないもののままだ。しかし、医師に正直に相談すれば、さまざまな恐ろしい病気の可能性が消え、運が良ければ、ひどい病気(あるいは、それほどひどくない病気)一つに絞り込める。じつは病気ではないと判明するかもしれない。そうすれば、以前のさまざまな不安を笑い飛ばすことができるし、何か本当に調子が悪くなったとしても、準備ができているだろう。正確を期しても悲劇そのものは消えないかもしれないが、魔王や悪魔を追い払うことができる。

森で何かが聞こえるものの、姿が見えないとしよう。正体は一頭のトラかもしれない。トラの集団かもしれない。そのうえワニに先導され、空腹で獰猛《どうもう》になっているかもしれない。しかし、そうではない可能性もある。振り向いて目を凝《こ》らすと、ただのリスだとわかるかもしれない(実際わたしは、リスに追いかけられた人を知っている)。森のなかに何かいる。あなたはそれを確実に知っている。しかし、リスにすぎない場合も多い。しかし、あなたが見ようとしなければ、ドラゴンである可能性も消しきれない。そのうえあなたは騎士ではなく、ライオンと対峙するネズミであり、オオカミににらまれて動けなくなったウサギだ。もちろんわたしは、いつもリスだとは言うつもりはない。本当にひどい何かである場合も珍しくない。けれども、実際にひどいことでさえ、恐ろしい想像と比べれば、たいがいそう手強《てごわ》くない。恐ろしい想像力のせいで直面できずにいる事柄も、実際の恐ろしさを確認して限定できれば、直面できるケースが多い。

想定外の事態に直面する責任を回避してしまうと、たとえそれが対処可能な量であっても、現実が持続不能なほど無秩序になり、混乱しかねない。そのあと問題はさらに大きくなり、あらゆる秩序、あらゆる感覚、あらゆる予測可能性を呑み込んでしまう。無視された現実は、かたちを変え、もとのカオスに戻る。すなわち、巨大なカオスの女神、未知の大爬虫類《はちゅうるい》の怪物、人類が時の夜明け以来戦ってきた大きな捕食性の獣に変わる。見た目と現実のギャップを放置すれば、溝《みぞ》は拡大し、あなたはその溝にはまって、良くない結果につながる。無視された現実は、混乱と苦しみの深淵のなかで姿を現す。

何をしたか、何をしているのか、どこに行くのかについて、自分自身や他人に話すときには用心しなければいけない。正しい言葉を探す。それらの単語を正しい文章に、それらの文章を正しいパラグラフにまとめる。正確な言葉で本質までそぎ落とせば、過去を回復できる。現実を明確に語れば、未来を台無しにすることなく、現在の流れを円滑化できる。慎重な考えと言葉を用いれば、多くの不透明で不快な未来のなかから、存在を正当化するような輝かしい運命がおのずと現れる可能性が高い。このようにして、目と言葉が生存可能な秩序をつくる。

怪物の赤ん坊を絨毯の下に隠してはならない。怪物が栄える。暗闇で大きくなる。やがて、最も予期しないタイミングで、あなたを襲い、牙《きば》を立てる。あなたは、混乱うずまく不滅の地獄に陥る。至徳《しとく》と明瞭さからなる天へのぼることはできない。勇敢で正直な言葉を使えば、あなたの現実は原始的に単純化され、明確に定義され、居住可能なものになる。

注意深く言葉を使って特定すれば、物事は、根底にあるほぼ無限の相互関係から切り離され、実行可能で従順な物体として現れる。あなたはそれを単純化できる。具体的で役に立つものに変え、複雑さを軽減できる。事物と共存して暮らし、その複雑さのせいで死ぬことなく、事物を活用できる。複雑さに付随する不確実性や不安を追い払うことができる。あいまいにしておくと、物事の区別がつかなくなる。すべてのものが、ほかのすべてのものに滲《にじ》み出す。世界が管理しきれないほど複雑になる。

あなたは、会話の話題を意識的に定義する必要がある。とくに、難しい話題は明確化しなければならない。

さもないと、すべてが散漫になり、手に負えなくなる。夫婦がコミュニケーションを絶つ原因は、ここにあることが多い。あらゆる議論が、過去に発生したすべての問題、現存するすべての問題、将来起こりそうなすべての恐ろしい事柄に及んでしまう。「すべて」について話し合うことは不可能だ。自分の不幸の原因を正確に特定してこそ、自分が代わりとして求めるものを正確に特定できる(ただし、正確に特定された提案がほかにあれば、それも受け入れる)。自分が何を提供でき、自分とパートナーの人生の悲惨さを断ち切ることができるかを、正確に特定できる。ただしそうするためには、まず考えなければならない。正確には、何が間違っているのか？　正確には、自分は何が欲しいのか？　あなたは率直に発言し、居住可能な世界をカオスから呼び戻さなければならない。そのためには、正直で正確な言葉を使わなければならない。もしそうせずに、身を縮めて隠れると、あなたが隠しているものがやがて姿を変え、ベッドの下、森のなか、心の暗い奥底のなかに潜む巨大なドラゴンとなり、いずれあなたに襲いかかるだろう。

いま自分がどこにいるのかを知るためには、これまでの人生でどこにいたかを知る必要がある。自分の居場所を正確に知らなければ、どこにいる可能性も生じてしまう。どこもあり得るとなったら多すぎるうえ、とても悪い場所まで含まれる。いままで人生のどこにいたかを突き止めないかぎり、将来の行き先にもたどり着けない。A地点からB地点へ行くには、すでにA地点にいる必要があり、どこにいるかわからなければ、そこがA地点である可能性すら低い。

あなたは自分の人生においてどこへ向かうかを決めなければならない。正しい方向へ進まないと、そこへ行けない。でたらめな歩きかたでは、前に進めず、失望や不安に見舞われ、不幸になり、状況と折り合いをつけられない(やがて、怒りや復讐心、さらに悪いものに駆り立てられる)。

自分の言葉の意味を把握するためには、本心を話さなければいけない。何が起きるかを把握するためには、言葉に従って行動しなければならない。そのうえで、注意を払う。自分の誤りを知る。明確化する。修正に向けて努力する。それが人生の意味を見つける方法だ。それが人生の悲劇からあなたを守る。ほかに手はない。

「ビーイング」のカオスに立ち向かうべきだ。トラブルの海に狙いを定め、立ち向かうのだ。目的地を特定し、ルートを図示《ずし》する。自分が望むものを認める。自分が誰かを周囲の人に伝える。範囲を狭め、注意して見つめ、まっすぐ前へ進む。

正直に、そして正確に、話すべきだ。

Rule 11

スケートボードをしている子どもの邪魔をしてはいけない

Do not bother children
when they are skateboarding

危険と習得

以前、わたしが勤務するトロント大学のシドニー・スミス・ホールの西側で、子どもたちがよくスケートボードをしていた。わたしはときどき立って子どもたちのようすを眺めた。幅が広く浅いコンクリートの段差があり、道から正面玄関まで、直径約六センチ、長さ約六メートルの管状の鉄製手すりがついていた。子どもたちはほとんどいつも男の子で、階段の最上段から一五メートルほど後ろに下がり、ボードに足をのせて、一気に加速する。手すりに衝突する直前にボードを片手でつかんでジャンプし、手すりの上にのって、いちばん下まで滑《すべ》り降り、またジャンプして着地する。ボードに乗ったまきれいに着地できるときもあれば、派手に転ぶときもあった。どちらの場合も、またすぐに戻って繰り返していた。

ばかな真似《まね》を、と思う人もいるかもしれない。事実そうかもしれない。しかし勇敢《ゆうかん》でもあった。わたしは、すごい子どもたちだと思った。背中を軽く叩《たた》かれ、心から賞賛《しょうさん》の言葉をもらうに値《あたい》すると感じた。もちろん、危険だ。そこが肝心《かんじん》なのだった。その子たちは危険を克服しようとしたのだ。保護具を着用したほうが安全だろうが、それでは台無しだった。安全を期したいと思っていなかった。有能になろうとしていた。有能さこそ、本当に自分を安全にしてくれる。

わたしは、その子たちと同じことに挑戦はしなかった。しなかったというより、できなかった。建設用クレーンにのぼってみせ、ＹｏｕＴｕｂｅで自慢するような向こう見ずの真似はできなかった(もちろん、クレーンを操作する作業員の真似もできないが)。わたしは高いところが苦手だ。飛行機が高度七五〇〇メートルまで上昇すると、高すぎてもうどうでもよくなるものの、全般的に高いところが好きではない。カーボンファイバー製のスタント用飛行機を操縦し、ハンマーヘッドという曲技《きょくぎ》までやったことが何度かあり、なんとかやり遂げたとはいえ、肉体的にも精神的にも非常に負担が大きかった(ハンマーヘッドとは、垂直上昇したあと空中で静止し、そのまま真横へ失速反転する技だ。失敗すれば、二度と飛べない運命になる)。にもかかわらず、わたしはスケートボードができなかった。手すりを滑り降りるのはもちろん無理。クレーンによじ登ることもできない。

シドニー・スミス・ホールの東側は、また別の道に面している。セントジョージ通りというその道に沿って、大学の敷地の囲《かこ》いがある。斜面上の囲いに、ざらついたコンクリート製の角張った植木鉢を並べてある。子どもたちはそちらにも行き、植木鉢のすぐ横をスケートボードで滑り降りた。建物のすぐ横の彫刻を囲むコンクリートのまわりも滑って遊んでいた。その遊びは長く続かなかった。まもなく、子どもたちが滑るルートに「スケート・ストッパー」と呼ばれる小さな鉄製の金具が約一メートルおきに設置されたからだ。初めてその金具に気づいたわたしは、数年前にトロントで起こった事件を思い出した。小学校の授業が始まる二週間前、市内全域で遊び場の遊具がすべて消えたのだ。遊具を規制する法律が変わり、保険加入が義務付けられてパニックが起きたのだった。保険に加入しなくて済むように、じゅうぶん安全であったにもかかわらず、遊具はたちまち撤去された。子どもを持つ親たちが撤去費用を負担する場合も多かった。一年以上まったく遊び場がなくなった。この時期、子どもたちは、退屈しつつも気丈《きじょう》に、学校の屋上を走り回っていた。それほど活発でない子は、猫と泥遊びをするなどしていた。

わたしは取り壊された遊び場を「じゅうぶん安全」と表現した。遊び場が「安全すぎる」状態になると、子どもたちは遊ぶのをやめたり、意図しない方法で遊び始めたりする。本来、子どもたちには挑戦しがいのある、相応の危険さを持つ遊び場が必要だ。子どもを含め、人はリスクを最小限にしようとはしない。リスクを最適化するために努力する。車を運転し、歩き、愛し、遊ぶのは、自分の望みを叶《かな》えるためだが、同時に、少しだけ自分を押し進めて成長し続けようとしている。したがって、物事があまりにも安全になると、人々(子どもを含む)はふたたび危険にする方法を考え始める[165]。

制約がなければ――さらには、奨励されれば――わたしたちは危険と隣り合わせで暮らすことを好む。そういう環境でもなお、自分の経験に自信を持ち、自分の成長を助けるカオスに立ち向かうことができる。生まれつき、リスクを楽しめるようにできているのだ(並外れてリスクを楽しむ人もいる)。わたしたちは、現在の状態でプレイしながら、将来のパフォーマンスを最適化しようと努力することで、活気と興奮を感じる。そうしなければ、怠惰《たいだ》に、自覚なく、未熟で、不注意にうろつくだけになってしまう。過保護を受けていると、危険で予想外で、それでいてチャンスに満ちた何かが突然現れたとき、対処に失敗するだろう。

スケート・ストッパーは魅力的ではない。大学のそばにある彫刻のあたりは、以前なら、熱心なスケートボーダーたちのたまり場になって、雑然とした雰囲気だった。それがいまや、ピットブルの首輪のような金属に囲まれ、小ぎれいで意地の悪そうな場所になっている。大きな四角い植木鉢の周辺は、金属製のストッパーが不規則な間隔で配置されており、スケートボードでこすられた傷と相まって、貧相《ひんそう》なデザインが目立ち、いらだちと下手な後知恵がにじんでいる。彫刻と植物によって美化されるはずだった場所が、刑務所か精神科施設か強制収容所を思わせる無機質な外見になった。建設者や公務員が、奉仕《ほうし》対象である大衆に好意や信頼を持っていないとき、この種の風景が現出するものだ。

この迷惑対策はあからさまにとげとげしく醜《みにく》い。

成功と憤慨

フロイトやユング、その先駆者であるフリードリヒ・ニーチェなど、深層心理学者の著作を読むと、すべてには暗い側面があることがわかる。フロイトは、夢の潜在的な意味を掘り下げた。そこには何か不適切な願望が表れていると考えた。ユングは、社会的に礼儀正しいとされる行為には、邪悪《じゃあく》な双子、無意識の影がつねに伴うと主張した。ニーチェは、表面的に無私無欲な行動を動機づける際に、「ルサンチマン(resentiment)」なるものが果たす役割を研究した。[166]

なぜなら、人間が復讐心から解放されること、これがわたしにとって、最高の希望への橋であり、長期の悪天候のあとの虹であるから。

もちろんタランテラの願うところは、そうではない。「世界中に、われわれの復讐心で暗くなった悪天候がゆきわたること、これをわれわれは正義と呼ぶ」――かれらはたがいにこう語りあう。

「われわれに対して等《ひと》しくないすべての者に、復讐と誹謗を加えよう」――タランテラたちは心をあわせて、こう誓う。

「そして『平等への意志』――これこそ将来、道徳の名にかわるべきものだ。権力を持つ一切のものに反対して、われわれはわれわれの叫びをあげよう！」

諸君、平等の説教者たちよ！　してみれば、権力にありつかない独裁者的狂気が、諸君のなかから、「平等」を求めて叫んでいるのだ。諸君の、ふかく秘《ひ》められた独裁者的情欲が、こうした道徳的なことばの仮面をかぶっているのだ！

比類《ひるい》のない英国の作家でありエッセイストのジョージ・オーウェルは、この種のことをよく知っていた。一九三七年に執筆した『The Road to Wigan Pier』(邦訳は『ウィガン波止場《はとば》への道』)は、上流階級の英国社会主義者に対する痛烈な攻撃を含んでいる(彼自身、社会主義に傾いていたにもかかわらず)。この本の前半には、一九三〇年代に英国の炭鉱労働者が直面した恐ろしい状況が描かれている。[167]

数人の歯科医が私に教えてくれたのだが、工業地帯の三〇歳以上の人間で、たとえ一本でも自分の歯をもっている者は、例外中の例外になっているとのことだ。ウィガンでは、いろいろな人びとが、できるだけ自分の歯を「とっぱらう」のが最善だ、という考えを示していた。「歯なんて厄介なだけだわ」とある婦人が私に言った。

ウィガン桟橋《さんばし》の炭鉱労働者は、長い距離を歩かなくてはいけない。いや、坑道《こうどう》の高さを考えると、歩くというより「這《は》う」に近い。天井で頭を打ったり背中を引っかいたりしながら、暗い地下を、ときには五キロ近くも這う。そのあと七時間半の交代制の仕事に取りかかる。終わると、這って戻る。「一日の仕事の前後に、小さな山に登るくらいの消耗をする」とオーウェルは述べている。這って行き来する時間については、賃金が支払われなかった。

『ウィガン波止場への道』は、レフトブッククラブという、選書を毎月発行する社会主義者の出版団体のために執筆された。炭鉱労働者の身の上を真正面から扱った本書の前半を読むと、貧困な労働者層に同情せずにはいられない。オーウェルが記述したような生活に耐えられるのは、怪物だけだろう。

炭鉱の状態がいまよりも劣悪だったのはそれほど昔のことではない。いまなお若い時代に地下で働いたことのある、相当の年齢の婦人たちが何人か生きている。彼女たちは腰のまわりに引き具をつけ、股のあいだに鎖を通し、四つんばいになって炭車を引っぱった。たとえ妊娠したときでも働きつづけた。

しかし、本の後半で、オーウェルは別の問題に目を向けている。それは、苦痛を伴う不公平が明らかに至るところで見られたにもかかわらず、当時の英国では社会主義がわりあい不人気だったということだ。ツイードを身に着け、肘掛け椅子《ひじかけいす》で哲学を学び、犠牲者を特定し、哀《あわ》れみと軽蔑《けいべつ》を周囲に振りまくようなタイプの社会改革者は、当人たちの主張とは裏腹に、貧困者を好《す》いていないことが多い、とオーウェルは結論した。金持ちを嫌っているだけなのだ、と。自分たちの恨《うら》みと嫉妬《しっと》を、敬虔《けいけん》さ、神聖さ、独善でごまかしているのだった。無意識の世界の成り行きも、社会正義を標榜《ひょうぼう》する左派の人々も、現在でもほとんど変わっていない。フロイト、ユング、ニーチェ、さらにはオーウェルの著作に親しんだわたしは、誰かが「わたしはこれを支持する！」と大声で言うのを聞くといつも、「では、あなたは何に反対するのか？」と疑問に思う。同じ人物が不平を言ったり、批判したり、ほかの誰かの行動を変えようとしたりする場合、この疑問がとくに重要に思える。

精神分析に外科的な邪道《じゃどう》を持ち込んだのは、ユングだと思う。すなわち、「誰かがなぜそんなことをしたのか理解できないときは、結果から動機を推測せよ」と説いた。これは心理学上のメスだ。必ずしも適切な器具とはいえない。深く切りすぎたり、間違った箇所を切ったりしかねない。最後の手段としてとっておくべきだろう。もっとも、この方法を用いるのが有益なケースもある。たとえば、植木鉢や彫刻の土台にスケート・ストッパーを置いたことの結果が、不幸な青年であり、美の蹂躙《じゅうりん》だとすれば、おそらくそれは、動機ではなく企《たくら》みだ。他人のために最高の原理で行動していると主張しているからといって、その人の動機が純粋だと考える理由はない。本当に物事を改善しようとする動機のある人は、普通、ほかの人を変えることには関心がない。もし変える場合は、自分自身にも同じ変更を(真っ先に)もたらす責任を負うだろう。スケートボーダーの高度に熟練した、勇気のある、危険な行為を妨《さまた》げようとするルールづくりの陰《かげ》には、狡猾《こうかつ》で非人間的な精神の働きがうかがえる。

ふたたび、クリスについて

前にも触れたわたしの友人クリスは、そのような精神に取り憑《つ》かれ、精神の健康をひどく損《そこ》なった。彼を苦しめたのは罪悪感だった。北部に位置するアルバータの極寒の平原地域で、あちこちの町の小中学校を転々とし、やがてわたしが住むフェアビューに引っ越してきた。転校を繰り返すなかで、先住民の子どもたちとの喧嘩《けんか》がごく日常茶飯事だった。先住民の子どもたちは全般に、白人の子どもたちよりも乱暴だったり、敏感だったりするようだ(無理もないだろう)。わたし自身の経験からもそういえる。わたしは小学生のころ、北米先住民とヨーロッパ人とのあいだに生まれたレネ・ヘックという男の子と険悪《けんあく》な仲だった。*仲良くなれなかったのは、状況が複雑だったせいだ。レネとわたしのあいだには大きな文化のギャップがあった。彼の服は汚かった。言葉も態度も荒かった。わたしは一学年、飛び級していたうえ、同《おな》い年の子と比べても小柄《こがら》だった。レネはからだが大きく、頭が良く、ハンサムでタフだった。ともに六年生で、わたしの父が授業を受け持っていた。レネはチューインガムを噛《か》んでいるのをとがめられた。「レネ」と父は言った。「ガムを吐き出しなさい。くちゃくちゃ、牛みたいだぞ」。「あはは」と、わたしは思わず忍び笑いした。レネは牛だったかもしれないが、聴力には異常がなかった。「おまえ、放課後、殺すぞ」と彼は言った。

その朝早く、レネとわたしは、夜にジェムという地元の映画館で映画を見る約束をしていたが、その約束は無効になったらしかった。いずれにしろ脅威と痛みが潜《ひそ》む自分の心をありありと感じながら、その日のあとの時間は、不安のなか早く過ぎていった。レネならわたしを散々な目に遭《あ》わせられた。放課後、わたしは大急ぎで学校の外の自転車置き場に向かったが、そこではレネが待ち伏せていた。わたしたちは追いかけっこのように、たくさんの自転車のまわりを回った。

まるでドタバタ喜劇だった。わたしが回り続けるかぎり、彼はいつまでも追いつかない。けれども、永遠に回り続けるわけにもいかなかった。「ごめん！」と叫《さけ》んだが、彼の機嫌は収まらなかった。プライドを傷つけられた彼は、わたしに代償を払わせたかった。彼から目を離さずに、わたしは自転車の後ろに身をかがめた。「レネ、牛呼ばわりして悪かった。喧嘩はやめよう」。彼がまたこちらに近づき始めた。「レネ、本当にごめんよ。まだ、いっしょに映画に行きたいと思ってる」。作戦ではない。本気だった。だからこそ、次の瞬間、意外なことが起こった。レネが動きを止めた。わたしを見つめた。それから泣きだした。やがて走り去った。わたしたちの小さな町における先住民と白人との過酷《かこく》な関係を、縮図にしたような出来事だった。結局その後、一度もいっしょに映画に行くことはなかった。

＊プライバシーの観点から、氏名などは変えてある。

わたしの友人のクリスは、先住民の子どもたちといさかいになったとき、反撃しなかった。自己防衛は道徳的に正当化されないと思い、抵抗せず殴《なぐ》られていた。「われわれは先住民の土地を奪ったんだ」と、のちに彼は書いている。「それは間違いだった。彼らが怒るのは当然だ」

時間が経《た》つにつれて、少しずつ、クリスは世界から身を引いていった。理由の一つは罪悪感だった。勇《いさ》ましさや、勇ましい行動に対して深い憎悪《ぞうお》を抱いていた。学校に行くことも、働くことも、ガールフレンドを見つけることも、北米の植民地化や、冷戦に伴う恐ろしい核の膠着《こうちゃく》状態、地球の荒廃《こうはい》といった出来事をもたらしたのと同じ過程の一部だと考えた。仏教に関する本を何冊か読み、現在の世界の状況に照らすと自分の「ビーイング」を否定することが倫理的に必要だと感じた。ほかの人も同様だと信じるようになった。

わたしが学部生のころ、クリスはしばらくルームメイトだった。ある深夜、いっしょに地元のバーに行った。そのあと徒歩で帰宅の途《と》についた。クリスが、駐車中の車のサイドミラーを次々と壊し始めた。「やめろよ、クリス。車の持ち主に嫌な思いをさせて何になる?」とわたしが制止すると、彼は言った。連中は、すべてを台無しにするとんでもない人間活動の一部であり、報《むく》いを受けて当然だ、と。わたしは、普通の生活を送る人々に復讐しても何の助けにもならないと言い返した。

数年後、わたしがモントリオールの大学院に在学中、クリスが訪ねてきた。彼は目的を失い、道に迷っていた。助けてくれないか、とわたしに言った。結局、しばらくわたしの家で同居することになった。わたしはすでに結婚し、妻のタミーと一歳の娘ミハイラと暮らしていた。クリスはフェアビューにいたころ妻とも親しかった(さらに、友情以上の希望を抱いていた)。そのせいで事態はさらに複雑になった。とはいえ、あなたが想像するような愛情のもつれではない。クリスは、最初は男性を憎《にく》んでいたが、ついには女性まで憎むようになっていた。本心では望んでいたものの、彼は教育、経歴、欲望をすべて拒絶していた。ヘビースモーカーで、失業中だった。そのせいもあり、女性にはあまり興味を持っていなかった。結果として、苦しんでいた。わたしは、彼が選んだ道はさらなる破滅につながるだけだと説得しようとした。彼には謙虚さが必要だった。生活が必要だった。

ある晩、クリスが夕食をつくる番だった。妻が帰宅したとき、アパートメント室内には煙が充満していた。フライパンでハンバーグが猛烈に焦《こ》げていた。クリスは両手と膝《ひざ》をついて、コンロの土台でゆるんだ何かを直そうとしていた。妻は彼の策略を見抜いた。わざと夕食を焦がしているのだ、と。彼は食事をつくらなければならないことに腹を立てていた。女性的な役割に憤慨《ふんがい》していた(わたしたちは家事を合理的に分担し、彼自身それをよく知っていたにもかかわらず)。料理を焦がすために、もっともらしい口実をつくろうとして、コンロの故障を装《よそお》っていた。妻がそれを指摘すると、彼は被害者を演じ、危険なほど激怒《げきど》した。彼の一面、その良くない一面は、ほかの誰よりも自分が賢《かしこ》いと確信していたところだ。自分のトリックを妻に見抜かれて、プライドが深く傷ついたのだ。ひどい状況だった。

翌日、妻とわたしは地元の公園に向かって散歩した。凍《い》てつく寒さのうえ霧《きり》だったが、アパートメントから離れる必要があった。風も強かった。生命に敵対するような天候だった。クリスといっしょに住むのは無理だと、妻が言った。わたしたちは公園に入った。木々の幹からむきだしの枝が灰色の湿った空へ伸びていた。疥癬《かいせん》にかかって尾の毛が抜けた黒いリスが一匹、葉のない枝をつかみ、激しく震えながら、風に飛ばされまいと奮闘していた。こんな寒さのなか、何をしているのだろう? リスはなかば冬眠する。暖かい日以外、外に出てこないはずだ。気がつくと、リスはほかにも、何匹も何匹もいた。公園じゅう、リスだらけだった。一様に、部分的に毛が抜け、枝につかまって風に吹かれ、凍《こご》えそうな寒さで震えていた。人は誰もいなかった。不可思議《ふかしぎ》な風景。説明がつかない。まさにあつらえむきだった。わたしたちは不条理劇の舞台に立っていた。舞台監督は神だ。そのあと間もなく、妻は娘を連れて数日間、自宅を離れた。

同じ年のクリスマスごろ、わたしの弟が、結婚したばかりの妻とともに、カナダ西部から遊びに来た。弟もクリスを知っていた。モントリオールの繁華街をぶらつこうと、3人はみな冬服を着ていた。クリスは濃い色のロングコートだった。つばのない黒いニット帽を頭から垂らしていた。上着は黒で、ズボンとブーツも黒だった。とても背が高く、やせていて、やや猫背だった。「クリス」とわたしは冗談を言った。「連続殺人犯に見えるぞ」。笑えないジョークだった。しばらくして、三人は散歩から帰ってきた。クリスは元気がなかった。縄張《なわば》りに見知らぬ人間が入ってきたからだ。幸せなカップルがまた一組。傷口に塩を塗り込まれていた。

わたしたちは、それなりに楽しく夕食をとった。雑談に興《きょう》じ、めいめいベッドに入った。けれどもわたしは眠れなかった。何かおかしい。妙な空気だった。朝四時、わたしは眠るのをあきらめて、ベッドから這い出た。クリスの部屋のドアを静かにノックし、返事を待たずになかに入った。彼はベッドで目を開き、天井を見つめていた。わたしは、そばにすわった。彼の気持ちがよくわかった。話をして、彼の残忍《ざんにん》な怒りを鎮《しず》めてやった。それからベッドに戻って寝た。翌朝、弟がわたしを物陰《ものかげ》へ引っ張った。話があるようすだった。「ゆうべはどうなってたんだろう？　ぜんぜん眠れなかったよ。どうしたのかな？」と弟が言った。わたしは、クリスの調子が良くないとこたえた。生きているだけ幸運だとは言わなかった(その幸運はわたしたちみんな同じだ)。カインの魂《たましい》がわたしたちの家にやってきたも同然だったが、わたしたちは無傷だった。

たぶんその夜だったと思う。わたしはにおいの変化に気づいた。死が漂《ただよ》っていた。クリスはひどい悪臭を放っていた。頻繁《ひんぱん》にシャワーを浴びたが、タオルとシーツが臭った。悪臭を落とすのは不可能だった。調和していない精神と肉体の産物だった。クリスを知っているあるソーシャルワーカーの女性も、しじゅうその臭いがすると言っていた。彼女の職場の誰もが知っていた。静かな口調ではあるが、雇用に不向きな臭い、という言い方をしていた。

そのあと間もなく、わたしは博士号取得後の研究を終え、妻子とともにモントリオールからボストンに引っ越した。二人めの子どもが生まれた。クリスとはときどき電話で話した。いちど、遊びに来たこともある。あるとき彼は順調になった。彼は自動車部品店で仕事を見つけた。人生を改善する努力をしていた。その時点ではうまくいっていた。しかし、長続きしなかった。わたしはボストンではもう彼に会わなかった。およそ一〇年後、たまたまクリスが四〇歳の誕生日を迎える前夜、彼がうちに電話をかけてきた。このころ、わたしの一家はトロントに引っ越していた。彼にはいい知らせがあった。彼が書いた物語が、小さいながらも堅実な出版社の短編集に収録され、世に出る運びになったのだ。彼はそれを伝えるために電話してきたのだった。彼は優れた短編小説の書き手だ。わたしは作品を全部読んでいた。感想を詳しく話し合ったこともある。彼は、写真家としても優秀だった。創造的な鋭い眼《め》を持っていた。翌日、彼は古いピックアップ・トラック――フェアビューにいたころから乗り続けている、おんぼろの車――を運転し、森のなかに入った。排気管から前部の運転席までホースを通した。わたしはその姿が目に浮かぶ。ひびが入ったフロントガラスを前にして、煙草《たばこ》を吸い、時を待っている姿が……。数週間後、遺体が発見された。わたしは彼の父親に電話した。「素敵《すてき》な息子だったのに」と父親はすすり泣いた。

最近、わたしは近くの大学でTEDxの講演を依頼された。わたしの前に、別の教授が壇上に立った。彼の有名な業績は、インテリジェントな平面コンピュータの開発だ（タッチスクリーンのコンピュータに似ているが、どこにでも置くことができる）。もともとはその話題を講演するはずだったのだが、代わりに、人間が地球の生存に与えた脅威について話しだした。クリスをはじめとする大勢の人々と同じように、その教授は心底、人間嫌いになっていた。クリスほどは深入りしていなかったものの、同じくらいひどい精神状態に陥《おちい》っていた。

その教授の後ろの画面には、中国の非常に巨大なハイテク工場の情景がゆっくりとパンしながら映し出されていた。白い服を着た労働者が何百人も、組み立てラインのそばに不毛なロボットのように立ち、音もなく、何かの部品を何かの穴に挿入し続けていた。会場を埋める明るい若者たちに向かって、彼は、妻と相談し、子どもはひとりだけにすると決めた、と語った。自分が倫理的な人間と思うなら、みなさんも同じ決意をしてはどうか、と。わたしは、適切に考慮したうえでの決定だろうが、子どもをひとりに制限するのは、その教授夫妻の個人的な問題にすぎないのではないかと感じた(おそらく、ゼロのほうがさらに良かったのだろう)。出席していた中国人学生の多くは、その教授の道徳的な態度を無反応に眺めていた。おそらく、毛沢東《もうたくとう》の文化大革命や一人っ子政策の恐怖から逃れた両親のことを思いやったのだろう。画面上とよく似た工場のおかげで、生活水準と自由が大幅に向上したことを考えていたのかもしれない。質疑応答の際、ふたりほどがまさにそういったことを発言した。

自分の考えがたどり着く先を知っていたら、その教授は意見を考え直しただろうか？　イエスであってほしいものの、わたしはそうは思わない。知ろうとすれば知ることができたはずなのに、彼は拒否したのだ。あるいは、さらに悪いことに、知っていながら無視したのかもしれない。あるいは、知っていて、自発的にそこへ向かっていたのかもしれない。

人類の審判者を自負する者たち

それほど昔でもないころ、地球はとてつもなく大きく、人間は住む場所に不自由しないと思われていた。一八〇〇年代後半、著名な生物学者トーマス・ハクスリー（一八二五〜九五年）――ダーウィンの強力な擁護《ようご》者《しゃ》であり、オルダス・ハクスリーの祖父――が、英国議会で、人類が海洋資源を枯渇《こかつ》させることなどあり得ないと証言した。彼の知るかぎり、海が生命を育《はぐく》む力は、人間の貪欲《どんよく》な捕食の能力よりはるかに大きいようだった。レイチェル・カーソンの『沈黙の春』が環境運動に火をつけたのは、ほんの五〇年前のことだ。[168] 五〇年！ なんと最近の話だろう。

わたしたちが開発したのは、不完全ながらも生命の複雑な構造を理解できるようにする概念的なツールと技術だけだ。結果的に、人間の破壊行動に対する仮想的な怒りに対して、わたしたちは多少は耳を傾けるべきだろう。ときには改善策がわからない場合もある。いくぶんの知識はあっても、実用的な代替案《だいたいあん》が定まっていない場合もある。なにしろ、現代でさえ、人間にとって人生は簡単なものではない。ほんの数十年前には、人類の大多数が飢《う》え、病気にかかり、読み書きができない状態だった。[169] 現在のような裕福さが世界に広がり始めてから、まだ数十年しか経っていない。数えられるくらいの年数でしかない。現在でも、重篤《じゅうとく》な疾患の患者がひとりもいない家族はまれで、幸運だ。誰もがいつかは深刻な病《やまい》に直面する。わたしたちは、脆《ぜい》弱性《じゃくせい》の範囲内で最善を尽くしているが、地球そのものが、人間の努力が及ばないほど困難な存在だ。少し息抜きをしたいところだ。

結局のところ、人間はじつに驚くべき生き物といえる。わたしたちには仲間がいないし、本当に限界があるのかどうかもわからない。地球規模の責任に目覚め始めた少し前の時代には、人間には不可能と思われていたことが、いま現実になっている。この原稿を書く数週間前、わたしはＹｏｕＴｕｂｅで対照的な動画を二つ見た。一つは一九五六年のオリンピックの金メダル演技、もう一つは二〇一二年のオリンピックの銀メダル演技だった。とうてい同じスポーツに見えず、同じ生き物がやっているとさえ思えなかった。五〇年代には超人的と考えられていたことを、マッケイラ・マロニーは二〇一二年に成し遂げた。フランス軍の障害物訓練から生まれたパルクールというスポーツには目をみはる。フリーランニングにも驚嘆《きょうたん》する。素晴らしいパフォーマンスの数々には、感嘆せずにはいられない。子どものなかには三階建てのビルから飛び降りても怪我《けが》をしない者もいる。危険だ——しかし、驚くべきことだ。クレーンをよじ登るのは唖然《あぜん》とするほど勇敢な行為だ。険《けわ》しい山に登るマウンテンバイカー、フリースタイルのスノーボーダー、一五メートルの波を乗りこなすサーファー、スケートボーダーなど素晴らしい。

　前述のとおり、コロンバイン高校で乱射事件を起こした少年たちは、人類に裁《さば》きを下す役割を自負していた。過激さは大きく劣るが、TEDxの教授やクリスも、同様の自負を抱いていた。乱射殺人犯のふたりのうち、より知識のあるエリック・ハリスは、人間は失敗し腐敗した種の生き物と考えた。いったんそのような前提を受け入れると、その内部の論理が必然的に明らかになる。デイビッド・アッテンボローが言ったように何かが疫病《えきびょう》であるなら、[170]ローマクラブが述べたように何かが癌《がん》であるなら、[171]それを根絶する人物は英雄だ。まさに地球の救世主だ。本当の救世主は、厳格な道徳的論理に従い、自分自身も根絶するかもしれない。これが、無限に近い敵意に駆り立てられた大量殺人者たちの典型的な行動だ。自身の「ビーイング」でさえ、人類の存在を正当化するものではない。皆殺しに関与する純粋さを示すために、彼らは自殺する。現代の世界では、ユダヤ人あるいは黒人、イスラム教徒、イングランド人がいなければ、存在はより良くなる、などと主張すれば、必ず反論を受ける。ではなぜ、地球の人口が少なければもっと豊かになると提案することは高潔といえるのだろう？　そうした発言の陰には遠からず、黙示録《もくしろく》の現実化にほくそ笑む骸骨《がいこつ》がいるように思えてならない。しかも、一方で偏見に対して明確に抗議しているような人物が、他方で人間性そのものを非難する責任感に駆られているのはなぜなのか、不思議でならない。

　わたしは、大学生、とくに人文学を専攻する学生が、精神的な健康の深刻な低下に苦しんでいるのを見てきた。人類の一員として存在しているというだけで、地球の擁護者から哲学的に非難されるからだ。若い男性の場合はさらに悪いらしい。家父長《かふちょう》制の特権的受益者《じゅえきしゃ》であるとみなされ、何を成し遂げても労せずして手に入れたにすぎないとされる。レイプ文化の支持者、性的犯罪の容疑者と扱われる。野望を抱いても、地球の略奪者とみなされる。歓迎されない。中学、高校、大学レベルで教育的に後《おく》れをとる。息子が一四歳のとき、わたしたちは彼の成績について話し合った。男子にしては頑張っている、と息子は言った。わたしはさらに尋ねた。息子は、学校では男子より女子のほうが成績がいいことは誰でも知っていると言った。声の抑揚《よくよう》からして、わたしがそんな自明のことを知らないのかと驚いたようすだった。この文章を書いているあいだに、雑誌『エコノミスト』の最新号が届いた。特集記事は「性の弱者」――男性のことだった。現代の大学では、三分の二以上の学科で女性が過半数を占めている。

　現代の世界では、男の子たちは苦しんでいる。女の子に比べ、悪く言えば反抗的、よく言えば自立しており、そのせいで大学入学前の教育の場でつねに苦労している。女の子より愛想《あいそう》が悪く[172]（愛想の良さは、思いやり、共感、対立の回避につながる人格的特徴といえる）、不安や鬱《うつ》の影響を受けにくい。少なくとも思春期を迎えたあとの男女はそれらの傾向がみられる[173]。男の子の興味は物事に傾き、女の子の興味は人々に傾く[174]。驚くべきことに、こうした違いは生物学的要因に強く影響され、男女平等が最も強く推進されている北欧社会で最も顕著《けんちょ》だ。より声高《こわだか》に「性別は社会的構成要素である」と主張する人々が期待するものとは、正反対の事実だ。これは議論ではない。データに示されている[175]。

　とくに青年期、男の子は競争を好み、従順を好まない。その時期、家族から逃れ、独立した存在を確立しようとする。そういった方向性は、権威への挑戦とほとんど同義といえる。学校は、もともと一八〇〇年代後半、厳密に服従を植え付けるために設立された[176]。どれほどタフで有能であるかを示す行為であっても、学校は、男の子(あるいは女の子)の挑発的で大胆な振る舞いを好意的に受け入れない。男子生徒が減少する要因はほかにもある。たとえば、女の子は男の子のゲームをするが、男の子は女の子のゲームをするのをかなり嫌がる。そのせいもあって、男の子と競争して勝つ女の子は賞賛される。かといって男の子に負けてもかまわない。ところが、男の子が女の子に勝ったところで賞賛されず、負ければいっそう褒《ほ》められない。たとえば、九歳の男の子と女の子が喧嘩になったとしよう。そうなった時点で、男の子のせいだと疑われる。もし勝っても、男の子は冷ややかな目で見られる。もし負ければ、人生は終わりも同然だ。立《た》つ瀬《せ》がない。

女の子は、女の子の階層のなかで勝つ――女の子として大切なものに得意になる――ことによって勝利できる。男の子の階層のなかで勝てば、さらなる勝利を加えることができる。ところが男の子は、男の子の階層で勝つことでしか勝利できない。女の子として大切なものが得意になると、女の子のあいだでも男の子のあいだでも地位を失ってしまう。男の子のあいだでは評判が落ちるし、女の子のあいだでは異性としての魅力に欠けるとみなされるからだ。女の子は、何らかの意味で友達とみなした男の子には異性としては惹《ひ》かれない。ほかの男の子たちと地位を争って優勝する者に惹かれる。しかし、男の子は、同性相手のときほど強く女の子を攻撃することができない。男の子は本気で女の子と競争できない(しようとしない)。どうすれば勝てるのかはっきりしない。したがって、ゲームが女の子のゲームに変わると、男の子は去る。大学、とくに人文学は、女子のゲームになりつつあるのではないか？　これは望ましい事態だろうか？

大学(および教育機関全般)の状況は、基本的な統計が示すよりもはるかに問題が多い[177]。いわゆるSTEM(科学、技術、工学、数学)分野の学科を除くと、男女比はさらに偏《かたよ》っている(STEMに含まれる学科のうち心理学だけは例外だ[178]。全学位の四分の一を占める保健、行政、心理学、教育の分野では、専攻学生のほぼ八〇パーセントを女性が占める。格差はなおも急速に拡大しつつある。このペースでいけば、一五年以内にほとんどの大学の学科から男子学生がほぼいなくなるだろう。男性にとって良いニュースではない。むしろ破滅的なニュースかもしれない。しかし、女性にとっても良いニュースではない。

キャリアと結婚

女性が支配する高等教育機関に通う女子学生は、ほどほどの期間であっても、異性と交際することが困難になっている。その結果、望む場合は、不似合いな相手と関係を結ばざるを得ない。性の解放という点では前進かもしれないが、わたしは賛成できない。女の子にとってひどい状態だと思う[179]。男性にとっても女性にとっても、安定した愛情深い関係が望ましい。女性の場合、それが何より望ましいものであることが多い。世論調査機関ピュー・リサーチ・センター[180]が、一九九七年から二〇一二年にかけて、一八歳から三四歳までの女性を調査したところ、「満足のいく結婚が、人生で最も重要なことの一つである」と答えた人の数は、二八パーセントから三七パーセントに増加した(比率にすると三〇パーセント以上の増加率だ*)。男性のほうは、同じ回答をした人数が、三五パーセントから二九パーセントに減少した(一五パーセント以上の減少**)。同じ時期、一八歳以上の既婚者の割合も減り続けている。一九六〇年には四分の三だったが、現在は半分に

*(37－28)÷28＝32パーセント。

**(35－29)÷35＝17パーセント。

とどまる。[181] さらに、三〇歳から五九歳の未婚の成人に関しては、結婚したくないと答えた割合が男性は女性の三倍だった（二七パーセント対八パーセント）。

愛や家族よりもキャリアのほうが大切だと、誰が決めたのだろう？ 著名な法律事務所で週八〇時間働くことは、そのような成功に必要な犠牲に値するのか？ 値するとしたら、なぜなのか？ 非常に競争好きで、どんな犠牲を払っても勝ちたいと思う人間は、ごく少数に限られる（前述のとおり、愛想の良さで劣る男性がほとんどだ）。とすれば、女子から本質的に魅力的だと感じられる人間は少数派のはずだ。多数派は違う。集金の取り立てを避けられるくらいの余裕があればよしとしているので、金銭ではそれ以上、人生が改善されないだろう。さらに、仕事のできる高収入の女性のほとんどは、仕事のできる高収入のパートナーを持っており、女性にとってはそのほうが重大事だ。前述の調査機関のデータによれば、結婚歴はないが結婚を希望する女性の約八〇パーセントが、配偶者選びにおいて、望ましい仕事を持っていることが優先と考えている（男性は五〇パーセント未満）。

トップクラスの女性弁護士のほとんどは、三〇歳になると、重圧のかかるキャリアから引退してしまう。[182] 米国にある二〇〇の大手法律事務所のエクイティ・パートナーのうち、女性はわずか一五パーセントにとどまる。[183] 女性のアソシエイトやスタッフ弁護士が大勢いるわりに、この数字は過去一五年間あまり変化していない。法律事務所が女性の継続勤務や成功を望んでいないせいでもない。男女を問わず、優秀な人材は慢性的に不足しており、法律事務所は確保に必死だ。

退職する女性たちは、時間の余裕がある仕事――と生活――を求めている。ロースクールや大学を卒業した後、数年間の実務を経て、別の興味を持つようになった。大手の法律事務所ではよくある話だ（男女を問わず、一般の人は公《おおやけ》に口にしたがらないが）。わたしは最近、マギル大学の女性教授が、教室いっぱいに集まった女性の法律事務所関係者を前に、育児施設の不足と「男性による成功の定義」が女性のキャリアの進展を妨げ、退職につながっていると講義するのを見た。部屋にいる女性のほとんどがわたしの知人だった。いろいろな話をしたことがある女性たちだった。彼女たちは何の問題も抱えていないことを知っていた。みんな子守《こもり》を雇う余裕があり、実際に雇っていた。家庭内の義務や必要なもろもろをすべてアウトソースしていた。成功を定義するのは市場であって、仕事仲間ではないことをじゅうぶん――完全に――理解していた。もしあなたがトロントで一流の弁護士として時給六五〇ドルを稼いでいるなら、日本にいる依頼人が日曜日の朝四時に電話をかけてきても、受けなければならない。そのときすぐに。たとえ授乳してベッドに入ったばかりでも、即座に電話を受けなければいけない。あなたが受けなければ、代わりに喜んで受ける野心的な法律関係者がニューヨークにいくらでもいる。

　大学で教育を受けた男性の供給がますます不足していることは、結婚やデートがしたい女性にとって深刻な問題になっている。第一に、女性は、経済的な階層で同等かそれ以上の相手と結婚したがる傾向が強い。文化を問わず、同等以上の地位のパートナーを好む[184]。一方、男性は事情が違い、同等かそれ以下の相手を希望する（いくぶん年下を好む傾向も強い）。資力のある女性は資力のある男性をパートナーにするという傾向がいっそう強まるにつれて、最近は中産階級の空洞化が進みつつある[185]。これと、男性向けの高給の製造業の仕事が減少している（現在、米国では雇用可能年齢の男性六人にひとりが仕事をしていない）ことが原因で、いまでは結婚はますます金持ちのためのものになりつつある。わたしはこれに皮肉な面白さを感じずにはいられない。抑圧的な家父長制の結婚制度が、いまや贅沢《ぜいたく》なものとなった。金持ちが自分たち自身を虐《しいた》げる理由があるだろうか？

なぜ女性は、仕事を持つパートナー、できれば高い地位のパートナーを求めるのか？　女性は子どもを持つと脆弱性が増すことと無関係ではないだろう。必要なとき、母子を支える能力のある人が必要だ。いたって合理的な代償行為だが、生物学的な根拠もあるかもしれない。ひとりあるいはそれ以上の乳児の世話を引き受けようと決意した女性が、もうひとりおとなの面倒まで見たくないのは当然だろう。したがって、失業者は望ましくない見本だ。かといって、シングルマザーという選択肢も望ましくない。父親不在の家庭で暮らす子どもは、貧困に陥る可能性が四倍ある。それはつまり、母親も貧しいことを意味する。父親のいない子どもは、薬物やアルコールの乱用のリスクもはるかに高い。血のつながった両親と同居している子どもに比べ、片方あるいは両方の親と血がつながっていない子どもは、不安、鬱、非行の危険にはまりやすい。ひとり親家庭の子どもも、自殺率が二倍高い。[186]

各大学がポリティカル・コレクトネス（政治的な正しさ）を強《し》い、推進していることが、この問題を悪化させている。抑圧に反対する叫び声がいっそう高まるのと比例して、学校はどこも等しく、男性にとっては厳しく歪《ゆが》められつつあるようだ。大学には男性に対して明らかに敵対的な規律がある。研究領域の一部は、ポストモダン／ネオ・マルクス主義の主張によって支配されており、とくに西洋の文化は抑圧的な構造であり、白人男性が女性（およびその他の選抜グループ）を支配し排除するためにつくり上げたもので、その支配と排除のためにのみ成功したと主張している。[187]

家父長制は、助けか妨害か？

たしかに、文化は抑圧的な構造だ。いつもそうだった。これは基本的で普遍的な実存的事実だ。暴君は象徴的な真理であり、典型的で不変なものだ。わたしたちが過去から受け継いでいるものは、意図的に目が閉ざされ、時代遅れになっている。幽霊と機械と怪物だ。生きている者の注意と努力によって、救われ、修理され、回避されなければならない。わたしたちを社会的に受け入れ可能なかたちに押しつぶし、大きな可能性を台無しにする。しかし同時に、大きな利益をもたらす。わたしたちが話すすべての言葉は先祖からの贈り物だ。わたしたちのすべての思考は、より賢い誰かによって以前に考えられたものだ。わたしたちを取り囲む高度に機能的なインフラは、とくに西洋では、比較的腐敗《ふはい》していない政治・経済システム、技術、富《とみ》、寿命、自由、贅沢、機会といった祖先からの贈り物だ。文化は一方の手で奪い、もう一方の手で幸運な場所により多くを与える。文化を抑圧的とだけ考えるのは、無知で恩知らずであり、危険でもある。もちろんわたしは、文化を批判の対象にすべきではないと言っているわけではない(この点は、本書の内容からすでに明らかになっていることを祈りたい)。

抑圧についても同様に考えてほしい。どんな階層も勝者と敗者を生み出す。勝者はもちろん階層を正当化し、敗者はそれを批判する傾向が強い。しかし、(1)価値のある目標を集団的に追求すれば、階層構造が生じざるを得ない(目標が何であれ、追求における優劣の違いが生じる)。また、(2)目標の追求が、人生に大きな持続的な意味をもたらす。人生を深く魅力的にする感情のほとんどすべては、おおいに望まれ、重んじられる何かへ向かってうまく前進することによって生まれる。そこに関与する代償として、必然的に成功の階層が形成され、結果にも必然的に差が出る。したがって、絶対的な平等のためには、価値そのものが犠牲にならざるを得ず、生きる価値が失われる。絶対的な平等を求める代わりに、わたしたちは感謝の意を込めて、複雑で洗練された文化がさまざまなゲームとさまざまな成功者の存在を可能にしているとみるべきかもしれない。よく構造化された文化は、構成員めいめいが多様なかたちでプレイし、勝利することを可能にしているのだ。

また、文化を男性の創造とみなすのも道理に反している。文化は象徴的、原型的、神話的には男性だ。だからこそ、「家父長制」という考えが容易に呑《の》み込める。しかし、それは人間の創造であって、男性の創造ではない(まして白人男性の創造ではない。白人男性がそれなりの貢献をしたにせよ)。ヨーロッパ文化がある程度は支配的であるとしても、それは四〇〇年ほどの支配にすぎない。文化の進化は、少なくとも数千年の単位で測定されるべきであり、四〇〇年などという短期間ではほとんど大きな影響がない。また、一九六〇年代以前の芸術、文学、科学、加えてフェミニズム革命なるものに対して、女性が実質的には貢献をしなかったとしても、子どもを育て、農場で働くうえで女性は、男の子を成長させ、男性を――ごく一部の男性を――解放するのに役立ち、人類が繁殖し、前進することに貢献した。

別の理論はこうだ。歴史を通じて、男女とも、欠乏と貧困という圧倒的な恐怖からの自由を求めて懸命に戦ってきた。その闘争のあいだ、女性は往々にして不利な立場に置かれた。女性は男性の脆弱性をすべて持つうえに、生殖のために余分な負担を背負っており、体力も弱いからだ。二〇世紀以前は、西洋諸国の人々でさえ、今日の貨幣価値にすれば一日一ドル以下で生活していた。男女を問わず、けがれ、悲惨《ひさん》さ、病気、飢餓《きが》、残酷《ざんこく》さ、無知が、人生の大きな特徴だった。しかも女性は、生理という深刻な実用上の不便さを強いられるうえ、望まない妊娠の可能性が高く、出産時に死亡または深刻な損害を受ける可能性も高く、たいがいは幼い子どもに振り回される負担に耐えなければならなかった。そういった事情に照らすと、最近の技術革命(経口《けいこう》避妊薬の発明を含む)以前のほとんどの社会で、男性と女性の法的および実際的な扱いが異なったのには理由があっただろう。少なくとも、男性が女性を横暴《おうぼう》に扱ったことは自明のことと受け入れる前に、そのような点を鑑《かんが》みたほうがいい。

わたしには、いわゆる「家父長制の抑圧」は、むしろ、これまで何千年にもわたって互いを窮乏《きゅうぼう》や病気や苦役《くえき》から解放しようとする、男女による不完全な集団的試みだったように思える。最近では、アルナチャラム・ムルガナンタムが有益な例だ。インドの「タンポン王」と呼ばれるこの男性は、妻が生理中に不潔なぼろ布を使わなければならないことを不憫《ふびん》に思った。妻は、高価な生理用ナプキンを買うためには、家族のためのミルク代を犠牲にしなければいけないのだと言った。そこでその後一四年間、この問題を解決しようと必死になり、近隣の人たちから正気《しょうき》の沙汰《さた》ではないとみなされるほどだった。あまりの執念《しゅうねん》におびえて、妻や母親までが彼から去っていった。自作の製品をテストするための女性ボランティアが足りなくなったときには、みずからブタの血の入った袋を着用して試した。こうした行動が彼の人気や地位にどう影響したか、わたしにはわからない。しかし現在では、彼が開発した安く地元でつくれるナプキンが、女性が運営する自助グループによって製造され、インドじゅうに流通している。その製品の利用者は、これまで経験したことのない自由を得た。高校中退の彼は、二〇一四年、雑誌『タイム』において世界で最も影響力のある一〇〇人のひとりに選ばれた。個人的な利益が彼の主たる動機だとは、わたしには思えない。はたして彼は、家父長制の一部だろうか？

一八四七年、ジェームズ・ヤング・シンプソンは、エーテルを使い、骨盤が変形した女性の出産を助けた。その後、より高性能のクロロホルムに切り替えた。そのおかげで無事生まれた最初の赤ん坊は「アネスシージャ」と名付けられた(英語で「麻酔＝anaesthesia」の意)。クロロホルムは、一八五三年にはビクトリア女王によって使用されるほど評価され、女王はその処方のもとで七回目の出産を果たした。その後またたく間に、この無痛分娩《ぶんべん》が至るところで利用できるようになった。一部の人々は、これは『創世記《そうせいき》』第三章一六節における神の言葉に背《そむ》くものであると警告を発した(「わたしはおまえの産みの苦しみをおおいに増す。おまえは苦しんで子を産むであろう」)。また、麻酔を男性に用いることに反対する人々もいた。若くて健康で勇気のある男性なら、麻酔など必要ない、と。けれども、そのような反対は効果がなかった。麻酔の使用は極度の速さで普及した(今日の基準で考えても、ありえないほどの速さだった)。著名な教会関係者でさえ、麻酔の使用を支持した。

ようやく最初の実用的なタンポン「タンパックス」が登場したのは、一九三〇年代のことだ。発明者はアール・クリーブランド・ハース博士。圧縮した綿を原料にし、紙の管でアプリケーターを設計した。この工夫により、製品に対する抵抗感を軽減できた。一九四〇年代初頭には、女性の二五パーセントが使用するまでになり、その三〇年後には七〇パーセント、現在では五分の四にまで上昇した。残りの女性が使用するナプキンも、吸水性が高くなり、固定用の接着剤も改良されている(一九七〇年代の、おむつのようにかさばるベルト式の生理用ナプキンとは大きく異なる)。シンプソンやハースは、女性を抑圧したのか、それとも解放したのか? ピルを発明したグレゴリー・グッドウィン・ピンカスはどうだろう? このような実用本位で啓蒙《けいもう》された意志の強い男性たちが、抑圧的な家父長制の一部だと、どうして考えられるだろうか?

わたしたちのこの素晴らしい文化が男性による抑圧の結果であると若者たちに教えるのは、はたして妥当《だとう》だろうか? この中心的な前提に目がくらんで、教育、社会事業、美術史、ジェンダー研究、文学、社会学、近ごろは法律まで、多様な学問分野が、男性は抑圧者、男性の行動は本質として破壊的、という扱いを推し進めている。また、そういう推進者たちはしばしば、過激な政治活動を——置かれている社会のあらゆる規範に照らして、過激としかいえない活動を——教育と区別のつかないかたちで、直接促進している。たとえば、オタワのカールトン大学にあるポーリン・ジュエット女性ジェンダー研究所は、使命の一環として、社会的、政治的な改革をめざす行動主義を奨励している。オンタリオ州キングストンにあるクイーンズ大学ジェンダー研究部は、「社会変革のための行動主義の中核をなす、フェミニズム、反人種差別主義、および特異な理論と方法を教授している」とうたい、大学教育は何よりも特定の種類の政治的関与を促進すべきだという説を支持している。

ポストモダニズムとマルクスの長い腕

これらの学科は、複数のソースから理念を導き出している。いずれもマルクス主義のヒューマニストの影響を強く受けている。そのひとりであるマックス・ホルクハイマーは、一九三〇年代に批判理論を展開した。彼の思想は、どう要約しても単純化しすぎになってしまうが、ホルクハイマーは自身をマルクス主義者とみなしていた。彼は、個人の自由や自由市場という西側の原則は、西側の真の姿である不平等、支配、搾取《さくしゅ》を覆い隠す仮面にすぎないと信じていた。知的活動はたんなる理解ではなく社会的変化に向けられるべきだと考え、奴隷状態から人類を解放することを望んだ。彼が属するフランクフルト学派の同調者たちとともに、最初はドイツで、のちにアメリカで、西洋文明の全面的な批判と変革をめざした。

さらに重要なのは、一九七〇年代後半に流行したポストモダニズムの指導者である、フランスの哲学者ジャック・デリダの業績だ。デリダは自分の考えをマルクス主義の急進的なかたちだと表現した。マルクスは歴史と社会を経済に還元しようとしたが、文化は富者《ふしゃ》による貧者への抑圧だと考えた。ソ連、中国、ベトナム、カンボジアなどでマルクス主義が実践されると、経済資源は容赦《ようしゃ》なく再配分された。私有財産が廃止され、農村民は強制的に徴用された。その結果は？　数千万人が死亡した。さらに上回る数の人々が、最後の典型的な共産主義支持国、北朝鮮でなおも弾圧にさらされた。結果としてできあがった経済システムは腐敗し、持続不可能なものとなった。世界は長期にわたる非常に危険な冷戦へ突入した。これらの社会の市民は、嘘《うそ》の人生を生き、家族を裏切って、隣人たちを密告した。悲惨な状態のなか、不平を言うことは許されなかった。

マルクス主義の思想は知的理想主義者にとって非常に魅力的だった。クメール・ルージュの恐怖を企図《きと》した主要人物のひとり、キュー・サムファンは、ソルボンヌ大学で博士号を取得し、やがて一九七〇年代半ば、カンボジアの名目上の指導者となった。一九五九年に書いた博士論文のなかで、彼は、カンボジアの都市で農業従事者以外が行った事柄は非生産的であり、銀行家、官僚、ビジネスマンは社会に何も寄与しなかったと訴えた。彼らは農業、小規模工業、工芸によって生み出された真の価値に寄生したにすぎない、と。サムファンの主張は、フランス知識人たちに好意的に迎えられ、博士号の授与にいたった。カンボジアに戻った彼は、自分の理論を実践する機会を与えられた。クメール・ルージュはカンボジアの都市を空洞化し、あらゆる住民を田舎へ追い込み、銀行を閉鎖し、通貨の使用を禁止し、市場を破壊した。カンボジアの人口の四分の一が、農村部で、刑場(キリング・フィールド)で殺された。

アイデアは結果をもたらすことを忘れるべからず

第一次世界大戦後に共産主義者がソビエト連邦を設立したとき、人々は、新しい指導者が掲げる集団主義の夢が実現すると期待した。一九世紀後半の社会秩序の崩壊が、大戦争の塹壕《ざんごう》と大量の犠牲者を生み出した。貧富の差は極端であり、ほとんどの人々はのちにオーウェルが記述するよりも悪い状況で奴隷となった。ロシア革命後にレーニンがもたらした恐怖を西側は耳にしたものの、レーニンの行動を遠くから評価するのは難しかった。ロシアはポスト君主国の混乱期にあり、広範囲にわたる産業の発展と、最近小作人《こさくにん》になった人々への財産の再分配について知らせを受け、希望的な観測をした。さらに事態を複雑にしたのが、一九三六年にスペイン内戦が勃発《ぼっぱつ》したとき、ソ連（とメキシコ）が民主的な共和党を支持したことだ。彼らが敵対した相手は、ついわずか五年前に確立された脆弱な民主主義を覆《くつがえ》し、ナチスとイタリアのファシストに支持されたファシスト国家主義者だった。

米国や英国などのインテリ層は、自国の中立性にひどく不満を抱いた。何千人もの外国人が共和党の味方として戦うためにスペインへ流れ込み、国際旅団に所属した。ジョージ・オーウェルもそのひとりだった。アーネスト・ヘミングウェイはそこでジャーナリストとして活動し、共和党を支持した。政治に関心のある若い米国人、カナダ人、英国人は、議論をやめて戦いを始めるべきだという道徳的義務を感じていた。

これらが相まって、ソ連における同時多発的な出来事から世界の注意がそれてしまった。大恐慌時代の一九三〇年代に、スターリン主義のソビエトは二〇〇万人の富農《ふのう》をシベリアへ送った（富農といっても、少数の牛を飼い、数人を雇い入れ、平均よりもほんのわずか農地が広かったにすぎない）。共産主義者の視点から見ると、これらの富農は周囲からの略奪によって財産を蓄《たくわ》えており、厳罰に値する人々だった。富は圧制を意味し、私有財産は窃盗なのだった。公平を期すべき時が来たというわけだ。三万人以上の富農がその場で射殺された。さらに多くの富農が、憤慨した嫉妬深い非生産的な隣人の手で、悲惨な運命に向かわされた。そういう隣人たちは共産主義者の集団化という高い理想を用いて、みずからの殺意を覆い隠した。

富農は「人民の敵」であり、猿、屑《くず》、害虫、汚物、豚だった。「われわれは、富農から石鹸《せっけん》をつくる」と、とりわけ残忍な都市住民の幹部が主張し、党とソビエトの執行委員会によって動員され、地方部へ送り出された。富農たちは身ぐるみを剝《は》がれて路頭に迷い、殴られ、自分の墓を掘らされた。女性たちは強姦《ごうかん》された。

彼らの私有財産は「没収」された。実際、彼らの家は垂木《たるき》と天井の梁《はり》まで削られ、すべてが盗まれた。富農以外の農民、とくに女性が、各地で抵抗運動に立ち上がったものの、実を結ばなかった。射殺を免《まぬか》れた富農は、しばしば深夜に、シベリアへ追放された。列車は厳しいロシアの寒さのなか、二月に出発した。不毛なタイガ地帯に到着すると、きわめて劣悪な環境で暮らすほかなかった。多くの人、とくに子どもが、腸チフス、麻疹(はしか)、猩紅熱《しょうこうねつ》で死亡した。

「寄生している」と断罪された富農たちは、たいてい、非常に熟練し、熱心に働く農民だった。どの分野でも生産の大部分を担っているのは少数の人々であり、農業も同様だ。結果として、農業生産高が暴落した。わずかばかりの生産物は、強制的に地方部から都市部へ運ばれた。収穫後、飢えた家族のために落ち穂《おぼ》拾いでわずかばかりの小麦を集めようと畑に出た農民は、処刑の危険にさらされた。一九三〇年代、ソビエト連邦の穀倉《こくそう》地帯であるウクライナでは六〇〇万人が餓死《がし》した。ソビエト政権のポスターに「自分の子どもを食べることは野蛮《やばん》な行為である」と記載された。

残虐《ざんぎゃく》行為について噂《うわさ》以上の情報がもたらされたにもかかわらず、西洋の知識人の多くは、共産主義に対して一貫して肯定《こうてい》的だった。心配すべきことがほかにあり、第二次世界大戦では、ヒトラー、ムッソリーニ、天皇ヒロヒトに反対して、欧米諸国とソ連が同盟を組んだ。それでも、一部の注意深い眼が観察を続けていた。マルコム・マゲリッジが、早くも一九三三年、ソビエトによる農民の解体に関する一連の記事をマンチェスター・ガーディアン紙に発表した。ジョージ・オーウェルはスターリンの下で起こっていることを理解し、それを広く知らしめた。出版に際して大きな圧力があったにもかかわらず、一九四五年、ソビエト連邦を風刺《ふうし》する『Animal Farm』(邦訳は『動物農場』)を発表した。しかし、分別があったはずの人々の多くは、この後もなお目を閉ざしたままだった。それがとりわけ顕著なのがフランスであり、フランスの知識人だった。

この時期のフランスの著名な哲学者ジャン＝ポール・サルトルは、本格的ではないものの共産主義の支持者として知られていた。ようやく態度を翻《ひるがえ》したのは、一九五六年にソ連のハンガリー侵攻を非難したときだった。それでもなおマルクス主義を支持し続け、最終的にソ連と決別したのは、一九六八年、プラハの春でソ連がチェコスロバキア人を激しく弾圧したときだった。

本書ですでに大きく扱ったアレクサンドル・ソルジェニーツィンの『収容所群島《しゅうようじょぐんとう》』が刊行されたのは、そのあと間もなくだった。前述のとおり（繰り返しに値することとして）、この書籍は、最初は西側で、次にソ連体制そのもののなかで、共産主義の道徳的信用を完全に破壊した。この本は地下出版のかたちで流通し、ロシア人は、貴重な一冊を二四時間で読み、順番待ちの次の人に渡した。また、ラジオ・リバティによって、ロシア語の朗読がソ連内部で放送された。

ソルジェニーツィンは、ソビエト体制は専制と奴隷労働なしには生き延びられないこと、レーニンの時代にその最悪の行き過ぎた種が蒔《ま》かれたこと、ソ連は個人的にも公共的にも果てしない嘘によって支えられていることを断じた。その罪の元凶《げんきょう》は、支持者たちが主張し続けたような、たんなる人格崇拝《すうはい》ではない。ソルジェニーツィンは、ソ連の政治犯に対する広範な虐待、腐敗した法制度、大量殺人を記録し、これらが逸脱《いつだつ》した例外ではなく、根底にある共産主義哲学の直接的な表現であることを詳細に示した。『収容所群島』の発表後は、共産主義者も含め、誰ひとり共産主義の支持に立ち上がることはできなかった。

ただし、マルクス主義思想が知識人、とくにフランスの知識人に対して持っていた魅力がなくなったという意味ではない。変化しただけだ。学ぶことを完全に拒否する者もいた。サルトルはソルジェニーツィンを「危険な要素」と非難した。デリダはもう少し遠回しに、金銭の問題を権力の問題に置き換えて、能天気に論を続けた。このような言語上のごまかしによって、西洋の知的頂点に相変わらず棲《す》むマルクス主義者はほとんど改悛《かいしゅん》せず、自分たちの世界観を維持した。社会は金持ちによる貧しい人々の抑圧ではなく、権力者によるすべての人の抑圧となった。

デリダによれば、階層構造は、その構造の受益者を包含《ほうがん》し、抑圧されたほかのすべての者を排除するためにのみ出現した。続いて主張をさらに過激にし、不和と抑圧は、言語に――世界を現実的に単純化し、交渉するために使用するはずのものに――直接組み込まれていると主張した。たとえば「女性」が存在するのは、男性がそれを排除することで利益を得るためのみだと訴えた。「男女の性別」が存在するのは、生物学的な性的能力が不定である少数の人々を排除することによって利益を得るためだ、と。科学は科学者のみに利益をもたらす。政治は政治家のみに利益をもたらす。デリダの見解によれば、階層は、階層に入らない者を抑圧することで利益を得るために存在する。この不正な利益によって一部のものが繁栄する。

デリダは(本人はのちに否定したが)、「Il n'y a pas de hors-texte.」と述べたことでよく知られている。多くの場合、「テクスト外のものは存在しない」と訳される。彼の支持者たちは、これは誤訳であるとし、「外部テクストは存在しない」と訳すべきだと言う。いずれにしても、この言葉を「すべては解釈である」という以外の意味だととらえるのは難しく、一般には、デリダの著作はそのような理解で解釈されている。

この哲学のニヒリズム的で破壊的な性質は、いくら重視しても足りないほどだ。カテゴリー化の行為自体が疑わしいものになってしまう。純然たる力以外にもとづいて物事を区別できるという考えを否定することになる。男女の生物学的な区別? 性差は生物学的要因によって強力に影響されるという事実が学際的な科学文献で明示されているにもかかわらず、デリダをはじめとするポストモダン/マルクス主義者は、科学もまた力のゲームにすぎず、科学の世界の頂点にいる者を利するにすぎない、と主張する。技能や能力の結果としての階層的地位や評判は？　技能や能力の定義はすべて、そこから利益を得たり、他者を排除したりして、個人的にも利己《りこ》的にも利益を得るような人たちによって形成されているにすぎないという。デリダの主張には、その狡猾な性質を部分的に説明するにじゅうぶんな真実がある。権力は基本的な動機づけの要素(の一つ)だ。人々はトップになるために競争し、自分が支配階層のどこにいるかを気にする。しかし、権力が人間の動機づけに貢献しているからといって、権力が唯一の動機づけということではないし、おもな動機づけということでもない。同様に、わたしたちはすべてを知ることができないのだから、あらゆる観察や発言は、一部の事柄を考慮に入れ、ほかの事柄を考慮していないという状況にもとづいている(ルール10で詳述したとおり)。これは、すべてが解釈であるとか、カテゴリー化は排除にすぎないとかいう主張を正当化するものではない。原因を一つのみに特定した解釈や、そういう解釈を広める人々には、用心しなければならない。

事実はみずから正体を語ることはできないうえ(ちょうど、冒険者の前に広がる大地が彼に道を教えることはできないのと同じように)、たとえ少数の物体でも、知覚や相互作用がなされるためには無数の方法がある。すべての解釈が等しく妥当だとは限らない。あなた自身や他人を傷つけるものもあるだろう。あなたを社会と衝突させるものもあるだろう。時を超えて持続可能でないものもあれば、あなたが行きたい場所へ連れて行ってはくれないものもある。こうした制約の多くは、何十億年もの進化過程の結果として、わたしたちに組み込まれている。他人と協力し、平和的かつ生産的に競争できるように社会化を遂行《すいこう》するうえで現れる制約もある。学習を通じて非生産的な戦略を捨てると、さらに多くの解釈が生まれる。問題が無限に存在するのと同じように、間違いなく、解釈は無限に存在する。しかし、現実的な解決策はかなり限られている。限られていなければ、人生は楽になるだろう。だがそうではない。

わたしは、左寄りとみなされるだろう信念もいくつか持っている。たとえば、価値のある商品が、著《いちじる》しい不平等を伴って流通する傾向は、社会の安定に対してつねに存在する脅威だと思う。確かな証拠がある気がする。だからといって、この問題の解決策が自明だと言うつもりはない。富を再分配するには、ほかにも多くの問題がある。西洋社会ではそれぞれの国が異なるアプローチを試みてきた。たとえばスウェーデンは、平等を極限まで追求している。米国はこれとは逆の方針をとり、より自由な資本主義が正味《しょうみ》の富を創出したほうが、すべての船を持ち上げる上《あ》げ潮《しお》を構成できると考えている。こうした試みの結果は必ずしも出そろっておらず、また、国によって妥当な方法が大きく異なるだろう。歴史、地理、人口規模、民族の多様性の度合いが違うから、直接の比較は非常に難しい。しかし、ユートピア的平等の名のもとに強制的に再分配することは、まともな治療法ではないことは確かだ。

また、これも左寄りの意見と思われるかもしれないが、わたしには、大学行政を民間企業のように段階的につくり直すのは間違いに思える。マネジメントの科学は擬似《ぎじ》的な規律だと思う。わたしは、政府はときには、必要な少数の規則の必要な裁定者であると同時に、善の執行力であることも可能だと信じている。とはいえ、みずからを支える文化を破壊することを公言し、意識し、明確な目的を持つ教育機関や教育者に対し、社会がなぜ公的資金を提供しなければいけないのか、わたしには理解できない。合法的な範囲内であれば、そのような人々が意見を述べる権利も行動する権利も完全にある。けれども、公的資金を請求する正当な権利はない。もしも、急進的左派の現状と同じように、急進的右翼が大学の課程に見せかけた政治活動のために国家から資金提供を受けたなら、北米の進歩派が猛烈な反発をするだろう。

急進的な規律には、重大な問題が潜んでいる。理論や方法の誤りや、集団的な政治行動主義が道徳的な義務だという主張も問題だが、ほかにも問題が多い。彼らの主張の核心――西洋社会は病的な家父長制である、自然界よりむしろ男性が（ほとんどの場合、配偶者や庇護者《ひごしゃ》ではない男性が）女性の抑圧の元凶だというのが歴史の第一の教訓である、階層はすべて権力にもとづく排除を目的としている、など――は、何一つとして明確な証拠がない。階層構造は、妥当なものもそうではないものも含めて多くの理由から存在し、信じられないほど進化論的に長い歴史を持つ。甲殻類《こうかくるい》のオスは甲殻類のメスを虐げるだろうか？　階層を変更すべきだろうか？

適切に機能している社会では――仮説上のユートピアとの比較ではなく、ほかの既存または歴史的な文化との対比において――権力ではなく、能力が、地位を決定する最大の要素だ。有能さ、能力、技能。しかしそれは、権力ということではない。これは事例としても事実としても明らかだ。脳腫瘍《のうしゅよう》の患者が、公平さの観点から、最高の教育、最高の評判、そしておそらく最高の収入を得ている外科医の手術を拒絶するなどということはあり得ない。さらに、西洋諸国において長期的な成功を収めるうえで最も有効な性格特性の予測因子は、知性（intelligence＝認知能力やＩＱテストで測定されるもの）と良心（conscientiousness＝勤勉《きんべん》性と秩序性によって特徴づけられる特性）だ。(188) 例外もある。起業家や芸術家は、良心よりも、経験に対する開放性という別の重要な個性において優れている。(189) しかし、開放性は言葉の知性や創造性と関連しているので、この例外は妥当で理解できる。数学的にも経済的にも、これらの特性（知性と良心）が示す予測力は非常に高く、その点では、難しい先端分野においてかつて実現したどんな予測力よりも高い。適切な一連の性格／認知テストを行えば、有能な人材を採用する確率を五〇パーセントから八五パーセントに増加させることができる。これらは事実であり、社会科学のあらゆるものと同様に支持されている（社会科学は皮肉な批評家が評価しているよりも効果的な学問であり、あなたが思う以上に的を射《い》ている）。したがって、国家はいま、一方的な急進主義を支持するばかりか、その教化まで支持してしまっている。わたしたちは、いわば、世界が平《たい》らであることを子どもたちに教えていない。男女の本質や階層の本質に関して、イデオロギーに裏打ちされた理論を教え込むべきではない。

科学が権力の利害関係に影響されて偏る可能性があることに注目して警告を発したり、科学者を含む権力者が証拠を決定するケースがあまりにも多いと指摘したりすることは、不合理ではない（脱構築主義者〈deconstructionist〉は、やりすぎのきらいがあるが）。結局のところ、科学者も人間であり、人間は権力を好む。ロブスターが権力を好むのと同じであり、脱構築主義者が自分たちの思想を誇示し、学術的階層の最上位にすわろうと努力するのと同じだ。しかしだからといって、科学にしろ脱構築主義にしろ、権力だけの問題ではない。なぜ権力の問題に単純化するのか？　なぜそれを主張するのだろう？　おそらく、「権力しか存在しないのなら、権力の行使は完全に正当化される」からだろう。そうなれば、証拠、方法、論理に縛られずに済み、一貫性すら必要でなくなる。「テクストの外側」の何にも拘束されない。そのような状況では、意見と力だけが残る。力を行使することは非常に魅力的であり、みずからの意見が有利になるように力を行使できれば非常に確実性が増す。たとえば、すべての性差が社会的に構成されたという非常識で不可解なポストモダンの主張は、その道徳的義務――力の正当化――を了解すると、きわめて理解しやすくなる。すなわち、すべての結果が公平になるまで社会を変えたり、あるいは偏見を排除したりしなければならないのだ。しかし、社会的構成主義者の立場の根本は後者に対する願望であって、前者の正義を信じる心ではない。すべての結果の不平等が排除されなければならない（不平等はすべての悪の核心である）ので、すべての性差は社会的に構築されたものとみなされなければならない。そうでなければ、平等主義はあまりにも過激であり、教理はあまりにも露骨にプロパガンダ的だ。したがって、イデオロギーをカムフラージュするため、論理の順序を逆にしている。そのような意見がただちにイデオロギー内部の矛盾《むじゅん》につながるという事実はけっして言及されない。性別は構築されているが、性別の再割り当て手術を望む個人は、女性の体内に閉じ込められた男性(またはその逆)とみなされる。これら両方が同時に論理的に真であることはできないという事実は、安易に無視されている(あるいは、科学技術と同様に論理そのものも抑圧的な家父長制の一部にすぎないという、驚くべきポストモダンの主張をもって合理化されている)。

当然ながら、すべての結果を平等にすることはできない。ゆえにまず、結果を測定しなければならない。同じ役職に就いている人の給与を比較するのは比較的簡単だ(たとえば、異なる期間の労働者の需要の差を考えると、採用日などによってかなり複雑にはなるが)。しかし、終身在職権、昇進率、社会的影響力など、給与以外にも、ほぼ同じくらい妥当な比較の側面がある。「同一労働、同一賃金」という議論が導入されたことで、給与比較さえ実用性を超えてたちまち複雑になりかねない。もはや不可能だ。だからこそ、市場が存在する。さらに難しいのは、グループ比較の問題だ。女性は男性と同じくらい稼ぐべきである――なるほど。黒人女性は白人女性と同じくらい稼ぐべきである――なるほど。では、給与は人種のあらゆる要素に合わせて調整されるべきなのか? どのレベルのきめ細かさで調整するのか? 「本当の」人種分類とは何か?

官僚的な例を一つ挙げると、米国の国立衛生研究所は、ネイティブアメリカン、アラスカ先住民、アジア人、黒人、ヒスパニック、ハワイ先住民その他の太平洋住民、および白人という分類を認めている。しかし、ネイティブアメリカンは五〇〇以上の独立した種族がいる。どんな論理によって「ネイティブアメリカン」が正規の分類となっているのだろうか? たとえばオーセージ族の平均年収は三万ドル、トホノオーダム族は一万一〇〇〇ドルだ。両者は同じように抑圧されているのか? 障害のある人はどうだろう? 障害のある人は、障害のない人と同じくらいの額を稼ぐべきだ――なるほど。表面上は高貴《こうき》で思いやりがあり公平な主張に聞こえる。けれども、障害者とは誰か？　アルツハイマー病の親と同居している人は、障害を抱えているとみなされるのか？　みなされないなら、なぜなのか？　IQの低い人は？　魅力の乏しい人は？　太りすぎの人は？　明らかに自分ではコントロールできない問題に悩まされながら人生を進む人がいる一方、どんな時点にしろ、深刻なトラブルを一つも抱えていない人は稀《まれ》だろう。とくに、家族まで考慮に入れた場合は、何かしらトラブルを抱えているにちがいない。あなたもそうではないか？　ここで根本的な問題がある。集団のアイデンティティは個体のレベルまで細分化できる。この点をおおいに強調したい。誰もがひとりずつ独自の存在だ。ささいな違いだけでなく、重要な、意義深い部分でひとりずつ異なる。集団の一員としてとらえるだけでは、個人差を網羅《もうら》できない。

ポストモダン／マルクス主義の思想家たちは、こうした複雑さをいっさい論じない。イデオロギー的なアプローチにより、北極星のような真理の点を固定し、すべてをそのまわりで回転させる。すべての性差が社会化の結果だという主張は、ある意味では立証することも反証することもできない。わたしたちにコストを負担する意思があれば、文化は、ほとんどどんな結果にもたどり着けるように、集団や個人に対して力を行使できるからだ。たとえば、養子に出された一卵性双生児を比較した研究[190]によると、文化によりIQは一五ポイント（または一標準偏差）上昇する可能性があり（平均的な高校生と平均的な州立大学生との差におおよそ相当する）、その代償として三標準偏差ぶん多くの富が必要になるという[191]。すなわち、一卵性双生児が出生直後に別々に養子に出された場合、八五パーセントの家庭よりも貧しい家庭で育ったほうの子と、九五パーセントの家庭よりも豊かな家庭で育ったほうの子は、IQが一五ポイント異なってくる。富ではなく教育についても同様のことが証明されている[192]。富の代償や教育の格差がどれだけあるとさらに極端な変化が表れるのかはわからない。

このような研究が意味するのは、じゅうぶんな圧力をかける気になれば、男子と女子の生まれつきの違いも最小にできるだろうということだ。もっとも、確実にどちらかの性別の人々を自由にして、自分自身での選択が可能になるようにできる、というわけではない。しかし、イデオロギーの構図には、選択肢は考慮されていない。男女が自発的に行動して性の不平等を生み出すのであれば、その選択そのものが文化的偏見によって決定されたにちがいない。その結果、性別の違いが存在するところでは、誰もが洗脳された犠牲者となり、厳しい批判的理論家は道徳的に不平等を正す義務を感じる。そうなると、公平性にうるさい北欧社会の男性は、すでに公平な考えを持っているだろうが、たとえば、看護にあまり詳しくない場合、ほかの人並みに詳しくなるように訓練を積まなければいけない。同様に、工学にあまり詳しくない北欧の女性が工学の勉強をする必要が出てくるかもしれない[193]。このような再訓練はどのようなものになるだろう？　どこで限界になるのか？　往々にして、合理的な限界を超えて訓練が続く。毛沢東の残忍な文化大革命の教訓を学ぶべきだ。

男子の女子化

ある種の社会的構成主義者は、男子が女子のように社会化されれば世界はずっと良くなると信じている。この説を提唱する人たちは、第一に、攻撃性は習得行動(learned behaviour)であって、たんに教育でどうなるものでもない、第二に(この例に関していえば)、「男子は、女子が伝統的に社会化されてきた方法で社会化されるべきであり、優しさ、感情に対する感受性、育成、協力、美的鑑賞などの社会的に肯定的な資質を育むように促されるべきだ」と仮定する。このような意見によれば、攻撃性は男性の青少年が「女性向けに伝統的に奨励《しょうれい》されてきたのと同じ行動基準に同意する」場合にのみ減少するという[194]。

この考えには多くの間違いがあり、どこから始めたらいいのかわかりにくい。第一に、攻撃性はたんなる習得行動ではない。生まれつき持っている性質だ。防御的攻撃や略奪《りゃくだつ》的攻撃の根底には、いわば古代の生物学的回路がある[195]。非常に基本的な性質であるため、脳の最も大きく、最も新しく進化した部分（構造全体の圧倒的に大きな割合）を完全に取り除いた動物（「脊髄《せきずい》ネコ」）でさえ機能する。攻撃は先天的なものであろうえ、非常に基本的な脳の領域における活動の結果だということがわかる。脳が木だとすれば、攻撃性は（空腹、渇《かわ》き、性欲などとともに）太い幹のなかにある。

この点を裏づけるように、二歳の少年の一部（約五パーセント）はかなり攻撃的な気質を持つらしい。ほかの子どものおもちゃを取り上げたり、蹴ったり、噛んだり、叩いたりする。にもかかわらず、ほとんどの子は四歳までに効果的に社会化される[196]。しかしこれは、小さな女の子と同じように振る舞うように奨励されたせいではない。むしろ、自分たちの攻撃的な性向《せいこう》をより洗練された行動規範に統合するように教育されるか、さもなければ、みずから学びとる。攻撃性は、少なくともある次元で見れば、傑出《けっしゅつ》し、ためらわず、競争し、積極的に徳を身につけようとする動機の根底をなす。決意とは、攻撃性のうち、賞賛に値する向社会的な側面だ。幼児期の終わりまでに自分の気質を洗練させることができない攻撃的な幼児は、成長するうち、原始的な敵意が社会的に役に立たなくなり、人気を失う運命にある。仲間から拒絶されて、社会化の機会がさらに減り、地位を失う傾向にある。そういう子どもは思春期から成人にかけて、反社会的、犯罪的な行動に走りがちだ。しかしだからといって、攻撃的な衝動に効用も価値もないという意味ではない。最低限、自己防衛のためには必要だ。

思いやりの悪徳

わたしが臨床診療で会う女性患者の多く（おそらく大半）は、攻撃的すぎるせいではなく、攻撃性が足りないせいで、仕事や家族生活に問題を抱えている。認知行動療法士は、このような患者の治療を「assertiveness training（アサーティブネス〈自己主張〉・トレーニング」と呼ぶ[197]。この種の患者は一般に、感じの良さ（礼儀正しいことと思いやり）と神経症的傾向（不安と感情的な痛み）という女性的な特徴が顕著だ。攻撃性が不足している女性——まれに、男性——は、他人のために過度に多くのことをする。自分のまわりの人たちを、苦悩している子どものように扱う傾向がある。世間知らずであることが多い。協力をすべての社会的取引の基礎にすべきだと考え、対立を避ける（仕事だけでなく人間関係においても問題に直面することを避ける）。絶えず、他人のために犠牲を払う。これは高潔に聞こえるかもしれないし、たしかにある種の社会的利点を持っているが、非生産的なまでに一方的な思いやりとなる可能性が高い。あまりにも愛想のいい人は、ほかの人のために後ろ向きになるので、自分のために適切に立ち上がることができない。ほかの人たちが自分と同じように考えていると仮定し、自分の思慮《しりょ》深い行動に見合う相互関係を期待する。それが実現しなくても、声を上げない。率直に要求しないか、あるいは要求できない。やがて服従に耐えかねて性格の暗黒面が表れ、憤慨する。

わたしはあまりにも愛想のいい人たちに、このような憤慨の出現に注意するように教えている。非常に重要だが非常に有害な感情だ。憤慨のおもな理由は二つしかない。利用されたこと（あるいは、利用されるのに甘んじたこと）と、責任を引き受けて成長するのを嫌がったことだ。いま憤慨しているなら、理由を検討すべきだ。信頼できる人とその問題について話し合うといい。あなたは未熟なかたちで、つらさを感じているのか？　正直に考えた結果、そう感じていないなら、いま誰かに利用されている最中かもしれない。だとすれば、自分のために発言するという道徳的義務に直面しているわけだ。そのためには、あなたの上司、夫、妻、子ども、両親と対立せざるを得ないかもしれない。戦略的に証拠を集め、その人物と対峙《たいじ》したときに相手の不行跡《ふぎょうせき》の例（少なくとも三つ）を示し、あなたの告発から容易に逃れられないようにする必要があるかもしれない。そうやって証拠を集めておけば、向こうに反論されたとき、引き下がらずに済む。四つ以上の証拠はなかなかないだろう。あなたがあくまで動じなければ、相手は怒ったり泣いたり逃げたりする。そういうときにあなたが涙を流すのはとても役に立つ。相手は、感情を傷つけて痛みを引き起こしたと知り、罪悪感を高めるはずだ。しかし、怒りのあまり涙を流す場合も多い。赤い顔は良い合図だ。もしあなたが最初の四つの反応を超えて、その結果生じる感情に対して素早く立ち向かえば、あなたは相手の注意を――さらに、おそらく相手の尊敬も――得るだろう。ただし、これは真の葛藤《かっとう》(conflict)であり、楽しくないし容易でもない。また、状況から何を求められているかを明確に把握《はあく》し、自分の要望を明確に伝える準備をしておく必要がある。相手がやったことや現在やっていることを指摘するにとどまらず、これからしてほしいことを正確に伝えるといい。「わたしに愛情を持っていれば、何をすべきかはおのずとわかっているだろう」と思うかもしれない。それは憤慨の心が発する声だ。相手が悪意を持っていると思い込む前に、気づいていないと仮定すべきだろう。あなたの欲求やニーズを直接知ることは他人にはできない。あなた自身ですら、自動的には把握できない。欲求を正確に見定めようとすると、思いのほか難しいのがわかるだろう。あなたを虐げている人は、あなたほど賢くないうえ、あなたに関してあなたほど詳しくない。だから、あらかじめ整理しておき、何を望んでいるかを直接伝えるべきだ。要求はできるだけ小さく、妥当なものにとどめる。ただし、その要求が満たされている説明かどうかをよく確認すべきだろう。こうすれば、たんに問題を持ち出すだけで終わらず、解決策を用意して話し合いができる。

愛想がよく、思いやりがあり、共感的で、対立を嫌う人々（これらの特徴はすべてセットになっている）は、他人に自分のうえを歩かれ、つらい思いを味わう。ときには他人のために過剰《かじょう》に自分を犠牲にし、なぜそれが報われないのか理解できない。愛想のよい人は従順なぶん、独立性に欠けている。これに伴う危険性は、神経症ぎみの性向によって増幅される。少なくとも、ときには自分の意見を主張していいはずだが、この種の人はけっして主張せず、ほかの人の提案に同調する。そのせいで、道に迷い、優柔不断になり、あまりにも簡単に振り回される。さらに、怯《おび》えやすく傷つきやすいため、脅威と危険にさらされるのを嫌い、みずから反撃に出たがらない。これは、専門的にいえば、依存性パーソナリティ障害への道をたどっていることになる[198]。非社会性パーソナリティ障害——小児期や青年期の非行、成人期の犯罪のおもな原因——とは正反対の症状だ。犯罪者の逆が聖人だといいのだが、そうではない。犯罪者の対極はエディプス・コンプレックスを生む母親であり、これもある種の犯罪だ。

子を溺愛《できあい》する母親（わりあい稀《まれ》だが、父親がこの役を演じることもある）は、子どもに「わたしはあなたのためだけに生きている」と言う。子どものために何でもする。子どもの靴のひもを結び、食べ物を切り分ける。夫婦のベッドにしょっちゅう子どもをもぐり込ませる。そうやって、パートナーとの衝突を避けつつ、夫からの望まない性的関心を避ける。

子どもを溺愛する母親は、自分と子ども、さらには悪魔と契約を結ぶ。契約の内容はこうだ。「とにかく、わたしをひとりにしないで。お返しに、あなたのために何でもする。成熟しないまま歳《とし》をとると、あなたは無価値でつらい存在になるけれど、その代わり、何の責任も負わなくて済む。間違ったことをしても、いつも誰かのせいにできる」。子どもたちはこれを受け入れることも拒否することもでき、この問題に関しては選択の余地がある。

子どもを溺愛する母親は、ヘンゼルとグレーテルの物語に出てくる魔女だ。あの童話のふたりには継母《ままはは》がいる。継母は、子どもが食べ過ぎだと思い、ふたりの子どもの実父に、食料が底をついてしまうから子どもを森に捨てるべきだと説得する。実父は妻の言葉に従い、子どもたちを当人の運命に任せる。ヘンゼルとグレーテルは森のなかをさまよう。飢えと孤独に見舞われるうち、奇跡に出合う。家——。ただの家ではない。お菓子でできた家だ。思いやりや共感、協調性が過剰ではない人間なら、ふと疑念に駆られ、「こんな都合のいいことがあるだろうか?」と思うだろう。しかし、この子たちはまだ幼く、絶望にもがいていた。

家のなかには親切な老婆《ろうば》がいて、取り乱した子どもたちを助ける。頭をなで、鼻を拭いてやる。自分を犠牲にし、子どもたちの願いを何でもすぐに叶《かな》える準備ができている。子どもたちが望むとあれば、何でも食べさせる。子どもたちは何もする必要がない。しかし、そうして懸命に世話を重ねるうち、老婆は飢えてくる。ヘンゼルを檻《おり》に入れて、より効率的に太らせる。望みどおりの柔らかさになったかどうか調べるため、ヘンゼルの脚をさわる。ヘンゼルは一計を案じて、脚の代わりに古い骨を差し出し、まだ痩《や》せていると老婆に思い込ませる。やがて老婆は待ちきれなくなり、オーブンを開けて、自分が溺愛するものを料理して食べる準備を始める。グレーテルは、完全には服従に誘い込まれていなかったらしく、相手が油断する瞬間を見計らって、親切な老婆をオーブンのなかへ押し込む。子どもたちは逃げて、ひどいことをしたとすっかり後悔している父親のもとへ戻っていく。

このような家庭では、子どものなかで真っ先に削《そ》ぎ取られるのは魂《たましい》であり、それがつねに最初に台無しとなる。あまりの過保護は、発達途上の魂をむしばむ。

ヘンゼルとグレーテルの物語に出てくる魔女は、女性的な象徴である母親の、暗い半面だ。わたしたちは本質的には社会的だが、世界を物語のように考えがちだ。物語の登場人物の母親、父親、子どもになぞらえてしまう。全般に、物語で描かれる女性は、未知《みち》なる自然だ。文化や創造や破壊の境界外にある。母親らしく守る腕であり、時間の破壊的な要素であり、美しい聖母マリアであり、沼地に棲む鬼婆《おにばば》だ。この典型的な実体について、一八〇〇年代後半にJ・J・バッハオーフェンというスイスの人類学者は、客観的で歴史的な現実と組み合わせて考察した。彼によると、人類は歴史のなかで一連の発展段階を経てきたという。

大ざっぱにいえば、第一段階は(いくぶん無秩序で混沌《こんとん》とした始まりのあと)「母権[199]」の時代だった。この時代の社会では、女性が権力、尊敬、名誉の支配的地位を占め、多神的で不特定な事物が支配し、父性の確実性が欠如《けつじょ》していた。第二のディオニュソスの時代は移行期だった。もともとの母系の基礎が覆《くつがえ》り、権力を男性に奪われた。第三のアポロの時代はいまも続いている。家父長制が支配し、それぞれの女性はひとりの男性だけに属する。バッハオーフェンの説は、歴史的な根拠が何もないにもかかわらず、いくつかの分野に大きな影響をもたらした。たとえば、考古学者のマリヤ・ギンブタスは、一九八〇年代から一九九〇年代にかけて、新石器時代のヨーロッパは平和的な女神と女性中心の文化が特徴だったと主張したことで有名だ[200]。彼女によれば、それが侵略的で階層的な戦士文化に取って代わられ、現代社会の基礎につながったという。美術史家のマーリン・ストーンも、著書『When God Was a Woman』[201](神が女性だったころ)のなかで同じ議論を行っている。原型的、神話的といえるこうした一連の説は、女性運動の神学や一九七〇年代のフェミニズムの母系学研究の試金石《しきんせき》になった(これらの説を批判して『The Myth of Matriarchal Prehistory』〈母性先史時代の神話〉という本を書いたシンシア・エラーは、この神学を「気高《けだか》い嘘」と呼んだ[202])。

カール・ユングは、いまから何十年も前に、原始的な母系政治というバッハオーフェンの説に出合った。

同じスイスの先人であるバッハオーフェンが記した段階的な発達が、歴史上の真実というより心理上の真実であることに、ユングはすぐに気づいた。星座や神々のいる宇宙につながった外界に、想像上のファンタジーを投影するという過程に注目した。ユングの弟子であるエーリッヒ・ノイマンは、『The Origins and History of Consciousness』『The Great Mother』（邦訳はそれぞれ『意識の起源史』[203]『グレート・マザー』[204]）を著《あらわ》し、このユングの分析を発展させた。意識の出現は男性的な象徴であるとし、女性的な象徴である物質（母、母体）の起源と対比させ、子を溺愛する親についてのフロイトの理論をより広い元型《げんけい》モデルに発展させた。ノイマンやユングの観点から見ると、意識はつねに（女性の体内でも）男性的な象徴であり、光へ向かって上昇をめざす。その発達は痛みを伴い、不安を誘発し、脆弱性と死の認識を伴う。依存性と無意識のなかに身を沈め、実存的な重荷を払いのけたい誘惑に駆られる。悟り、明瞭《めいりょう》さ、合理性、自己決定性、強さ、能力と対立するあらゆるものが、多くを覆い隠し、軽蔑し、貪《むさぼ》り、病的な欲求を助長する。フロイトが分析した溺愛家族の悪夢を、わたしたちはいま、急速に社会政策化しつつある。

恐ろしい母親は古代の象徴だ。それは、たとえば現存する最古の物語の一つ、メソポタミアの『エヌマ・エリシュ』では、女神ティアマットという姿で登場する。ティアマットは、神も人も含めて万物の母だ。未知とカオスであり、あらゆる形態を生み出す自然だ。しかし、同時に、恐るべき女神でもある。みずからが生み出した神々が、浅薄《せんぱく》にも父親を殺し、その地位に成り代わろうとしたとき、ティアマットはわが子である神々を滅ぼそうとする。恐ろしい母親は、不注意な無意識の魂であり、絶えず努力している自意識と啓蒙の魂を、子宮のように保護された世界へ誘《いざな》おうとする。それはまさに、若い男性が魅力的な女性に対して感じる恐怖だ。そういう女性は自然そのものであり、親しげに、かぎりなく深い層で彼を拒否する準備ができている。これほど、自意識を刺激し、勇気を損ない、ニヒリズムと憎悪の感情を助長するものはない。もしあるとすれば、思いやりが過剰な母親の、あまりにもきつい抱擁《ほうよう》くらいだろう。

恐ろしい母親は、おとぎ話にもおとな向けの物語にもたびたび出てくる。『眠れる森の美女』では、暗い自然そのものの邪悪な女王――ディズニー版ではマレフィセント――がそれに相当する。オーロラ姫の両親である国王夫妻は、娘の洗礼式に悪の女王を招かなかった。そうやって、娘を現実の破壊的で危険な側面から遠ざけ、娘がそのようなものに悩まされずに成長するように願った。その代償は？　思春期になっても、オーロラ姫には自意識がない。男性的な魂である王子の役どころは、彼女を両親から引き離して救うとともに、女性らしさという暗黒面の策略によって地下牢《ちかろう》に閉じ込められている彼女の自意識を解き放つことだ。王子が城を抜け出し、戦いを挑むと、悪の女王はカオスのドラゴンに変身する。象徴である王子は、真実と信仰でドラゴンを打ち負かし、王女を見つけて、口づけで目を覚まさせる。

女性は救いに男性など必要としていない、との反論もあるかもしれない（実際、ディズニーのより新しい、非常にプロパガンダ的な映画『アナと雪の女王』はそういう構成になっている）。男性が必要かもしれないし、不要かもしれない。母親が、娘を救うためには男性が必要だと望んでいる場合のみ、必要なのかもしれない。いずれにしろ、女性は意識を目覚めさせなければならず、前記のとおり、意識は時の初めから男性のかたちで象徴されている（秩序や、秩序を呼び起こす神の言葉を装って）。王子は恋人であるとともに、女性自身の注意深い覚醒《かくせい》、明瞭な視覚、断固《だんこ》たる独立心でもある。それらは男性的な特徴といえる。象徴的な意味だけではなく現実に、男性はおしなべて思いやりや愛想の良さが女性より劣《おと》り、不安や感情的な痛みを感じにくいからだ。さらに、繰り返しになるが、(1)これは、男女平等に向けて最も多くの措置がとられてきたスカンジナビア諸国で最もよく当てはまり、(2)そのような事柄を測定する基準に照らして、違いは小さくない。

男性と意識との結びつきは、ディズニー映画『リトル・マーメイド』でも象徴的に描かれている。ヒロインのアリエルはとても女性的な一方、自立心も強い。おかげで父親のいちばんのお気に入りだが、父親にいちばん迷惑をかけている。父親トリトンは国王であり、既知《きち》の文化と秩序を表している（抑圧的な支配者、暴君の気配もちらつかせている）。秩序の対極にはつねにカオスが存在するので、トリトンには敵であるアースラがいる。アースラは触手《しょくしゅ》を持つ蛸《たこ》であり、蛇、妖女《ようじょ》、ヒドラだ。つまりアースラは、『眠れる森の美女』で女王とドラゴンを兼ねるマレフィセントと同じ原型的なカテゴリーに属する（あるいは、『白雪姫』の嫉妬深い継母、『シンデレラ』のトレメイン夫人、『鏡の国のアリス』の赤の女王、『101匹わんちゃん』のクルエラ・ド・ヴィル、『ビアンカの大冒険』のミス・メデューサ、『塔の上のラプンツェル』のゴーテルも同じだ）。アリエルは、前に難破船《なんぱせん》から救出したエリック王子とのロマンスに火を付けたいと思っている。魔女アースラに騙《だま》され、声を失う代わりに、三日間だけ人間の姿に変わる。しかし、声を出せないかぎりアリエルは王子と結ばれないだろうと、魔女アースラは知っている。話す能力がなければ——神の言葉がなければ——アリエルは永遠に意識を持たず、海中にいるままなのだ。

アリエルがエリック王子の心をとらえられずにいるとき、魔女アースラはアリエルの魂を盗み、女性的な優しさに守られ保護された、意識に目覚めていない姿にする。やがてトリトン王が娘を返せと迫ってくると、アースラは邪悪な提案を持ちかける。トリトン王がアリエルの身代わりになるなら良かろう、と。もちろん、アースラのよこしまな目的は、賢明な王（前述のとおり、家父長制の慈悲《じひ》深い側面を表す）の排除だった。アリエルは解放されるが、トリトン王はいまや元の自分の哀《あわ》れな影になっている。さらに重要なことに、トリトン王の神々《こうごう》しい力の源《みなもと》である魔法の武器をアースラに奪われている。

魔女アースラを除く全員にとって幸いなことに、エリック王子が戻ってきて、冥界《めいかい》の魔女を銛《もり》で追い払う。

これを機に攻撃に転じるアリエルの前で、魔女アースラは、『眠れる森の美女』の悪の女王マレフィセントと同じように巨大化する。巨大な嵐を引き起こし、海底から沈没した軍艦を引き揚げる。そしてアリエルを殺す準備を整えているとき、エリック王子は難破した船を操《あやつ》り、壊れた船首で魔女を突く。トリトン王をはじめ、囚《とら》われていた魂は解き放たれる。若返ったトリトン王は娘を人間に変え、エリック王子といっしょにいられるようにしてやる。こうした物語が訴えているのは、女性が完全になるためには、男性的な意識との関係を築き、恐ろしい世界に立ち向かわなければならないということだ(この世界はときに、干渉《かんしょう》しすぎる母親というかたちで現れる)。現実の男性も、ある程度は女性の覚醒を手伝えるものの、みな他人に依存しすぎていないほうが、関係者全員にとって良い。

子どものころ、わたしはある日、おもてで友達とソフトボールをしていた。チームには男の子と女の子が交ざっていた。みんな少し成長が進んで、異性に対してぎこちない興味を持ち始めていた。それまで以上に、地位が重要になりつつあった。友人のジェイクとわたしが、マウンドの近くでもみ合いになり、殴り合いに発展しかかったとき、たまたまわたしの母が通りかかった。母は三〇メートルほど離れていたが、母のようすから、状況を見抜かれたらしい、とわたしはすぐにわかった。もちろん、ほかの子どもたちも母を見た。母はそのまま歩き去った。心を痛めていたにちがいない。母は心の一部で、息子が鼻血を出し、目のあたりにあざをこしらえて帰宅するのではないか、と心配していた。「こら、子どもたち、やめなさい!」と叫ぶのは簡単だったし、こっちに来て制止することもできた。しかし母はそうしなかった。数年後、わたしがティーンエイジャーらしく父と険悪《けんあく》な関係になったとき、母は言った。「実家の居心地が良すぎると、永遠に巣立ちできないわ」

母は心優しい人だ。共感的で協力的で他人に同意しやすい。ときどき、他人にこき使われるままに甘んじる。子どもがいくらか育って仕事に復帰した母は、男性に立ち向かうのが苦手なことを実感し始めた。ときおり、そのせいで母はいらだった。好き勝手にふるまう傾向の強いわたしの父に、ときどき感じるのと同じいらだちだった。にもかかわらず、わたしの母は子どもを溺愛しすぎる女性ではない。困難にめげず、子どもたちに自立を促した。精神的な苦痛を我慢して、正しいことをした。

少年よ、強くなれ

わたしは若いころのひと夏、サスカチュワン州中部の大草原で鉄道の乗務員として働いた。採用後の最初の約二週間、男性だけのグループで仕事をした。ほかの男たちから仕事ぶりを評価されるかたちになった。ほかの男の多くはネイティブアメリカンの北部クリー族で、たいがいおとなしく、のんびりしていた。ただ、飲みすぎると喧嘩っ早くなる。ほとんどの親戚ともども、刑務所に出入りしていた。刑務所も白人のシステムの一部だと考え、刑務所暮らしがそう恥ずかしいと思っていなかった。そのうえ、刑務所なら冬でも暖かく、普通の食べ物に困らない。あるとき、わたしはクリー族のひとりに五〇ドル貸した。するとその男は、わたしに金を返す代わりに、西部カナダの横断鉄道の初代のレールを切断してつくった一対《いっつい》のブックエンドをくれた。いまでもわたしはそれを持っている。五〇ドルよりも良かった。

新人が入ると、ほかの男たちが侮辱《ぶじょく》的なあだ名をつけるならわしだった。仲間として認めてもらったあと、わたしは「ハウディ・ドゥーディ」と命名された(いまだにどうもばつが悪いが)。なぜそんな名前にしたのかと発案者に尋ねたところ、同名の子ども番組に出てくる腹話術人形とおまえは、似ても似つかないからだ、と言われた。機知《きち》に富む、不条理な理屈だった。労働者たちは(ルール9で取り上げたとおり)、辛辣《しんらつ》で侮辱的な笑いを愛する傾向がある。しじゅう互いに嫌がらせをする。ある意味では楽しみのためであり、ある意味では永遠の支配権争いで得点を稼ぐためだが、もう一つ、ほかの男が社会的ストレスを受けた場合にどう反応するかを見るためでもある。それによって、仲間意識を強めるとともに、人物を評価する。うまく機能すれば(納得のいくギブ・アンド・テイクを誰もができれば)、生計のために働く男性におおいに役立つ。パイプの敷設《ふせつ》、石油掘削《くっさく》装置の操作、レストランの調理場での作業など、熱く、汚く、肉体的に厳しく、危険な仕事(ほとんどは依然、男性によって行われている)が我慢できるものには、さらに楽しいものになるだろう。

鉄道乗務を始めてまもなく、わたしのあだ名は「ハウディ」に変わった。大きな改善だ。「やあ」という明るいあいさつを意味するし、テレビ番組のばかげた腹話術人形ともあまり関係なくなった。次に雇われた新人は、わたしに比べて不運だった。ランチバケットと呼ばれるタイプのしゃれた鞄《かばん》を持っていて、それが間違いだった。その職場では、適切で気取らないものとして、茶色の紙袋がふつうだったからだ。彼の鞄は少し恰好《かっこ》良すぎ、少し新しすぎた。母親に買ってもらった(中身も詰めてもらった)鞄に見えた。そこで、あだ名は「ランチバケット」に決まった。彼はあまり快活なタイプではなかった。何かにつけて悪態《あくたい》をつき、ひどい態度をとった。何もかも他人のせいにした。感じやすく、神経過敏だった。

彼はあだ名を受け入れることも、仕事に専念することもできなかった。あだ名で呼ばれるとひどくいらついた態度をとり、仕事中もさかんにいらだっていた。楽しまず、冗談も解さない。仕事仲間としては致命的だ。三日間、優越感を漂《ただよ》わせて不機嫌な態度をとり続けたあと、ランチバケットは、あだ名をはるかに超えた嫌がらせを受け始めた。たとえば、約七〇人の男たちに囲まれて、四〇〇メートルも広がる線路上で、機嫌悪そうに作業していると、突然、彼のヘルメットを狙って、どこからともなく石が飛んでくる。直撃して重い音が響き、静かに傍観《ぼうかん》している人たちはおおいに満足する。これでも彼は不機嫌なままだった。すると、飛んでくる石が大きくなっていく。彼は何かに巻き込まれているのに、注意を払おうとしない。やがて、狙いすました石が「コン！」と音をたて、ついに堪忍袋《かんにんぶくろ》の緒が切れた彼は怒りを爆発させる。しかし効果はない。静かな薄笑いが、線路上に広がる。こんなことが数日続いて、何も学ばず、傷をいくつか負ったまま、ランチバケットは姿を消した。

男たちは、いっしょに仕事をするとき、互いに行動規範を強制する。自分の仕事をしろ。精いっぱい頑張れ。目を覚まし、注意を払え。泣き言をこぼしたり、神経質になったりしてはいけない。友達の肩を持って立ち上がれ。ごまを擂《す》るな。密告するな。つまらない規則の奴隷になるな。（アーノルド・シュワルツェネッガーの不滅の名言を借りれば）女々《めめ》しい男になるな。他人に頼るな。いっさい頼るな。永久に――以上。嫌がらせは、仕事仲間として受け入れられる過程の一つだ。あなたはタフで、楽しく、有能で、信頼できるか？　そうでなければ、立ち去るにかぎる。簡単だ。周囲からの同情はもらえない。周囲の人たちはあなたのナルシシズムに我慢する気がなく、あなたに代わって仕事をする気もない。

数十年前、ボディビルダーのチャールズ・アトラスが、漫画形式の有名な広告を出した。「The Insult that Made a Man out of Mac」（マックを男にした侮辱）というタイトルだった。ほとんどの漫画本に載っていて、読者の大半は少年だった。主人公のマックが、魅力的な若い女性とビーチブランケットにすわっている。乱暴者が駆け寄ってきて、砂を蹴飛《けと》ばし、ふたりの顔にかける。マックは抗議する。体格ではるかにまさるその乱暴者が、マックの腕をつかんで言う。「いいか。本当ならおまえの顔を引っぱたくところだ……だけど、こんなに痩《や》せっぽっちじゃ、どこかへ吹き飛んじまうな」。乱暴者は去る。マックは女性に「あいつ！　いつか仕返ししてやる」と言う。彼女は挑発的なポーズをとって「あら、気にしちゃだめよ、坊や」

とさとす。マックは家に帰り、自分の貧弱な体格を考え、「アトラス」というトレーニングプログラムを購入する。まもなく、彼は新しい肉体を手に入れる。次にビーチに行ったとき、例の乱暴者の鼻を殴る。連れの女性はすっかり感心して、マックの腕にしがみつく。「ああ、マック! とうとう本物の男になったのね」

　この広告が有名になったのには理由がある。人間の性的心理が七コマの漫画にうまくまとまっているのだ。弱すぎる若者は、当然ながら人目を気にして恥ずかしがっている。魅力に乏しい。彼はほかの男性たちからも、さらに悪いことに、望ましい女性たちからも軽蔑される。憤慨におぼれて地下室へ逃げ込み、下着姿でビデオゲームにふけり、スナック菓子の粉にまみれる代わりに、彼は自分自身に、フロイトの最も実践的な仲間であるアルフレッド・アドラーが「compensatory fantasy(補償的空想)」と呼ぶものを提示する。[205]この空想の目標は、願望充足というより、前進するための真の道を照らす明かりだ。マックは、かかしのような自分の体格について真剣に考え、からだを鍛えようと決意する。さらに重要なことに、計画を実行に移す。自分の一部に、現在の状況を超越できる力があるのを認識し、自身の冒険譚《たん》の英雄になる。浜辺に戻り、乱暴者の鼻を殴る。マックが勝つ。ガールフレンド候補の女性も勝利する。ほかの人たちもみんな勝利する。

　男性が自分たちの依存関係に甘んじないのは、女性にとって明らかに有利だ。働く女性の非常に多くが結婚しない理由の一つは、前に述べたとおり、子どもに加えて失業中の夫のケアまでしたくないからだ。もっともだろう。女性がわが子のケアをするのは当然だ(ほかにもやらなければいけないことはあるが)。男性が妻と子どものケアをするのは当然だ(ほかにもやらなければいけないことはあるが)。しかし、女性が夫のケアをするのは当然とはいえない。ただでさえ子どもの世話をしなければならず、夫は子どもであってはならないからだ。夫が依存するのはおかしい。だからこそ、男性たちは、依存したがる男に我慢がならない。忘れてはならないのは、邪悪な女性が、依存したがる息子を生み出しかねないことだ。そういう女性は、依存したがる男を支え、結婚までするかもしれない。しかし、覚醒し自意識のある女性は、覚醒し自意識のあるパートナーを求める。

『ザ・シンプソンズ』に出てくるネルソン・マンツは、主人公ホーマーの反英雄的な息子バートを取り巻く小さな社会集団に必要なのだ。いじめっ子のネルソンがいなかったら、この集団はすぐに暴走するだろう。すぐに怒る神経質なミルハウス、自己中心的で知的なマルティン・プリンス、もの柔らかでチョコレート好きのドイツの子どもたち、幼児的なラルフ・ウィガムらが、度を越してしまう。ネルソンは矯正力《きょうせいりょく》があり、タフで自給自足型の子どもであり、軽蔑する能力を活《い》かして、未熟で哀れな行動が越えてはいけない境界線を判断する。『ザ・シンプソンズ』の素晴らしい点の一つは、脚本家たちがネルソンを救いようのないいじめっ子には設定しなかったことだ。役立たずの父親に見捨てられ、軽率でふしだらの母親に(ありがたいことに)無視されており、そうしたすべてを考慮すると、ネルソンはかなり頑張って生きている。きわめて進歩的なリサに対してロマンチックな興味まで持っている(『フィフティ・シェイズ・オブ・グレイ』の世界的なヒット現象が起きたのとよく似た理由だ)。

もの柔らかさと無害さだけが意識的に受け入れられる美徳ということになると、厳しさと支配性が無意識的な魅力を発揮し始める。これが将来的に意味することの一つは、もし男性があまりにも強く女性化を促されると、厳しくファシスト的な政治イデオロギーにしだいに興味を持つようになるということだ。近年ハリウッドで制作された映画のなかでおそらく最もファシスト的な人気を集めている『ファイト・クラブ』は、『アイアンマン』シリーズを除けば、こうした避けられない魅力の完璧な例だ。米国の大衆のあいだでドナルド・トランプへの支持が高いのも、同じ過程の一環といえる。最近はオランダ、スウェーデン、ノルウェーのような穏健《おんけん》で自由主義的な地域でさえ、極右《きょくう》政党が(はるかに邪悪なかたちで)台頭しつつある。

男性はタフでなければならない。男性がそれを求め、それを望んでいる女性もいる。（タフネスを促進し、強化するという社会的に難しい過程には、厳しい軽蔑的な態度がつきものであり、そういう態度には反対の声もあるだろうが）。可愛い息子を失いたくない、ずっとそばに置いておきたいと思う母親もいる。男性が嫌いで、役立たずであっても従順なパートナーを望む女性もいる。また、そうすることで、自分自身の境遇を嘆《なげ》く材料も豊富に生まれる。自己憐憫《れんびん》の喜びを過小評価してはならない。

男性は、自分に無理強《むりじ》いしたり、互いに無理強いし合ったりして強くなる。わたしが十代のころ、男子は女子よりも交通事故に遭いやすかった（いまでもそうだが）。夜、凍りついた駐車場でドーナツターンに挑んでいたからだ。あるいは、近くの川から一〇〇メートルくらいの高さの丘まで、道路のないルートでドラッグレースをしていた。取っ組み合いの喧嘩をしたり、授業をサボったり、教師に文句を言ったりすることも多かった。石油掘削会社で働くのにじゅうぶんな体格と体力を持っていたので、トイレへ行く許可を得るためにいちいち手を上げるのに飽きて、学校を辞める者も少なくなかった。冬に凍った湖でオートバイの速さを競った。前記のスケートボーダーや、クレーンをよじ登る若者や、フリーランナーと同じように、危険なことに挑み、自分を役に立つ人間にしようとしていた。このプロセスが行き過ぎると、少年（や成人男性）が反社会的な行動に陥る場合もあり、そのような行動は女性よりも男性のほうがはるかに多い[206]。しかしだからといって、危険を顧《かえり》みず勇気を示す行為がすべて犯罪というわけではない。

ドーナツターンに挑戦する少年たちは、自分の車の限界、ドライバーとしての能力、制御の能力を制御不能な状況で試していた。教師たちに文句を言うのは、権威に立ち向かい、そこに本当の権威があるかどうかを確かめるためだった。危機の際に頼れるような権威があるかどうかを。学校を辞めた者は、肉体労働者となり、極寒のなかで掘削装置の操作をしなければならない。学校には、もっと楽な未来が待っていたにちがいない。教室を去った者たちの多くを駆り立てたものは弱さではない。強さだった。

健全な女性が欲しがるのは、少年ではない。男だ。戦い、格闘する相手が欲しい。タフな女性は、もっとタフな誰かが欲しい。賢い女性は、もっと賢い誰かが欲しい。自分がまだ提供できないものをテーブルに持ってきてくれる人物を望んでいる。だから、タフで頭が良くて魅力的な女性は、異性を見つけるのに苦労することが多い。望ましいと思えるほど自分をしのぐ男性——ある調査発表の表現を借りるなら、「収入、教育、自信、知性、支配的地位、社会的地位」においてしのぐ男性[207]——が周囲にあまりいないからだ。したがって、男の子が男になろうとするときに邪魔をする精神は、男性にも女性にも歓迎されない。そんな精神は、小さな女の子が自分の足で立ち上がろうとすると、騒々しく独善的に反対する（「無理よ、危ないわ」）。それは自意識を否定する。反人間的で、失敗を望み、嫉妬し、憤慨し、破壊的だ。本当の意味で思いやりを持つ人間は、そんなよけいな邪魔はしない。上昇をめざす人間は、そんなお節介《せっかい》な気持ちにとらわれるはずがない。もしあなたが、タフな男は危険だと思うなら、弱い男に何ができるかを見守るといい。

スケートボードをしている子どもは、邪魔しないでおくべきだ。

Rule 12

道で猫に出会ったときは、撫でてやろう

Pet a cat when you encounter one on the street

犬でも構わない

この章ではまず、わたしが飼っている犬の話をしたい。スピッツに由来するさまざまな犬種の一つ、アメリカン・エスキモーだ。この犬種は、かつてアメリカン・スピッツと呼ばれていたが、第一次世界大戦時、ドイツから来たものが良いはずはないという国民感情が広がったため、ドイツ原産とされる「スピッツ」の名称が外された。アメリカン・エスキモーは犬のなかでもきわめて美しい。オオカミに似た古典的なとがった顔をしていて、耳が立ち、毛が長く厚く、尻尾《しっぽ》は縮《ちぢ》れている。知性がとても高い。うちの犬の名前は「シッコ」（イヌイット語で「アイス」の意味。娘が命名した）。芸の覚えが早く、歳《とし》をとったいまでも新しい芸を覚えられる。わたしは最近、一三歳のシッコに新しい芸を教えた。手を振る芸と、鼻のうえに食べ物を載せてみせる芸はすでに知っていたので、両方を同時にやるように教え込んだ。ただし、当のシッコが楽しんでやっているかどうかは定《さだ》かでない。

もともとシッコは、娘のミハイラのために買ってきた犬だ。娘が一〇歳のころだった。たまらなく可愛い子犬だった。小さな鼻と耳、まるい顔、大きな目、ぎこちない動き――これらの特徴に、人間は男女を問わず、思わず惹《ひ》きつけられる。[208] 間違いなく、娘はそういう特徴が大好きだった。彼女はまた、アゴヒゲトカゲ、ヤモリ、ニシキヘビ、カメレオン、イグアナを何匹も飼っていた。加えて、「ジョージ」という名の巨大なウサギ（体重九キロ、体長八〇センチのフレミッシュ・ジャイアント）がいて、このウサギは家じゅうのものをかじり、しょっちゅう脱走した（脱走後、あちこちの隣家へ出向いて捕獲するはめになった。隣人たちは都会の小さな庭に信じられないほど大きなウサギがいるのを見て仰天《ぎょうてん》していた）。爬虫類《はちゅうるい》やらウサギやらを飼っていたのは、低刺激性の生き物だったせいもある。娘は――シッコだけ例外として――典型的なペットにアレルギーがあった。

わたしたちはシッコに五〇個もニックネームをつけた。さまざまな感情がこもったニックネームで、わたしたちの愛情の表れもあれば、シッコの行儀の悪さにたまに抱く不満の表れもあった。わたしがいちばん好きだった呼び名はおそらく「スカムドッグ」だが、「ラットハウンド」「ファーボール」「サックドッグ」も気に入っていた。子どもたちは「スニーク」「スクイーク」などと呼ぶことが多く、ほかにも「スヌーキー」「アグドッグ」「スノアファルポガス」など、ひどい名前で呼ぶこともあった。娘がいまお気に入りの呼び名は「スノーブズ」だ。しばらく留守にしたあとで再会したとき、そんな名をつけた。甲高《かんだか》い驚きの声色《こわいろ》で呼ぶと、感情がこもる。

ちなみにシッコは、インスタグラムで専用のハッシュタグを持っている（#JudgementalSikko）。

わたしが猫について直接書かずに飼い犬を話題にしているのは、社会心理学者のヘンリ・タジフェルが発見した「minimal group identification（最小群同定）」と呼ばれる現象に巻き込まれたくないからだ。[209] タジフェルは、研究室で被験者を画面の前にすわらせ、画面上で多数の点を点滅させて、点が何個あるか推測するように伝えた。続いて、多く見積もった人と少なく見積もった人、正しかった人と正しくなかった人、というふうに分類し、成績に応じてグループ分けした。そのあと、めいめいに、全グループのメンバーに金銭を分配させた。

すると、被験者たちは自分が所属するグループのメンバーを明らかにひいきすることがわかった。平等主義にのっとって分配しようとせず、同じ集団と特定された仲間に多くの金額を配った。ほかの研究者たちは、コインを投げるなど、より恣意《しい》的な方法で被験者をグループ分けした。それでも結果は同じだった。どうやってグループ分けしたかを伝えても、結果は変化しなかった。被験者たちは、たまたま同じグループになった仲間を優遇した。

タジフェルの研究は二つの事実を実証した。第一に、人間は社会的であること。第二に、人間は非社会的でもあることだ。自分のグループのメンバーに好意を抱き、社交性を示す。ほかのグループのメンバーには好意を抱かず、非社交性を示す。なぜそうなのかは、まだ議論が続いている。わたしは、最適化(optimization)という複雑な問題に対してこれが解決策になるかもしれないと思う。そのような問題は、たとえば、二つ以上の要素が重要だが、それはどれかの要素を最大化しようとすると他の要素を減らさざるを得ない、という場合に生じる。また、たとえば、協力と競争——社会的、心理的にどちらも望ましい——のあいだにおける対立をめぐっても生じる。協力は、安全、安心、交流に役立つ。競争は、個人の成長と地位に役立つ。しかし、特定のグループが小さすぎると、そのグループには力も威信もなく、ほかのグループを払いのけることができない。結果として、そのメンバーの一員であることはあまり有益ではない。ただし、そのグループが大きすぎると、頂上や頂上付近までのぼれる確率が低下する。先へ進むのは難しくなる。そこで、自分たちを組織化し、守り、なおかつ上の階層へのぼる可能性がそれなりにあるようにするには、コインでも投げてグループ分けするといいかもしれない。そうすれば、めいめいが自分のグループを支持する。グループを支持すれば自分の繁栄につながるからだ。沈みかけているものにのぼるのは有用な戦略ではない。

いずれにしろ、猫がらみの本章を自分の飼い犬についての記述から始めたのは、タジフェルの最小条件の発見のせいだ。でないと、タイトルに「猫」と入っているだけで、犬好きの人がわたしにそっぽを向きかねない。わたしが、撫《な》でる対象に犬を入れなかったからだ。わたしは犬も好きなので、そんな運命をたどりたくない。したがって、道で犬に出会ったときに撫でてやりたいと思う人は、わたしに気兼ねはいらない。犬を撫でる行為もわたしは良いと思うので、安心してもらいたい。逆に、猫の話を期待していたのに、犬のエピソードをさんざん読まされ、騙《だま》された気分になっている猫好きのみなさんにもお詫《わ》びしたい。わたしが明らかにしたいポイントをよく表しているのは猫であり、このあと猫について取り上げるので、安心してもらいたい。ただ、まずはほかの事柄を論じたい。

苦痛と存在の限界

すでに論じたとおり、人生はつらいという考えが、あらゆる主要な宗教で何らかの教義のかたちをとっている。仏教徒は直接そう指摘する。キリスト教徒は十字架《じゅうじか》でそれを表す。ユダヤ人は何世紀にもわたって耐えてきた苦難を肝《きも》に銘《めい》じる。人間は本質的に脆弱《ぜいじゃく》だから、どの偉大な信条にもこのテーマが普遍的に扱われている。わたしたちは精神的にも肉体的にもダメージを受ける恐れがあり、誰もが老化と喪失《そうしつ》の嘆《なげ》きにさらされている。これは陰鬱《いんうつ》な真実であり、このような状況下でどうすれば繁栄し、幸せになれるのか（そもそも、生存を願うことができるのか）を考えるのは理にかなっている。

わたしは最近、五年間も癌《がん》の苦しみを闘い抜いた夫を持つ女性患者と話した。闘病中、夫婦は驚くほど勇《ゆう》敢《かん》に立ち向かった。しかし、転移しやすい癌の餌食《えじき》となり、夫には、生存の時間がほとんどなくなってしまった。悪い告知に耐えて克服したあと、まだ弱っている回復期にふたたび悪い告知を受けるのは、さぞかしつらかっただろう。悲劇に次ぐ悲劇。まったく不公平に思える。希望さえも信用できなくなってしまう。心に深い傷が残ってもおかしくない。その女性とわたしは、哲学的で抽象的なものから具体的なものまで、さまざまな問題を話し合った。また、人間の脆弱性の謎をめぐって、わたしがそれまで考えてきたことをいくつか伝えた。

わたしの息子ジュリアンは三歳のころ、とくに可愛《かわい》かった。それから二〇年経《た》ったいまも、かなり可愛い(このくだりを読んで、きっと本人は喜ぶだろう)。息子のおかげで、わたしは、小さな子どもたちの脆《もろ》さについて多くのことを考えた。三歳児は傷つきやすい。犬に噛《か》まれる恐れもある。車にはねられるかもしれない。いじめっ子にやられるかもしれない。病気にかかるかもしれない(実際、ときどきかかった)。息子は高熱を出しやすく、譫妄《せんもう》に苦しむときもあった。熱に浮かされて幻覚を見たり、暴れたりしたとき、わたしは息子を浴室に連れて行き、シャワーで冷やしてやらなければいけなかった。病気の子どもを抱えたときほど、人間という存在の根源《こんげん》的な限界に納得がいかなくなる場面はないだろう。

ジュリアンより一歳数カ月年上の娘ミハイラも、問題を抱えていた。娘が二歳のころ、よく肩車をしてやった。子どもは肩車を喜ぶ。ただ、そのあと肩から下ろすと、娘はすわり込んで泣き出すのだった。しかたなく、肩車はやめた。これでいちおう解決したように見えた。ところが、少しだが問題が残った。妻のタミーが、娘の歩きかたがおかしいと言いだしたのだ。わたしはとくに異常を感じなかった。妻は肩車をされたときの娘の反応と何か関係があるのではないかと疑っていた。

娘は明るい子どもで、非常に育てやすかった。ボストンで暮らしていた生後一四カ月のある日、わたしは妻とその両親といっしょに、娘をケープコッドへ連れて行った。到着後、タミーと両親がひと足先に散歩に出て、わたしと娘は車の前部座席に残った。娘は寝そべってひなたぼっこをしながら、何やらつぶやいていた。わたしは身をかがめて、娘の言葉に耳を澄《す》ました。

「ハッピー、ハッピー、ハッピー、ハッピー、ハッピー」

そう言っていた。まさに幸せらしかった。

ところが六歳になると、娘はふさぎ込むことが多くなった。朝、ベッドから起こすのがひと苦労だった。娘はとてもゆっくり服を着た。散歩に出かけても、歩みが遅かった。足が痛い、靴が合わないと娘は不平を言った。一〇足買い与えたものの、改善が見られなかった。学校にいるあいだは、顔を上げ、行儀良く振る舞っていた。ところが帰宅すると、母親の顔を見るや、泣きだした。

その少し前、ボストンからトロントへ引っ越してきたので、娘は環境の変化でストレスを受けているのだろうと考えた。しかし、いっこうに良くならなかった。娘は階段の上り下りを一歩ずつしかしないようになった。老人のような動きになった。手をつなぐと、嫌がった(ずっと後になって、娘はわたしに尋ねた。「お父さん、わたしが小さいころ、『こぶたちゃん市場へいった』をやって遊んだでしょ。どうしてあんな痛い思いをしなきゃいけなかったの?」。手足の指を使った遊びをそんなふうに感じていたとは、当時は気づかなかった……)。

地元の診療所の医師はこう言った。「子どもは成長時に痛みを感じることがあります。いたって普通の話です。でも、理学療法士に診《み》てもらうのもいいでしょう」。そこで、診てもらうことにした。理学療法士は、娘の踵《かかと》を回そうとした。動かなかった。良くない徴候《ちょうこう》だ。「娘さんは若年性《じゃくねんせい》関節リウマチです」と診断が下った。聞きたくない言葉だった。やぶ医者だと思った。もとの診療所に戻ると、別の医師から、トロント小児病院へ連れて行くように言われた。「救急処置室に行ってください。そうすれば、すぐにリウマチ専門医に診てもらえるはずです」。娘は間違いなくリウマチなのだった。最初に病名を告げた理学療法士が正しかった。三七個の関節が罹患《りかん》していた。重度の多関節型若年性特発性関節炎。原因は? ——不明。今後は? ——早めに複数の関節を交換。

いったいどんな神が、こんなことが起こり得る世界をつくったのだろう? しかも、罪のない幸福な女の子に。宗教を信じる者にとっても信じない者にとっても、これは基本的な大問題だ。多くの難しい問題と同様に、この点は『カラマーゾフの兄弟』――ルール7で取り上げた、ドストエフスキーの偉大な小説――で扱われている。ドストエフスキーは、登場人物イワンを通じて、「ビーイング」の妥当性《だとうせい》について疑念を表明している。覚えているかもしれないが、イワンは明晰《めいせき》で、ハンサムで、洗練された兄。修練院で修行を始めた弟アリョーシャにとって、最大の敵でもある。「僕が受け入れられないのは神ではない。この点をわかってほしい」とイワンは言う。「僕がどうしても受け入れられないのは、神が創造した世界。この神の世界にどうしても賛成できない」

イワンはアリョーシャに、両親が小さな女の子を折檻《せっかん》した話を聞かせる。厳寒の冬の夜、家の外にある便所に娘を閉じ込めたのだ(ドストエフスキーが当時の新聞で読んだ話らしい)。「娘が一晩じゅう泣いているあいだ、両親は平気でうたた寝をしている。想像できるかい?」とイワンは言う。「ちっちゃな子どもが、何が起こっているのか理解できないまま、凍った小さな胸を叩《たた》き、哀《あわ》れに涙を流しながら、このひどい場所から出してくださいと『優しいイエス様』に祈っているんだよ! ……アリョーシャ、もし、世界はついに完全な平和を手に入れることができると約束され、ただし一つだけ条件があって、小さな子どもをひとり拷《ごう》問《もん》して死に至らしめなさい、たとえば外の便所で凍《こご》えているあの女の子を死なせなさい、と言われたら、おまえはやるか?」。アリョーシャは躊躇《ちゅうちょ》したあと、「いいえ、やりません」と小声でこたえる。(210) 彼は、神が自由に許しているように思われることをやらないのだ。

何年も前、わたしはこのことに関連する出来事に気づいた。三歳のジュリアン(読者のみなさん、わたしの息子をまだ覚えているだろうか?)にまつわる出来事だ。わたしは思った。「わたしは息子を愛している。三歳で、可愛くて、小さくて、滑稽《こっけい》だ。しかし同時に、ひょっとして息子が傷つくのではないかと恐れている。もし、わたしにそれを変える力があったら、どうするだろう?」。さらに考えた。「息子の身長をいまの一〇〇センチから六メートルに伸ばしてやったらどうか。誰にも負けないだろう。肉と骨でできたからだを、チタン製に変えてやったらどうか。そうすれば、ほかの子におもちゃのトラックをぶつけられても平気だろう。脳にコンピュータを組み込んで強化したらどうだろうか。万が一損傷を受けても、すぐに部品を交換すればいい。問題解決だ!」。いいや、解決していない。そんなことがいまのところ不可能だから、という理由だけではない。人為《じんい》的に息子を強化するのは、息子を破壊するのと同じだ。三歳の少年ではなく、鉄のように硬く冷たいロボットになってしまう。もはや息子ではない。怪物だ。そんな物思いを通じて、わたしは、人間が他人から本当に愛されるものは、その限界と切り離せないことに気づいた。もし息子が病気、喪失、痛み、不安と無縁だったら、愛すべき小さな可愛い存在ではなくなってしまうだろう。わたしは息子を深く愛している。脆弱性があっても、ありのままでいいのだ、とわたしは結論した。

娘のほうが、もっと大変だった。病気が進行するにつれて、わたしは散歩に出かけると、娘を(肩車ではなく)抱きかかえるようになった。娘はナプロキセンとメトトレキサートの内服を開始した。メトトレキサートは強力な化学療法薬だ。娘は全身麻酔《ますい》され、何度もコルチゾール注射を受けた(手首、肩、足首、肘《ひじ》、膝《ひざ》、股関節《こかんせつ》、指、足指、腱《けん》に)。一時的には効きめがあったものの、娘のからだは衰弱《すいじゃく》し続けた。ある日、妻のタミーが娘を連れて動物園に行った。車椅子《くるまいす》にのせて押さなければいけなかった。

楽しい一日ではなかった。

娘のリウマチ専門医が、炎症と闘うために長いあいだ使用されてきた副腎皮質《ふくじんひしつ》ステロイド、プレドニゾンを提案した。しかし、プレドニゾンには多くの副作用があり、なかでも重度の顔面腫脹《しゅちょう》の恐れがある。それがリウマチよりましなのか、わからなかった。いたいけな女の子には向かないように思えた。幸い、そのリウマチ科の医師は新しい薬を教えてくれた。以前は成人にのみ使用されていたという。そこで娘は、自己免《めん》疫《えき》疾患専用の「生物製剤」、エタネルセプトを服用するカナダ初の子どもになった。最初の数回の注射で、娘は誤って推奨用量の一〇倍を投与された。その偶然が功を奏した。突然、娘は元気になった。車椅子で動物園へ行った数週間後、娘はサッカーの試合に出場し、所狭しと駆け回った。その夏じゅう、妻は娘の走り姿を眺めていた。

わたしたち夫婦は、娘に自分の人生をコントロールしてほしいと考えた。娘は前々から、お金によって強く動機づけられていた。ある日、ふと気がつくと、娘は幼いころに読んだ本をまわりに並べてすわり、通行人に売っていた。ある晩、娘をすわらせて、もし自分で注射を打てたら五〇ドルあげるよ、と言った。娘は八歳だった。太ももに針を近づけて、三五分間苦戦した。やがて、やり遂げた。次のとき、二〇ドルあげると持ちかけると、娘はたった一〇分で注射を終えた。その次は一〇ドル出し、五分で終了。そのあとしばらく一〇ドルで据え置いた。安い買い物だった。

数年後、娘は完全に無症状になった。リウマチ科の医師から、注射の中止を勧《すす》められた。思春期になると若年性関節リウマチが治癒《ちゆ》する子どももいる。理由は誰にもわからない。娘はメトトレキサートを注射する代わりに錠剤《じょうざい》のかたちで服用し始めた。四年間は順調だった。ところがある日、肘の痛みを訴えた。わたしたちはふたたび娘を病院に連れて行った。「活動性の関節炎は一カ所だけです」とリウマチ専門医の助手が言った。「だけ」で済む話ではなかった。二カ所よりましだが、ゼロよりははるかに多い。思春期になったにもかかわらず、娘のリウマチは完治しなかったわけだ。その診断を受けて、娘は一カ月打ちのめされていたが、それでもまだダンスのクラスに通い、家の前の道路で友達とボール遊びをしていた。

次の九月、一一学年に進学した娘に、さらに残念な診断が下った。ＭＲＩで股関節の悪化が判明したのだ。

女医がミハイラに告げた。「三〇歳になる前に、股関節を交換しなきゃいけないわ」。エタネルセプトが奇跡を起こす前に損傷が起きたのだろうか？　わたしたちは気づかなかった。不吉な知らせだった。数週間後のある日、娘は高校の体育館でボールホッケーをしていた。突然、股関節が動かなくなった。娘はよたよたとコートをあとにした。痛みが増し始めた。リウマチ科の女医が、「大腿骨《だいたいこつ》の一部が壊死《えし》しているようです。股関節置換《ちかん》術は三〇歳を待たず、いますぐ必要です」と言った。

前に触れた、癌の転移で苦しむ夫を持つ女性患者と、わたしは生命のはかなさ、存在の破局、死の影からくる虚無《きょむ》感について話し合った。わたしは最初に息子のことを考えた。彼女は、同じ立場に立たされたほかの人たちと同じように「なぜ夫なの？　なぜわたしなの？　なぜこんなことが？」と疑問を吐露《とろ》した。弱さと「ビーイング」の結びつきについてわたしが気づいていたことを話すのが、最善の答えに思えた。わたしは彼女に古いユダヤ人の話をした。トーラーに関する注釈書にあった話だったと思う。質問から始まり、禅の公案《こうあん》のような構成になっている。全知にして全能な者を想像しなさい。そのような「ビーイング」に足りないものは何か？[211]　答えは？　――制約(limitation)、だ。

もしすでにあなたが、いつもすべてのものや場所を意のままにできるのなら、もはや、なるべきものもなく、行くべき場所もない。可能なものはすべて存在し、起こり得ることはすべて起こった。伝承によれば、だからこそ神は人間をつくったのだ。制約がなければ、物語もない。物語がなければ、「ビーイング」もない。その考えは、わたしが「存在」の恐ろしい脆さに対処するのに役立った。その女性患者にも役立った。この重要性を無理に誇張するつもりはない。これでどうにかなると言いたくはない。わたしがまだ娘のひどい病気に直面していたように、彼女は夫を苦しめている癌に直面していた。しかし、存在と制約は表裏一体であることを認識するのは、それなりの意味がある。

およそ車輪というものは、三十本の輻《や》が一つの轂《こしき》に集まっているが、轂《こしき》のまん中に無《む》の穴が空《あ》いている。であればこそ、車輪は回転してその役割を果たすことができるのである。器《うつわ》というものは、粘土《ねんど》をこねて作るのであるが、そのまん中に無《む》のくぼみが空《あ》いている。だからこそ、土器はものを盛ってその役割を果たすことができるのだ。部屋というものは、戸や窓をくり抜いてこしらえるが、そのまん中に無《む》の空間が空《あ》いている。だからこそ、部屋は人々が出入りしてその役割を果たすことができるのだ。
それ故、有《ゆう》が人々に利益をもたらすのは、根源にある無《む》がその役割を果たしているためである。[212]

この種の認識が、最近、ポップカルチャーの世界にも現れた。ＤＣコミックスの文化的アイコン、スーパーマンの進化をめぐってだ。スーパーマンは一九三八年、ジェリー・シーゲルとジョー・シャスターによって生み出された。最初のうちは、車や列車、船まで動かせるのが長所だった。機関車より速く走ることができた。一回の跳躍《ちょうやく》で高いビルをいくつも飛び越えることができた。しかし、その後の四〇年間で進化を続け、スーパーマンの力は拡大し始めた。六〇年代後半に入ると、光より速く飛べるようになった。超聴力とＸ線視力を身につけた。目から熱線を発射できるようになった。物体を凍結させ、息を吹いてハリケーンを発生させることもできる。惑星群をまるごと動かせる。核爆発も平気だった。もし怪我《けが》をしても、すぐに治る。スーパーマンは無敵になった。

すると、不思議なことが起こった。スーパーマンは退屈になった。驚くべき能力が進化するほど、スーパーマンがやるべき面白いことは見つからなくなってきた。ＤＣは一九四〇年代にこの問題を解決した。スーパーマンは、クリプトナイト——故郷の星が粉砕されたときの残骸《ざんがい》——が発する放射線に対して脆弱になった。やがて二〇個以上の変種が出現した。緑のクリプトナイトはスーパーマンを弱くする。じゅうぶんな量を投与すればスーパーマンを殺すことさえできた。赤のクリプトナイトはスーパーマンに奇妙な行動をさせる。赤緑のクリプトナイトは突然変異を引き起こす(後頭部に三つめの目ができたこともある)。

スーパーマンの物語を面白くするには、さらにほかの工夫が必要だった。一九七六年、スーパーマンとスパイダーマンとが戦うことになった。スタン・リーが立ち上げた新興マーベル・コミックがあまり理想化されていないキャラクターたちを擁《よう》する一方、DCはスーパーマンとバットマンを擁しており、双方のクロスオーバーによってヒーロー同士の競演が初めて実現したのだ。ただしマーベルは、この戦いに現実味を帯びさせるため、スパイダーマンの力を増強しなければならなかった。これはルール違反だった。スパイダーマンは、蜘蛛《くも》の能力を持っているからスパイダーマンなのだ。突然、古くからある超能力を与えられたら、もうスパイダーマンではない。設定がめちゃくちゃになる。

一九八〇年代には、スーパーマンは「デウス・エクス・マキナ」(ラテン語で「機械仕掛けから出てくる神」の意味)に悩まされた。この用語は、古代ギリシアや古代ローマの戯曲《ぎきょく》で、危機に瀕《ひん》した英雄を、突然、奇跡的に出現した強大な神が救うことを表す。今日に至るまで、下手な物語では、苦境に陥《おちい》った登場人物が、あり得ない魔法などのごまかしで救われ、読者の興《きょう》を削《そ》ぐ。マーベル・コミックは、ときどき、行き詰まった物語をまさにその手口で救う。たとえば、『X-メン』にはライフガードというキャラクターが登場し、命を救うために必要な力を自由に生み出せる。非常に便利なキャラクターだ。大衆文化には同様の例がほかにも多い。たとえば、スティーブン・キングの『スタンド』の結末では——ネタバレ注意——小説の邪悪《じゃあく》なキャラクターたちを神がみずから滅ぼす。ゴールデンタイムの連続メロドラマ『ダラス』の第九シーズン(一九八五~八六年)では、まるまる全部が夢であることが判明する。当然、ファンはそのような展開を批判する。徹底的にこき下ろす。ストーリーを追うファンは、ストーリーを成り立たせているいろいろな制約に一貫性があってつじつまが合うかぎり、「信じられない」という思いを一時的に抑え込む。本来、脚本家側は、最初に決めた設定を守る。守らないと、ファンの神経を逆撫《さかな》でしてしまう。ファンたちは本を暖炉《だんろ》に放り込み、テレビにレンガをぶつけようとする。

それがスーパーマンの欠点になった。極端な力を生み出して、いつでもどんなピンチでも脱することができた。結果として一九八〇年代、スーパーマンのシリーズはほとんど人気を失った。その後、作画と脚本を手がけるジョン・バーンが、スーパーマンを書き直し、再出発に成功した。生い立ちを残しつつも、新しい力の多くを奪った。スーパーマンはもはや惑星を持ち上げることも、水素爆弾を投げつけることもできなくなった。太陽に依存し、吸血鬼さながら太陽のパワーを吸って活躍するようになった。いくつか合理的な限界を持った。何でもできるスーパーヒーローは、ヒーローではないことが判明したのだ。独自の個性を持たなければ、何者でもない。努力する目標が何もないなら、尊敬も受けられない。「ビーイング」が何らかの合理的なものであるためには、制限が必要になる。たんなる静的な存在にとどまらず、変化する余地が必要なのだ。成長するか、少なくとも別の何かにならなければいけない。制約を受けているものだからこそ、変化が可能になる。

当然だろう。

しかし、そのような制約によって引き起こされる苦しみはどうだろう? 「ビーイング」によって要求される制約はあまりにも厳しく、プロジェクト全体を廃棄《はいき》したほうがいいほどだ。ドストエフスキーはこの考えを『地下室の手記』の主人公の言葉で明確に表現している。「要するに、世界史に関しては何だって言える。最も調子っぱずれな想像力が思いついたことでも、かまわないというわけだ。ただ一つだけ言えないことがあるとすれば、それが道理にかなっているということだ。そんなことはひと言口にしただけで、むせかえってしまう[213]」――。すでに見てきたとおり、「ビーイング」の敵対者であるゲーテのメフィストフェレスは、『ファウスト』で神の創造に対して明確に反対している。後年、ゲーテは『ファウスト第二部』を書き、少し違ったかたちで悪魔に信条を繰り返させている。[214]

過ぎ去ったら、何にもなくなる。それとこれとは完全に同じことだぞ。

そんなら、あの「永遠の創造」というやつは、どうなんだ?

せっせと創造しては、それを無のなかへ突き落とす。

「それは過ぎ去ったんだ」、そんな言いようが何になる?

それじゃ初手から無かったと同じじゃないか。

そのくせ、何かがあるように、創ってはこわし、創ってはこわす堂々めぐりの繰り返しだ。

だからおれはそんなことより「永遠の虚無」というやつが好きなのさ。


夢が消えたとき、結婚生活が終わったとき、家族が病気に倒れたとき、誰もがこの言葉を理解できる。現実はなぜ、これほど耐えられないように組み立てられているのか? いったいなぜ?

おそらく、コロンバイン高校の少年たちが示唆《しさ》したように(ルール6参照)、何も存在しないほうがましかもしれない。あるいは、「ビーイング」がまったくないほうがよかったかもしれない。しかし、前者の結論に達した者は自殺を企《くわだ》て、後者の結論に達した者はもっと悪いこと、本当に恐ろしいことを考える。すべてを破壊することを考える。大虐殺《だいぎゃくさつ》や、さらなる惨劇を企《たくら》んでいる。最も暗い領域にも、さらに暗い隅《すみ》がある。そして本当に恐ろしいのは、そのような結論は理解できるし、不可避かもしれないということだ（実行に移すのは不可避ではないが）。たとえば、苦しむ子どもと向き合ったとき、どう考えるのが理にかなっているだろう？　道理にかなった人、思いやりのある人でも、そのような残酷《ざんこく》な思いが心に浮かぶのではないだろうか？　神はどうしてこんな世界を存在させることができるのか？

論理的にはそうかもしれない。理解できるかもしれない。しかし、そのような結論にはひどい落とし穴がある。そうした結論と歩調を合わせた行為は、悪い状況を必然的にさらに悪化させる。たとえ人生からくる本当の苦痛のせいであっても、人生を憎《にく》み、蔑《さげす》むことは、人生そのものを耐えがたいほど悪化させるだけだ。そこには真の抗議はない。善もない。苦しみのために苦しみを生みたいという願望があるだけだ。それこそが悪の本質だ。そういう考え方をする人たちは、完全な破壊行為の寸前にいる。たんに道具が不足しているだけのこともある。ときには、スターリンのように核のボタンに指をかけることもある。

しかし、明らかに存在する恐怖を考えた場合、何かつじつまの合う代案はあるのだろうか？　マラリアを媒介《ばいかい》する蚊《か》、子どもの兵士、退行性《たいこうせい》の神経疾患とともにあること自体、本当に正当化できるだろうか？　一九世紀なら――二〇世紀の全体主義的な恐怖が何百万人もの人々を貫《つらぬ》く前なら――そのような疑問に対する適切な答えを出せなかったかもしれない。ホロコースト、スターリン主義者の粛清《しゅくせい》、毛沢東《もうたくとう》の破滅的な大躍《だいやく》進《しん》政策という事実がなければ、なぜこのような疑念が道徳的に許されないのか理解できず、熟考のすえこの疑念に答えることもできなかったと思う。[215]　また、ただ考えるだけでは、この疑念に答えることは不可能ではないかと思う。思考は容赦《ようしゃ》なく奈落《ならく》につながる。トルストイには役立たなかった。おそらく歴史上誰よりもそのようなことについて明確に考えていたニーチェにとってさえ、思考は役に立たなかったかもしれない。しかし、きわめて厳しい状況で思考が頼りにならないとしたら、何が残っているだろう？　結局のところ、人間の成果のなかで、思考が最高ではないか？

いや、違うかもしれない。

思考には本当に素晴らしい力があるが、思考を超えるものがあるかもしれない。「存在が耐えがたいものである」と明らかになると、思考はみずから崩壊する。そのような状況では、思考ではなく、深い部分に気づくことが重要だ。あなたが誰かを愛するとき、その人の限界を知りながら愛しているのではなく、その人に限界があるからこそ愛しているのだ、ということに気づくところから始めるのもいいだろう。もちろん、容易ではない。すべての欠点を愛する必要はなく、受け入れるだけでかまわない。人生をより良くするために努力するのをやめたり、苦しみをそのままにしたりしてはいけない。ただし、人間性そのものを犠牲にしないかぎり、改善への道には限界があるらしい。もちろん、「ビーイングは制約を必要とする」と結論し、それで安堵《あんど》して過ごせることもある。太陽が輝き、あなたの父親がアルツハイマー病ではなく、子どもたちが健康で、結婚生活が順調なときは、それで済む。しかし、物事がうまくいかなくなったときはどうだろう？

崩壊と痛み

わたしの娘ミハイラは、痛みで眠れない夜が幾日もあった。娘の祖父が訪ねてきたとき、コデイン含有《がんゆう》のタイレノール3sを何錠か与えた。眠ることができた。しかし長続きしない。担当のリウマチ専門の女医は、娘に寛解《かんかい》をもたらすのに役立ったものの、収まらない痛みにとうとう策が尽きた。あるとき麻薬を処方し、娘を中毒症状にしてしまった。女医は、麻薬は二度と処方しないと誓った。「イブプロフェンを試したことは？」と娘に尋ねた。娘は医師が何でも知っているわけではないことを学んだ。娘にとってイブプロフェンは、飢《う》えた男にパン屑《くず》を与えるくらいの効果しかなかった。

わたしたちは新しい医者に相談した。彼は注意深く話を聞いたあと、娘を助けた。まず、T3を処方した。娘の祖父が一時的に与えたのと同じ薬だ。勇気ある処方だった。医師は、オピエート類の処方を避けるべきだという大きな圧力に直面している。とくに小児に対しては避けるべきとの声が多い。オピエート類はたしかに効く。しかしすぐにタイレノールでは事足りなくなった。娘はオキシコンチンを服用し始めた。俗にヒルビリー・ヘロインと呼ばれる、モルヒネ様作用を示す合成麻酔《ますい》薬だ。これで娘の痛みは治まったが、別の問題が生じた。処方箋《せん》が出た一週間後、妻が娘を連れてランチに出かけた。娘は酔っ払っているかのようだった。ろれつが回らなかった。さかんに首を垂れた。良くない状況だった。

妻の妹は、緩和ケア看護師だ。オキシコンチンとリタリン（過活動の子どもによく使われるアンフェタミン）を併用してはどうかと考えた。リタリンは、娘の注意力を取り戻し、痛みも抑制する効果を持っていた（手に負えない苦痛にもがく人間を前にしているとき、多少とも痛みが治まればどんなにか安心するだろう）。しかし、やがてまた痛みがひどくなってきた。倒れるときもあった。そのうち、こんどはエスカレーターが動かない日に地下鉄の駅内で、股関節がふたたび動かなくなった。ボーイフレンドに背負われて階段をのぼり、タクシーで帰宅した。もはや地下鉄は信頼できる交通手段ではなくなった。その三月、わたしたちは娘に50ｃｃスクーターを買い与えた。乗せるのは危険だ。しかし移動の自由がないことも危険だった。わたしたちは前者の危険を選んだ。娘は仮免許を取り、日中はスクーターで移動できるようになった。正式な免許は、数カ月ようすを見たあとで与えられることになった。

五月、娘は股関節の手術を受けた。手術医は腕が良く、もともとあった五ミリの左右の脚の長さの差まで再現した。娘の叔母《おば》と祖父母が面会に来た。以前より良好な日もあった。けれども、手術直後から、娘は成人リハビリセンターに入院した。そこの入院患者のなかでいちばん若かった。いちばん歳の近い患者でさえ、六〇歳上だった。同室の高齢者はとても神経質で、夜間でも明かりを消すのを嫌がった。その高齢者はトイレに行けず、簡易便器を使わなければならなかった。部屋のドアを閉めておくのも我慢できなかった。部屋はナースステーションのすぐそばだったから、呼び出しベルや大声の会話が絶え間なく聞こえてきた。眠らなければいけないのに、眠れる場所ではなかった。午後七時以降は外部者の立ち入りが禁止だった。入院の本来の目的だった物理療法医も、運悪く休暇中だった。娘を助けたのは管理人だった。眠れないと娘が訴えるのを聞いて、大部屋の病室へ移してくれた。その管理人は当初、娘が誰と同室にさせられたかを知って笑ったことがあった。

娘はそのリハビリセンターに六週間いるはずだったが、結局三日で退院することになった。休暇中だった物理療法医が帰ってきたので、娘はリハビリセンターの階段をのぼり、必要な追加の運動をすぐに習得したのだ。娘がリハビリに励むあいだ、わたしたちは自宅に手すりを取り付けた。そのあと娘を連れて帰った。娘は痛みや手術をけなげに乗り越えた。ところが、手術後に、ひどいリハビリセンターのしたことは？　心的外傷後ストレス障害（ＰＴＳＤ）を引き起こしたことだ。

娘は、合法的にスクーターに乗り続けられるように、六月、本格的なオートバイ教習所に入学した。わたしと妻は心配でたまらなかった。もし転倒したら？　事故に遭《あ》ったら？　初日、ミハイラは本物のオートバイで練習した。重かった。何度か倒してしまった。別の初心者が転倒してころがるのを目撃した。二日めの朝、娘は教習所に戻るのを怖がった。ベッドから出ようとしなかった。わたしたちはしばらく話をし、とりあえず、妻の車に乗って教習所まで行ってみることにしようという案で一致した。教習を受けるのが無理そうなら、車内から見学するだけでいい、と。向かう途中、娘は勇気を取り戻した。やがて娘が免許証を受け取ったとき、ほかの教習生は全員起立して拍手した。

その後、娘は右足首を脱臼《だっきゅう》した。医者は患部の骨全体を一つに結合しようと考えた。ただ、そうすると、ほかの小さな骨に圧力がかかり、すり減ってしまうとのことだった。もし八〇歳なら、我慢するほかなかっただろう(楽ではないが)。しかし十代では避けるべきだ。まだ新しい技術だが、人工補綴物《ほてつぶつ》を使ったほうがいい、とわたしたちは主張した。三年間の順番待ちが必要であることがわかった。これには参った。脱臼した足首は、以前に腰を悪くしたときよりもはるかに強く痛んだ。調子が悪い夜、娘は気まぐれで非論理的になった。こちらが落ち着かせようとしても駄目《だめ》だった。娘が限界にきているのはわかっていた。ストレスなどという言葉では表せない。

わたしたちは数週間、さらに数カ月かけて、あらゆる代替《だいたい》手段を必死に調べ、適合性の評価を尽くした。インド、中国、スペイン、英国、コスタリカ、フロリダなど、どこかにもっと早く手術できる病院がないかと探した。そしてオンタリオ州保健省に連絡したことがとても役立った。バンクーバーに専門家が配置されていたと判明したのだ。娘の足首は一一月に置き換えられた。しかし、手術後の痛みが最悪だった。骨の位置がうまくおさまっていなかった。ギプスが骨のふくらみを圧迫していた。病院側は、痛みを抑えるのにじゅうぶんな量のオキシコンチンを投与することには消極的だった。すでに使用していたせいで、娘の体内には高いレベルの耐性ができていた。

退院後、痛みが少し軽くなり、娘はオピエート類の服用を徐々に減らし始めた。明らかに効果があるにもかかわらず、彼女はオキシコンチンを嫌った。オキシコンチンは人生を灰色にすると言った。状況を考えると、かえって良かっただろう。早めにその服用を打ち切った。そのあと娘は何カ月も引きこもり、夜間、発汗と蟻走感《ぎそうかん》（アリが皮膚の下を上下逆さまに這《は》うような感覚）に苦しんだ。喜びをいっさい感じられなくなった。オピエートからの離脱症状の一つだった。

この時期ほとんどのあいだ、わたしたちは完全に滅入《めい》っていた。ただ、破滅的な状況のせいで落ち込んでいるからといって、日常生活の必要性からは逃れられない。相変わらず、ふだんしてきたことをすべてこなさなければならない。どう管理すればいいのか？　ここで、以下のことを学んだ。

少し時間をとって、病気やその他の危機について話し合い、それを毎日どのように管理するかを検討すべきだ。ほかの時間は、そのことについて考えたり、話したりしてはいけない。影響を制限しないと、疲労して、すべてが崩れていってしまう。それはまずい。体力を温存しなければいけない。あなたが臨んでいるのは小さな戦い一つではなく、小さな戦いの積み重ねによる全面戦争だ。長い戦いのあいだ機能を維持する必要がある。危機に関連する不安がほかの時間に生じた場合、予定してとっておいた時間中にその不安について考える。通常、これでうまくいく。不安を引き起こす脳の部分は、計画の詳細よりも計画があるという事実に関心がある。考える予定を夕刻や夜にとってはいけない。そういう時間帯に考えると、眠れなくなる。眠れなければ、すべてが急激に悪化するだろう。

人生の枠組みに使う時間の幅は適宜《てきぎ》、調節するといい。日が照っていて、順調で、作物が豊富なときには、翌月、翌年、次の五年間の計画をまとめて立てることができる。一〇年先を夢見ることさえできる。しかし、鰐《わに》に脚を噛まれて動けないときは、そんな先まで見通せない。『マタイ伝』第六章三四節いわく、「災いは、その日のものだけでじゅうぶんである」。これは「明日を気にせず、いまを生きよ」と解釈されることが多いが、本来は違う。非常に重要な、山上《さんじょう》の垂訓《すいくん》の文脈で解釈すべきだろう。山上の垂訓は、モーセの十戒《じっかい》の「汝《なんじ》、するなかれ」を、「汝、すべし」というかたちの規範にまとめてある。キリストは、天上の神の王国と真実を信じるように導いている。「ビーイング」の根源は善である、との前提に意識的に立つことをさす。勇気のいる姿勢だ。『ピノキオ』のゼペット爺《じい》さんのように、高い望みを持つ。星に願いをかけ、その目標に従って適切に行動する。天国と方向性を合わせれば、その日に集中できる。注意を払い、コントロールできるものを整理する。故障しているものを修理し、すでに良いものをより良くする。注意を払えば、管理できる可能性が生まれる。人間は非常にタフだ。多くの苦しみと損失を乗り越えて生き残ることができる。しかし、忍耐するためには、「ビーイング」のなかに善が見えていなければならない。見えていないと、完全に迷子になる。

ふたたび犬——そしてようやく猫

犬は人間に似ている。人間の友であり味方だ。社会的、階層的、家庭的な性向《せいこう》を持つ。家族のピラミッドの底辺で幸せに暮らす。注意を払ってくれた相手には、忠誠心、賞賛《しょうさん》、愛で報《むく》いる。犬は素晴らしい。

それに対し、猫は独立心が強い。社会的でも階層的でもない（ほんのうわべを除けば）。家庭に半分しか適応しない。芸をしない。自分たちなりのかたちで愛想《あいそう》の良さを示す。犬は人間に飼い慣らされたが、猫は自立を捨てなかった。独自の奇妙な理由で、人との交流を望んでいるらしい。わたしに言わせれば、猫は自然の、「ビーイング」のきわめて純粋な表れだ。しかも、人間を見て是認《ぜにん》する「ビーイング」の一形態だ。

路上で猫に出会うと、いろいろなことが起こる。たとえば、遠くに猫がいるのを見つけると、わたしの邪悪な部分がおもてに出て、下唇《したくちびる》に前歯を立ててプッと大きな音を出し、猫を驚かそうと思う。すると、神経質な猫は毛を膨《ふく》らませて横向きに立ち、自分を大きく見せる。笑っては失礼かもしれないが、わたしはつい笑ってしまう。驚くこともあるという点は、猫の美徳の一つだ（しかも、過剰反応しすぎたとすぐに思い直し、ばつが悪そうにする）。わたしは、自分の気持ちが落ち着いたところで、かがんで猫を呼び、撫でようとする。逃げてしまう猫もいる。猫だけに、完全に無視されることもある。しかしときどきは、わたしのそばに寄ってきて、差し出した手に頭を押しつけ、喜んでくれる。そのうえ、汚れたコンクリートのうえに仰向《あおむ》けに寝転がるときもある（ただし、そういう姿勢になった猫は、こちらの手を甘噛《あまが》みしたり軽く引っかいたりすることが多い）。

うちの向かいの家に、ジンジャーという猫がいる。沈着冷静な美しいシャム猫だ。不安、恐怖、感情的苦痛の指標である神経症的傾向の五大特性が低い。犬をちっとも嫌がらない。うちの愛犬シッコと友達だ。わたしが名前を呼ぶと、ジンジャーは道を渡って寄ってくる。自分の意志で寄ってくるときもある。ぴんと立てた尻尾の先が少しよれている。シッコの前で仰向けに寝転がる。シッコもうれしそうに尾を振ってこたえる。気が向いたときは、三〇分ほど居続ける。こちらとしては楽しい息抜きだ。良い日にはさらに少し明るい気分になるし、悪い日にはつかの間の休息がとれる。

注意を払っていれば、たとえ悪い日であっても、そういう小さな幸運に出合えるかもしれない。バレエレオタードを着た女の子が路上で踊っているのを見かけるかもしれない。客思いのカフェで、とびきりおいしいコーヒーが飲めるかもしれない。一〇分か二〇分、ちょっとしたばかげたことをして気晴らしをしたり、存在の滑稽さを笑い飛ばすことを思い出したりできるかもしれない。個人的には、『ザ・シンプソンズ』のエピソードを一・五倍速で見るのが好きだ。笑いはそのままに、三分の二の時間で済む。

こんど散歩に出かけ、頭を回転させていると、猫が現れるかもしれない。その猫に注意を向けてやれば、ほんの一五秒間だけ、「ビーイング」の驚異が、不可避な耐えがたい苦しみを埋め合わせてくれるときがあるのを思い出せるだろう。
　道で猫に出会ったときは、撫でてやろう。

追伸
　本章を書き終えた直後、担当の外科医は娘に、人工の足首を取り除き、足首を接合して固定するしかなさそうだと告げた。その道の先には、足首の切断が待っている。以前よりはるかにましとはいえ、置換手術以来、娘は八年間にわたって痛みに苦しみ、運動を大きく制約されたままだった。四日後、偶然にも娘は新しい理学療法士に出会った。大柄《おおがら》で力強く、気が利く男性医師だった。かつては英国のロンドンで足首を専門に治療していたという。彼は娘の足首を手で包み込んで押さえ、娘は足を前後に動かした。四〇秒後、ずれていた骨が元の位置に戻った。痛みは消えた。医者の前で泣いたことのなかった娘が、突然泣き出した。膝をまっすぐ伸ばせるようになった。いまでは長い距離を歩けるし、裸足《はだし》で歩き回ることもできる。ふくらはぎの筋力も戻った。人工関節が以前より柔軟に曲がるようになった。今年、娘は結婚して女の子を産み、わたしの妻の亡き母にちなんでエリザベスと名づけた。
　万事順調だ。
　今のところは——。

終章

あらたに手に入れた
ライト付きペンをどう活かすか？

What shall I do with
my newfound pen of light?

わたしは二〇一六年後半、仕事仲間でもある友人に会うために、北カリフォルニアへおもむいた。いっしょに考えを巡《めぐ》らし、話して夜を過ごした。何かのきっかけで、彼は上着からペンを取り出し、メモを取った。そのペンにはLEDが付いていて、端《はし》から光を発し、手元を照らすことができる仕組みになっていた。「ちょっとしたおもちゃだな」とわたしは思った。けれども少しあと、もっと隠喩《いんゆ》的な議論をしているさなかに、光を放つペンという概念を考えつき、深い衝撃を受けた。どこか象徴的であり、形而上学《けいじじょうがく》的だ。結局のところ、わたしたちは大半の時間、闇のなかにいる。前へ進む途中、書かれた文字を光で照らして、道を知りたい。腰掛けて話しながら、わたしは何か書くものがほしいと言い、そのペンをプレゼントしてくれないかと頼んだ。こころよく渡してもらったとき、わたしは尋常《じんじょう》ならぬ喜びを感じた。これで、暗闇でも光のもとで文字が書ける。間違いなく、物事をうまく運ぶのに重要だろう。そこでわたしは真剣に自問自答した。あらたに入手したライト付きペンをどう活《い》かすべきか——。新約聖書には、まさにその疑問に関する記述が二つある。わたしはいままでも繰り返し、その記述について思索《しさく》してきた。

求めよ、そうすれば与えられるであろう。捜せ、そうすれば見いだすであろう。門をたたけ、そうすれば開かれるであろう。すべての求める者は得て、捜す者は見いだし、門をたたく者は開かれるからである。(『マタイ伝』第七章七~八節)

これは一見、祈りの魔力を保証し、恵みを与えてほしいと神に懇願《こんがん》せよ、という意味にしか思えない。だが、いかなる神であれ、望んだだけで叶《かな》えてくれるほど単純ではない。ルール7(その場しのぎの利益ではなく、意義深いことを追求する)で論じたとおり、悪魔に誘惑されたとき、キリスト自身、みずからの父に救いを求めようとしなかった。しかも日々、絶望的な人々が祈りを捧《ささ》げているのに、願いは叶えられていない。しかしこれは、願いに含まれる疑問が適切な方法で表現されていないからかもしれない。道を踏み外したり、重大な間違いをしたりするたびに、神に物理学の法則を破ってもらうのは、おそらく無理だろう。おそらく、そのようなときには、論理を無視して自分の問題が魔法のように解決されることを望むだけでは片付かないだろう。むしろ、決意を高め、個性を強化し、進み続ける力を見つけるために、いま何をしなければならないかを自問したほうがいいだろう。真実を見つめるように自分に頼むのがいいかもしれない。

過去、三〇年近い結婚生活のあいだ、妻とわたしのあいだでさまざまな意見の相違があった。深刻な相違の場合もあった。わたしたちの結束は、果てしなく深いところで壊れているように思え、話をするだけでは隔《へだ》たりを解消できなかった。互いに感情的になり、腹を立て、不安になった。そのような状況が生じたときは、一時的に距離を置くようにすることに決めた。別の部屋で過ごす。とはいえ、なかなか難しかった。頭に血がのぼって、相手を打ち負かして勝ちたいという欲求が生まれ、白熱した口論をやめられなくなるからだ。しかし、口論を続けていると、制御不能のスパイラルに陥《おちい》る恐れがあり、やはり距離を置くほうが賢明《けんめい》に思えた。

ひとりになって、たった一つの疑問を自分にぶつける。いま議論の的になっている状況は、めいめいにどんな原因があるのか？　どんなにわずかでも、双方が多少とも過《あやま》ちを犯したにちがいない。そのあと、ふたたび顔を合わせ、互いに出した結論を共有した。自分が悪かったところはどこか、と。

そのような自問自答をする際の難しさは、本気で答えを探し求めなければならないということだ。さらに厄介《やっかい》なのは、見つかった答えが自分にとって好ましくないことだ。誰かと口論しているときには、自分が正しく、相手が間違っていることを望む。自分ではなく、相手が変化して犠牲を払う立場であってほしい。そのほうがはるかに好ましい。もし自分が間違っていて、変わらなければいけないとなれば、過去の記憶、現在のありかた、将来の計画を考え直さなければならない。そのうえ、改善を決意し、改善策を見つけ、現実に実行する必要が出てくる。大きな労力を伴う。新しい認識を具体化し、新しい行動を習慣化するには、繰り返し練習する必要がある。気づかず、認めず、関与しないほうがはるかに簡単だ。

しかし、そのような時点でこそ、自分が正しいことを望むのか、平和を望むのかを決めなければならない。[216] 自分の見解の絶対的な正しさを主張するのか、それとも、耳を傾け、交渉するのかを決定しなければいけない。正しいからといって、平和は得られない。自分が正しく、パートナーが間違っていたとしても、ただそれだけだ。それを一〇〇〇回繰り返すと、あなたの結婚生活は終わる（あるいは、終えたくなる）。平和につながる選択肢を選ぶには、自分が正しいかどうか以上に、答えを求めたいと覚悟しなければならない。それが、あまりにも制約の多い過去から抜け出す方法だ。頑固《がんこ》な先入観から抜け出す方法だ。交渉の前提だ。ルール２（「助けるべき他者」として自分自身を扱う）の原則に真に従うことでもある。

もしそのようなことを自問し、（どんなに不名誉で、恐ろしく、恥ずべき答えだとしても）本当に答えを望んでいるなら、そう遠くない過去のどこかの時点で自分が愚《おろ》かで間違ったことをしたという記憶が、心の奥底から湧《わ》き上がってくる。妻とわたしは、そう悟った。その後は、パートナーのところに戻って、なぜ自分が愚かなのかを明らかにし、（誠実に）謝罪する。そうすれば、相手もあなたに対して同じことをし、（誠実に）謝罪できる。そうすれば、ふたりはまた話し合えるだろう。「自分は何が間違っていたのか、物事をもう少し正しくするためにはいま何ができるのか？」と自分に問いかけることは、真の祈りのように思える。ただし、恐ろしい真実に心を開かなければならない。聞きたくないことも受け入れなければならない。自分の誤りを学び、正そうと決心すれば、すべての啓示《けいじ》的な思考の源《みなもと》とのコミュニケーションが開ける。自分の良心に相談するのと等しいかもしれない。神との話し合いにも似ているだろう。

そのような心構えで、書き留めるための紙を前に置いて、わたしは例の質問をみずからにぶつけた。「あらたに手に入れたライト付きのペンをどう活かすべきか？」――。本気で答えを求めているように自問した。返事を待った。わたしは、自分の二つの要素のあいだで会話をしていた。ルール9（あなたが知らないことを相手は知っているかもしれないと考えて耳を傾ける）で説明したような意味で、耳を傾ける。このルールは、自分自身の声を聞く際にも当てはまる。もちろん、質問をしたのも答えたのもわたしだ。しかし、同じわたしではない。答えがどうなるかわからなかった。わたしは、自分の想像の劇場に答えが現れるのを待った。空虚《くうきょ》から言葉が飛び出すのを待った。自分のなかから自分が驚くような考えが生まれると、どうして期待できるのか？　自分で考えている事柄が自分でわかっていないことなどあるのか？　新しい考えはどこから生まれるのだろう？　誰が、何が生み出すのか？

それは、わたしが光のペンを手に入れたからだ。暗闇のなかで、輝く言葉を書くことができる。わたしは光のペンでできる最善のことをしたかった。だから、適切な質問をした――ほとんど間髪《かんはつ》いれず、答えが返ってきた。「わたしの魂《たましい》に彫り込みたい言葉を書きなさい」。わたしは書いた。きわめて順調に思えた。たしかに空想的なきらいもあるが、ゲームに一致していた。そこで、わたしはハードルを上げた。考え得るかぎり最も難しい事柄を自分に尋ね、答えを待つことにした。光のペンを持っているなら、それを活かして難しい質問に答えを出すべきだ。最初の質問はこうだった。「わたしは明日、何をなすべきか？」。答えは、「最短の期間で、可能なかぎりの善をなせ」だった。これも満足のいく結果だった。効率性の高さと野心的な目標を結びつけた回答だった。やりがいがある。二番目の質問も似たものだった。「来年は何をなすべきか？」。答えは「確実に善をなすように心がけ、次の年は、それを上回るような善をなすほかない」。これもまた、手堅い回答に思えた。前の回答で示された野心をうまく拡張してある。わたしは例の友人に、きみにもらったペンを使って文字を書き、真剣な実験をしていると伝えた。これまで書いたものを読んで聞かせた。質問も答えも、彼の心をとらえた。わたしは安堵《あんど》した。さらに続ける気になった。

次の質問は、いったんの締めくくりだった。「わたしは人生をどうすべきか?」。答えは「楽園をめざして、今日に集中せよ」。なるほど。わたしは意味を理解した。ディズニー映画『ピノキオ』で、ゼペット爺《じい》さんが星に願ったのと同じことだ。木彫師《きぼりし》の彼は、日常の心配事があふれる俗世間《ぞくせけん》より高いところできらめくダイヤモンドを見上げ、自分の最も深い欲望を明らかにした。自分がつくったマリオネットが、他人に操《あやつ》られる糸を断ち切り、本物の少年に変身することを。本書のルール4(自分を今日の誰かではなく、昨日の自分と比べなさい)で考察したとおり、これは山上《さんじょう》の垂訓《すいくん》の中心的なメッセージでもある。

何を着ようとなぜ思い悩むのか? 野のユリを考えてみるがよい。紡《つむ》ぎもせず、織りもしない。しかし言っておくが、栄華をきわめたころのソロモン王でさえ、装《よそお》いのきらびやかさはその花の一つにも及ばなかった。きょうは野にあっても、あすは炉《ろ》へ投げ入れられる草でさえ、神はこのように装ってくださるのだから、あなたがたにそれ以上よくしてくださらないはずがあろうか。ああ、信仰の薄い者たちよ。ゆえに、何を食べ、何を飲み、何を着ようかと思い悩んではならない。

これらは皆、異邦人《いほうじん》が切に求めるものである。あなたがたの父は、これらのものがあなたがたに必要であることをご存じである。ただ、御国《みくに》を求めなさい。そうすれば、これらのものは添えて与えられるであろう。(『マタイ伝』第六章二八~三三節)

いったいどういう意味だろう？　自分を正しい方向に合わせるということだ。そうして――そうしてこそ――その日に集中する。善、美、真を見すえて、それぞれの瞬間の関心事に鋭く注意を集中する。天をめざし続け、地上で勤勉《きんべん》に労働する。現在にじゅうぶん注意しながら、未来にじゅうぶん注意を向ける。そうすれば、両方を完璧にする最良の機会が得られる。

次にわたしは、時間の使いかたから人間関係にテーマを転じた。質問と答えを書き、友人に読み上げた。「妻に何をすべきか？」――「妻を聖母マリアのように敬《うやま》いなさい。そうすれば、彼女は世界にふさわしい英雄を生むだろう」

「娘に何をすればいいか？」――「彼女の後ろに立って、彼女の言うことを聞き、彼女を守り、彼女の心を鍛え、彼女が母親になりたいなら、大丈夫だと伝えなさい」

「両親には何をすべきか？」――「あなたの行動によって彼らが耐えた苦しみを正当化するように行動しなさい」

「息子には何をすべきか？」――「真の神の子になるよう促しなさい」

「妻を聖母マリアのように敬う」とは、母親としての彼女の役割の神聖さに気づき、それを支援することをさす。これを忘れる社会は生き残ることができない。ヒトラーの母はヒトラーを、スターリンの母はスターリンを産んだ。母子の重要な関係にどんなまずいところがあったのか？　重要な点を一つ挙げるなら、おそらく、彼女の役割や子どもとの関係の大切さが、夫や父や社会から適切に評価されていなかったのだろう。(217) もし適切に丁寧に扱われたなら、代わりにどんな人間を生むだろう？　なにしろ、世界の運命は新しい幼児それぞれにかかっているのだ。いまは小さく、弱く、脅《おび》かされているが、やがて言葉を発し、カオスと秩序のあいだで永遠の微妙なバランスを維持する行為をなすはずだ。

「娘の後ろに立つ」とは？　それは、彼女が勇気を持って行いたいすべてのことにおいて、励ましてやることだ。また、彼女の女性らしさを心から賞賛《しょうさん》する。家族や子どもを持つことの重要性を認識する。個人的な野心やキャリアの達成と比較してそうした重要性を否定したり軽視したりする誘惑に先んずる。先ほど説明したとおり、聖母子が神聖なイメージであることに理由はない。そのイメージに敬意を払わなくなった社会、つまり、その関係が超越的かつ基本的な重要性を持つものとして見えなくなった社会は、消滅する。

「両親の苦しみを正当化する行動をする」とは、あなたの以前に生きていたあらゆる他人(とくにあなたの両親)が、恐ろしい過去を通してあなたのために捧げたすべての犠牲を思い出し、それによって成し遂げられたすべての進歩に感謝し、その記憶と感謝に従って行動することだ。わたしたちがいま持っているものをもたらすために、先人は大きな犠牲を払った。多くの場合、まさにそのために命を落とした。そういう事実を尊重して行動すべきだ。

「息子を真の神の子にする」とは？　何よりも、息子に正しいことをさせ、そのあいだ懸命に支えてやることだ。それは、「何よりも(当人のいわば世俗《せぞく》的な進歩、安全性、おそらく当人の人生よりも)、息子が超越的な善をめざす姿勢を重視し、サポートする」という、犠牲を促すメッセージの一部だと思う。

わたしは質問を続けた。数秒で答えが出た。

「見知らぬ人に対しては何をすべきか？」――「自分の家に招き入れて、兄弟のように扱い、実際に兄弟になるようにしなさい」。それは、誰かに信頼の手を差し伸べることで、彼または彼女の最高の部分が前進し、こちらにも報いるようにすることだ。神聖なおもてなしを明示し、まだよく知らない間柄《あいだがら》を円滑にするのを可能にすることだ。

「倒れた魂には何をすべきか？」――「純粋に慎重な手を差し出しなさい。ただし、泥沼に参加してはいけない」。これは、ルール3（あなたの最善を願う人と友達になりなさい）で説明した内容の概要だ。豚に真珠を投げることや、美徳をもって悪徳をカムフラージュすることは慎《つつし》まなければならない。

「世界をどうすればいいか？」――「存在しないものより存在するものが価値を持つように振る舞いなさい」。自分が存在の悲劇によって苦しみ、堕落《だらく》しないように行動する。これはルール1（背筋《せすじ》を伸ばして、胸を張れ）の本質だ。世界の不確実性に対して、自発的に、信仰と勇気をもって立ち向かう。

「人々を教育するうえで、どうすればいいのか？」――「自分が本当に重要だと思うものを共有しなさい」。これはルール8（真実を語ろう。少なくとも嘘《うそ》はつかないことだ）に相当する。知恵を求め、その知恵を蒸留《じょうりゅう》して言葉に変え、その言葉を大切に、真の関心と注意をもって話す。これらは次の質問（および回答）にも関連がある。

「引き裂かれた国をいかにすべきか？」――「慎重な真実の言葉で、ほころびを縫い合わせなさい」。この答えの重要性は、ここ数年とくに明らかになった。わたしたちは分裂し、二極化し、カオスへと向かっている。このような状況下で破局を避けるためには、ひとりひとりが自分の目に見えている真理を前進させる必要がある。みずからのイデオロギーを正当化する議論ではなく、野心を推《お》し進める策略でもなく、自分の存在の純粋な真実を示し、ほかの人たちの熟考に供して、互いの共通の根拠を見つけてともに進めるようにする。

「父である神のために何をすべきか？」――「自分が大切にしているすべてを、さらに完璧なものにするために犠牲にしなさい」。不要なものを焼き払い、新たな成長を勝ち取る。これはカインとアベルの恐ろしい教訓であり、ルール7をめぐる議論で詳述した。

「嘘をつく人はどうすべきか？」――「その人物に語らせ、当人の姿をおもてに出させなさい」。この点にはルール9（耳を傾ける）が関連し、新約聖書の別の部分も該当している。

あなたがたは、実によってそれを見わけるであろう。茨《いばら》からブドウを、アザミからイチジクを集める者があろうか。そのように、すべて良い木は良い実を結び、悪い木は悪い実を結ぶ。良い木が悪い実をならせることはなく、悪い木が良い実をならせることはできない。良い実を結ばない木はことごとく切られ、火のなかへ投げ込まれる。このように、あなたがたは実によってそれを見わけるのである。（『マタイ伝』第七章一六〜二〇節）

ルール7で論じたように、腐敗《ふはい》は、その場所で何かが音を発する前に明かさなければならない。また、次の問いと答えにも関係している。

「啓発《けいはつ》された者にはどう対処すべきか？」——「悟りの真の探求者に変えなさい」。本当に啓発された者はいない。いるのは、さらなる啓発を求める者だけだ。正しい「ビーイング」とは、プロセスであって国家ではなく、旅であって目的地ではない。どんな場合でも永遠に不十分な確実性に固執《こしつ》するよりも、知らないことの遭遇《そうぐう》を通じて、知っていることを絶え間なく変化させることだ。

これは、ルール4（自分と比べなさい）の重要性につながる。これからなろうとするあなたの存在を、現在の存在の上に置く。自分の不十分さを認識し、受け入れ、それによって継続的に修正する。たしかに、かなりの痛みを伴うが、実りある取引だ。

次のいくつかの問いと答えは、別の首尾《しゅび》一貫したグループをなし、こんなことに焦点《しょうてん》を当てる。

「自分の持っているものに軽蔑《けいべつ》の気持ちが湧いたら、どうすればいいのか？」——「何も持たない者たちを思い起こし、感謝するように努めなさい」。目の前にあるものを大切にする。ルール12（道で猫に出会ったときは、撫《な》でてやろう）を検討してほしい。自分の進歩が妨《さまた》げられるのは、自分に機会がないからではなく、自分の目の前にあるものをじゅうぶん活用できない傲慢《ごうまん》さのせいだと考える。これはルール6（世界を批判する前に家のなかの秩序を正す）に相当する。

わたしは最近、若い男性とそういう話をした。彼は一度も故郷を離れて暮らしたことがなく、家族から離れた経験もほとんどなかったが、わたしの講義に出席してわたしの自宅を訪れるためにトロントにやってきた。彼はこれまでの短い人生であまりにも厳しく自分を孤立させ、不安にひどく悩まされてきた。わたしと最初に会ったとき、ほとんど話すことができなかった。にもかかわらず、前年、すべてについて何とかすることを決心していた。まず、食器洗いという汚れ仕事を引き受けた。たいした仕事ではないと思うこともできたが、うまくやってのけようと決意した。自分の才能を認めなかった世界に憤慨《ふんがい》するほど知的だったので、どんな機会も、知恵の先駆者がくれたものとして謙虚に受け入れることにした。いまや、自立して生き始めた。実家にこもっているよりましだ。金銭の余裕もいくらかある。多くはない。しかし、ゼロよりいい。しかも、自力で手に入れた金だ。いま、彼は社会に立ち向かい、必然的に伴う衝突から利益を得ている。

振り返って考えてみれば、他人の能力を知る者は、知の働きが盛んであるが、それに引き替え、自分の内面を知る者は、真実の明知を具《そな》えている。また、他人と戦ってそれに打ち勝つ者は、強い力を持っているが、自分自身に打ち勝つ者には、本当の強さがある。以上の知と力を活かして、一定の欲望充足で満足することを知る者は、物心両面で豊かになるが、自分に強《し》いて根源の道を行おうとする者には、意志の強さがある。そして、自分の本来の持ち場を失わない者は、生命を長続きさせることができるが、死んでも朽ち果てない功績を挙げる者は、精神を永遠に生き続けさせることができるのである。わたしも最後には、この長続きと永遠に到達したいものだ。[218]

まだ不安であっても、自己を変えようという意欲で現在の道を歩み続ければ、はるかに有能になり、実績を収める。それには長くかからないだろう。しかしそれは、自分の卑劣《ひれつ》な状態を受け入れ、同様に卑劣な最初の一歩を踏み出すことに感謝してこそだ。ゴドーが魔法のように到着するのを永遠に待つより、はるかに好ましい。傲慢で、静的で、変わらない存在が、怒りや、生きていない命の悪魔を集めるよりも、はるかに好ましい。

「貪欲《どんよく》さにむしばまれているとき、どうすればいいのか?」——「受け取るより与えるほうが本当に良いことだと肝《きも》に銘《めい》じなさい」。世界は共有と取引の場であり(ルール7)、略奪《りゃくだつ》のための宝庫ではない。与えることとは、物事をより良くするためにできるかぎりを尽くすことだ。人のなかの善は、ほかの人の善に応え、それを支え、それを模倣《もほう》し、それを増殖させ、それを返し、それを助長して、それを強化する。そうすれば、すべてが改善し前進していく。

「自分の川を台無しにしてしまったら、どうすべきか?」——「生きている水を求めて、大地を清めなさい」。この答えはきわめて予想外だった。おそらく、環境問題を技術的に解釈することは最善ではない。心理的に考慮するのがいちばんだろう。より多くの人々が心を整理すればするほど、めいめいが周囲の世界に対してより多くの責任を負い、より多くの問題を解決できるだろう。[219] ことわざにあるとおり、都市を支配するよりも自分の魂を支配するほうがいい。みずからの魂を支配していれば、敵を制圧するのも容易になる。環境問題は突きつめると精神的な問題なのかもしれない。もちろん、わたしが心理学者だからそう考えるほかないのだろうが。

次の質問群は、危機や消耗《しょうもう》に対する適切な対応に関連していた。

「敵が成功したらどうすべきか？」――「もう少し高くねらいを定め、その教訓に感謝しなさい」。マタイ伝にはこうある。「『隣人を愛し、敵を憎《にく》め』とは、あなたがたも聞いているはずである。しかし、わたしはあなたがたに言う。敵を愛し、迫害する者のために祈れ。天におられるあなたがたの父の子となるためである」（第五章四三～四五節）。これはどういう意味なのか？　敵の成功から学べということだ。敵の批判に耳を傾ける（ルール9）。そうすれば、敵から何らかの知恵のかけらを拾い上げて取り込み、自分をより良いものにできるだろう。あなたの野心を活かし、あなたに反対する人々に光を見させて目覚めさせ、成功する世界の創造を促す。そうすれば、あなたがめざす以上の良いもので相手を包み込むことができる。

「疲れて短気になったときはどうすればいいか？」――「感謝しつつ、差し出された救いの手を受け入れなさい」。これは二つの意味を持つ。第一に、個人の存在の限界の現実に注目すること、第二に、家族、友人、知人、見知らぬ人など、他人の支援を受け入れ感謝することだ。疲労や焦燥感《しょうそうかん》は避けられない。やるべきことは多すぎ、やる時間は少なすぎる。しかし、わたしたちはひとりで努力する必要はない。責任を分担し、互いに協力し、生産的で有意義な功績を共有すべきだ。

「歳《とし》をとることに、どう対処すればいいか？」――「自分の若さの可能性を、自分の成熟した成果に置き換えなさい」。ソクラテスの言葉を借りれば、人生はみずからの限界を完全に正当化する。何も持たない若者は、年長者の業績に逆らう可能性がある。これが必ずしも悪い取引であるとは言えない。ウィリアム・バトラー・イェイツはこう書いている。

老いぼれというのはけちなものだ、
棒切れに引っかけたぼろ上衣《うわぎ》そっくりだ、
もしも魂が手を叩いて歌うのでなければ、
肉の衣《ころも》が裂けるたびになお声高く歌うのでなければ(220)

「乳幼児の死にはどう対処したらいいか?」――「ほかの愛する人たちを抱きしめて、痛みを癒《い》やしてほしい」。死は生命に内在するものだからだ。だからわたしは生徒たちにこう伝える。父親の葬式の参列者のなかで、悲しみと惨《みじ》めさにめげず、誰からも頼られる人間になることをめざしなさい、と。逆境に立ち向かう力は、価値があり気高《けだか》い。トラブルのない人生を願うのとは、雲泥《うんでい》の差だ。

「すぐ次の瞬間には何をすればいいか?」――「すぐ次の動きに神経を集中しなさい」。まもなく洪水がやってくる。洪水はいつもやってくる。黙示録《もくしろく》はつねにわたしたちの頭上にある。だからノアの話が原型的なのだ。ルール10(正直に、そして正確に話す)で論じたとおり、物事がバラバラになり、中心は耐えきれない。すべてが混沌《こんとん》として不確実になったとき、あなたを導くために残っているのは、あなたが事前に、上をめざして一瞬一瞬に集中して構築した人格かもしれない。過去に失敗していれば、あなたは危機の瞬間にも失敗するだろう。あとは神の救いにすがるしかない。

この最後の一連の質問は、きわめて難しかったと思う。子どもの死は、おそらく最悪の事態だ。そういう悲劇のあとには、多くの関係が破綻《はたん》しかねない。しかし、つねに破綻するとはかぎらない。実際、身近な人が亡くなったとき、残った家族の絆《きずな》が強まる例を見てきた。そうなれば、ともに悲劇に直面し、不安に駆られながらも、少なくとも失ったものの一部を取り戻せることになる。わたしたちは悲しみを分かち合わなければならない。存在の悲劇に直面した際、団結しなければならない。戸外で冬の嵐が猛威を振るうなか、わが家はこぢんまりとした暖かい暖炉《だんろ》のあるリビングであるべきだ。

死によって、脆弱性《ぜいじゃくせい》と死亡率に関する知識が高まると、恐怖、つらさ、分離が生じかねない。しかし、目覚めることもある。悲しみに暮れつつも、自分が愛されることを当然と思ってはいけない、と思い出す。わたしの両親は八十代だ。あるとき、両親についてぞっとする計算をしたことがある。自分の目を覚ましたままにするため、ルール5（疎《うと》ましい行動はわが子にさせない）で論じた、嫌われがちな計算をしたのだ。両親には年に二回ほど会う。通常、数週間いっしょに過ごす。会わない間は、電話で話す。しかし、八十代の平均余命は一〇年以下だ。ということは、運が良くても、わたしが両親に会える機会はあと二〇回もない計算になる。恐ろしい。しかし、それを知ることにより、今後の機会を当たり前とは思わないようにできる。

続く一連の質問と回答は、人格の発達に関係していた。「不信心《ふしんじん》の兄弟に何と言えばよいか？」――「呪われた王は、『ビーイング』の判断が下手である」。わたしの信念では、この世界を修正する最良の方法は、ルール6で論じたとおり、自分自身を修正することだ。それ以外はおこがましい。あなたの無知と技能不足のせいで、そのほかの害を及ぼす危険がある。しかし心配いらない。どこにいても、やるべきことがたくさんある。結局のところ、あなた特有の個人的な過ちは世界に悪影響を及ぼす。あなたの意識的な、自発的な罪は（ほかの言葉が実際に機能しないため）、物事を必要以上に悪化させる。あなたの怠慢《たいまん》、皮肉は、苦しみを鎮《しず》め平和をもたらす術《すべ》を学ぶはずのあなたの一部を世界から排除する。良いことではない。世界に絶望し、ひねくれて怒り、復讐《ふくしゅう》を模索することには無限の理由がある。

適切な犠牲を払わず、自分を明かすことができず、真実を語って生きられない――そういうことはすべて、あなたを弱くする。弱った状態では、あなたは世界で成功することができない。自分にも他人にも何の役にも立たない。失敗して苦しむ。魂が腐敗する。どうしてそうなったのか？　うまくいっているときにも人生は厳しい。しかし、うまくいかないときは？　わたしはつらい経験を通じて、これ以上悪くなるはずがないと思えても、さらに悪くなる可能性があると学んだ。地獄は底なしの穴だ。だから、地獄は罪と結びついている。最も恐ろしいケースでは、過去に故意に犯した過ち、すなわち裏切り、欺瞞《ぎまん》、残酷、不注意、臆病《おくびょう》、故意に目を閉ざすことが原因となって、不幸な魂という恐ろしい苦しみが訪れる。苦しみの原因が自分自身であるのは、当たり前のことだ。地獄に堕《お》ちれば「ビーイング」そのものを呪うだろう。当然だ。しかし、それは正当化できない。だからこそ、呪われた王は「ビーイング」の判断が下手なのだ。

平和なときも戦争中も、最良のときも最悪のときも頼りになるような人間に、どうすればわが身を固めていけるのか？　苦しみと惨めさのなかでも、地獄に棲《す》む者どもと手を結ばないような人格を、どうすれば築けるのか？　こうして続けた質問と回答は、いずれも何らかのかたちで、本書で概説したルールに関係している。

「精神を鍛えるにはどうしたらいいか？」――「嘘をつかず、自分が蔑《さげす》むことをしてはいけない」

「からだを大事にするにはどうしたらいいか？」――「自分の魂に奉仕するためにのみ使用しなさい」

「きわめて難しい疑問にはどう対処すべきか？」――「それを人生の入り口だと考えるといい」

「貧しい人の窮状《きゅうじょう》はどうすればいいか？」――「その壊れた心が浮揚《ふよう》するような例を示しなさい」

「大衆に手招きされたらどうするか？」――「背筋を伸ばし、不完全であろうと自分の真実を語りなさい」

――ひとまず、ここで終えた。わたしはまだライト付きのペンを持っている。以来、何も書いていない。気が向いて、深いところから何かが湧いてきたら、またペンを手に取るかもしれない。しかしそうならなくても、わたしは、本書を適切に締めくくる言葉を見つけることができた。

わたしの文章があなたの役に立つことを願っている。あなたが知りながら、気づいていなかった事柄をあなたが明らかにできたことを願っている。わたしが論じた古代の知恵が、あなたに力を与えてくれることを願う。あなたのなかに光をともしたことを願う。あなたが身を正し、身のまわりを秩序立て、地域社会に繁栄と平和をもたらすことを願っている。あなたのご健勝をお祈りしたい。

あなたは、ライト付きのペンで何を書くだろうか？

本書に寄せて

ノーマン・ドイジ(医学博士)

ルール? これ以上? 本気か? 個々の特殊な事情を考慮しない、一般的なルールなどなくても、人生はじゅうぶんに複雑で、じゅうぶんに制約を受けているのではないか? わたしたちの脳には可塑性《かそ》があり、それぞれの人生経験によって脳の発達が異なるというのに、ひと握りのルールが全員に役立つだろうか?

聖書のなかでさえ、人々はルールを好まない。長いあいだ不在だったモーセが、十戒《じっかい》の刻まれた石板をたずさえて山を下りてきたとき、ヘブライの民たちはお祭り騒ぎをしていた。

——かつて彼らは四〇〇年ものあいだファラオの奴隷として圧制の規律のもとに置かれていた。それをモーセが解放して荒野へ連れていき、奴隷の性根《しょうね》を清めるため、四〇年間放置した。すると、自由を得た民たちは、はめを外し、抑制心を完全に失って、黄金の子牛の偶像のまわりで踊り騒ぎ、あらゆるかたちで肉体的な堕落《だらく》をさらしていたのだ。

「いい知らせがある。……悪い知らせもある」と、モーセは彼らに大声で呼びかけた。「どちらを先に聞きたい?」

「いい知らせを!」と、快楽主義者たちは答えた。

「神は一五の戒《いまし》めを一〇まで減らしてくださった!」

「ハレルヤ! 悪い知らせは?」

「姦通《かんつう》の戒めは残ったままだ」

さて、ルールが明かされる――しかし頼む、あまりたくさんはごめんだ。自分たちに有益なルールとわかっていても、わたしたちは全面的には歓迎しない。活発な魂《たましい》であり、個性を持つからには、ルールは制約に思える。生活していくうえでの使命感や誇りを傷つけられる気がする。他人がつくったルールでなぜ裁かれなければいけないのか?

なにしろ神はモーセに「十戒」は授けたが、「一〇の忠告」は与えなかった。わたしは自由な動作主のはずだから、たとえわたしに有益であっても、どう行動をとるかの指図など――神からであっても――受けたくない、とひとまず思う。ただ、黄金の子牛のエピソードを考えると、ルールがなければ、人間はたちまち熱い情動の奴隷になり、その状態から抜け出せなくなってしまう。

あのエピソードはさらにこう示唆《しさ》している。導き手なしで、自己の未熟な判断力にまかせていては、すぐに目標を下げ、自分以下の質のものを崇《あが》めるようになる。みずからの動物的な本能をまったく無秩序に取り出す、人間とは名ばかりの動物を崇拝《すうはい》するようになってしまう。あの古いヘブライのエピソードは、祖先たちの思考を明らかにしている。わたしたちの視線を高め、基準を上げようとするルールがなければ、抑圧から解放されてもこんな行動に走るのがおちだろう、と。

あのエピソードの素晴らしいところは、弁護士や立法者や行政官のように単純にルールを列挙するのではなく、なぜルールが必要なのかをドラマチックな物語のなかにルールを埋め込んで例証し、理解しやすくしてあることだ。同様に、ジョーダン・ピーターソンは本書において、一二のルールをただ提案するのではなく、やはりエピソードを語りながら、多方面にわたる知識をもとに、わかりやすく説明を進める。最良のルールは、結局のところわたしたちを制約せず、むしろ目標達成を促進し、より豊かで自由な生活を実現してくれるのだと、納得させてくれる。

わたしが初めてジョーダン・ピーターソンに会ったのは、二〇〇四年九月一二日だった。テレビのプロデューサーであるウォデク・ゼンベルグと内科医のエステラ・ベキエという、ふたりの共通の友人の家で顔を合わせた。その日はウォデクの誕生パーティーだった。ウォデクとエステラはポーランド系移民であり、ソビエト連邦で育った。ソビエト連邦では、多くの話題がタブーであり、体制そのものに異議を唱えることはいうまでもなく、ある種の社会的な取り決めや哲学的な考えかたに何気《なにげ》なく疑問を抱くだけで大問題になりかねなかった。

しかしいまでは、ふたりとも、気ままで正直な話がいくらでもできる。パーティーの優雅《ゆうが》な雰囲気のなか、自分が本当に考えたことを言い、他人が本当に考えたことを聞き、ギブ・アンド・テイクを存分に楽しんだ。ここでのルールは「心のままを語りなさい」だった。政治の話題になっても、異なる政治的信条を持つ者が互いに発言し、楽しんですらいた。そんな機会は近ごろめっきり減っている。ウォデクは、ときにはあふれ出るように意見を述べたて、ときには腹の底から大笑いした。自分を笑わせた相手や、意図していた以上に熱のこもった意見を自分から引き出してくれた相手をハグした。これこそパーティーの真骨頂だ。相手側も、率直さと温かい抱擁《ほうよう》を喜び、議論を持ちかけてよかったと感じた。かたや、エステラの声の特徴は、正確な軌道《きどう》をたどって意図した聞き手に届くことだった。本音をぶつけ合っても、わたしたちのなごやかな雰囲気は少しも壊れなかった。だから、ますます本音をぶつけ合った。心が軽くなり、さらに笑いが生まれて、一晩じゅう楽しく過ごすことができた。ふたりのような人物といっしょにいると、自分がいま何と、誰と向き合っているのかをつねに意識することになり、また、率直さに元気を与えられる。作家のオノレ・ド・バルザックが、彼の故郷のフランスにおける舞踏会やパーティーを描写している。一つのパーティーのように見えながら、じつはいつも二つのパーティーなのだという。最初の数時間は、会場じゅう、気取った態度の退屈げな人々だらけ。会いたい相手はおそらく主催者ただひとりで、その主催者に美しさや地位を確認してもらうのが目的だ。その後、ほとんどの客が去ったあとのかなり遅い時間になって、第二の、本当のパーティーが始まる。こんどは、出席者全員が会話を共有し、おおらかな笑いが退屈な空気に取って代わる。エステラとウォデクのパーティーでは、たいてい、この後半のような打ち解けたパーティーが、わたしたちが部屋に入ったとたんに始まるのだ。

ウォデクの銀髪は、ライオンのたてがみを思わせる。彼は、隠れた大衆知識人がいないかとつねに目を光らせており、テレビカメラの前で巧みなトークができ、本物ぶりがカメラを通じて伝わるような人物を探し出すのがうまい。そういう人たちをたびたび自宅に招く。その日は、わたしも所属するトロント大学の心理学教授を連れてきた。知性と感情を兼ね備え、まさにウォデクの眼鏡《めがね》にかなう男だった。このジョーダン・ピーターソンを初めてカメラの前に立たせたのがウォデクだ。ウォデクはジョーダンを、つねに生徒を探し続ける教師、ととらえていた。いつでも説明する構えができている。それだけに、ジョーダンはテレビが気に入り、視聴者もジョーダンが気に入った。

その日の午後、ウォデクたちの家の庭には大きなテーブルがすえられ、そのまわりにはいつもの、よく話しよく聞くトークの達人たちが集まっていた。ただ、どうやらパパラッチのようにうるさい蜂《はち》の群れが飛びまわっており、さらに、新顔の男が席についていた。カナダのアルバータ州なまりで、カウボーイブーツを履《は》き、蜂を無視して話し続けていた。ほかの人たちが蜂を避けて椅子《いす》取りゲームに興じているあいだも、彼はしゃべり続けていた。周囲の人たちも、この新規加入者の話に興味津々で、テーブルからなかなか離れられなかった。

彼は奇妙な習慣の持ち主で、同じテーブルにすわる人ひとりひとりに奥深い質問を投げかけていた。ほとんどが初対面だ。質問の深刻さのわりに、ほんの世間話のような口調で語り合っていた。いや、彼も「ウォデクやエステラとはどこで知り合ったんです?」だの「うちは養蜂家《ようほうか》だったので、蜂には慣れています」だのと世間話もしていたのだが、それはもっと深刻な話題の合間《あいま》の、ほんの一瞬だけだった。

教授や専門家が集まるパーティーでは耳にするたぐいの質問だったが、通常は、その話題を専門にするふたりだけが部屋の隅《すみ》で話す。グループ全体で話し合う場合は、誰かひとりが専門家らしさを前面に出すことが多い。しかしジョーダンは、博学ではあるものの、知識をひけらかそうとはしなかった。新しい事柄を学んだばかりで、ぜひほかの人に伝えようとする子どものような熱意を持っていた。大人がどれほど退屈になれるかを知る前の子どものように、自分にとって興味深い話題は、ほかの人たちも興味深いはず、と思い込んでいるようすだった。カウボーイめいた服装のなかに、どこか少年ふうの雰囲気を漂《ただよ》わせ、まるでわたしたちみんなが同じ小さな町、あるいは同じ家庭で育ってきて、人間の存在という問題について長くいっしょに考えてきたかのように話題を切り出すのだった。

ジョーダンはじつは「奇人」ではなかった。従来タイプの才能をじゅうぶんに備え、ハーバード大学の教授を務めた経験も持ち、(カウボーイでありながら)紳士だった。一九五〇年代の田舎ふうに、damnやbloodyといった卑語《ひご》(日本語にするなら「ひでえ、どえらく」のたぐい)をさかんに発した。けれども、じつのところテーブル全員が関心を持つ質問に取り組んでいたから、誰もが魅了された表情で聞いていた。

そんなふうに知識豊かな人が、そんなふうに繕《つくろ》わない話しかたをするようすは、気さくな感じがあった。まるで、考えるには声を出す必要があるかのようだった。運動皮質《うんどうひしつ》を機能させて思考する。しかも、高速で機能させないと適切に作動しない。勢いをつけないと本格的にスタートしないようだ。興奮しているというわけではないが、高速回転でアイドリングしていた。はつらつとした考えがあふれ出ていた。誰かに異議を唱えられたとき、学識者はふつう、いきり立って討論するのに、彼は心からうれしそうだった。声高《こわだか》に自説を訴えはしない。なごやかに「なるほど」とこたえて、こうべを垂《た》れ、何かを見落としていたかのように首を振り、議論を一般化しすぎたらしいと自分を笑った。問題の別の側面を示されたことに感謝していた。明らかに彼の場合、何らかの問題をめぐって思考することは、対話的なプロセスなのだった。

ジョーダンにはもう一つ、尋常《じんじょう》ではない特徴があり、周囲の者たちは驚かずにいられなかった。それは、インテリでありながら、非常に実用本位であることだ。彼が挙げる例は、日常生活に関わる事柄であふれていた。経営管理、家具の作りかた（彼は自宅の家具の大部分を自作している）、シンプルな家の設計、部屋の整理術（最近、インターネットで流行している）、教育関連の具体例。さらに、マイノリティーの学生が落伍《らくご》しないように手助けするオンライン・ライティングのプロジェクトを立ち上げたという話題も語り始めた。それは過去、現在、未来について自由に連想しながら、自力である種の精神分析ができる仕組みだった（現在では、Self-Authoring Program〈セルフ・オーサリング・プログラム〉の名で知られている）。

わたしは前々から、中西部の大草原出身タイプの人物に好感を抱いていた。たとえば、農場育ちで、自然について深い知識を持つ人。とても小さな町で生まれ育ち、さまざまなものを手づくりし、過酷《かこく》な気象条件の屋外で長く過ごしつつ、困難にめげず自学を重ねて大学へ進んだような人。そういう人たちは、洗練されていても、どこか都会育ちの人々とは違う。都会では、高等教育が当然のように用意されており、大学進学そのものは目的ではなく、キャリアを向上させるための人生の一つのプロセスとしか考えられていない。その点、中西部の出身者は異なる。独立心が強く、資格に頼らず、実践的で、人付き合いがよく、多くの都会育ちに比べて気取りがない。都会派の人々はインドア中心の生活を送り、コンピュータで記号をいじることに熱を入れがちだ。ところが、このカウボーイの心理学者は、何らかのかたちで誰かの役に立つかもしれない事柄だけを考えているようすだった。

わたしたちは友達になった。文学を愛する精神科医であり精神分析学者であるわたしは、彼に惹《ひ》かれた。臨床医の彼は、書物から偉大な学びを得て、魂のこもったロシアの小説、哲学、古代神話を愛し、それらを自分の大切な遺産ととらえていた。しかしその一方、彼は、性格や気質に関する統計的研究を行い、神経科学にも造詣《ぞうけい》が深い。行動主義者としての訓練を受けたものの、夢、元型《げんけい》(archetype)、成人における小児期の葛藤《かっとう》の持続、日常生活における防御と合理化の役割といった側面を中心とする精神分析に傾倒《けいとう》していた。また、トロント大学の研究志向の心理学部門に属し、そのかたわら臨床診療も続けているという点でも異色だった。

彼のもとを訪れると、冗談と笑いで会話が始まる。アルバータ州の奥地の小さな町に住んでいたころの彼そのもの――映画『FUBAR』から抜け出てきたかのような十代の若者――が、自宅に迎え入れてくれるのだ。家のなかは彼自身と伴侶《はんりょ》のタミーによって大改装されており、わたしが見たことのある中産階級の家のうちで最も魅力的かつ衝撃的だ。芸術品、仮面の彫刻、抽象絵画もあるが、それを圧倒するのが、レーニンや初期の共産主義者たちを描いた社会主義リアリズム肖像画だ。ソビエト連邦の委託でつくられた本物が、大量に飾られている。ソビエト連邦が崩壊し、世界のほとんどの人々が安堵《あんど》のため息をついてから間もなく、ジョーダンはオンラインを通じ、このプロパガンダの産物を格安で購入し始めた。ソビエト革命の精神を描いた絵が、壁一面、天井一面、浴室一面を完全に覆《おお》っている。購入の動機は、ジョーダンが全体主義に共感しているからではなく、自分も含めて誰もが忘れたがっていることを忘れないためだ。ユートピアの名のもとに、一億人以上が殺されたことを。

人類を破滅の淵《ふち》まで追い込んだ妄想《もうそう》によって「装飾」された、なかば幽霊屋敷。わたしは慣れるまで時間がかかった。しかしその思いを和《やわ》らげてくれたのが、彼の素晴らしいユニークな配偶者、タミーだった。なんと彼女は、この異様な表現の必要性を全面的に受け入れ、促したのだという。これらの絵画は、家を訪れる者にさっそく、ジョーダンの懸念の全容を提示する。すなわち、善の名のもとに邪悪《じゃあく》な行いをする人間の能力や、自己欺瞞《ぎまん》の心理的神秘(人はどうやって自分を欺《あざむ》き、そこから逃れることができるのか)だ。わたしと彼の共通の関心事でもある。わたしたちは――頻度が少ないだけに、より小さな問題と呼ぶべきかもしれないが――悪のための悪をなす人間の能力、一部の人間にみられる他人を破壊する喜びについて、何時間も議論することもあった。この問題は、一七世紀の英国詩人ジョン・ミルトンの『失楽園《しつらくえん》』に描き出されている。

わたしたちは、壁じゅうに奇妙な芸術コレクションのあるキッチンで、紅茶を飲みながら話に興《きょう》じるのがつねだ。四方の壁が、左翼にせよ右翼にせよ単純なイデオロギーを超えて進まなければならない、過去の間違いを繰り返してはならないという、彼の真摯《しんし》な探求を視覚的に示している。しばらくして慣れてくると、頭上に不吉な絵のあるキッチンで、紅茶を飲みながら家族の話題や最近読んだ本について話し合うのが、とくに不思議なこととは感じられなくなった。不吉さは現実に存在していたのだ。一部の地域では、いまも存在している。

ジョーダンは、最初の著書『Maps of Meaning(意味の地図)』で、世界神話の普遍《ふへん》的なテーマをめぐる深い洞察を提示した。人間が、生まれたとき投げ込まれるカオスと闘い、最終的にはそれを秩序立てることができるように、その手助けとして、あらゆる文化は物語をつくり出したのだ、と。また、このカオスはわたしたちにとって未知《みち》のすべてであり、外部の世界にしろ内部の精神にしろ、わたしたちが横断しなければならない未踏《みとう》の領域はすべてカオスである、と。

約二〇年前に出版されたこの『Maps of Meaning』は、進化論、情動の神経科学、ユングの代表作、フロイトの著作、ニーチェ、ドストエフスキー、ソルジェニーツィン、エリアーデ、ノイマン、ピアジェ、フライ、フランクルらの偉大な著作を組み合わせて、論を進めていく。日常生活において理解できない何かに直面するたび、人間や人間の脳がこの典型的な状況にどう対処するのかを解明するため、ジョーダンは幅広いアプローチを試みている。この本の素晴らしさは、現代の状況が進化、DNA、脳、古代の物語に深く根ざしている点を具体的に指摘したところにある。また、古代の物語が生き残ったのは、不確実性と避けられない未知に対処するための指針をいまも示し続けているゆえだとした。

あなたがいまお読みの本書には多くの長所があり、その一つは、『Maps of Meaning』への入り口になることだ。『Maps of Meaning』は心理学のアプローチが用いられており、きわめて複雑な書物だが、根源的《こんげん》なテーマを扱っている。遺伝子や人生経験がどんなに異なろうと、可塑性の脳が経験によりどんな配線になろうと、わたしたちは等しく未知のものに対処しなければならず、誰もがカオスから秩序へと移行しようと試みているからだ。本書は、『Maps of Meaning』を土台としてまとめられただけに、収録されているルールの多くが普遍的な要素を持っている。

ジョーダンは、冷戦のさなかにティーンエイジャーとして育ち、さまざまなアイデンティティを守るために人類の大勢が地球を破壊しかけていることに苦悩した。『Maps of Meaning』の原点は、当時のそうした苦悩にある。彼は、「アイデンティティ」なるもののためにすべてを犠牲にするなどという事態がなぜ起こるのか理解しなければならないと感じた。続いて、全体主義体制を同じような行動――自国民の殺害――に駆り立てたイデオロギーの正体を理解する必要があると考えた。『Maps of Meaning』でも本書でも、彼は、最も警戒すべきはイデオロギーである、と読者に警鐘《けいしょう》を鳴らす。誰がどんな目的で売り込んでいるかにかかわらず、イデオロギーを警戒しなければならない、と。

イデオロギーとは、科学や哲学を装《よそお》った単純な概念だ。世界の複雑さを説明し、世界を完全なものにする救済策を提供することを目的にしている。イデオロギー信奉者たちは、自分の内なるカオスに対処もせず、「世界をより良い場所にする」方法を知っているふりをする(イデオロギーから授かった戦士のアイデンティティが、自身のカオスを覆い隠す)。それはもちろん傲慢《ごうまん》だ。本書の重要なテーマは「自分の家を整頓《せいとん》する」ことにあり、ジョーダンはそのための実践的なアドバイスを提供している。

イデオロギーは真の知識の代替物《だいたいぶつ》にすぎず、イデオロギー信奉者が権力を握るとつねに危険が生じる。自分はすべてを知っているという単純思考は、存在の複雑さと相容《あいい》れないからだ。さらに、自分たちの社会的手段が順調に機能しないとなると、自分自身を責《せ》めず、その思考の単純さを見抜いた人々を責める。同じトロント大学の優秀な教授、ルイス・フォイアーは、著書『Ideology and the Ideologists』のなかで、イデオロギーは、旧来の宗教的な物語に代わるものと称しつつ、じつはそれを再構成したにすぎず、それでいて物語性と心理的な豊かさを捨て去っている、と述べた。共産主義とは、エジプトのヘブライ人たちの物語がかたちを変えたものだ。奴隷階級と、豊かな迫害者が登場する。レーニンのような指導者が、国外生活を経験したあと、奴隷化された人々のなかに棲《す》み、やがて、その人々を率いて約束された土地(ユートピア――その実態は、プロレタリアートの独裁)へ導く。

イデオロギーを理解するため、ジョーダンはソビエト連邦だけでなく、ホロコーストやナチズムの台頭についても幅広く読書した。わたしは、こんな人物に出会うのは初めてだった。同じ世代でキリスト教徒として生まれ、ヨーロッパでユダヤ人に起こった悲劇に心を痛めて、それがどのようにして起こったのかを解明するため、これほど懸命に努力する人物に会ったことがなかった。わたしも、同じ問題を深く研究していた。わたしの父はアウシュビッツの生き残りだ。祖母は中年のころ、言語に絶する残酷《ざんこく》な人体実験を行ったナチスの医師、ヨーゼフ・メンゲレとじかに顔を合わせた経験を持つ。老齢者や弱者が並ぶ列に加われとメンゲレに命じられたが従わず、若い人たちの列に紛《まぎ》れ込んで、アウシュビッツを生き延びた。二度目にガス室送りの危機に瀕《ひん》した際は、食料と交換で白髪染めを入手し、年齢をごまかした。わたしの祖父、つまり彼女の夫はマウトハウゼン強制収容所を生き延びたものの、解放の日の直前に与えられた最初の固形食を喉《のど》につまらせ、窒息死《ちっそくし》した。こんな事実をここに記したのは、わたしたちが友人になってから何年もあと、言論の自由を擁護《ようご》して古典的なリベラルの立場を取るジョーダンが、偏屈《へんくつ》な右翼だと左翼の過激派から非難を受けたからだ。

　できる限りの節度をもって主張させてもらおう。精いっぱい控えめに言っても、そうした告発者たちは、しかるべき注意を払っていない。わたしは払ってきた。わたしのような家族の歴史を持つ者は、右翼の偏見をいち早く察知するため、レーダーばかりか水中探査装置も開発している。さらに重要なことに、偏《かたよ》った意見に立ち向かう理解力、手段、善意、勇気を備えた人間を認識する術《すべ》を学んでいる。ジョーダン・ピーターソンは、そういう人間だ。

　わたしは、ナチズム、全体主義、偏見の台頭を理解しようとする現代政治学の試みに満足できず、無意識、投影、精神分析、集団心理の退行的《たいこう》可能性、精神医学、脳についての研究などにより、政治学の研究を補うことにした。ジョーダンも、同様の理由で政治学から離れた。このように重大な姿勢が似通《にかよ》っているわりには、「答え」となるとわたしたちの意見は必ずしも一致しないものの、「問い」にはほとんどいつも意見が一致する。

わたしたちの友情はすべてが悲観的ではなかった。わたしは同じ大学の教授仲間の授業に出席するように心がけており、いつも満員の彼の授業にも参加した。また、いまや何百万もの人々がオンラインで彼の講義を視聴していることも知っている。素晴らしい、目もくらむような講義だ。ジャズ・アーティストのように最高の曲を奏でていた。熱心な説教師に似ていることもある(福音《ふくいん》主義ではないが、情熱的に物語を伝え、さまざまな考えを信じたり信じなかったりすることの重要性を教える)。かと思えば、みごとに話題を切り替え、一連の科学研究を驚くほど系統的に要約してみせる。学生たちにより思慮《しりょ》深い態度をとらせ、自分自身とその未来を真剣に考えるように手助けする名人だ。これまでに書かれた多くの偉大な書物を敬《うやま》うようにと、学生に教える。臨床の現場で得た生々しい例を挙げ、適度に自己を明らかにし、自身の脆弱性《ぜいじゃくせい》をもさらしつつ、進化、脳、宗教的な物語のあいだに魅力的な関係を築いてみせる。リチャード・ドーキンスらの思想家が進化論と宗教を対立的なものとして見るように説いているのに対し、ジョーダンは、ギルガメシュからブッダの生涯、エジプト神話、聖書に至るまで、多くの古代の物語の深い心理的魅力と知恵を説明するのに進化論がいかに役立つかを、学生たちに示してみせる。たとえば、未知の世界へ自発的に旅する物語——英雄の冒険譚《たん》——は、脳が普遍的な課題を克服して進化するさまとよく似ている、と指摘する。物語を尊重しながらも、還元主義者(reductionist)ではなく、物語から教訓を得よとは主張しない。偏見や、その感情的な親戚である恐怖と嫌悪《けんお》、全般的な性差などの話題について議論するときは、これらの特徴がどのように進化し、なぜ生き残ったかを示す。

とりわけ、大学ではめったに議論されない話題について、学生たちに注意を促す。たとえば、ブッダから聖書の著者まですべての古代人が、疲れぎみの現代のおとなが身にしみている事実――人生はつらいものという事実――にすでに気づいていた、という単純な事柄に注目させる。あなたがいま苦しんでいるなら、あるいはあなたに近い誰かが苦しんでいるなら、それは悲しいことだ。しかし、特別なことではない。わたしたちの苦しみの元凶《げんきょう》は、「愚《おろ》かな政治家」や「体制の腐敗《ふはい》」だけではない。あなたやわたしが、ほかのほとんどの人たちと同様に、何か、あるいは誰かの犠牲者であると何らかの方法で正当に表現できるから、というだけではない。人間として生まれた以上、それなりに大きな苦しみを免《まぬか》れないのだ。もしあなたや、あなたの愛する人がいま苦しんでいないとしても、よほどの幸運に恵まれない限り、おそらく五年以内に苦しみが訪れるだろう。子育ては大変だし、仕事も大変だ。老化も病気も死もつらい。ジョーダンは、もしも愛情のある関係や知恵や偉大な心理学者の心理的洞察の恩恵《おんけい》を受けることなく、そういったすべてを独力でこなそうとすれば、さらにつらさが増すだけだと強調する。とはいえ、聴講する学生は怖がりはしない。むしろ、ジョーダンの率直な話を聞いて安堵する。心の奥底で、ジョーダンが言ったことが真実だと知っているからだ。たとえ、それについて話し合う場を持たなくても、そう知っている。おそらく、それまで彼らの人生にいたおとなたちはあまりにも純粋に保護主義的で、苦しみについて話さないほうが、魔法のように子どもを守ることになると考えていたのだろう。

本書中でジョーダンは英雄の神話について述べている。オットー・ランクが精神分析学的に探求した異文化間のテーマであり、ランクはフロイトにならい、英雄の神話は多くの文化で似ていると指摘した。このテーマは、カール・グスタフ・ユング、ジョーゼフ・キャンベル、エーリヒ・ノイマンらが取り上げたことでも知られる。フロイトは、神経症(neuroses)を説明するうえで、失敗する英雄の物語(エディプスのエピソードなど)を理解することが役立つとし、多大な功績を残した。一方、ジョーダンは、勝利する英雄に焦点を当てている。勝利の物語ではいつも、英雄は未知の領域に分け入り、新しい大きな難題に取り組み、大きなリスクを負うはめになる。その過程で、生まれ変わって難題に立ち向かうため、自身の一部を死なせるか、あきらめなければならなくなる。これには勇気が必要で、心理学の授業や教科書ではめったに取り上げられない。ジョーダンは最近、言論の自由を公《おおやけ》の場で擁護し、わたしが「強制的な言論(forced speech)」と呼ぶもの(政府が市民に政治的見解を表明させること)に強く反対した。非常に危険な行為であり、彼もそれを知っていた。それでも彼は(配偶者のタミーも)そのような勇気を示し、それればかりか本書の多くのルールに従って生き続けている。ルールのなかには非常に厳しいものもある。

わたしには、彼の成長が感じられた。もともと非凡な人間だったが、それらのルールに従って生きることにより、いっそう有能で安心できる人間に成長した。実際、本書を執筆し、ルールを編み出す過程で、強制的な言論に反対する姿勢を思い立ったのだ。さらに、こうした一連の動きと並行して、自分の人生やルールについての考えをインターネット上に投稿し始めた。いまや、彼の講義ビデオはＹｏｕＴｕｂｅで一億回以上の再生回数を誇り、いかに人々の心を打ったかがわかる。

わたしたちは一般にルールを嫌うのに、ルールを提示する彼の講義が大人気なのはなぜだろう？　彼の場合、もちろんまずは、カリスマ性に加え、原則を支持するという稀《まれ》な意志のおかげだ。インターネット上における彼の主張はすぐさま大きな反響を呼び、最初のＹｏｕＴｕｂｅ動画がたちまち何十万回も再生された。しかし、人々が耳を傾け続ける理由は、彼が取り上げる事柄が、名状《めいじょう》しがたい深いニーズを満たしているからだろう。わたしたちは、ルールから逃れたいと願う一方で、よりどころになり得る構造(structure)を求めている。

今日、多くの若者が、ルールか、せめてガイドラインを渇望《かつぼう》している背景には、もっともな理由がある。少なくとも西洋では、ミレニアル世代は独特な歴史的状況を生きているのだ。わたしが思うに、道徳について一見矛盾《むじゅん》した二つの考えを同時に徹底的に教えられるのは、この世代が初めてだろう。ちょうどわたしの世代の教師から、中学・高校や大学にわたって教育されている。矛盾のせいで、彼らはときに方向感覚を失い、導き手もなく、不確かなまま放置され、さらに悲劇的なことに、彼らはその存在すら知らないまま富《とみ》を奪われている。

彼らの富を奪う一つめの考えや教えは、道徳は相対的なものであり、せいぜい個人的な「価値判断」にすぎないというものだ。「相対的」とは、何事においても絶対的な正しさや間違いは存在しないことを意味する。道徳やそれに関連するルールは、個人的な意見や偶然の産物であり、特定の枠組み(たとえば民族、その人の生い立ち、生まれた文化や歴史的なタイミングなど)との関わりで「相対的」に存在する。偶然、生まれたにすぎない。この説(もはや教義)によれば、歴史を振り返ると、宗教、部族、国家、民族は基本的な問題について意見が合わない傾向にあり、今後もつねにそうだという。現在、左派のポストモダニズム主義者はさらに補足を加え、ある集団の道徳は別の集団に対して権力を行使しようとする試みにすぎないと主張する。したがって、あなたや、あなたの社会の「道徳的価値観」がどれほど恣意《しい》的であるかが明らかになったからには、異なる考えかたを備え、異なる(多様な)背景を持つ人々に対して寛容さを示すことが、唯一妥《だ》当《とう》な姿勢だとする。寛容さが何より崇高《すうこう》であるとみて、「一方的な判断で人を批判する」ことが最悪だと説く。*さらに、わたしたちは善悪の区別がつかず、何が良いのかわからないのだから、どのように生きるかについて若者に助言するのはきわめて不適切な行為だとしている。

こうして、ミレニアル世代は、以前の世代の指針になっていた「実用的な知恵」を適切に教えられずに育っている。この世代は、どこでも最高の教育を受けているといわれることが多いが、実際には、ある種の深刻な知的、道徳的な怠慢《たいまん》に苦しめられている。わたしやジョーダンの世代の相対主義者(多くが大学教授になっている)は、徳を得る方法について、何千年もの人類の英知を軽んじ、「不適切」、さらには「抑圧的」だと排除する。「美徳(virtue)」という言葉が時代遅れに聞こえるように、その言葉を使う者が時代錯誤の教訓的で独善的な人間に見えるように、巧みに立ちまわる。

美徳の研究は、道徳(正誤や善悪)の研究とまったく同じではない。アリストテレスの定義によれば、美徳とはたんに、人生の幸福に最も貢献する振る舞いであり、悪徳(vice)とは、幸福に最も貢献しない振る舞いだ。そのうえで、徳はつねにバランスをめざし、悪徳の極端さを避けると考察した。『ニコマコス倫理学』では美徳と悪徳を掘り下げた。彼の著作には、推測ではなく経験と観察にもとづき、人間に可能な幸福の種

＊「一方的な判断をしない」文化、学校、制度を求める現在の動きにはフロイトが貢献している、と論じる向きがあるが、間違っている。精神分析医が治療中に患者の話を聞くとき、忍耐力を持ち、共感を抱き、批判的で道徳的な判断はしないようにと、フロイトが忠告したことは事実だ。しかしこれは明らかに、患者をリラックスさせて心から正直な状態にし、問題を矮小化させないようにする、という意図である。そうやって自省を促し、隠れた感情、願望、さらには恥ずべき反社会的衝動さえも探求できる状態に置く。また、うまくいけば、無意識の良心(とその判断)、自分の「失態」に対する厳しい自己批判、無意識の罪悪感を発見させられるかもしれない。そうしたものが心の奥にひそみ、低い自尊心、鬱、不安の土台になっているケースが多い。フロイトが指摘した事柄があるとすれば、それは、わたしたちが自身の認識以上に不道徳であるかもしれず、逆に道徳的であるかもしれないことだ。セラピーで使われるこの種の「一方的な判断の回避」は、あなたが自分自身をより良く理解したいときに有効であり、心を解放する術として理想的な姿勢といえる。しかしフロイトは(文化全体を一つの巨大な集団セラピー療法の場にしたいと望む一部の人々とは違い)、個人がいちども判断を下さず、道徳観を持たずに生涯を過ごせるなどとは主張していない。それどころか、著書『Civilization and its Discontents』(邦訳は『文化への不満』＝光文社古典新訳文庫所収)において、何らかの抑制的なルールと道徳が存在するときにのみ文明は生じる、と記している。

類が記されている。美徳と悪徳の違いについて判断力を培《つちか》うことは、知恵の原点であり、時代遅れになることは永遠にありえない。

それとは対照的に、現代の相対主義は、真の善も真の美徳も存在しない(あまりにも相対的である)、よって、生きかたについて判断することは不可能、との主張から始まる。したがって、「美徳」に最も近い概念は「寛容」である、と訴える。寛容さのみが、異なる集団間の社会的結束を実現し、互いを傷つけるのを防ぐ。だから、フェイスブックその他のソーシャルメディアでは、美徳の表現として、あなたがどれほど寛容でオープンで思いやりがあるかをみんなに伝え、「いいね!」が増えるのを待つ(ちなみに、自分に徳があると告げることは美徳ではなく、自己宣伝だ。美徳をアピールするのは美徳ではない。むしろ、おそらく最も一般的な悪徳だろう)。

他人の意見(その意見がいくら無知であっても、支離滅裂《しりめつれつ》であっても)に不寛容な態度は、間違っているという程度では済まされない——正しさも間違いも存在しない世界では、もっと悪いこととみなされる。すなわち、恥ずかしいほど洗練されていない証拠、あるいは危険な兆候《ちょうこう》であるとされるのだ。

しかし結局のところ、多くの人々は真空(the vacuum)——カオス——に耐えられないことが判明している。カオスは人生に内在するが、道徳的相対主義にさらされるといっそう始末に負えなくなる。人は道徳の羅針盤《らしんばん》なしには生きられない。人生のなかでめざすべき理想がなければ生きていけない(相対主義者の目から見ると、理想も価値であり、ほかのあらゆる価値と同様、理想も「相対的」にすぎず、そのために犠牲を払う価値はない)。だから、相対主義のすぐそばには、虚無《きょむ》主義(ニヒリズム)と絶望が広がっている。そればかりか、道徳的相対主義とは正反対のはずの態度、すなわち、あらゆることに対して答えを持っていると主張するイデオロギー主義者がもたらす、盲信的確実性とも、じつは表裏一体なのだ。

そこで、ミレニアル世代はもう一つ、二つめの姿勢を徹底的に教え込まれるはめになる。もともと彼らは人文学コースに登録し、過去に書かれた最高の本を学ぶつもりでいる。ところが、そういう書物は課題に割り当てられない。そうした書物は、驚くべき単純化にもとづいて、イデオロギー的な攻撃を受ける。相対主義が不確実性に満ちているのに対し、イデオロギーは正反対だ。極端な判断を下し、検閲的であり、他人の何が悪いのか、それについて何をすべきかをつねに知っている。相対主義者がまるで手のひらを返したかのようだ。

現代の道徳的相対主義には多くの源流がある。西洋に生きる人々はとりわけ起伏《きふく》ある歴史を経験し、異なる時代には異なる道徳規範があることを理解した。七つの海を旅し、地球を探索するうち、異なる大陸の遠く離れた部族は独自の道徳規範にもとづいており、そのような道徳も、彼らの社会の枠組みのなかでは理にかなっていると知った。さらには、科学もひと役買った。世界の宗教的見解を攻撃し、倫理やルールの宗教的根拠を弱体化させる役割を果たした。唯物論《ゆいぶつろん》的社会科学は、世界を事実(facts = すべて観察することができる、客観的な「現実」)と価値(values = 主観的で個人的なもの)に分けられることを示唆した。分離すれば、わたしたちはひとまず事実について合意でき、やがていつの日か、科学的な倫理規定をつくれるかもしれない(いまのところ実現していないが)。さらに、「価値」は「事実」ほど実体がないとほのめかすことにより、科学は道徳的相対主義にまた別のかたちで貢献した。「価値」を二次的なものとみなしたからだ(しかし、事実と価値を簡単に分離できるという考えは稚拙《ちせつ》すぎる。人にとっての価値は、当人が何に注目し、何を事実としてカウントするかにある程度まで左右される)。

異なる社会には異なるルールや道徳があるという事実は古代世界でも知られていたが、その認識に対する古代の反応を現代の反応（相対主義、ニヒリズム、イデオロギー）と比較すると興味深い。古代ギリシャ人がインドなどを旅し、ルールや道徳や習慣が場所によって異なることを発見したところまでは現代と似ているが、彼らは、何が正しく何が間違っているかの根拠はたいがい祖先の何らかの権威にもとづくと考えた。古代ギリシャ人の反応は絶望ではなく、新しい発明、すなわち「哲学（philosophy）」だった。

ソクラテスは、矛盾する道徳規範を認識したことで生じた不確実性に反応して、ニヒリストや相対主義者や観念《かんねん》論者になる代わりに、これらの相違を説明できるような知恵を追い求めることに人生を捧《ささ》げようと決意した。つまり、哲学の誕生に貢献した。「美徳とは何か」「良い人生を送るにはどうすればよいのか」「正義とは何か」などの根源的な問いに当惑しながら人生を送り、さまざまなアプローチを試み、人間の本性に最も合致した一貫性のあるアプローチを探究した。これらの問いは、本書のなかにも息づいていると思う。

古代人は、異なる人々が実用上どう異なる生きかたをしているかを知っても、無力感は覚えなかった。むしろ、人間性への理解を深め、どう生きるべきかをめぐってかつてなく充実した議論を交わした。

アリストテレスも同様だった。道徳規範の違いに絶望する代わりに、ルール、法律、習慣の中身は場所によってそれぞれ異なるが、違いがないのは、どんな場所であれ、人間は本質的に規則、法律、習慣をつくる傾向があるという点だと論じた。現代ふうに言い換えるなら、すべての人間は、何らかの生物学的な資質によって、道徳に根深い関心を持ち、どこで暮らそうと、法律やルールの構造を構築するらしい。人間生活を道徳的な問題から切り離せると考えるのは幻想だ。

人間はルールをつくり出す。人間が道徳的動物であることを考えると、単純化された現代の相対主義がわたしたちに及ぼす影響は何だろうか？　本当の姿ではないふりをして、自分自身に足かせをはめていることになる。奇妙な仮面をかぶっている。おもに当人の目をあざむくための仮面を。ガリガリガリッ。小賢《こざか》しいポストモダン相対主義の教授のメルセデスを鍵で引っかいてみれば、正しさも間違いも存在し得ないふりをしている相対主義の仮面と極度の寛容さのマントなど、あっという間に剝《は》がれ落ちるだろう。

現代科学にもとづく倫理がまだ確立されていないいま、ジョーダンは、先人の残した石板の上の文字を消し去って自分のルールを書き込もうなどとはしていない。数千年にわたる知恵をただの世迷《よま》い言《ごと》として却下し、人類の最大の道徳的業績を無視しようなどとはしない。いま学びつつある事柄を精選し、大昔の人々が末永く保存すべきと考えた本や、時の風化力にもめげず生き残っている物語と組み合わせるほうが、賢明だからだ。

ジョーダンは、理性ある導き手がきまって使う方法を用いた。すなわち、人間の知恵は自分から始まるとは訴えず、みずからが従う導き手たちに導いてもらう。本書のテーマは深刻だが、章の見出しでわかるとおり、彼は、軽妙なタッチで楽しみながら取り組んでいる。何もかも網羅《もうら》しようとはしない。現代の心理学の広範な議論を、彼なりの見地から取り上げている章もある。

では、本書に記されているものを「ガイドライン」と呼んではいけないのか？　堅苦しい「ルール」という呼び名よりも、もっとはるかに気楽なリラックスした響きがする。

いいや、それはふさわしくない。本書の内容はまさしく「ルール」なのだ。そして第一のルールは、自分の人生に責任を持つことだ――以上。

「イデオロギーにまみれた教師から、権利、権利、自分たちの権利、と延々と聞かされている世代は、責任を負うことに集中したほうが良い結果が得られるという主張に反発するのではないか」と思うかもしれない。ところが、この世代の多くは、小さな家庭で過保護な親によって柔らかな地面の遊び場のうえで育てられ、そのあと「安全な場所」の大学で、聞きたくないことは聞かなくていいと、リスク回避を教えられてきた。

しかしいまや、そんなふうに自分の潜在的な回復力を過小評価されることに嫌気《いやけ》がさし、各自が究極の責任を負うべきだとのジョーダンのメッセージに共感する若者たちが無数にいる。充実した人生を生きたければ、まず自分の家の秩序を正せ、そのあとにこそ、より大きな責任を取ることができる、とジョーダンは訴える。それに対する反響の大きさは、彼もわたしも涙ぐんでしまうほどだ。

ときに、本書のルールが要求するものは厳しい。時間をかけて少しずつ進め、自分をあらたな限界まで伸ばしていかなければならない。前にも述べたとおり、未知の世界へ踏み込む必要がある。現在の限界を超えて自分を伸ばすためには、慎重に理想を選び、それを追求していくべきだ。理想はいつも、自分より上の、高い次元にあり、必ず到達できるとはかぎらない。

理想に手が届くかどうかが不確かなら、そもそもなぜ手を伸ばす必要があるのか？　それは、もし理想に向かって手を伸ばさなければ、けっして自分の人生に意義を感じることができないからだ。

そしておそらく——聞き慣れない奇妙な表現に聞こえるかもしれないが——心の奥深くでは、わたしたち誰もが裁かれたいと願っているからだろう。

ノーマン・ドイジ
医学博士、『The Brain That Changes Itself』（邦訳は『脳は奇跡を起こす』＝講談社インターナショナル）の著者

謝辞

本書の執筆中、控えめに言っても、わたしは激動の時期を生き抜いていた。しかし、人並み以上に、おおぜいの信頼できる有能な協力者たちに恵まれた。神に感謝したい。とりわけ謝意を捧げたいのは、妻のタミーだ。かれこれ五〇年間近く、素晴らしい良き友人でいてくれている。執筆のあいだ、切迫した重要な出来事も含めさまざまな試練が続いたが、妻は、誠実さ、安定性、サポート、実用上の手助け、整理、忍耐の絶対的な柱となってくれた。娘のミハイラと息子のジュリアン、両親のウォルターとビバリーも、いつもそばにいて、細心の注意を払いながら、複雑な問題の話し相手になってくれ、考えや言葉や行動のまとめを手伝ってくれた。コンピュータチップ設計者である義兄のジム・ケラーや、信頼できる冒険好きの妹のボニーも同じく貢献してくれた。友人のウォデク・ゼンベルグとエステラ・ベキエ、陰で支えてくれたウィリアム・カニンガム教授は、長年にわたる貴重な存在だ。序文の寄稿者であるノーマン・ドイジ博士は、わたしの予想をはるかに上回る労力を注いでくれた。彼の妻カレンも含め、温かい友情を本当にありがとう。家族ともども感謝している。ランダムハウス・カナダの編集者であるクレイグ・ピエットと共同作業ができたことも喜びに堪《た》えない。過剰な情熱(ときには、いらだち)があふれがちなわたしの原稿を巧みに抑制する力を持ち、細部に注意を払い、正確でバランスのとれた書籍に仕上げてくれた。

友人である小説家兼脚本家のグレッグ・ハーウィッツは、本書が生まれるはるか前に、わたしのさまざまな人生のルールをベストセラー『オーファンX　反逆の暗殺者』に引用してくれた。また、本書の執筆や編集のあいだ、批評家の役割を買って出てくれ、献身《けんしん》的かつ徹底的に、辛辣《しんらつ》かつユーモラスな感想をくれた。

おかげで、過剰な記述を（少なくとも一部は）削り、語りを滑《なめ》らかにできた。

最後に、出版代理人のサリー・ハーディングと、クックマクダーミッド社で働く彼女の素晴らしい同僚たちに感謝したいと思う。彼女がいなかったら、この本は存在しなかっただろう。

NOTES

序章

(1) Solzhenitsyn, A.I. (1975). *The Gulag Archipelago 1918-1956: An experiment in literary investigation* (Vol. 2). (T.P. Whitney, Trans.). New York: Harper & Row, p. 626.（ソルジェニーツィン『収容所群島 4』木村浩訳、ブッキング、2006年、386頁）

Rule01　背筋を伸ばして、胸を張れ

(2) ロブスターについて本格的に考察したい人は、手始めに次を参照のこと。Corson, T. (2005). *The secret life of lobsters: How fishermen and scientists are unraveling the mysteries of our favorite crustacean*. New York: Harper Perennial.
(3) Schjelderup-Ebbe, & T. (1935). *Social behavior of birds*. Clark University Press. http://psycnet.apa.org/psycinfo/1935-19907-007; 次も参照のこと。Price, J. S., & Sloman, L. (1987). "Depression as yielding behavior: An animal model based on Schjelderup-Ebbe's pecking order." *Ethology and Sociobiology, 8*, 85–98.
(4) Sapolsky, R. M. (2004). "Social status and health in humans and other animals." *Annual Review of Anthropology, 33*, 393–418.
(5) Rutishauser, R. L., Basu, A. C., Cromarty, S. I., & Kravitz, E. A. (2004). "Long-term consequences of agonistic interactions between socially naive juvenile American lobsters (Homarus americanus)." *The Biological Bulletin, 207*, 183–187.
(6) Kravitz, E.A. (2000). "Serotonin and aggression: Insights gained from a lobster model system and speculations on the role of amine neurons in a complex behavior." *Journal of Comparative Physiology, 186*, 221-238.
(7) Huber, R., & Kravitz, E. A. (1995). "A quantitative analysis of agonistic behavior in juvenile American lobsters (*Homarus americanus L.*)". *Brain, Behavior and Evolution, 46*, 72–83.
(8) Yeh S-R, Fricke RA, Edwards DH (1996). "The effect of social experience on serotonergic modulation of the escape circuit of crayfish." *Science, 271*, 366–369.
(9) Huber, R., Smith, K., Delago, A., Isaksson, K., & Kravitz, E. A. (1997). "Serotonin and aggressive motivation in crustaceans: Altering the decision to retreat." *Proceedings of the National Academy of Sciences of the United States of America, 94*, 5939–5942.
(10) Antonsen, B. L., & Paul, D. H. (1997). "Serotonin and octopamine elicit stereotypical agonistic behaviors in the squat lobster *Munida quadrispina* (*Anomura, Galatheidae*)." *Journal of Comparative Physiology A: Sensory, Neural, and Behavioral Physiology, 181*, 501–510.
(11) Credit Suisse (2015, Oct). *Global Wealth Report 2015*, p. 11. https://publications.credit- suisse.com/tasks/render/file/?fileID=F2425415-DCA7-80B8-EAD989AF9341D47E
(12) Fenner, T., Levene, M., & Loizou, G. (2010). "Predicting the long tail of book sales: Unearthing the power-law exponent." *Physica A: Statistical Mechanics and Its Applications, 389*, 2416–2421.
(13) de Solla Price, D. J. (1963). *Little science, big science*. New York: Columbia University Press.
(14) 理論化については次を参照のこと。Wolff, J.O. & Peterson, J.A. (1998). "An offspring-defense hypothesis for territoriality in female mammals." *Ethology, Ecology & Evolution, 10*, 227-239; 甲殻類全般の理論については次を参照のこと。Figler, M.H., Blank, G.S. & Peek, H.V.S (2001). "Maternal territoriality as an offspring defense strategy in red swamp crayfish (*Procambarus clarkii, Girard*)."*Aggressive Behavior, 27*, 391-403.
(15) Waal, F. B. M. de (2007). *Chimpanzee politics: Power and sex among apes*. Baltimore, MD: Johns Hopkins University Press.（フランス・ドゥ・ヴァール『チンパンジーの政治学——猿の権力と性』西田

利貞訳、産経新聞出版、2006年）Waal, F. B. M. de (1996). *Good natured: The origins of right and wrong in humans and other animals.* Cambridge, MA: Harvard University Press.（フランス・ドゥ・ヴァール『利己的なサル、他人を思いやるサル――モラルはなぜ生まれたのか』西田利貞、藤井留美訳、草思社、1998年）

(16) Bracken-Grissom, H. D., Ahyong, S. T., Wilkinson, R. D., Feldmann, R. M., Schweitzer, C. E., Breinholt, J. W., Crandall, K. A. (2014). "The emergence of lobsters: Phylogenetic relationships, morphological evolution and divergence time comparisons of an ancient group." *Systematic Biology, 63,* 457–479.

(17) 概略については次を参照のこと。Ziomkiewicz-Wichary, A. (2016). "Serotonin and dominance." In T.K. Shackelford & V.A. Weekes-Shackelford (Eds.). *Encyclopedia of Evolutionary Psychological Science,* DOI 10.1007/978-3-319-16999-6_1440-1. https://www.researchgate.net/publication/310586509_Serotonin_and_Dominance

(18) Janicke, T., Häderer, I. K., Lajeunesse, M. J., & Anthes, N. (2016). "Darwinian sex roles confirmed across the animal kingdom." *Science Advances, 2,* e1500983. http://advances.sciencemag.org/content/2/2/e1500983

(19) Steenland, K., Hu, S., & Walker, J. (2004). "All-cause and cause-specific mortality by socioeconomic status among employed persons in 27 US states, 1984–1997." *American Journal of Public Health, 94,* 1037–1042.

(20) Crockett, M. J., Clark, L., Tabibnia, G., Lieberman, M. D., & Robbins, T. W. (2008). "Serotonin modulates behavioral reactions to unfairness." *Science, 320,* 1739.

(21) McEwen, B. (2000). "Allostasis and allostatic load implications for neuropsychopharmacology." *Neuropsychopharmacology, 22,* 108–124.

(22) Salzer, H. M. (1966). "Relative hypoglycemia as a cause of neuropsychiatric illness." *Journal of the National Medical Association, 58,* 12–17.

(23) Peterson J.B., Pihl, R.O., Gianoulakis, C., Conrod, P., Finn, P.R., Stewart, S.H., LeMarquand, D.G. Bruce, K.R. (1996). "Ethanol-induced change in cardiac and endogenous opiate function and risk for alcoholism." *Alcoholism: Clinical & Experimental Research, 20,* 1542-1552.

(24) Pynoos, R. S., Steinberg, A. M., & Piacentini, J. C. (1999). "A developmental psychopathology model of childhood traumatic stress and intersection with anxiety disorders." *Biological Psychiatry, 46,* 1542–1554.

(25) Olweus, D. (1993). *Bullying at school: What we know and what we can do.* New York: Wiley-Blackwell.

(26) 同上。

(27) Janoff-Bulman, R. (1992). *Shattered assumptions: Towards a new psychology of trauma.* New York: The Free Press.

(28) Weisfeld, G. E., & Beresford, J. M. (1982). "Erectness of posture as an indicator of dominance or success in humans." *Motivation and Emotion, 6,* 113–131.

(29) Kleinke, C. L., Peterson, T. R., & Rutledge, T. R. (1998). "Effects of self-generated facial expressions on mood." *Journal of Personality and Social Psychology, 74,* 272–279.

Rule02 「助けるべき他者」として自分自身を扱う

(30) Tamblyn, R., Tewodros, E., Huang, A., Winslade, N. & Doran, P. (2014). "The incidence and determinants of primary nonadherence with prescribed medication in primary care: a cohort study." *Annals of Internal Medicine, 160,* 441-450.

NOTES

(31) この点について、わたしは前著で多少くわしく説明してある。Peterson, J.B. (1999). *Maps of meaning: The architecture of belief.* New York: Routledge.
(32) Van Strien, J.W., Franken, I.H.A. & Huijding, J. (2014). "Testing the snake-detection hypothesis: Larger early posterior negativity in humans to pictures of snakes than to pictures of other reptiles, spiders and slugs." *Frontiers in Human Neuroscience, 8,* 691-697. さらに一般的な議論については次を参照のこと。Ledoux, J. (1998). *The emotional brain: The mysterious underpinnings of emotional life.* New York: Simon & Schuster.
(33) この点についての古典的な論文としては次を参照のこと。Gibson, J.J. (1986). *An ecological approach to visual perception.* New York: Psychology Press. 言葉と行動の関係については次を参照のこと。Flöel, A., Ellger, T., Breitenstein, C. & Knecht, S. (2003). "Language perception activates the hand motor cortex: Implications for motor theories of speech perception." *European Journal of Neuroscience, 18,* 704-708. 行動と知覚に関するさらに一般的な考察については次を参照のこと。Pulvermüller, F., Moseley, R.L., Egorova, N., Shebani, Z. & Boulenger, V. (2014). "Motor cognition– motor semantics: Action perception theory of cognition and communication." *Neuropsychologia, 55,* 71- 84.
(34) Flöel, A., Ellger, T., Breitenstein, C. & Knecht, S. (2003). "Language perception activates the hand motor cortex: Implications for motor theories of speech perception." *European Journal of Neuroscience, 18,* 704-708; Fadiga, L., Craighero, L. & Olivier, E (2005). "Human motor cortex excitability during the perception of others' action." *Current Opinions in Neurobiology, 15,* 213-218; Palmer, C.E., Bunday, K.L., Davare, M. & Kilner, J.M. (2016). "A causal role for primary motor cortex in perception of observed actions". *Journal of Cognitive Neuroscience, 28,* 2021-2029.
(35) Barrett, J.L. (2004). *Why would anyone believe in God?* Lanham, MD: Altamira Press.
(36) 適切な考察については次を参照のこと。Barrett, J.L. & Johnson, A.H. (2003). "The role of control in attributing intentional agency to inanimate objects." *Journal of Cognition and Culture, 3,* 208-217.
(37) この点については、ユングのすぐれた弟子であり同僚でもあった人物による次の著作も強く勧める。Neumann, E. (1955). *The Great Mother: An analysis of the archetype.* Princeton, NJ: Princeton University Press.（エーリッヒ・ノイマン『グレート・マザー――無意識の女性像の現象学――』福島章、町沢静夫、大平健、渡辺寛美、矢野昌史訳、ナツメ社、1982年）
(38) https://www.dol.gov/wb/stats/occ_gender_share_em_1020_txt.htm
(39) Muller, M.N., Kalhenberg, S.M., Thompson, M.E. & Wrangham, R.W. (2007). "Male coercion and the costs of promiscuous mating for female chimpanzees." *Proceedings of the Royal Society (B), 274,* 1009-1014.
(40) みずから運営するデートサイトOkCupidの分析にもとづくさまざまな興味深い統計については次を参照のこと。Rudder, C. (2015). *Dataclysm: Love, sex, race & identity.* New York: Broadway Books.（クリスチャン・ラダー『ハーバード数学科のデータサイエンティストが明かす ビッグデータの残酷な現実』矢羽野薫訳、ダイヤモンド社、2016年）また、このようなサイトでは、ごく少数の個人が圧倒的多数から関心を寄せられ、問い合わせを受け取っている（これもまたパレート分布の一例といえる）。
(41) Wilder, J.A., Mobasher, Z. & Hammer, M.F. (2004). "Genetic evidence for unequal effective population sizes of human females and males." *Molecular Biology and Evolution, 21,* 2047-2057.
(42) Miller, G. (2001). *The mating mind: how sexual choice shaped the evolution of human nature.* New York: Anchor.（ジェフリー・F・ミラー『恋人選びの心――性淘汰と人間性の進化(I)(II)』長谷川眞理子訳、岩波書店、2002年）
(43) Pettis, J. B. (2010). "Androgyny BT." In D. A. Leeming, K. Madden, & S. Marlan (Eds.). *Encyclopedia of Psychology and Religion* (pp. 35-36). Boston, MA: Springer US.
(44) Goldberg, E. (2003). *The executive brain: Frontal lobes and the civilized mind.* New York: Oxford

University Press.

(45) 古典的な著作については次を参照のこと。Campbell, D.T. & Fiske, D.W. (1959). "Convergent and discriminant validation by the multitrait-multimethod matrix." *Psychological Bulletin, 56*, 81-105. 次の書籍にも同様の考察が記されている。Wilson, E.O. (1998). *Consilience: The Unity of Knowledge*. New York: Knopf.

(46) Headland, T. N., & Greene, H. W. (2011). "Hunter-gatherers and other primates as prey, predators, and competitors of snakes." *Proceedings of the National Academy of Sciences USA, 108*, 1470–1474.

(47) Keeley, L. H. (1996). *War before civilization: The Myth of the Peaceful Savage*. New York: Oxford University Press.

(48)「これはしだいに明らかになっていったことだが、善悪を分ける境界線が通っているのは国家の間でも、階級の間でも、政党の間でもなく、一人びとりの人間の心のなか、すべての人びとの心のなかなのである。この境界線は移動するもので、年月がたつにつれてわれわれの心のなかで揺れ動いているのだ。それは悪につかった心のなかでも、善の小さい根拠地を囲んでいるのだ。最も善良な心のなかにも、根絶されていない悪の住家があるのだ。
それ以来、私は世界のあらゆる宗教の真理を理解した——それらの宗教は人間のなかにある悪(各自のなかにある)と闘っているのだ。悪をこの世から完全に追放することはできないが、人間一人びとりのなかでその領域を狭《せば》めることはできるのである」Solzhenitsyn, A.I. (1975). *The Gulag Archipelago 1918-1956: An experiment in literary investigation* (Vol. 2). (T.P. Whitney, Trans.). New York: Harper & Row, p. 615.(ソルジェニーツィン『収容所群島 4』木村浩訳、ブッキング、2006年、371頁)

(49) わたしの知るかぎりでこの点を最も鋭く探求しているのは、アンダーグラウンド・コミック作家であるロバート・クラムを題材にした素晴らしいドキュメンタリー映画『クラム』(監督テリー・ツワイゴフ、1995年)だ。このドキュメンタリーは、憤慨、欺瞞、高慢、人類への憎悪、性的な恥辱、過保護すぎる母親、暴虐的な父親について、あり余るほどの知識を与えてくれる。

(50) Bill, V.T. (1986). *Chekhov: The silent voice of freedom*. Allied Books, Ltd.

(51) Costa, P.T., Teracciano, A. & McCrae, R.R. (2001). "Gender differences in personality traits across cultures: robust and surprising findings." *Journal of Personality and Social Psychology, 81*, 322-331.

(52) Isbell, L. (2011). *The fruit, the tree and the serpent: Why we see so well*. Cambridge, MA: Harvard University Press; 次も参照のこと。Hayakawa, S., Kawai, N., Masataka, N., Luebker, A., Tomaiuolo, F., & Caramazza, A. (2011). "The influence of color on snake detection in visual search in human children." *Scientific Reports, 1*, 1-4.

(53) これを表す優れた例が、ヘールトヘン・トット・シント・ヤンス(1465年ごろ～1495年ごろ)の絵画『聖母子像』である。前景にマリア、幼いキリスト、蛇が、背景に中世の楽器を奏でる人々が描かれ、キリストが指揮者を演じている。

(54) Osorio, D., Smith, A.C., Vorobyev, M. & Buchanan-Smieth, H.M. (2004). "Detection of fruit and the selection of primate visual pigments for color vision." *The American Naturalist, 164*, 696-708.

(55) Macrae, N. (1992). *John von Neumann : The scientific genius who pioneered the modern computer, game theory, nuclear deterrence, and much more*. New York: Pantheon Books.

(56) Wittman, A. B., & Wall, L. L. (2007). "The evolutionary origins of obstructed labor: bipedalism, encephalization, and the human obstetric dilemma." *Obstetrical & Gynecological Survey, 62*, 739–748.

(57) ほかの説明も存在する。Dunsworth, H. M., Warrener, A. G., Deacon, T., Ellison, P. T., & Pontzer, H. (2012). "Metabolic hypothesis for human altriciality." *Proceedings of the National Academy of Sciences of the United States of America, 109*, 15212–15216.

(58) Heidel, A. (1963). *The Babylonian Genesis: The story of the creation*. Chicago: University of Chicago Press.

NOTES

(59) Salisbury, J. E. (1997). *Perpetua's passion: The death and memory of a young Roman woman.* New York: Routledge.（ジョイス・E・ソールズベリ『ペルペトゥアの殉教：ローマ帝国に生きた若き女性の死とその記憶』後藤篤子監修、田畑賀世子訳、白水社、2018年）
(60) Pinker, S. (2011). *The better angels of our nature: Why violence has declined.* New York: Viking Books.（スティーブン・ピンカー『暴力の人類史（上）（下）』幾島幸子、塩原通緒訳、青土社、2015年）
(61) Nietzsche, F.W. & Kaufmann, W.A. (1982). *The portable Nietzsche.* New York: Penguin Classics (Maxims and Arrows 12).（フリードリヒ・ニーチェ『偶像の黄昏 反キリスト者』所収「偶像の黄昏――箴言と矢 一二」原佑訳、筑摩書房、1994年、17頁）

Rule03 あなたの最善を願う人と友達になりなさい

(62) Peterson, J.B. (1999). *Maps of meaning: The architecture of belief.* New York: Routledge, p. 264.
(63) Miller, G. (2016, November 3). Could pot help solve the U.S. opioid epidemic? *Science.* http://www.sciencemag.org/news/2016/11/could-pot-help-solve-us-opioid-epidemic
(64) Barrick, M. R., Stewart, G. L., Neubert, M. J., and Mount, M. K. (1998). "Relating member ability and personality to work-team processes and team effectiveness." *Journal of Applied Psychology, 83,* 377-391; 子どもに対する同様の効果については次を参照のこと。Dishion, T. J., McCord, J., & Poulin, F. (1999). "When interventions harm: Peer groups and problem behavior." *American Psychologist, 54,* 755–764.
(65) McCord, J. & McCord, W. (1959). "A follow-up report on the Cambridge-Somerville youth study." *Annals of the American Academy of Political and Social Science, 32,* 89-96.
(66)『ザ・シンプソンズ』第22シーズン 第3話「*MoneyBART*」より。https://www.youtube.com/watch?v=jQvvmT3ab80
(67) ロジャーズは、建設的な人格変化が起こるための六つの条件を概説している。その二つめは、患者の「不一致の状態」。大まかに言えば、何かが間違っていて変えなければならないと当人が知っていることである。次を参照のこと。Rogers, C. R. (1957). "The necessary and sufficient conditions of therapeutic personality change." *Journal of Consulting Psychology, 21,* 95–103.

Rule04 自分を今日の誰かではなく、昨日の自分と比べなさい

(68) Poffenberger, A.T. (1930). "The development of men of science." *Journal of Social Psychology, 1,* 31- 47.
(69) Taylor, S.E. & Brown, J. (1988). "Illusion and well-being: A social psychological perspective on mental health." *Psychological Bulletin, 103,* 193–210.
(70) 英語の*sin*という単語は、「的外れ」を意味するギリシャ語*ἁμαρτάνειν*（*hamartánein*）に由来し、「判断の誤り」「致命的な欠陥」を暗示している。次を参照のこと。http://biblehub.com/greek/264.htm
(71) 次を参照のこと。Gibson, J. J. (1979). *The ecological approach to visual perception.* Boston: Houghton Mifflin.（J・J・ギブソン『生態学的視覚論――ヒトの知覚世界を探る』古崎敬、古崎愛子、辻敬一郎、村瀬旻訳、サイエンス社、1986年）
(72) Simons, D. J., & Chabris, C. F. (1999). "Gorillas in our midst: Sustained inattentional blindness for dynamic events." *Perception, 28,* 1059–1074.
(73) http://www.dansimons.com/videos.html
(74) Azzopardi, P. & Cowey, A. (1993). "Preferential representation of the fovea in the primary visual cortex." *Nature, 361,* 719-721.
(75) 次を参照のこと。http://www.earlychristianwritings.com/thomas/gospelthomas113.html
(76) Nietzsche, F. (2003). *Beyond good and evil.* Fairfield, IN: 1st World Library/Literary Society, p. 67.

（フリードリヒ・ニーチェ『善悪の彼岸』所収「五二 旧約聖書と新約聖書」中山元訳、光文社、2009年、129-130頁）

Rule05 疎ましい行動はわが子にさせない

(77) http://www.nytimes.com/2010/02/21/nyregion/21yitta.html
(78) Balaresque, P., Poulet, N., Cussat-Blanc, S., Gerard, P., Quintana-Murci, L., Heyer, E., & Jobling, M.A. (2015). "Y-chromosome descent clusters and male differential reproductive success: young lineage expansions dominate Asian pastoral nomadic populations." *European Journal of Human Genetics, 23,* 1413–1422.
(79) Moore, L. T., McEvoy, B., Cape, E., Simms, K., & Bradley, D. G. (2006). "A Y-chromosome signature of hegemony in Gaelic Ireland." *American Journal of Human Genetics, 78,* 334–338.
(80) Zerjal, T., Xue, Y., Bertorelle, G., Wells et al. (2003). "The genetic legacy of the Mongols." *American Journal of Human Genetics, 72,* 717–721.
(81) Jones, E. (1953). *The life and work of Sigmund Freud* (Vol. I). New York: Basic Books. p. 5.（アーネスト・ジョーンズ『フロイトの生涯』竹友安彦、藤井治彦訳、紀伊國屋書店、1969年、4頁）
(82) このような概念に関する優れたまとめについては、次を参照のこと。https://www.britannica.com/art/noble-savage
(83) 優れた考察については、次を参照のこと。Roberts, B. W., & Mroczek, D. (2008). "Personality trait change in adulthood." *Current Directions in Psychological Science, 17,* 31–35.
(84) この種の問題に関して、経験にもとづく信頼性の高い徹底的な議論については次を参照のこと。Olweus, D. (1993). *Bullying at school: What we know and what we can do.* Malden, MA: Blackwell Publishing.
(85) Goodall, J. (1990). *Through a window: My thirty years with the chimpanzees of Gombe.* Boston: Houghton Mifflin Harcourt.（ジェーン・グドール『心の窓——チンパンジーとの30年』高崎和美、高崎浩幸、伊谷純一郎訳、どうぶつ社、1994年）
(86) Finch, G. (1943). "The bodily strength of chimpanzees." *Journal of Mammalogy, 24,* 224-228.
(87) Goodall, J. (1972). *In the shadow of man.* New York: Dell.（ジェーン・グドール『森の隣人——チンパンジーと私』河合雅雄訳、朝日新聞社、1996年）
(88) Wilson, M.L. et al. (2014). "Lethal aggression in Pan is better explained by adaptive strategies than human impacts." *Nature, 513,* 414-417.
(89) Goodall, J. (1990). *Through a window: My thirty years with the chimpanzees of Gombe.* Houghton Mifflin Harcourt, pp. 128–129.（ジェーン・グドール『心の窓——チンパンジーとの30年』高崎和美、高崎浩幸、伊谷純一郎訳、どうぶつ社、1994年、170頁）
(90) Chang, I. (1990). *The rape of Nanking.* New York: Basic Books.（アイリス・チャン『ザ・レイプ・オブ・南京——第二次世界大戦の忘れられたホロコースト』巫召鴻訳、同時代社、2007年）
(91) United Nations Office on Drugs and Crime (2013). *Global study on homicide.* https://www.unodc.org/documents/gsh/pdfs/2014_GLOBAL_HOMICIDE_BOOK_web.pdf
(92) Thomas, E.M. (1959). *The harmless people.* New York: Knopf.（エリザベス・M・トーマス『ハームレス・ピープル——原始に生きるブッシュマン』荒井喬、辻井忠男訳、海鳴社、1977年）
(93) Roser, M. (2016). *Ethnographic and archaeological evidence on violent deaths.* https://ourworldindata.org/ethnographic-and-archaeological-evidence-on-violent-deaths/
(94) 同上。次も参照のこと。Brown, A. (2000). *The Darwin wars: The scientific battle for the soul of man.* New York: Pocket Books.（アンドリュー・ブラウン『ダーウィン・ウォーズ——遺伝子はいかにして利己的な神となったか』長野敬、赤松眞紀訳、青土社、2001年）

(95) Keeley, L.H. (1997). *War before civilization: The myth of the peaceful savage.* Oxford University Press, USA.
(96) Carson, S.H., Peterson, J.B. & Higgins, D.M. (2005). "Reliability, validity and factor structure of the Creative Achievement Questionnaire." *Creativity Research Journal, 17,* 37-50.
(97) Stokes, P.D. (2005). *Creativity from constraints: The psychology of breakthrough.* New York: Springer.
(98) Wrangham, R. W., & Peterson, D. (1996). *Demonic males: Apes and the origins of human violence.* New York: Houghton Mifflin.（リチャード・ランガム&デイル・ピーターソン『男の凶暴性はどこからきたか』山下篤子訳、三田出版会、1998年）
(99) Peterson, J.B. & Flanders, J. (2005). Play and the regulation of aggression. Tremblay, R.E., Hartup, W.H. & Archer, J. (Eds.). *Developmental origins of aggression.* (pp. 133-157). New York: Guilford Press; Nagin, D., & Tremblay, R. E. (1999). "Trajectories of boys' physical aggression, opposition, and hyperactivity on the path to physically violent and non-violent juvenile delinquency." *Child Development, 70,* 1181-1196.
(100) Sullivan, M.W. (2003). "Emotional expression of young infants and children." *Infants and Young Children, 16,* 120-142.
(101) B・F・スキナー財団については次を参照のこと。https://www.youtube.com/watch?v=vGazyH6fQQ4
(102) Glines, C.B. (2005). "Top secret World War II bat and bird bomber program." *Aviation History, 15,* 38-44.
(103) Flasher, J. (1978). "Adultism." *Adolescence, 13,* 517-523; Fletcher, A. (2013). *Ending discrimination against young people.* Olympia, WA: CommonAction Publishing.
(104) de Waal, F. (1998). *Chimpanzee politics: Power and sex among apes.* Baltimore: Johns Hopkins University Press.（フランス・ドゥ・ヴァール『チンパンジーの政治学——猿の権力と性』西田利貞訳、産経新聞出版、2006年）
(105) Panksepp, J. (1998). *Affective neuroscience: the foundations of human and animal emotions.* New York: Oxford University Press.
(106) Tremblay, R. E., Nagin, D. S., Séguin, J. R., Zoccolillo, M., Zelazo, P. D., Boivin, M., ... Japel, C. (2004). "Physical aggression during early childhood: trajectories and predictors." *Pediatrics, 114,* 43-50.
(107) Krein, S. F., & Beller, A. H. (1988). "Educational attainment of children from single-parent families: Differences by exposure, gender, and race." *Demography, 25,* 221; McLoyd, V. C. (1998). "Socioeconomic disadvantage and child development." *The American Psychologist, 53,* 185–204; Lin, Y.-C., & Seo, D.-C. (2017). "Cumulative family risks across income levels predict deterioration of children's general health during childhood and adolescence." *PLOS ONE, 12(5),* e0177531. https://doi.org/10.1371/journal.pone.0177531; Amato, P. R., & Keith, B. (1991). "Parental divorce and the well-being of children: A meta-analysis." *Psychological Bulletin, 110,* 26–46.

Rule06 世界を批判する前に家のなかの秩序を正す

(108) エリック・ハリスの日記。http://melikamp.com/features/eric.shtml
(109) Goethe, J.W. (1979). *Faust, part one* (P. Wayne, Trans.). London: Penguin Books. p. 75.（ゲーテ『ファウスト——悲劇第一部』所収「書斎」手塚富雄訳、中央公論新社、2019年、111頁）※該当の訳は本書の訳者による
(110) Goethe, J.W. (1979). *Faust, part two* (P. Wayne, Trans.). London: Penguin Books. p. 270.（ゲーテ『ファウスト——悲劇第二部』所収「第五幕 宮殿の広い前庭」手塚富雄訳、中央公論新社、2019年、569-

570頁）

（111） Tolstoy, L. (1887-1983). *Confessions* (D. Patterson, Trans.). New York: W.W. Norton, pp. 57-58.（レフ・N・トルストイ『懺悔』原久一郎訳、岩波書店、1961年、72頁）

（112） The Guardian (2016, June 14). *1000 mass shootings in 1260 days: This is what America's gun crisis looks like.* https://www.theguardian.com/us-news/ng-interactive/2015/oct/02/mass- shootings-america-gun-violence

（113） エリック・ハリスの言葉。https://schoolshooters.info/sites/default/files/harris_journal_1.3.pdf

（114） 引用元については次を参照のこと。Kaufmann, W. (1975). *Existentialism from Dostoevsky to Sartre.* New York: Meridian, pp. 130-131.

（115） 次を参照のこと。Solzhenitsyn, A.I. (1975). *The Gulag Archipelago 1918-1956: An experiment in literary investigation* (Vol. 2). (T.P. Whitney, Trans.). New York: Harper & Row.（ソルジェニーツィン『収容所群島 3』『収容所群島 4』木村浩訳、ブッキング、2006年）

Rule07 その場しのぎの利益ではなく、意義深いことを追求する

（116） Piaget, J. (1932). *The moral judgement of the child.* London: Kegan Paul, Trench, Trubner and Company; 次も参照のこと。Piaget, J. (1962). *Play, dreams and imitation in childhood.* New York: W.W. Norton and Company.

（117） Franklin, B. (1916). *Autobiography of Benjamin Franklin.* Rahway, New Jersey: The Quinn & Boden Company Press. https://www.gutenberg.org/files/20203/20203-h/20203-h.htm（ベンジャミン・フランクリン『フランクリン自伝』渡邊利雄訳、中央公論新社、2004年）

（118） 次を参照のこと。Xenophon's Apology of Socrates, section 23, http://www.perseus.tufts.edu/hopper/text?doc=Perseus%3Atext%3A1999.01.0212%3Atext%3DApol.%3 Asection%3D23

（119） 同上。section 2.

（120） 同上。section 3.

（121） 同上。section 8.

（122） 同上。section 4.

（123） 同上。section 12.

（124） 同上。section 13.

（125） 同上。section 14.

（126） 同上。section 7.

（127） 同上。

（128） 同上。section 8.

（129） 同上。

（130） 同上。section 33.

（131） Goethe, J.W. (1979b). *Faust, part two* (P. Wayne, Trans.). London: Penguin Books. p. 270.（ゲーテ『ファウスト――悲劇第二部』所収「第五幕 宮殿の広い前庭」手塚富雄訳、中央公論新社、2019年、569-570頁）

（132） 次のサイトには、聖書の各節に関して非常に役立つ解説がある。http://biblehub.com/commentaries とりわけ次が参考になる。http://biblehub.com/commentaries/genesis/4-7.htm

（133）「思うに、これほど深き悪意のみなもとは、諸悪の元凶たるサタン以外にあり得ないであろう。人類を根こそぎ破滅させ、地上と地獄とを混ぜ絡めんとする試みは、偉大な創造主を愚弄する企てにほかならない」Milton, J. (1667). *Paradise Lost,* Book 2, 381–385. https://www.dartmouth.edu/~milton/reading_room/pl/book_2/text.shtml（J・ミルトン『失楽園（上）』平井正穂訳、岩波書店、1981年、76頁）

（134） Jung, C.G. (1969). *Aion: Researches into the phenomenology of the self* (Vol. 9: Part II, Collected

Works of C. G. Jung): Princeton, N.J.: Princeton University Press. (chapter 5).（C・G・ユング&M・L・フォン・フランツ『アイオーン』野田倬訳、人文書院、1990年、第Ⅴ章）

(135) http://www.acolumbinesite.com/dylan/writing.php

(136) Schapiro, J.A., Glynn, S.M., Foy, D.W. & Yavorsky, M.A. (2002). "Participation in war-zone atrocities and trait dissociation among Vietnam veterans with combat-related PTSD." *Journal of Trauma and Dissociation, 3*, 107-114; Yehuda, R., Southwick, S.M. & Giller, E.L. (1992). "Exposure to atrocities and severity of chronic PTSD in Vietnam combat veterans." *American Journal of Psychiatry, 149*, 333-336.

(137) 次を参照のこと。Harpur, T. (2004). *The pagan Christ: recovering the lost light.* Thomas Allen Publishers.（トム・ハーパー『キリスト神話――偶像はいかにして作られたか』島田裕巳訳、バジリコ、2007年）また、わたしの前著でも扱っている。Peterson, J.B. (1999). *Maps of meaning: The architecture of belief.* New York: Routledge.

(138) Lao-Tse (1984). *The Tao te Ching.* (1984) (S. Rosenthal, Trans.). Verse 64: Staying with the mystery. https://terebess.hu/english/tao/rosenthal.html#Kap64（『老子 全訳注』池田知久訳著、講談社、2019年、180-183頁）

(139) Jung, C.G. (1969). *Aion: Researches into the phenomenology of the self* (Vol. 9: Part II, Collected Works of C. G. Jung): Princeton, N.J.: Princeton University Press.（C・G・ユング&M・L・フォン・フランツ『アイオーン』野田倬訳、人文書院、1990年）

(140) Dobbs, B.J.T. (2008). *The foundations of Newton's alchemy.* New York: Cambridge University Press.（B・J・T・ドブズ『ニュートンの錬金術』寺島悦恩訳、平凡社、1995年）

(141) たとえば、『エフェソの信徒への手紙』第２章８～９節にはこうある。「恵みのおかげで、あなたがたは信仰を通じて救われる。あなたがた自身の力ではなく、神の賜物である。行いによるのではないから、人間は誰もそれを誇ってはならない」。同様の戒めが、『ローマ人への手紙』第９章15～16節にもある。「わたしは、わたしが憐れもうとする者を憐れみ、慈しもうとする者を、慈しむ。ゆえに、それは人間の欲望や努力によるのではなく、ただ神の憐れみによるのである」

(142) Nietzsche, F.W. & Kaufmann, W.A. (1982). *The portable Nietzsche.* New York: Penguin Classics. この書籍にはニーチェ『反キリスト者』『偶像の黄昏』などが所収されている。

(143) Nietzsche, F. (1974). *The Gay Science* (Kaufmann, W., Trans.). New York: Vintage, pp. 181-182.（フリードリヒ・ニーチェ『愉しい学問』森一郎訳、講談社、2017年、211頁）

(144) Nietzsche, F. (1968). *The will to powe*r (Kaufmann, W., Trans.). New York: Vintage, p. 343.（フリードリッヒ・ニーチェ『権力への意志(上)』原佑訳、筑摩書房、1993年、196頁）

(145) Dostoevsky, F.M. (2009). The Grand Inquisitor. Merchant Books.（ドストエフスキー『カラマーゾフの兄弟２』所収「第５篇 5 大審問官」亀山郁夫訳、光文社、2012年、250-302頁）

(146) Nietzsche, F. (1954). Beyond good and evil (Zimmern, H., Trans.). In W.H. Wright (Ed.), *The Philosophy of Nietzsche* (pp. 369-616). New York: Modern Library, p. 477.（フリードリヒ・ニーチェ『善悪の彼岸』所収「一八八 道徳の圧制の効果」中山元訳、光文社、2009年、210-211頁）

(147)「わたしたちの推測、わたしたちの理論を、わたしたちの代わりに死なせよう。互いを殺すのではなく、理論を殺すことをまだ学ぶべきかもしれない。[中略] 互いを抹殺するのではなく、合理的な批判によって理論や意見を抹殺するという態度（合理的または科学的態度）がいつか勝利するのではないかと考えるのは、たんなる理想的な夢以上のものだろう」。カール・ポパーが1977年に英国ケンブリッジ大学ダーウィン・カレッジで行った講義より。次を参照のこと。http://www.informationphilosopher.com/solutions/philosophers/popper/natural_selection_and_the_emerg ence_of_mind.html

Rule08　真実を語ろう。少なくとも嘘はつかないことだ

(148) わたしの前著の冒頭部分に詳述してある。次を参照のこと。Peterson, J.B. (1999). *Maps of Meaning: The Architecture of Belief.* New York: Routledge.
(149) Adler, A. (1973). "Life-lie and responsibility in neurosis and psychosis: a contribution to melancholia." 次の書籍に所収されている。P. Radin (Trans.). *The practice and theory of Individual Psychology.* Totawa, N.J.: Littlefield, Adams & Company.
(150) Milton, J. (1667). *Paradise Lost,* Book 1, 40-48. https://www.dartmouth.edu/~milton/reading_room/pl/book_1/text.shtml（J・ミルトン『失楽園(上)』平井正穂訳、岩波書店、1981年、9頁）
(151) 同上。249-253（同上、20-21頁）
(152) 同上。254-255（同上、21頁）
(153) 同上。261-263（同上、21頁）
(154) わたしの前著に詳述してある。次を参照のこと。Peterson, J.B. (1999). *Maps of meaning: The architecture of belief.* New York: Routledge.
(155) Hitler, A. (1925/2017). *Mein Kampf* (M. Roberto, Trans.). Independently Published, pp. 172-173.（アドルフ・ヒトラー『わが闘争（上)』平野一郎、将積茂訳、角川書店、1973年、300頁）

Rule09　あなたが知らないことを相手は知っているかもしれないと考えて耳を傾ける

(156) Finkelhor, D., Hotaling, G., Lewis, I.A. & Smith, C. (1990). "Sexual abuse in a national survey of adult men and women: prevalence, characteristics, and risk factors." *Child Abuse & Neglect, 14,* 19-28.
(157) Rind, B., Tromovitch, P. & Bauserman, R. (1998). "A meta-analytic examination of assumed properties of child sexual abuse using college samples." *Psychological Bulletin, 124,* 22-53.
(158) Loftus, E.F. (1997). "Creating false memories." *Scientific American, 277,* 70-75.
(159) Rogers, C. R. (1952). "Communication: its blocking and its facilitation." *ETC: A Review of General Semantics, 9,* 83-88.

Rule10　正直に、そして正確に話す

(160) 次を参照のこと。Gibson, J.J. (1986). *An ecological approach to visual perception,* New York: Psychology Press.（J・J・ギブソン『生態学的視覚論――ヒトの知覚世界を探る』古崎敬、古崎愛子、辻敬一郎、村瀬旻訳、サイエンス社、1986年）この問題に関する古典的な論文が二つある。発話と行動の関係については、次を参照のこと。Floel, A., Ellger, T., Breitenstein, C. & Knecht, S. (2003). "Language perception activates the hand motor cortex: implications for motor theories of speech perception." *European Journal of Neuroscience, 18,* 704-708. 行動と知覚の関係をより一般的に考察したものとしては、次を参照のこと。Pulvermüller, F., Moseley, R.L., Egorova, N., Shebani, Z. & Boulenger, V. (2014). "Motor cognition– motor semantics: Action perception theory of cognition and communication." *Neuropsychologia, 55,* 71- 84.
(161) Cardinali, L., Frassinetti, F., Brozzoli, C., Urquizar, C., Roy, A.C. & Farnè, A. (2009). "Tool-use induces morphological updating of the body schema." *Current Biology, 12,* 478-479.
(162) Bernhardt, P.C., Dabbs, J.M. Jr., Fielden, J.A. & Lutter, C.D. (1998). "Testosterone changes during vicarious experiences of winning and losing among fans at sporting events." *Physiology & Behavior, 65,* 59-62.
(163) すべてではないが一部について、次の書籍に詳述されている。Gray, J. & McNaughton, N. (2003). *The neuropsychology of anxiety: An enquiry into the functions of the septal-hippocampal system.* Oxford:

Oxford University Press. また、次も参照のこと。Peterson, J.B. (2013). "Three forms of meaning and the management of complexity." T. Proulx, K.D. Markman & M.J. Lindberg (Eds.). *The psychology of meaning* (pp. 17-48)所収。Washington, D.C.: American Psychological Association; Peterson, J.B. & Flanders, J.L. (2002). "Complexity management theory: Motivation for ideological rigidity and social conflict." *Cortex, 38*, 429-458.
(164) Yeats, W.B. (1933). The Second Coming. In R.J. Finneran (Ed.). *The Poems of W.B. Yeats: A New Edition.* New York: MacMillan, p. 158. (W・B・イェイツ『対訳 イェイツ詩集』所収「再臨」高松雄一編訳、岩波書店、2009年、149頁)

Rule11 スケートボードをしている子どもの邪魔をしてはいけない

(165) 次を参照のこと。Vrolix, K. (2006). "Behavioral adaptation, risk compensation, risk homeostasis and moral hazard in traffic safety." *Steunpunt Verkeersveiligheid,* RA-2006-95. https://doclib.uhasselt.be/dspace/bitstream/1942/4002/1/behavioraladaptation.pdf
(166) Nietzsche, F.W. & Kaufmann, W.A. (1982). *The portable Nietzsche.* New York: Penguin Classics, pp. 211-212. (フリードリヒ・ニーチェ『ツァラトゥストラ(上)』所収「毒ぐもタランテラ」氷上英廣訳、ワイド版 岩波文庫、1995年、167-168頁)
(167) Orwell, G. (1958). The road to Wigan Pier. New York: Harcourt, pp. 96-97. (ジョージ・オーウェル『ウィガン波止場への道』土屋宏之、上野勇訳、筑摩書房、1996年、132頁)
(168) Carson, R. (1962). *Silent spring.* Boston: Houghton Mifflin. (レイチェル・カーソン『沈黙の春』青樹簗一訳、新潮社、1974年)
(169) 次を参照のこと。http://reason.com/archives/2016/12/13/the-most-important-graph-in-the-world
(170) http://www.telegraph.co.uk/news/earth/earthnews/9815862/Humans-are-plague-on-Earth-Attenborough.html
(171) "The Earth has cancer, and the cancer is man." Mesarović, M.D. & Pestel, E. (1974). *Mankind at the turning point.* New York: Dutton, p. 1. この概念を最初に提唱したのは、次の論文である。The idea was first proposed (and the quote taken from) Gregg, A. (1955). "A medical aspect of the population problem." *Science, 121*, 681-682, p. 681. その後、次の論文でさらに発展された。Hern, W.M. (1993). "Has the human species become a cancer on the planet? A theoretical view of population growth as a sign of pathology." *Current World Leaders, 36*, 1089-1124. また、次の書籍の一節を引用しておく。King, A. & Schneider, B.(1991). *The first global revolution.* New York: Pantheon Books, p. 75.「人類の共通の敵は人間である。わたしたちは、互いを団結させるために新しい敵を探し、汚染、地球温暖化の脅威、水不足、飢餓などがそれにふさわしいと思い至った。こうした危機はすべて、人間の介入によって引き起こされたものであり、人間が態度や行動を改めることによってのみ克服できる。そうしてみると、本当の敵は人類そのものなのである」(アレキサンダー・キング、ベルトラン・シュナイダー『第一次地球革命——ローマクラブ・リポート』田草川弘訳、朝日新聞社、1992年、ただし抄訳のためこの引用部分は収録されていない)
(172) Costa, P. T., Terracciano, A., & McCrae, R. R. (2001). "Gender differences in personality traits across cultures: robust and surprising findings." *Journal of Personality and Social Psychology, 81*, 322–331; Weisberg, Y. J., DeYoung, C. G., & Hirsh, J. B. (2011). "Gender differences in personality across the ten aspects of the Big Five." *Frontiers in Psychology, 2*, 178; Schmitt, D. P., Realo, A., Voracek, M., & Allik, J. (2008). "Why can't a man be more like a woman? Sex differences in Big Five personality traits across 55 cultures." *Journal of Personality and Social Psychology, 94*, 168–182.
(173) De Bolle, M., De Fruyt, F., McCrae, R. R., et al. (2015). "The emergence of sex differences in personality traits in early adolescence: A cross-sectional, cross-cultural study." *Journal of Personality*

and Social Psychology, 108, 171–185.
(174) Su, R., Rounds, J., & Armstrong, P. I. (2009). "Men and things, women and people: A meta-analysis of sex differences in interests." *Psychological Bulletin, 135*, 859–884.このような違いの神経発達的な見解については、次を参照のこと。Beltz, A. M., Swanson, J. L., & Berenbaum, S. A. (2011). "Gendered occupational interests: prenatal androgen effects on psychological orientation to things versus people." *Hormones and Behavior, 60*, 313–317.
(175) Bihagen, E. & Katz-Gerro, T. (2000). "Culture consumption in Sweden: the stability of gender differences." *Poetics, 27*, 327-3409; Costa, P., Terracciano, A. & McCrae, R.R. (2001). "Gender differences in personality traits across cultures: robust and surprising findings." *Journal of Personality and Social Psychology, 8*, 322-331; Schmitt, D., Realo. A., Voracek, M. & Allik, J. (2008). "Why can't a man be more like a woman? Sex differences in Big Five personality traits across 55 cultures." *Journal of Personality and Social Psychology, 94*, 168-182; Lippa, R.A. (2010). "Sex differences in personality traits and gender-related occupational preferences across 53 nations: Testing evolutionary and social- environmental theories." *Archives of Sexual Behavior, 39*, 619-636.
(176) Gatto, J. N. (2000). *The underground history of American education: A school teacher's intimate investigation of the problem of modern schooling*. New York: Odysseus Group.
(177) 次を参照のこと。*Why are the majority of university students women?* Statistics Canada: http://www.statcan.gc.ca/pub/81-004-x/2008001/article/10561-eng.htm
(178) たとえば次を参照のこと。Hango. D. (2015). "Gender differences in science, technology, engineering, mathematics and computer science (STEM) programs at university." *Statistics Canada*, 75-006-X: http://www.statcan.gc.ca/access_acces/alternative_alternatif.action?l=eng&loc=/pub/75- 006-x/2013001/article/11874-eng.pdf
(179) こう感じるのはわたしだけではない。次を参照のこと。Hymowitz, K.S. (2012). *Manning up: How the rise of women has turned men into boys*. New York: Basic Books.
(180) 次を参照のこと。http://www.pewresearch.org/fact-tank/2012/04/26/young-men-and-women-differ-on-the- importance-of-a-successful-marriage/
(181) 次を参照のこと。http://www.pewresearch.org/data-trend/society-and-demographics/marriage/
(182) これは主流のマスメディアで広く議論されている。次を参照のこと。https://www.thestar.com/life/2011/02/25/women_lawyers_leaving_in_droves.html; http://www.cbc.ca/news/canada/women-criminal-law-1.3476637; http://www.huffingtonpost.ca/andrea- lekushoff/female-lawyers-canada_b_5000415.html
(183) Jaffe, A., Chediak, G., Douglas, E., Tudor, M., Gordon, R.W., Ricca, L. & Robinson, S. (2016). "Retaining and advancing women in national law firms." *Stanford Law and Policy Lab, White Paper*: https://www-cdn.law.stanford.edu/wp-content/uploads/2016/05/Women-in-Law-White- Paper-FINAL-May-31-2016.pdf
(184) Conroy-Beam, D., Buss, D. M., Pham, M. N., & Shackelford, T. K. (2015). "How sexually dimorphic are human mate preferences?" *Personality and Social Psychology Bulletin, 41*, 1082–1093. 純粋に生物学的な進化に伴って、女性の異性の好みがどう変化するかについては、次を参照のこと。Gildersleeve, K., Haselton, M. G., & Fales, M. R. (2014). "Do women's mate preferences change across the ovulatory cycle? A meta-analytic review." *Psychological Bulletin, 140*, 1205–1259.
(185) 次を参照のこと。Greenwood, J., Nezih, G., Kocharov, G. & Santos, C. (2014)." Marry your like: assortative mating and income inequality." *IZA discussion paper No. 7895*. http://hdl.handle.net/10419/93282
(186) このような陰惨な事例に関する優れた考察については、次を参照のこと。Suh, G.W., Fabricious,

W.V., Parke, R.D., Cookston, J.T., Braver, S.L. & Saenz, D.S. "Effects of the interparental relationship on adolescents' emotional security and adjustment: The important role of fathers." *Developmental Psychology, 52*, 1666-1678.
(187) Hicks, S. R. C. (2011). *Explaining postmodernism: Skepticism and socialism from Rousseau to Foucault.* Santa Barbara, CA: Ockham' Razor Multimedia Publishing. http://www.stephenhicks.org/wp-content/uploads/2009/10/hicks-ep-full.pdf
(188) Higgins, D.M., Peterson, J.B. & Pihl, R.O. "Prefrontal cognitive ability, intelligence, Big Five personality, and the prediction of advanced academic and workplace performance." *Journal of Personality and Social Psychology, 93*, 298-319.
(189) Carson, S.H., Peterson, J.B. & Higgins, D.M. (2005). "Reliability, validity and factor structure of the Creative Achievement Questionnaire." *Creativity Research Journal, 17*, 37-50.
(190) Bouchard, T.J. & McGue, M. (1981). "Familial studies of intelligence: a review." *Science, 212*, 1055-1059; Brody, N. (1992). *Intelligence.* New York: Gulf Professional Publishing; Plomin R. & Petrill S.A. (1997). "Genetics and intelligence. What's new?" *Intelligence, 24*, 41–65.
(191) Schiff, M., Duyme, M., Dumaret, A., Stewart, J., Tomkiewicz, S. & Feingold, J. (1978). "Intellectual status of working-class children adopted early into upper-middle-class families." *Science, 200*, 1503–1504; Capron, C. & Duyme, M. (1989). "Assessment of effects of socio-economic status on IQ in a full cross-fostering study." *Nature, 340*, 552–554.
(192) Kendler, K.S., Turkheimer, E., Ohlsson, H., Sundquist, J. & Sundquist, K. (2015). "Family environment and the malleability of cognitive ability: a Swedish national home-reared and adopted-away cosibling control study." *Proceedings of the National Academy of Science USA, 112*, 4612-4617.
(193) この点に関するOECD（経済協力開発機構）の見解については、「*Closing the Gender Gap: Sweden*（性別格差の解消：スウェーデン）」を参照のこと。各種の統計にもとづき、教育に関して女子が男子よりも優勢であること、医療分野においては女性が圧倒的多数を占めていること、いまのところ男性が優勢なコンピュータ科学分野でも女性の進出が目立ちつつあることが記されている。https://www.oecd.org/sweden/Closing%20the%20Gender%20Gap%20-%20Sweden%20FINAL.pdf
(194) Eron, L. D. (1980). "Prescription for reduction of aggression." *The American Psychologist, 35*, 244–252.
(195) Peterson, J.B. & Shane, M. (2004). "The functional neuroanatomy and psychopharmacology of predatory and defensive aggression." J. McCord (Ed.). *Beyond Empiricism: Institutions and Intentions in the Study of Crime.* (Advances in Criminological Theory, Vol. 13) (pp. 107- 146). Piscataway, NJ: Transaction Books所収。次も参照のこと。Peterson, J.B. & Flanders, J. (2005). "Play and the regulation of aggression." Tremblay, R.E., Hartup, W.H. & Archer, J. (Eds.). *Developmental origins of aggression.* (Chapter 12; pp. 133-157). New York: Guilford Press所収。
(196) 次を参照のこと。Tremblay, R. E., Nagin, D. S., Séguin, J. R., et al. (2004). "Physical aggression during early childhood: trajectories and predictors." *Pediatrics, 114*, 43-50.
(197) Heimberg, R. G., Montgomery, D., Madsen, C. H., & Heimberg, J. S. (1977). "Assertion training: A review of the literature." *Behavior Therapy, 8*, 953–971; Boisvert, J.-M., Beaudry, M., & Bittar, J. (1985). "Assertiveness training and human communication processes." *Journal of Contemporary Psychotherapy, 15*, 58–73.
(198) Trull, T. J., & Widiger, T. A. (2013). "Dimensional models of personality: the five-factor model and the DSM-5." *Dialogues in Clinical Neuroscience, 15*, 135–146; Vickers, K.E., Peterson, J.B., Hornig, C.D., Pihl, R.O., Séguin, J. & Tremblay, R.E. (1996). "Fighting as a function of personality and neuropsychological measures." *Annals of the New York Academy of Sciences. 794*, 411-412.

(199) Bachofen, J.J. (1861). *Das Mutterrecht: Eine untersuchung über die gynaikokratie der alten welt nach ihrer religiösen und rechtlichen natur.* Stuttgart: Verlag von Krais und Hoffmann.
(200) Gimbutas, M. (1991). *The civilization of the goddess.* San Francisco: Harper.
(201) Stone, M. (1978). *When God was a woman.* New York: Harcourt Brace Jovanovich.
(202) Eller, C. (2000). *The myth of matriarchal prehistory: Why an invented past won't give women a future.* Beacon Press.
(203) Neumann, E. (1954). *The origins and history of consciousness.* Princeton, NJ: Princeton University Press.（エーリッヒ・ノイマン『意識の起源史』林道義訳、紀伊國屋書店、2006年）
(204) Neumann, E. (1955). *The Great Mother: An analysis of the archetype.* New York: Routledge & Kegan Paul.（エーリッヒ・ノイマン『グレート・マザー――無意識の女性像の現象学――』福島章、町沢静夫、大平健、渡辺寛美、矢野昌史訳、ナツメ社、1982年）
(205) たとえば次を参照のこと。Adler, A. (2002). Theoretical part I-III: The accentuated fiction as guiding idea in the neurosis. H.T. Stein (Ed.). *The Collected Works of Alfred Adler Volume 1: The Neurotic Character: Fundamentals of Individual Psychology and Psychotherapy* (*pp. 41-85*). Bellingham, WA: Alfred Adler Institute of Northern Washington, p. 71所収。
(206) Moffitt, T.E., Caspi,A., Rutter, M. & Silva, P.A. (2001). *Sex differences in antisocial behavior: Conduct disorder, delinquency, and violence in the Dunedin Longitudinal Study.* London: Cambridge University Press.
(207) Buunk, B.P., Dijkstra, P., Fetchenhauer, D. & Kenrick, D.T. (2002). "Age and gender differences in mate selection criteria for various involvement levels." *Personal Relationships, 9,* 271-278.

Rule12 道で猫に出会ったときは、撫でてやろう

(208) Lorenz, K. (1943). "Die angeborenen Formen moeglicher Erfahrung." *Ethology, 5,* 235-409.
(209) Tajfel, H. (1970). "Experiments in intergroup discrimination." *Nature, 223,* 96-102.
(210) ドストエフスキーの作品を戯曲化した次の書籍から引用。Dostoevsky, F. (1995). *The Brothers Karamazov* (dramatized by David Fishelson). Dramatists Play Service, Inc., pp. 54-55.（ドストエフスキーの原作では、以下に含まれるエピソードに相当する。『カラマーゾフの兄弟２』所収「第５篇 4 反逆」亀山郁夫訳、光文社、2012年、236-238頁）
(211)『ザ・シンプソンズ』第13シーズン第16話「*Weekend at Burnsie's*」でホーマーが出したなぞなぞとは違い、答えは「神様が食べられないくらい熱々に、ブリトーをレンジで加熱できる能力」ではない。
(212) Lao-Tse (1984). *The Tao te Ching.* (1984) (S. Rosenthal, Trans.). Verse 11: The Utility of Non-Existence. https://terebess.hu/english/tao/rosenthal.html#Kap11（『老子 全訳注』池田知久訳著、講談社、2019年、46-48頁）
(213) Dostoevsky, F. (1994). *Notes from underground/White nights/The dream of a ridiculous man / The house of the dead* (A.R. MacAndrew, Trans.). New York: New American Library, p. 114.（ドストエフスキー『地下室の手記』所収「I 地下室 8」安岡治子訳、光文社、2007年、61頁）
(214) Goethe, J.W. (1979). *Faust, part two* (P. Wayne, Trans.). London: Penguin Books. p. 270.（ゲーテ『ファウスト――悲劇第二部』所収「第五幕 宮殿の広い前庭」手塚富雄訳、中央公論新社、2019年、569-570頁）
(215) Dikotter, F. (2010). *Mao's Great Famine.* London: Bloomsbury.（フランク・ディケーター『毛沢東の大飢饉――史上最も悲惨で破壊的な人災 1958-1962』中川治子訳、草思社、2019年）

終章 あらたに手に入れたライト付きペンをどう活かすか？

(216) 次を参照のこと。Peterson, J.B. (2006). Peacemaking among higher-order primates. Fitzduff, M.

& Stout, C.E. (Eds.). *The Psychology of Resolving Global Conflicts: From War to Peace. In Volume III, Interventions* (*pp. 33-40*). New York: Praeger所収。https://www.researchgate.net/publication/235336060_Peacemaking_among_higher-order_primates

(217) 次を参照のこと。Allen, L. (2011). Trust versus mistrust (Erikson's Infant Stages). S. Goldstein & J. A. Naglieri (Eds.). *Encyclopedia of Child Behavior and Development* (pp. 1509–1510). Boston, MA: Springer US所収。

(218) Lao-Tse (1984). *The Tao te Ching*. (1984) (S. Rosenthal, Trans.). Verse 33: Without force: Without perishing. https://terebess.hu/english/tao/rosenthal.html#Kap33 (『老子 全訳注』池田知久訳著、講談社、2019年、101-103頁)

(219) たとえば、偉大で勇気あるボヤン・スラットを考えてほしい。まだ20代前半だったこの若いオランダ人男性は、世界のすべての海で採用できる技術を開発し、まさにこのようなことを実現したうえ、利益も上げた。真の環境保護主義者といえる。次を参照のこと。https://www.theoceancleanup.com/

(220) Yeats, W.B. (1933). Sailing to Byzantium. In R.J. Finneran (Ed.). *The Poems of W.B. Yeats: A New Edition*. New York: MacMillan, p. 163. (W・B・イェイツ『対訳イェイツ詩集』所収「ビザンチウムへ船出して」高松雄一編、岩波文庫、2009年、163頁)

ジョーダン・ピーターソン　Jordan Peterson

著者ジョーダン・ピーターソンは、カナダ・アルバータ州北部の極寒の荒地で育ち、強靱な心を養った。あるときはカーボンファイバー製のスタント用飛行機でハンマーヘッドなどの曲技に挑み、またあるときは宇宙飛行士とともに米アリゾナの隕石クレーターを探検。カナダの先住民であるクワクワカワク族に招かれてオリジナルネームをもらった縁から、トロントの自宅の上階には同部族の儀式用の大広間をしつらえてある。弁護士、医師、ビジネスパーソンに神話を講釈し、国連事務総長の助言役を務める一方、鬱病、強迫性障害、不安症、統合失調症その他の臨床治療にあたり、大手法律事務所のシニアパートナーのアドバイザーとしても活躍し、北米やヨーロッパで広く講演を行っている。ハーバード大学およびトロント大学の学生や同僚とともにこれまで100以上の学術論文を発表し、パーソナリティに関する現代人の理解を大きく変えた。また、著書『Maps of Meaning: The Architecture of Belief』は宗教心理学に革命をもたらした。
公式サイト:www.jordanbpeterson.com

中山 宥　Yu Nakayama

翻訳者。1964年、東京生まれ。おもな訳書に『マネー・ボール[完全版]』『14億人のデジタル・エコノミー』(以上、早川書房)、『ジョブズ・ウェイ』(SBクリエイティブ)、『動物学者が死ぬほど向き合った「死」の話』(フィルムアート社)などがある。

翻訳協力:株式会社リベル

生《い》き抜《ぬ》くための12のルール

人生《じんせい》というカオスのための解毒剤《げどくざい》

2020年7月30日　第1刷発行

著　者　ジョーダン・ピーターソン
訳　者　中山 宥
発行者　三宮博信
発行所　朝日新聞出版
〒104-8011 東京都中央区築地5-3-2
電話 03-5541-8832(編集)
03-5540-7793(販売)
印刷所　共同印刷株式会社

Published in Japan by Asahi Shimbun Publications Inc.
ISBN978-4-02-251692-3

定価はカバーに表示してあります。

落丁・乱丁の場合は弊社業務部(電話03-5540-7800)へご連絡ください。
送料弊社負担にてお取り替えいたします。